Heibonsha Library

イザベラ・バードのハワイ紀行

The Hawaiian Archipelago

Heibonsha Library

イザベラ・バードのハワイ紀行

The Hawaiian Archipelago

イザベラ・バード著
近藤純夫訳

平凡社

本訳書は二〇〇五年七月、平凡社より刊行されたものです。

これらの書簡は本来、妹に宛てたものだ。
ここに愛をこめ、わたしの妹に本書を贈る。

第二版の序文

本書を受け容《い》れてくださった英国およびハワイ諸島における読者と出版社の厚意により、版を重ねることとなった。昨年、本書が出版された際、わたしは十分な確認の時間を取らなかったために若干の誤謬《ごびゅう》が生じたのではないかという危惧《きぐ》を抱いていた。幸いにも、ハワイの出版社ならびに読者諸氏からは、事実が正確に記載されており、そこから導き出された見解も正鵠を射ているとの評をいただき、喜びに耐えない。

そのような次第で、新たに手を入れたところはほとんどない。わずかに、巻末の章を変更し、統計を最新の資料にしたことと、繰り返しを避けるために数カ所を省略した程度だ。そのほかには、「ホノルル・ミッション（ハワイ伝道）」の見通しを述べた一節を削除した。これはキリスト教の伝道を成功させようという見地からすれば、活動の意志を削ぐとの判断による。

一八七六年六月　エディンバラにて

I・L・B

序文

ハワイ諸島（サンドイッチ諸島）[*1]はこの一世紀というもの、さまざまな分野において有益な研究課題となっている。本書が同じ主題を取り上げるにいたった理由を少し説明しておこう。

わたしは健康のために世界を旅していたが、わけあってハワイ諸島に上陸することとなった。恵まれた気候に魅せられ、滞在は予定を大幅に上まわり、七カ月近くに及ぶものとなった。健康回復のために外の空気を浴びたり運動をする必要があったため、滞在中、わたしは島々を訪れ、馬で奥地を探訪したほか、高山に登ったり、活火山を観察したり、当地に暮らす人にさえよく知られていない遠隔の地をいくつか訪れた。また、先住民とともに暮らしてハワイの生活をつぶさに観察した。

旅を終えるにあたり、わたしはハワイの友人たちから自分自身の印象や体験を出版するよう熱心に勧められた。すでに数多くの優れた書物が出版されているが、いずれも内容が古く、廃《すた》れた土着の風俗習慣や、キリスト教伝道のたぐいの史実を中心としたものがほとんどだった。また、友人たちの説得するところによれば、外国人のなかでは、わたしほどハワイの島々を隈《くま》なく見てまわった人間はおらず、マウナ・ロアについても、またとない好条件で観察しているという。なにより、わたしは来訪者というよりカマアイナ☆1のように現地の生活に溶けこんで過ごしたので、ハワイの現状を親しみと新鮮な眼差しをもって書くことができるとわたしを説得したのだった。郷里でも友人たちがわたしの話に興味を示し、もっと多くの人たちに伝えるべきだと熱心に勧めてくれた。わたし自身も自分が抱いた興味や楽しさを人々に話したいという願望があり、彼らの意に添うべく気持ちが動いたのだった。

これらの手紙は身近な親族に宛てたものだし、しばしば困難な状況で慌ただしく書きとめたり、それ以外にも不備な点があるのだが、わたしが受けた印象をそのまま生き生きと伝えるにはこれが最良の形であるように思える。若干の削除や省略はあるが、それ以外は当時のまま活字にされているので、こうした形で出版されるために生じる不具合については読者諸兄のご寛容を請いたい。

イザベラ・L・バード

一八七五年一月

☆原注1　現地に古くから住む人を意味するハワイ語。*2

目次

凡例

一　本書は、イザベラ・バードの *The Hawaiian Archipelago: Six Months among the Palm Groves, Coral Reefs, and Volcanoes of the Sandwich Islands*, second edition, John Murray, London, 1876（『ハワイ群島　サンドイッチ諸島のヤシの木の林と珊瑚礁と火山を巡る六カ月』）の全訳である。

二　本書に用いた図版は原著に掲載されたものである。

三　原文中のハワイ語は原則カタカナ表記とし、適宜説明を付けた。

四　原文中のラテン語表記の動植物名はイタリック体とした。

五　度量衡の単位はメートル法に換算し、概数で示した。

六　原注は本文中に☆で示し、その解説を左頁に記した。また訳注は本文中の章ごとに＊と番号で示し、巻末にまとめて解説した。

七　本書には、今日からみて人権上問題のある差別的な表現が含まれるが、作品の歴史的意義に鑑み、原文に基づいて訳出した。

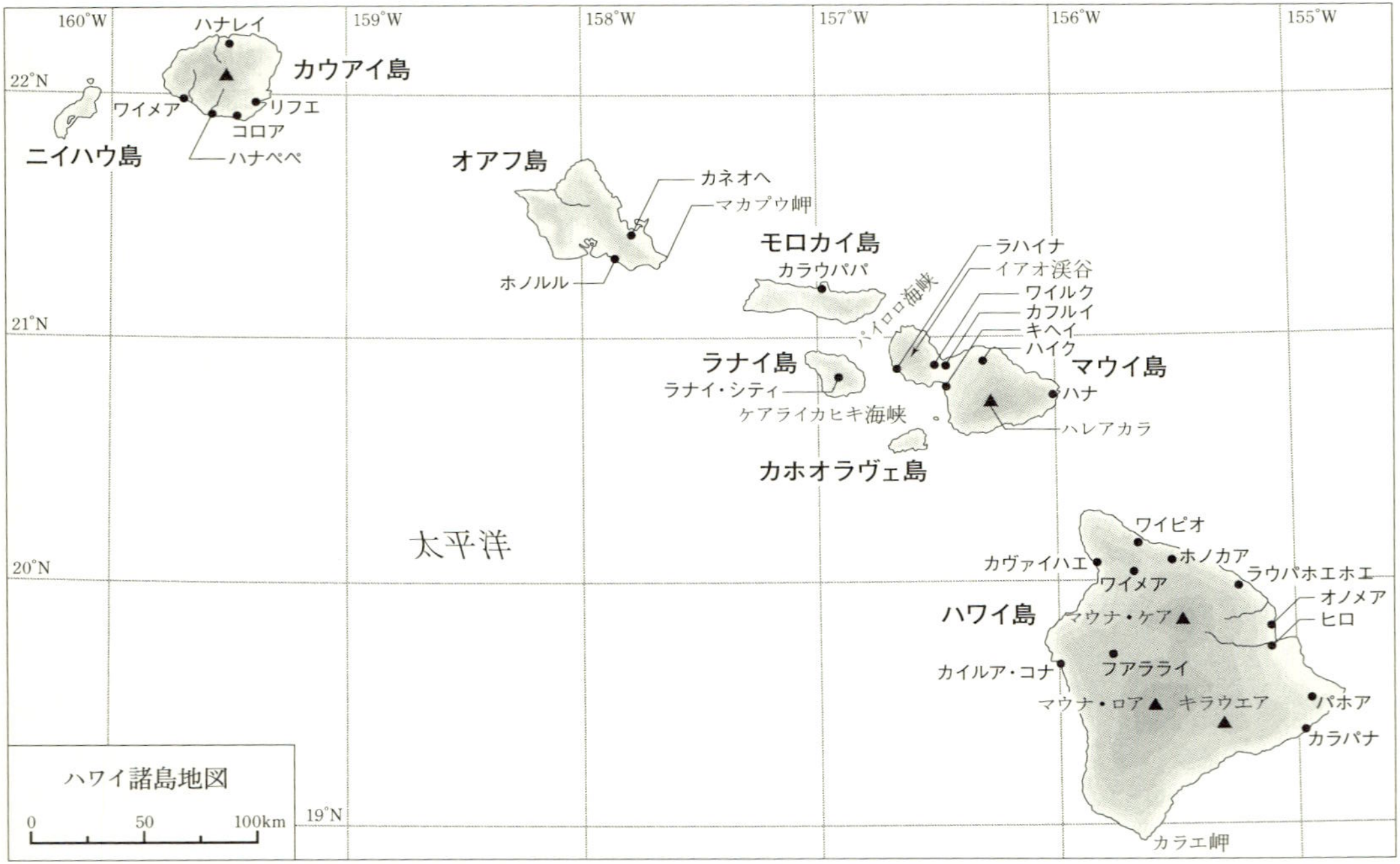
160°W
159°W
158°W
157°W
156°W
155°W
22°N
21°N
20°N
19°N
ハナレイ
カウアイ島
ワイメア
リフエ
コロア
ハナペペ
ニイハウ島
オアフ島
カネオヘ
マカプウ岬
ホノルル
モロカイ島
カラウパパ
パイロロ海峡
ラハイナ
イアオ渓谷
ワイルク
カフルイ
キヘイ
ハイク
マウイ島
ハナ
ハレアカラ
ラナイ島
ラナイ・シティ
ケアライカヒキ海峡
カホオラヴェ島
太平洋
ワイピオ
ホノカア
カヴァイハエ
ワイメア
ラウパホエホエ
オノメア
ヒロ
ハワイ島
マウナ・ケア
フアラライ
カイルア・コナ
マウナ・ロア
キラウエア
パホア
カラパナ
カラエ岬
ハワイ諸島地図
0
50
100km

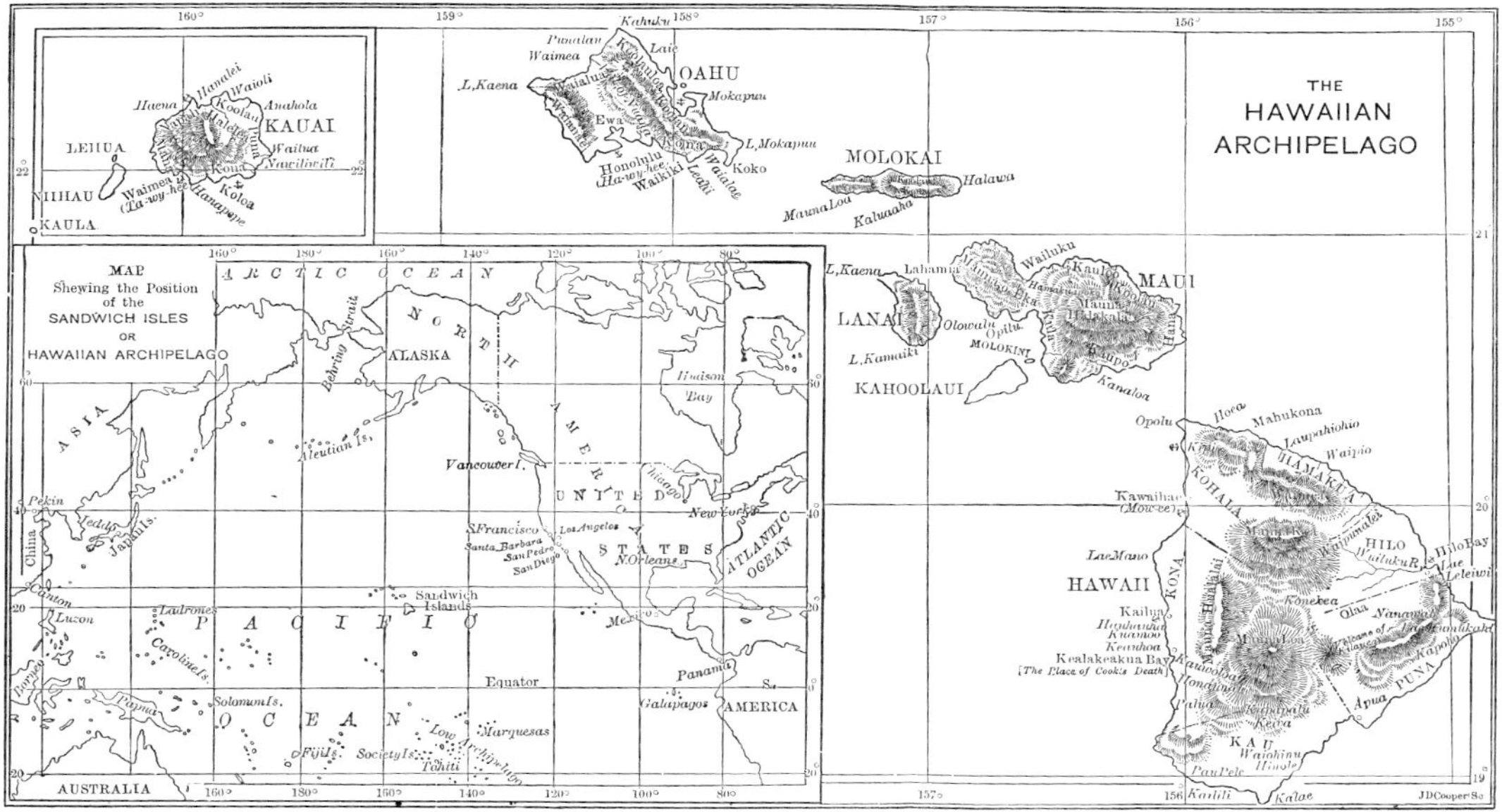

ハワイ諸島の地図（原著第２版（1876）より）

To face page 1 *of Narrative.*

序章

チャールズ・キングズリー[*1]は、西インド諸島に関する魅力的な著書にこう記している。「ココナッツやココナッツから採れる繊維など、さまざまな用途があるココヤシと、チョコレートや関連の製品を産するカカオの木とが別物であることを知る者は、しかるべき教育を受けたイギリス国民でもまれにしかいない。これは疑いのない事実である。このような事柄を声高に叫ばなければならないのは残念だが、ハクスリー教授[*2]とわたしの共通の夢は、わが国の教育機関において、ギリシャ語やラテン語の授業の合間に、世界の地理や幅広い用途に用いられる各地の産物について若干の知識を教授することである。われわれの夢が実現するそのときまで、この事実は繰り返し申し立てなければならないだろう」。

キングズリー氏が引き合いに出した「しかるべき教育を受けたイギリス国民」の知識が、たまたま平均値を下回っていたに過ぎないということはないだろう。残念ながらわたしがお近づきになりたいと願っている人々の知識も、ご推察のとおり、あまり誉められたものではない。わたし自身もこのような取り違えを目の当たりにしたことがあるし、同じように見当違いな質問を浴びたりしたこともある。しかし、太平洋地域を訪れるまでのわたし自身も同じような無知をさらけ出していたのだから、このことについては同罪だと言えよう。

「サンドイッチ諸島というのはどこにあるのですか？　フィジーのこと？　それともオタヘイティ[*3]のことでしょうか？　住んでいるのは人食い人種？　どんな偶像を拝んでいるのですか？　ほかの南の島々と同じように美しいところなのでしょうね。王様は服を着ているのですか？　臣下は？　文明人も住んでいるのですか？　何か作物は穫れますか？　住人はとても野蛮でしょうか？」……といった疑問の数々をわたしも耳にしてきた。

地理的な情報になるとさらに心許ない。幅広い教養を身に付けた紳士が地図でサンドイッチ諸島を確かめようとして、トリスタン・ダ・クーニャ[*4]のあたりを探すのを目撃したこともある。最近も、ある著名な出版社が『サンドイッチ諸島からの手紙』を『南洋諸島[*5]からの手紙』と称して宣伝していた。

こうした見当違いの質問が出るのも致し方ないところがある。わが国の地理教育が地球全域を網羅し、各地の産物はもとより、ポリネシアやミクロネシア、メラネシアを構成する膨大な数の島々に関する知識を授けることにでもならないかぎり、初めに基本的な事柄を述べて、本書の手紙を少しでも読みやすくする必要があるだろう。

サンドイッチ諸島は南洋諸島の中には位置していない。また、その地域と人種や言語の類似性[*6]はあるものの、それ以外の繋がりはなにもない。広大な北太平洋の中に、ただ一つの諸島を形成している。その位置はカリフォルニアをはじめ、メキシコ、中国、日本からもほぼ等距離にある。[*7]

サンドイッチ諸島は熱帯に位置し、[*8] 北緯一八度五〇分から二二度二〇分、東経一五四度五三分から一六〇度の範囲に広がる。[*9] これらの島は一七七八年にキャプテン・ジェームズ・クックによって発見された。

島の数は一二[*10]あるが、そのうち人が住んでいるのは八島にすぎない。島の大きさはさまざまで、最大のハワイ島は約一万平方キロメートル。南北に約一四〇キロメートル、東西に約一一六キロメートルの広さがある。これに対し、最小のカホオラヴェ島は南北が約一八キロメートル、東西は約一一キロメートルしかなく、全島を合わせた面積はおよそ一万六〇〇〇平方キロメートル。[*11] サンドイッチ諸島はサンゴ礁に囲まれたところが多く、良港はほとんどない。諸島はすべて火山島で、絶えることなく活動する世界最大の活火山があり、死火山についても世界最大規模の噴火口がある。全体に山が多く、ハワイ島にある二つの山の標高は四二〇〇メートルに近い。[*12] 一年を通じて穏やかな気候は地上の楽園ともいわれており、ほとんど季節差のない安定した気候に恵まれている。島々の風下側では一年を通じて摂氏二七度と暑く、いつでもたっぷりの陽射しを浴びることができる。その一方で、霜の降りる高地では毎晩暖炉に魅せられる。気の滅入るような季節はなく、風土病もない。一年のうち九カ月は貿易風が吹き、風上側の海岸では豊かな雨がある。そして、一年中枯れることのない植物がみずみずしく生い茂る。

サンドイッチ諸島はオタヘイティではないし、六四〇〇キロメートルの彼方にあるフィジーでもない。人種的にも異なる。先住民は人食い人種ではないし、過去にそのような風習があったとも考えられない。[*13] また、偶像は伝道博物館に保存されるのみだ。一八一九年に住民自ら偶像を排斥したが、それは奇しくも、ハワイ住民の教化のためにアメリカが送り出した伝道師の一団が、ホーン岬に差しかかった頃だった。住民はすべて洋服を着用しているし、国王は教養ある紳士で、欧州仕立ての服を召している。サンドイッチ諸島の公式名称はハワイ諸島といい、独立王国である。

先住民は野蛮人ではない。人々は総じて物静かで思いやりがあり、従順で無垢《むく》なキリスト教社会を形成している。ハワイ人の人口は一七七八年にキャプテン・クックが調査したときには推定四〇万人だったが、一八七二年の人口調査では四万九〇〇〇人にまで減少した。外国人居住者は約五〇〇〇人で、ハワイ人とはとても友好的な関係を保って暮らしている。彼らの多くは、ハワイ王国の国王であるカラーカウア[*14]の臣下として仕えている。

ハワイ王国には優れた政治制度と行政機構がある。立憲君主制を布《し》いたこの国では、憲法に従って代々王を戴《いただ》いてきた。上院および下院議会と内閣、常備軍、警察、最高法院はもちろん、きわめて効率的な郵便制度もあり、大きな島には長官および郡知事を配している。宮廷官吏や宮廷儀礼があり、一般教育制度も関税制度、文官俸給、租税、国債、そのほか文明社会に必要な機構のほとんどが整備されている。

国教は存在しない。外国人の多くは先住民と同様、個々のキリスト教会に属している。宣教師たちは聖書やさまざまな書物をハワイ語に翻訳し、先住民に読み書きを教えた。宣教師たちは王子や貴族階級の子弟にも高い教育を施し、王と首長たちに対しては抑圧的な封建制度を廃棄するように働きかけて司法的な助言を行った結果、憲法が国家の法と定められ、文明社会の一員たるポリネシアの小王国としての自覚が促された。

ハワイの基礎知識はこのくらいにしておき、本編は手紙形式で展開することにしよう。わたしが右に挙げたような見当違いを正すことができたのは、ジャクソン・ジャーヴェス著『ハワイ諸島の歴史』をはじめ、エリス著『ハワイ旅行』や『ハワイの火山』に関するブリガム氏の貴重な研究論文、それに議会に寄せられた数多くの報告書を参考にしたおかげだ。このほかにもハワイ王国司法長官E・アレン氏や、『ハワイ』の著者であるマンレイ・ホプキンズ氏、ニューヨークのT・M・コーン博士、W・アレクザンダー博士、ダニエル・スミス氏、および、ホノルルに住む友人たちから受けた親切な助力に謝意を表したい。

イザベラ・バード

手紙１

オークランド――郵便蒸気船ネヴァダ号――南洋のハリケーン――南太平洋の無風帯――北回帰線

一月一九日　北太平洋、蒸気船ネヴァダ号

ニュージーランドのオークランドは瞬《まばた》くことを忘れた灼熱《しゃくねつ》の太陽に晒《さら》されていた。白い光の照り返しを受けたオネハンガ街から延びる道沿いの街路樹は埃《ほこり》を被《かぶ》り、カラーリリー*1が暑さに打ちひしがれていた。埃まみれの木々の茂みで、身を隠した蟬が勝ち誇ったようにやかましく鳴き、周辺に響きわたる。どうやら庭のつもりらしい埃まみれの囲いの中で、疎《まば》らに生えたゼラニウムだけが、萎《しな》びかけながらもこの暑さに抵抗を試みていた。むせ返る空気の中で、家々の国旗はぐったりとうなだれ、人々は酷暑のせいで、機械仕掛けの人形のように無表情な顔で仕事を続けている。犬はだらりと舌を垂らして木陰に退避し、歩道の敷石や家々の煉瓦が灼熱の光線を照らし返す。ありとあらゆるものがぐったりとし、埃を被り、呻《うめ》き声を上げて喘《あえ》いでいた。この二週間というもの、暑さと隙間《すきま》風と埃ばかりで、目にするものといえば、灼けついて干上がり、ひび割

れた陸地と、そよともしない油を引いたような海ばかりだ。じりじりと陽に灼かれる日中を経て、燃え上がる日没へ、そしてむせ返る夜へと移り変わる日々の繰り返しだった。今日はそれが最高潮に達していた。

この街が昔日の栄華を留め、ビジネス街はアメリカ文化の影響を強く受けていることはわかった。もうこれ以上ここに留まる理由はない。海辺の耐え難い暑さのなかで夜を過ごすより、船のほうがましだとわたしは思った。継ぎ目の松脂《まつやに》が溶け出した桟橋からボートに乗り、港に停泊する蒸気船ネヴァダ号に向かった。この船はウェッブという郵便船会社の持ち船で、かなりの高齢だった。ヴィクトリア女王の妬《ねた》みをかったのか、遠い異国の地で臨終寸前となり、ニュージーランド政府に看取《みと》られようとしていた。この船は前回の航海であわや沈没という事態に遭遇し、これでは航行不能だと乗客たちはこぞって抗議した。政府の調査が入った結果、船は退役を余儀なくされ、積んでいた郵便物はメルボルンに転送された。しかし船は応急処置を施され、今回の航海ではわたしを含む八人の乗客の運命をあずかることになった。この船は巨大な外輪を持つ時代遅れのアメリカ製蒸気船で、何層にも重なる甲板とバルコニーがある。操舵室は前檣《ぜんしょう》*2ではなく船尾寄りにあり、巨大な可動式の梁《はり》が二本と、応急用と思われる帆柱が二本あった。

船体は巨大で居心地はよいが、わたしたちは甲板に出たとき、この航海が幸運に恵まれんことをと、普段よりも気持ちをこめて祈りを呟《つぶや》かずにはいられなかった。航海初日の夜からこんな状態では、長い航海などおぼつかないといった会話が囁《ささや》かれた。船は九ヵ月も母港に戻っていないが、その間、無許可で航行していたらしいという話や、右舷の車軸に少々亀裂が入っているので、負担がかからないように右舷の外輪の羽根を五インチほど短くしてあるが、その結果、船が左舷に傾いてしまい、ますます船体に負担がかかっている、などという話だ。クランクにはつぎはぎがしてあり、水漏れがある。メインマストもたわんでいる。わずか四時間、蒸気を焚《た》いただけなのに、オークランドで替えたばかりの新品を含め、汽罐のチューブがすでに何本もだめになってしまったという噂もあった。メインマストについては真偽のほどは定かでないが、わたしがいままで見たものに較べるなら、マストというにはあまりにお粗末だった。そのほかの噂話も、わたしの耳に届かないものも含め、どれも事実だろうとわたしは思っている。デッキの水漏れについては、不幸にしてほどなく事実が立証された。デッキに降った大雨がさらに広間や客室にも激しく降り注いだので、四人の客室係はバケツとモップを持って走りまわり、わたしたちは防水服にゴム長という身なりで食事をする羽目になった。

オークランドを出航して二日目、この惨状の中で船は南洋を徘徊するハリケーンに遭遇した。航海日誌には「猛烈なハリケーンに遭遇、かなりの大時化《おおしけ》」としっかり記録されている。午前八時に始まった暴風雨は夜の九時までいっこうに衰えず、風向きが変わること一一回に及んだ。ネヴァダ号はオークランドを出航した時点で通常より六〇センチも喫水が下がっていたため、激しく揺れた。防舷を打つ波が轟音《ごうおん》を立て、船はいまにも引き裂かれてしまいそうに軋《きし》み、喘いだ。それは奇妙に長い一日だった。わたしたちは互いに言葉を交わそうとしなかった。というより、口を開けばわたしたちの来《きた》るべき末路を理路整然と推測してみせそうな相手と話すのは避けたかったからだ。船員の姿はなく、乗客に対する業務は何のアナウンスもないまま中止となっていた。

波の音は凄まじく、暑苦しくてぞっとするような暗闇があたりに満ちていた。午後四時を過ぎると波音はさらに激しさを増し、船首近くの防舷に打ち寄せる波のせいで、船の骨組みが音を立てて反り返り、巨大な船体に振動が走った。やがてわたしたちはみな、だれ言うともなくあたりを見渡せる窓のある甲板室に集まり、それから五時間坐りこんだ。話すことはほとんどなく、恐怖もほとんど感じなかった。わたしたちは直感的に気づいていたのだ。このおんぼろエンジンが止まり、船体を海上に留められなくなったら、沈没するのに半時とかからないだろう。すべては明白だった。どれほど経験豊かな海の男でも、海の新米であるわたしたちにこの状況を説明することなどできない。わたしたちはただ祈るのみだった。最悪の事態を言葉で交わすなど意味はない。どのみち、ハリケーンをも凌《しの》ぐ声を張り上げられるのでなければ、会話など不可能だった。

甲板室の中では船がたわんだり切り裂ける音、あるいは軋む音などはほとんど聞こえなかった。正確に言うなら聞こえないというより、別の音に掻き消されたのだ。それはわたしがこれまでの一三カ月間に海で体験したいかなる天候でも耳にしたことのない音だった。執拗に尾を引くシーッという音が混ざりあった、ぞっとするような大音響だった。それは、びくともしないような船に乗っているのでなければ二度と聞きたくはないたぐいの音だ。勢いを盛り返すでもなく、力を失って徐々に弱まるのでもない音。長々と引き伸ばされる途方もない悲鳴のような音。だが、この音は風が船のロープの隙間を吹き抜ける笛のような音ではない。海水の微細な粒子を含んだ空気が、猛烈な速さで流れ去る音だった。海はハリケーンに圧《お》しつけられているせいで、山のように盛り上がることはない。それどころか、この嵐が激しく荒れ狂う数時間、海はまったく見えなかった。海面全体がさらわれて激しく空中へ巻き上がり、大草原の吹雪《ふぶき》のようにシューシューと荒れ狂う。静まり返った甲板では、船首付近の小さな人影がひときわ目立った。船長が前檣に打ちつけられたり、操舵室へと弾《はじ》き返されていたのだ。甲板に人の気配がないのは、この四時間、人が歩こうにも足をすくわれるほど強大なハリケーンが吹き荒れていたためだ。めまぐるしく過ぎる不安な夜、わたしたちはひたすらエンジンに希望を託した。耳を聾《ろう》する騒音と流れる飛沫《しぶき》、容赦ない波の衝撃、その最中にあって巨大な可動式の梁が規則正しくゆっくりと静かに上下するのを目にしていると、ネヴァダ号が金門海峡を観光しているような穏やかな雰囲気さえ感じた。

午後八時には人の話が聞こえるようになり、その後まもなく、あたりに広がって唸《うな》り声を上げる海水の吹雪の中にも黒々とした海面が見分けられるようになる。午後九時にはブレテン船長が姿を現し、呑気に葉巻を吹かしながら語ってくれたところによれば、このハリケーンで羅針盤の針はぐるりと一周しそうになったそうで、ここ一七年間でもっとも激しい嵐だったという。太平洋中でほぼ最高齢かもしれない威風堂々とした老船長は、当初から乗客の尊敬と信頼を勝ち得ていた。老朽船を冷静沈着に操るその見事な手腕は、どのような賛美にも勝る。

不安が和らぐと、わたしたちは朝食以来何も口にしていなかったのに気が付いた。船員たちが散乱したものを片付けたが、テーブルにあった昼食はもちろん、棚にあったグラスまで片付けてしまった。客室係に何か食べるものを頼んだが、ビスケットすら出せないという。午後一一時だというのに、わたしたちは夕食も口にすることができぬまま、潮騒《しおさい》が響く客室へと引き揚げた。ないのは食事だけではなかった。部屋には灯りもなかったのだ。わたしたちは体が弱っているから食べ物や灯りを用意してほしいと遠慮がちに訴えた。客室係はこちらの訴えに対し、ぐずぐずとしながら、愛想の悪さが唯一のセールスポイントであるかのようにこう言った。「何でもお望みどおりにいくわけではありませんよ。こちらにも仕事があるんです」。いったい、客室係には食事を用意する以外にどのような仕事があるというのだろうか。だが、この状況では、不本意ながらもおとなしく従うしかなかった。

船は前舷が一部、波にさらわれ、一〇センチほどの太さがある鉄の支柱が飴のように折れ曲がったらしい。また、メインマストを取り囲む広間が陥没しているのは、そのあたりに何らかの不具合があるということのようだ。昼夜を問わず定期的に何かがぶつかるような重々しい音が聞こえるので、もっと深刻な被害があるのではないかという疑いが湧き、その猜疑《さいぎ》はのちに確信に変わった。風が凪《な》ぐと海が盛り上がり、それから数時間というもの、暴風の後に起こる荘厳《しょうごん》で巨大な南太平洋のうねりに船は身をまかせた。それはかつて本で読んだ描写そのものだった。

ハリケーンの翌日、船のエンジンは調子が悪くなり、一時間ほど停止した。六〇人が前夜の危機で命を落としていたかも知れないことを考えるなら、こんなトラブルなど、真夏の海に少しばかり拘束されたというに過ぎない。わたしたちはこの一件に感謝した。

オークランドを出航してから五日目、船は熱帯に入る。水温は摂氏二七度、気温は摂氏三〇度だが、船首の左側からの風が二本の煙突から出る猛烈な熱気をはらんで船尾方向に吹きつけるので、わたしたちはしばしば摂氏四三度にもなる暑熱に耐えなければならなかった。熱帯特有のスコールが激しく降り注ぎ、周囲すべてがしっとりとおぼろに霞む。その先には、陽気な人々の多い南太平洋のなかでもとりわけ陽気な人の多いナビゲーター諸島がある。[*3] 島は虹色のサンゴ礁に囲まれ、ココヤシとバニヤンやパンノキの林に覆われた島影が仄暗《ほのぐら》い塊となって霧の向こうに霞んで見えた。しかしスコールや靄《もや》や湿気はこのあたりだけのことで、この二週間というもの、船は雲一つない熱帯の太陽に晒され、のろのろと進んでいた。ボイラー・チューブは日に一〇本、二〇本とだめになり、機軸にも亀裂が広がった。全身手負いの老船は、全長一〇〇メートルほどの船体を引きずるように、ゆっくりと航行を続けた。船長は頻繁に機関室に出向いた。事態が思わしくないことは、いつになく強く葉巻を吹かす彼の仕草でわたしたちにも察しがついた。

これまでのところ船旅は快適というにはほど遠かったが、みな道理をわきまえ、精神的にも社会的にも一目置かれるべき人物だった。ハリケーンを経験したわたしたちはいまや、家族同然になっている。毎日、朗読や仕事をし、チェスを指し、絵を描き、おしゃべりをして過ごした。そして、午後の二時間は運動のために輪投げをした。

四日前のこと、わたしを除いて唯一の女性客であるデクスター夫人には一人息子がいるのだが、彼の肺の血管が切れてしまった。症状は予断を許さず、甲板室から動かすこともできずにそのまま横になっていた。彼には手厚い看護が必要で、昼夜を問わず新鮮な空気を送ってやらなければならない。そこで二人が交替で付き添い、看護することになった。デクスター夫人はだれからも尊敬される人物で、わたしには別れることなど考えられない友人となっていた。若い子息の生命をつなぐにはホノルルで上陸しなければならないが、夫人は彼の地に知り合いもなく、まったくの不案内だった。わたしは、是非とも同行してほしいとの夫人の頼みを引き受けることにした。

ついでにサンドイッチ諸島を見学することにした。

深刻な病状は、六人の乗客仲間にも大きく暗い影を落とした。わたしたちはデクスター夫人が憔悴《しょうすい》しきっているのを知っていたので、仕事のときはもちろん、娯楽に興ずるときも寝るときも、彼の病状を確認しながら手はずを取り決めた。主治医は、八〇を優に超えるスコットランド出身の老人だった。彼は長年にわたる酒の飲み過ぎでまともな診断もできず、患者の症状をいたずらに悪化させていたという。それを聞いたわたしたちは、ひどく心配になった。しかし、二人の紳士がはかり知れない愛情を病人に注ぎ、持てる経験と知識を総動員して看病にあたった。彼らは夜を徹して病人の世話をするだけでなく、日中もほとんど満足に休養を取らず、病人が気を失いそうになったり、枕にもたれたりするときに体を支えるべく、つねにどちらかが、ときには二人で待機してくれていた。

ネヴァダ号はもはや航行にふさわしいとはいえず、本来ならサンフランシスコに到着しているはずのわたしたちを、いまも熱帯の太陽の下に晒していた。船の調度品もかなりくたびれている。寝台のマットレスは膨れ上がって張り裂け、部屋にはゴキブリがうごめいていた。甲板は水漏れが激しく、広間の敷物の上を歩くと不快な水音が立つ。パンには小さな蟻がたかるので、それを除けながら食べなければならなかった。夜は夜で、鼠やゴキブリとの勝ち目のない戦いが続く。わたしたちは、食事の時間をめぐって客室係とも一戦を交えなければならなかった。客室係は数の上では乗客に劣るが、その役立たずぶりはこれまでにわたしが乗ったどの船の人間にも勝っている。食事の時間に船長が降りて来ないと、彼らは一刻も早くわたしたちをテーブルから立ち退かせようとする。自分たちがゆっくりと食事にありつくためだ。彼らは傲慢《ごうまん》で、不親切きわまりない。病人が出てからも人並みの優しさを示すことは皆無で、自らをもっとも下等な地位に貶《おとし》めている。わたしたちに対する客室係の剝《む》き出しの敵意は、イギリス籍の蒸気船に本来あるべき自然な、あるいは伝統的な丁重さや奉仕精神の対極にあった。彼らの対応には滑稽な一面もあったので、名だたる郵便船のことだからいろいろと奇怪なこともあるのだと、わたしたちは笑い飛ばすことで溜飲を下げていた。

わたしたちにとっていちばんの不満は、南回帰線周辺の島々に沿った、湿気の多い海域を延々と航海していることだった。わたしたちは早朝に食事をとったり、水風呂に浸ったり、あるいは客室に風を通すなどして、かろうじて生き延びていた。読書をしたり手紙を書いても動作はぎこちなく、交わす会話もか細く、上の空にしか聞こえなかった。運動をするほうが暑さしのぎになるのではないかということになり、午後には輪投げ大会を開催した。ほとんど真上からの陽射しに晒されながら輪投げに興じたが、あまりに甲板が暑いので、火傷《やけど》防止に厚底の靴を履かなければならないほどだった。その後の三日間、足元はおぼつかず、食事も喉を通らなかった。

夜はさらに耐えがたかった。わたしたちは夜ごと船首で憩い、夜更けに船室に引き揚げると、鼠を追い払い、スリッパでゴキブリを退治した。そしてまた、昇る太陽に急《せ》き立てられ、体力も回復しないままに起き出して、過酷な一日に取り組むという日々の繰り返しだった。わたしたちは「国王牧歌」[*4]を読んでは、靄の立ち込める湖や葦の生い茂る沼地について語らい、北国の華麗なる山々の小躍りするように流れる小川や、精気を与えるそよ風について語らった。あるいは雪と氷に閉ざされる北国の長い冬を思い浮かべるのだが、現実の灼けつくような暑さと湿気は、わたしたちが夢想する寒さをいともたやすく打ち負かすのだった。

　わたしたちがこのように惨めな海域にいたとき、トゥトゥイラ島[*5]の東六〇キロメートル付近で、フライングフォックス[☆1]と呼ばれるオオコウモリが船のロープに舞い降りてきた。このオオコウモリは捕獲され、サンフランシスコの動物園に寄贈されることになった。普通のコウモリを巨大化させたような非常に興味深い生き物で、翼には漆黒の膜があり、両翼の先端には研ぎ澄まされた爪があった。肢にも見事に黒光りする五本の爪があり、この爪で逆さに吊り下がる。体長は大きな鼠の二倍ほどあった。腹部は黒い体毛に覆われ、頭部と背は赤狐のような毛並みをしていた。尖《とが》った顔は鼻が黒く、とても目立つ黒い目をしていて、全体に獰猛《どうもう》で冷酷な顔付きに見える。翼は広げると一メートルもあり、強力な飛行力を持つ。初めのうちは犬のように噛みついたが、いまではすっかり人に馴《な》れ、唯一、餌とする乾燥イチジクを貪《むさぼ》るようになった。

　船は経度一五九度四四分で赤道を越えた。しかし靄の立ち込める天候だったために、北極星が見えたのは北緯一〇度六分に達してからだった。北極星ははるか水平線の高みに冴え冴えと輝き、その二時間後にはプレアデス星団[*6]とオリオン座を目にした。風のない鏡のような太平洋で熱帯の夜を過ごしてきたわたしにとり、この五カ月で初めて、ありがたくも懐かしく思える「昔馴染《なじ》み」の涼しげな北の息吹《いぶき》だった。この日以降、病人の件を別にするなら、船がのろのろと進むのもそれほど気にならなくなった。一日は薔薇色に彩られて明け、金色の輝きの中に暮れる。太陽の下で紺碧にゆらめく海は、いつまでもどこまでも穏やかで、ひたすら碧《あお》い。それは夢見心地の、まさに永久の静けさに魅せられた常夏《とこなつ》の海だった。はるか彼方には、濃淡が際立つ藍色の海域が広がっている。優雅なココヤシに縁取られた岩礁は静まりかえったラグーンを取り囲み、その外側のサンゴ礁には絶えず打ち寄せる波が砕け、緩やかに広がる泡の流れとなる。無数のトビウオや、ときにはイルカやカツオノエボシが、ほとんど波のない海面に一瞬の輝きを与え、あるいは緩やかに漂う。残念ながら、こんな夢の世界にお似合いの「絹のロープに絹の帆の船」は望むべくもない。太平洋でもこのあたりはどんよりと青い海原が広がるばかりで、往来する船もほとんどなかった。いわば純潔と孤高の海なのだ。青海原にそよぐ心地よい風、鮮やかな紅色の日没、月や星がはるか高みの蒼穹に瞬《また》く夜、透けるような真珠色の夜明け、薔薇色のヴェールから姿を現す太陽、金色に輝く巨大な恒星の祝福、夜明けの微妙な移り変わりもなく、一気に訪れる素晴らしい一日。わたしたちは熱帯の日々が与えてくれる極上の光景に酔いしれた。

——追伸——

明朝には陸地が見えるだろう。少しばかり不快な気分を味わいはしたが、全般にはとても楽しい船旅だった。船と設備の劣悪さは強く非難されるべきだが、船が過酷な試練を見事に乗り越えたことは賞賛に値するし、その統率力も素晴らしい。この船より優れた船に乗っても、はるかに不快な船旅になりうるのだから、ブレテン船長にはどれほどの賛辞を贈っても

☆原注1　Frugiferous bat

余りある。また、エンジンの不調ゆえに絶え間のない過酷な任務を強いられた機関長にも同様の賛辞を贈りたい。ネヴァダ号はいまや奇怪な様相を呈している。船体が左舷に大きく傾き、この数時間というもの、右舷の車輪は海面からほとんど浮いているありさまだ。

I・L・B

手紙2

ホノルル初見――熱帯の植生――ヌウアヌ・パリ――女性の乗馬――ハワイアン・ホテル――太平洋の楽園――蚊

一月二六日　ホノルル、ハワイアン・ホテル[1]

昨日は朝の六時半に、「島だ！」と叫ぶ声で飛び起きた。はるか彼方にオアフ島が見える。緑一つなく、灰色の山頂がひとかたまり、一面の海に突き出ているだけだった。初めて陸地が姿を現したときには落胆するというが、たしかにそのとおりだ。空気が澄んでいるせいか、島は八キロほど先に浮かぶように見える。だが、実際には三〇キロ以上は離れているだろう。

近づくにつれて少しずつ陸地が見えはじめた。この日はこれまでにない猛暑で、甲板に立っているのは耐えられないほどだ。空も海も見事なまでに青一色で、強烈な陽射しは目に見えぬほどのさざ波をダイヤモンドの輝きに変えた。

島が近づくと、景観は一変した。そびえ立つ山並みがたしかにそこにあった。頂きは陽に灼かれ風に晒されて、灰色と赤い色に染まっている。かつてどろどろと熔岩を流していた時代を彷彿とさせるような色を留め、いたるところがぎらぎらと輝いていた。その一方で、輝く山々を切り裂く深い割れ目や渓谷には、涼しげな陰影とうっとりするような緑の縞模様が広がっている。山腹には幾条もの滝が流れ落ちている。この一一カ月というもの、荒涼とした海原のほかにはニュージーランドやオーストラリアの埃にまみれた赤褐色の光景しか見てこなかった目には、なんと嬉しい眺めだろう。

さらに島が近づくと、海岸線が見えはじめた。海辺には羽根のように葉を広げた、熱帯ではお馴染みのココヤシが立ち並び、打ち寄せる波が長い海岸線を描き出している。雄大なダイヤモンドヘッド[*2]は、その猛々しい姿を緑の靄で覆い隠し、うねり続くヤシの木の林はその山麓に吸いこまれていく。噴火口の跡であるパンチボウル[*3]は、火山灰の赤褐色を微妙に変化させ、緑の山々を背景に明るく輝いている。

船がサンゴ礁に近づくと、「ホノルルだ！」という声が上がった。わたしたちはそのとき初めて、この島国王国の首都が間近に迫っているのに気づいた。それはたしかにホノルルなのだとは思う。ココヤシやバナナの木陰に見える柔らかな緑の芝地には、広いベランダのある美しい木造の小屋や草葺きの小屋が点在している。それ以外にはわずかに二つの教会の尖塔《せんとう》と灰色の屋根が、木々の頭上に疎らに顔を出しているだけだった。

船が島を取り巻くサンゴ礁の外側に到達すると、重厚な波の音が耳に届いた。それは永遠に続くように思われた真夏のうららかさを打ち破った。波音はハワイ諸島をぐるりと取り囲み、絶え間なく轟いていた。そのとき、滑るように進む水先案内人の船から新聞が届いた。ビル王子[*4]の即位が満場一致で議決されたというマーク・トウェイン[*5]の記事だった。彼が読者の関心を引くために書いたものに違いない。サンゴ環礁を真っ白な波が乗り越え、船が狭い水路を進んでいくと、ネヴァダ号の船底よりもはるか下にサンゴの林が見えた。ほどなくサンゴ採りたちがやってきて、美しいサンゴの商いに励みはじめた。

わたしたちの船のまわりをアウトリガーカヌーが白波を立て、信じられない速さで行き交った。褐色の肌の、水陸両性動物を思わせる人々が透き通る波間に戯れている。サンゴ礁の内側には見事なまでに青く凪《な》いだ海が広がり、その中を深い藍色の細い水路が複雑に入り組んで走っていた。サンゴ礁の先の青い海の向こうには、ココヤシやバナナ、アンブレラツリー[*6]、パンノキ、オレンジ、マンゴー、ハイビスカス、キアヴェ[*7]、パッションフラワーが広がる。ホノルルの街は深い緑に半ば埋もれて見えた。真夏の海に咲く鮮やかな一輪の花。麗しき太平洋の楽園がそこにあった。

サンゴ礁の内側には、アメリカの旗艦として赴任中のカリフォルニア号という堂々とした装甲艦と巨大な軍艦ベニシア号が、イギリスのコルベット艦スカウト号と並び、岸から二〇〇メートルほどのところに停泊していた。これらの母艦から放たれたボートが次々と、現地の人々であふれかえる無数のカヌーのあいだを通り過ぎた。

沿岸航路の帆船が二艘、ちょうど港を出て行こうとしていた。それと入れ替わるようにして、島間連絡船の蒸気船キラウエア号が、甲板に現地の人たちを満載して港に入ってきた。巨大なだけが取り柄のわがおんぼろ船ネヴァダ号は、正午に目的地に到着した。田舎のニュージーランドでは停泊できる埠頭がなかったが、小規模ながらも進取の気性に富んだここハワイの首都では、なかなか立派な埠頭に碇《いかり》を下ろしたのだった。

デッキの高みから見下ろすと、二、三千の人だかりがあった。白人とカナカ人[*8]、それに中国人もいる。そのうちの何百人かが一斉に船に乗ろうと押し寄せてきた。どことなくしまりがなく聞こえる言葉を話し、歓声を上げて、わたしたちのことを話している。男も女も肌の色はこんがりとした小麦色で、黒髪は艶《つや》やかに波打ち、大きな褐色の目を輝かせ、象牙のように白い歯並びをしている。そしてだれもが笑顔だった。

女性は肥満気味だが、襞《ひだ》をたっぷりととった袖付きの着衣が肩から足元までを覆っているせいで、こちらでは美しいとされるこの体型は目立たない。彼女たちの服は黒もあるが、若い女性が好むのは純白、紅色、黄色、緋色、青色、黄緑色が多い。男性は優雅でしなやかな体軀に白いズボンと鮮やかなガリバルディ・シャツ[*9]の出立ちで、精一杯めかしこんでいた。頭に色鮮やかなハンカチを巻く女性もいるが、たいていは男女とも麦藁帽子を被っていた。男はそれを深々と傾け、颯爽《さっそう》としていた。首には派手なバンダナを巻き結び目を左に垂らしているのだが、ここまで気取った格好をするのは、ほかにはアングロサクソンの伊達男《だておとこ》くらいのものだろう。

男女とも例外なしに赤や黄色、あるいは純白の花の髪飾りや首飾り[*10]を身に付けている。帽子に巻いたり、さり気なく首に下げたりしているのだ。花の名前はわからないが、香りや色彩はいかにも熱帯植物らしく強烈だ。目鼻立ちの整った娘たちのほとんどが、長く垂らした豊かな黒髪に華やかな赤いハイビスカスを差している。こうした花輪以外にも良い香りのするツル植物[*11]や、繊細で美しいシダをベルト状にしたものを後ろで結んでいる者も多い。生花《せいか》の花飾りはとても魅力的だった。中国人はみな肌の色が黄色く、端の尖った目をしている。つるりとした毛のない顔は幼く、頭の後ろにきつく結《ゆ》った髪を長く垂らしている。服には染み一つなく、その表情には狡猾《こうかつ》さと純朴さが入り混じっている。中国人のほかにも、外国人[*12]や、白人との混血、少数の黒人、さらには、はるか彼方の南洋からやって来た濃い褐色の肌をした数名のポリネシア人など、多彩な人々で賑わっている。

群集のなかには外国人女性も非常に多い。服装はたいてい簡素で、明るいプリント地かモスリン地の服に白い麦藁帽子を被っている。ほとんどは現地の風俗に溶けこみ、帽子や首元に生花を飾っている。アメリカやオーストラリア、イギリス本国では、みな疲れた表情だったり、厳しい表情ややつれた表情、あるいは苛立《いらだ》った表情をしているが、ここでそのような表情を探すのはとても難しい。おそらくこの地では暮らしが楽なのだろう。人々は、制約の多いヨーロッパのような伝統的な生活では得ることのできない、憩いというものを見出したに違いない。シンプルで趣味のよい最新のファッションに身を包んだ外国人女性たちは、苛立ちや雑踏、悪趣味なファッションなどとは無縁に見える。陽気で、親しみやすく、優しさに光り輝いていた。男女とも、悩み事など無縁とばかりに、気楽で満ち足りた嬉しそうな表情をしている。わたしは、女性がこれほど健康的で晴れやかな表情をするのを見たことがない。これほど活気に満ちた微笑を見たこともなければ、これほど女性らしい優雅さ、優美さが発散されるのを見たこともなかった。

絵のように美しい光景と、楽しい人たちの輪から外れたところに、鞍を着けた馬が二〇〇頭ほどいた。どれもメキシコ式の鞍を装着している。鞍の前方には投げ縄をかける突起があり、後ろが高くなっている。大きな木製の鐙《あぶみ》と革製の泥除けが付いていて、銀や真鍮《しんちゅう》製の飾り鋲《びょう》があり、美しい色のカバーに覆われている。ハワイでは馬よりも鞍のほうが目立つといっていいほどだ。どの馬も憔悴しきっており、寝ることも食べることもままならないかのように見えた。灼けつく陽射しに晒されて耳は萎《な》え、口を半開きにしてうなだれる馬たちは、「呻き苦しむ哀れな生き物」そのままに痩せこけ、脚もともおぼつかない。この馬の持ち主はみな、乗馬をこよなく愛する先住民である。ときおり、色鮮やかなロングドレスを身にまとい、花飾りを付けたハワイ女性がここにいるような馬にまたがり、騎兵顔負けの颯爽とした風情で道路を疾駆するのを見かける。

　市中には人混みのあるなしを問わず、そこかしこに果物が山積みされている。オレンジ、グァバ、イチゴ、パパイア、バナナ（緑色と黄色の品種）、ココナッツ。そのほかにも一年を通じて惜しみない恵みを与えてくれる気候が、さまざまな作物を豊かに育《はぐく》んでいる。屋台に並ぶ見たこともない魚たちは色も形も珍しい。赤、青、黄色、薔薇色、黄金色の魚たちは、お伽《とぎ》の海でサンゴの森を照らす灯の精のように輝いている。サンゴを商売とする素潜りのサンゴ採りもいる。雪のように白い枝サンゴは、どれも一つが三・六キロから九キロほどの重さがあるだろう。しかし、押し売りをする者はいない。だれでも好き勝手に見てまわれるし、声をかけられることなく通り過ぎることもできる。わたしたちの上陸にあたって、苛立ちを覚えるような障碍《しょうがい》は何もなかった。乗客はクイーンズ病院[*13]の支援基金として一人二ドルを徴収されたにすぎない。手荷物があれば検査を受けるが、これは形式的なものでしかない。人々の表情を一目見れば、征服する者とされた者といった主従関係など存在しないことがわかる。というより、外国人の多くはハワイ王の臣下であり、白人と有色人種との一般的な関係の逆転という、普通にはなかなか受け容れられない関係がここにはあった。

乗客仲間のうち、このままサンフランシスコに発つ予定の二人が、是非とも一緒に「パリ」[*14]へ出かけようと誘ってくれた。ホノルル近郊ではもっとも人気のある場所だという。そこで、患者を抱えるデクスター家とわたしの宿泊手配をM氏にまかせ、わたしたちは軽装馬車を雇った。御《ぎょ》者《しゃ》が先住民であり、ハワイ語しか話せないことを別にするなら、とくに変哲のない馬車だった。それらの手続きが済むと、わたしたちは下船した。

この街はたとえようもないほど素晴らしい。一万五〇〇〇の人々が濃緑の照葉樹の木陰に立ち並ぶ建物で暮らしている。家はいずれも軒先が低く、薄暗い空間に埋もれているようだ。道筋にはときおり、時代に取り残されたような種々雑多な店が現れる。どれも現地の人の好みに合わせた質素なもので、ホノルルは街というより大きめの村、あるいは村の寄せ集めのように見える。馬車で街を走り抜けながら、流れ去る情景しか見られなかったが、その一つひとつが新たな興奮を呼び覚ました。木々が頭上を覆う通りにさしかかると、茂みを通して真昼の陽射しがわずかに差し込んでは砕け、揺れる。アンブレラツリーやゴムの木、バンブー、マンゴー、オレンジ、パンノキ、ククイ、モンキーポッド[*15]、ナツメヤシ、ココヤシ、アボカド、オオゴチョウ、オオバナサルスベリ、ブーゲンビリア、センダン、オシロイバナ、巨大な葉を大きく横に広げた南洋原産の木々、その多くは旺盛なシダや燃え立つように色鮮やかな花々に彩られている。クチナシ、チュベローズ、セイヨウキョウチクトウ、バラ、ユリ、白い大ぶりのノウゼンカズラ、その他名前も知らぬ無数の花々が咲き乱れ、空気はそれらの花の香りに満ちている。薄紫色の花やパッションフラワー[*16]、艶のある黄色いラッパ型の花はベランダにツルをからめ、とてもゴージャスな装飾となっている。優美なタマリンドや羽毛のような葉を持つキアヴェは南洋産の照葉樹の濃い緑の背後に紛れ、当地ではツツジを大きくしたようなフクシアやゼラニウムといったよく知られた花々のなかに深紅のハイビスカスが咲き乱れる。

初めて目にする木々のなかでもパパイアには驚かされた。これこそは熱帯性植物の粋《すい》というものだろう。柔らかく窪みのある幹は四・五メートルから九メートルの高さまで真っ直ぐに伸び、樹上に葉を広げるのだが、長い葉柄の先に付いた大きな葉にはギザギザの深い切れこみがあり、葉柄の付け根や、それよりかなり下に、花から結実までのさまざまな段階にある花と果実を同時に付ける。実は熟すと鮮やかな黄色になり、マスクメロンほどの大きさがある。

バナナの林は、初めてヤシの木を見たときと同じ感慨がある。この不思議な葉は長さ一・五メートルから三メートルほどあり、濃緑の広葉は現地では家の日除けとなる。パンノキは高さ一八メートルの堂々とした枝振りで、濃緑の葉には艶があり、淡緑色の果実を付ける。左右対称に深くくびれた美しい姿は、古代建築の装飾として彫られたアカンサス[*17]にも匹敵する。赤みを帯びた葉を付けたフトモモ、ウチワヤシ、チェリモヤ[*18]、その他、数限りない木々と、そのなかから羽根のような葉と、絶えることのない果実をそよがせながらひときわ高く立ちつくすココヤシ。あらゆる木々が申し分のない美の祭典を繰り広げていた。

人々は、どこまでも続く緑の木陰の奥深くで暮らしている。外国人の家はいずれも個性的だが、どの家も必ず花を咲かせるツル植物をからませて家の装飾にしているのが特徴的だ。建物の横木や格子窓、手摺、ベランダは、ジャスミンやパッションフラワー、燃えるように鮮やかなブーゲンビレアに覆い尽くされ、家の建築様式が何なのか、どこまでが家屋で、どこまでが植物なのか区別のつかない家もある。家はたいてい軒が低く、二階がない。奥行きのあるベランダを備え、その奥には床にカーペットを敷いた涼しげな薄暗い部屋がある。なかにははるばるコネティカット渓谷の廃村から運んできたのではないかと思えるような、玄関の羽目板を白く塗り、日除け窓を黄色に塗った家もある。どの家も家族が外で過ごす広いベランダがあり、煙突は省略されている。ニューイングランドに典型的な厳格さや無骨さといった色調が目立たないのは、熱帯のツル植物の大きな葉や明るい花々が家の外を飾り立てているせいだろう。

木造家屋のほかには、乳白色のサンゴの塊を積み上げ、隙間をセメントで埋めた家や、大きな日干し煉瓦に漆喰《しっくい》を塗った家もある。草と竹の家、地面に直《じか》に建つ家もあれば高床式の家もある。どれも平凡さや陳腐さに無縁なのは、すべての家を彩る熱帯植物の華麗な輝きのせいだ。どの家にも広々とした庭園や芝生があり、そこには色鮮やかな花がところ狭しと植えられている。ドラセナをはじめ、紫色や赤色の観葉植物が列をなし、ユリやグラジオラス、ジンジャー、その他、名前も知れない花々が咲き乱れる。柵や壁面もパッションフラワーやピタヤ、ナスタチウムの花々で覆われ、ゼラニウムやフクシア、ジャスミンがもつれあう。樹上には穏やかな空気が流れ、小さな噴水から滴る水は芳《かぐわ》しい空気の中で音楽を奏でる。これでも真冬なのだ。夏のほうが気温は高いが、四月には貿易風が吹きはじめるので、実際には涼しいという。しかしいま、木陰でも気温は摂氏二七度、空には雲一つないが、それほどの暑さではない。

現地の人たちのこざっぱりとした草葺きの家と、それよりは手の込んだ外国人の家とが混在する光景は見ていて気持ちがよい。先住民を目に付かないようにまとめ、特別な居住区に移すようなことは行っていない。先住民たちが家の外で木陰に集うのをよく目にする。人々は中央に敷いたマットを囲んで坐り、ヒョウタンで作った器に盛ったポイ[19]の食事をする。ポイはハワイの国民食ともいうべき食べ物で、学名をアルム・エスクレンツムというカロ[20]の根塊をペースト状にし、発酵させたものだ。馬車がヌウアヌ渓谷の山岳地帯へと続く広い道に入ると、カロの畑を数多く見かけた。素晴らしい熱帯植物で、葉は大きく色鮮やかで優しい緑色だ。カロは、水の中に小さく盛り上げた土に一本ずつ植えられている。

素晴らしい野菜畑もある。こちらは中国人が売り物として育てている。メロン、パイナップル、サツマイモ、そのほかにも暑い気候に適した食用植物や、温帯の見慣れた果物や野菜がある。手入れの行き届いた畑には、当地では一年中実るイチゴをはじめ、エンドウマメ、ニンジン、カブ、アスパラガス、レタス、セロリもある。本国に育つ植物や樹木で見かけないものはないが、イギリスでよく知られたユーカリの木は、わたしにはとてもユーカリとは思えなかった。本国では貧相なものが疎《まば》らにあるにすぎない。ノーフォークパイン[21]は見事な大きさに生長し、オオバゴムノキ[22]も素晴らしい。

山岳地帯の道端で、それ以上に目を引いたのは住居の多さだった。先ほど住居について書いたときには、その取り繕った様子に少々嫌味も交えたことを白状する。見せびらかしすぎは悪趣味だと思ったのは、わたしの早計だった。ここにはそんな気配は微塵《みじん》もない。ほんの二キロ郊外へ来ただけだというのに、ここには住み心地のよさそうな家が数多くある。いやがうえにも目を引くのは、穏やかで寛《くつろ》いだ静けさの漂う雰囲気だ。恐れるものは何もない。暑さ寒さや風はもちろん、人の目さえ気にする様子はない。家屋の造りはシンプルそのものだ。ツル植物が家々を覆って、素晴らしい異国情緒を醸《かも》しだしている。また、堂々とした外観のココヤシやバナナ、ククイといったオアフ島土着の植物[*23]も欠かすことはできない。そのなかの一軒に、人の手がまったく入っていない自然そのままの広大な敷地を持つ家があった。それはエマ王妃[*24]の夏の家だとのことだ。女王はまたの名をカレレオナラニといい、カメハメハ四世[*25]の未亡人である。彼女は数年前にイギリスを訪れている。この女王の庭園に匹敵するものといえば、人々の尊敬を集める中国人商人アフォン氏[*26]の庭園くらいのものだ。オアフ島の南西に位置する風下地区は熱帯のようには見えない。しかし、熱帯植物の多様な変化や華麗な茂みを楽しむことができるのは、植物に対する外国人の情熱と愛情、木陰に対する憧れのせいなのだ。

人家も疎《まば》らになり、さらに高所へと馬車が登っていくと、途中で趣きのある霊廟の前を通った。カメハメハ王家の最後の王[*27]がキリスト教によって埋葬された墓で、扉の前には二本の高いカヒリ[☆1]という羽根飾りが立っている。このあたりまで来ると、それまで鬱蒼としていた広葉樹は少なくなる。この高度では一年を通して毎日のように降雨があり[*28]、そのため、母国では実現しえない素晴らしい緑のカーペットが育まれる。緑の海原は、谷間や山腹の上に生い茂る黄色のハイビスカスのせいで色濃く見え、そこかしこにある灰白色のククイの木のあたりでは明るく輝いている。

ホノルル近郊の「断崖」ヌウアヌ・パリ

岩場からは水が湧きだし、小川となって道端を流れる。巨岩も小石も湿っぽいシダに覆われている。聖なる鳥といわれるハゲコウ[*29]の羽毛のように、ふわりと軽くほっそりとしたシダだ。馬車が谷間や高く突き出した尾根道を何度か回りこむうちに、ホノルルの方角がすっかりわからなくなってしまった。

　静かで涼しげな奥深い山の緑に抱かれると、まるで温帯地方にいるように思える。あたりの地形はとても特徴的だ。高さ約一二〇〇メートルの山々[*30]はどれも灰色を塗ったような岩壁で、それらが緑の森や草地に険しくそびえ立ち、頂きは尖塔や針峰のように尖っているのが目を引く。高さ三〇〇メートルの峠にある断崖《パリ》に着くと、わたしたちは馬車を降りた。深い岩の裂け目を抜けた先に広がる名勝は、圧倒的な迫力でわたしたちに襲いかかった。鉄錆色の黒い火山岩の巨大な塊が、数百メートルの高さでほとんど垂直に立ち上がっている。山の稜線は北に向かって[*31]さらに何キロメートルも延びていた。そびえ立つ巨大な灰色の岩塊と、天を突き刺す素晴らしい針峰が連なる。陰りを帯び広々とした緑の山塊はわずかに膨らみながら、ココヤシを縁飾りにしてその先を下方へと広げる。さらに先には牧草地やサトウキビ畑が庭園のように広がり、点在する白い家々にはヤシの木やバナナの茂みがある。はるか先には大昔に活動を終えた噴石丘があって、登るにつれ、その姿を変えていく。この魅惑的な土地の向こうにはサンゴ礁が延び、絶え間なく打ち寄せる波が白い境界線をつくる。そして、冷たい微風がそよぐ碧い太平洋となる。この風は、崖に立つわたしたちを心地よく冷やしてくれる。ところどころで山並みに掻き消される細い筋が景観の中にある。それは恐ろしいほど急峻な山道で、激しく蛇行しながら、わたしたちの右手にある崖の切り通しへと続く。この山道を下るなど、想像するだけで足がすくむというものだが、現地の人々は荷を積んだ馬に乗り、夢の国へ向かうかのように、いともやすやすと下っていく。

☆原注1　その形状は瓶を洗う巨大なブラシのように見える。全長六メートルほどもある大振りのカヒリの場合、取っ手の部分が長さ三・六メートルから四・五メートルあり、鼈甲《べっこう》や、象牙に似た鯨の歯の装飾が施されている。その先は小枝細工を施した直径三〇センチメートルほどの細い円柱状となり、先端に赤や黄色、黒色の羽根飾りが取り付けられている。カヒリは記章として旗幟の代わりに行列で掲げるほか、王や首長が宿営するときには付近の地面に立てる。前王の葬儀では大小七六本のカヒリを首長家族の従者が携えた。

この断崖はオアフ島の歴史に残る悲劇の舞台ともなった。ハワイを征服したカメハメハ[*32]は激しい戦闘に明け暮れ、容赦なく多くの生命を奪って島の覇権を掌中に収めた。彼はオアフ島の王[*33]が率いる軍勢をヌウアヌ渓谷へと退け、さらに数百の兵をこの断崖へと追い詰めた。兵たちは絶望と混乱のうちに崖から身を投げ、その遺骨はいまも二四〇メートルの崖下に眠っている。

帰路についてほっとした。高地の冬のような寒さには、じつのところ寒気がしていたのだ。こうして常夏の気怠《けだる》い静寂のなかに戻ってみると、青く澄んだ海にはその深い静寂を乱す帆の一つもない。輝くばかりの熱帯の木々と、遠目には深い裂け目のように見える涼しげな渓谷を携えて、ホノルルの町は永遠の木陰にまどろんでいる。

土曜の午後ともなると、街は祭り一色に染まる。大通りは色鮮やかな騎手たちであふれかえり、わたしたちの馬車は、開けっぴろげに笑い声を上げる集団に踏み潰されてしまうのではないかと思えるほどだった。何百人もの現地の男女が馬に乗っている。馬の多くはわたしが桟橋で目にしたような哀れな痩せ馬だったが、メキシコ式の拍車をかけられると豹変《ひょうへん》した。よく慣れているのか、あるいは仲間に釣られるせいなのかもしれないが、全速力で疾走するのだ。ハワイの女性にとり、乗馬はお手のもののようだ。金色の飾り鋲《びょう》を付けた華やかな突起のある鞍に裸足《はだし》でまたがり、軽やかに疾駆する。黄色や赤色の乗馬服が馬の尾に被さるようになびく。輝く瞳、白い歯並び、艶やかな髪、花飾り、色鮮やかな着衣は万華鏡を覗いているようだ。男性も女性に劣らず華やかで、洒落た帽子には生花が巻かれ、褐色の首元には朱色のオヒアレフアの花輪を飾っている。ときおり、颯爽とした女性騎手が二〇人ほどのグループで現れ、大きな声で呼びかけあったり、

ハワイ女性の休日用乗馬服「パウ」

笑い声を残したりしながら駆け去っていく。なかなかに壮観だ。
　街の騎馬集団の中に、ネヴァダ号の上級乗組員の姿を何人か見かけた。彼らはアングロサクソン好みの服装をし、強《こわ》ばった表情でぎこちなく馬に乗っていた。H・M・S・スコット号の陽気なイギリス人船員の一団は、浮かれ騒ぎながら駆け抜けていった。帆柱の横木にでもぶら下がったつもりでいるのか、たてがみと鞍の突起にしがみつくという屁っぴり腰だったが、当人たちはすっかりご満悦のようだ。わたしたちの馬車が曲がりくねった木陰の道にさしかかると、またしても何百という現地人の騎馬集団が警官の目も憚《はばか》らず全力疾走しているのに出くわした。多くの女性がまとっているのは純白の乗馬服で、軽やかに流れる白衣に、束ねもしない黒髪がかかり、紅色の花飾りが垂れる姿は絵のように美しい。

わたしはまだ当地で腰を据える予定の宿を見ていなかった。馬車が辿り着いたのは、大きなタマリンドとキアヴェが木陰をつくり静かに揺れる場所だった。正面には横に長い二階建ての石造建築があり、奥行きのあるベランダにはクレマチスやパッションフラワーが額縁の飾りのようにからみついている。手前の芝生には木陰が広がっていた。このお伽の国では何が起きても不思議はない。わたしにはそう思える。

これこそホテルの理想といってよい。もてなしが行き届いているだけでなく、ちょうどよいバランスを保っている。そのことは開け放たれたドアを見ればすぐにわかる。ドアは下のベランダに面していて、どちらを向いても目に嬉しい光景が飛び込んでくる。人は日がな一日、奥のベランダに坐って、山々に映える光と色彩の戯れを眺めることができる。あるいは、ヌウアヌ渓谷の緑濃い一帯に出現する通り雨や陽光、虹がつくりだすかぎりのない変化を楽しむことができる。

広々としたダイニングルームも素晴らしい。カーテンはなく、室内装飾は淡い色調に整えられて涼しげに見える。一方の窓からは熱帯の木々の茂みを、もう一方の窓からは山々を一望できる。食事どきにテーブルを飾るバナナやグァバ、ライム、オレンジといった果物の山、珍しい野菜や魚の数々が、紋切り型と陰口を叩かれるアメリカのホテルの食事を別物に変えていた。ホテルに女性の従業員はいない。経営者はドイツ人で支配人はアメリカ人だ。客室係はハワイ人、下僕は染み一つない白いコットンの服を着た中国人だ。髪を頭に巻きつけた中国人は、無類のお人好しに見える。ほとんど英語を解さず、とんでもない見当違いもするが、誠意がある。それに、いつもにこにこと客の要求に応じ、見た目もさっぱりとしていて清潔だ。

ホテルはホノルル中の人々が集う一大公共施設といった性格を帯びている。ホノルルの喧騒の中心であり、クラブハウスであるとともに取引所であり、応接間にもなる。一カ所ですべてを兼ねているのだ。広い回廊やベランダはいつも活気があり、海軍の軍服姿のイギリス人やアメリカ人、家族連れでしばらく滞在している農園主、カリフォルニアからの保養客、長期滞在者、捕鯨船の船長、「イギリスの太平洋植民地」からの旅行客、それにホノルルの住人たちで賑わう。これ以上はないほど活気があり、のびのびと寛げるところ、しかも親切で気さくなホテル。それが、ハワイに着いて最初に受けた印象のなかでも中核をなすものだった。このホテルにはそれらのすべてが行きわたっている。

建物はつい最近、政府が一二万ドルを投じて建設したもので、その資金は文明国の証《あかし》でもある「国債」に多くを負っている。建設を指揮した大臣はこのためにずいぶん非難されたようだが、ホテルに滞在する外国人が多額の金をこの王国にもたらすのは確実に見える。これまでのように民宿でのもてなしに甘んずるのであれば、そうはいかないだろう。現在の地主とは数年間の無償貸与契約を交わしているというが、これは地主にも政府にも良い結果をもたらす投資だろう。わたしは保養地を好きではないし、保養地の生活など願い下げにしたいが、どちらも好きな人にとってはこれほど理想に近い宿泊施設はない。料金は週一五ドルもしくは一泊三ドルもするが、気配りが行き届き、惜しげもない環境が整っているのだから、わたしはいくらでも構わないという気になってしまう。この料金には当地の気候には欠かせない熱い風呂と冷たい風呂の利用が含まれるが、いずれも回数に制約はない。

マグルー医師は、当地の穏やかで安定した気候が病人を快方に向かわせていると言う。親切な乗客仲間が同じホテルに滞在して交代で病人の看護にあたり、団扇《うちわ》であおいでやっている。半開きにした格子窓からは、パンノキや優雅なタマリンドの木、キアヴェ、ウチワヤシ、ナツメヤシ、バナナといった木々が眺められ、ココヤシの葉のあいだからは真っ青な太平洋が輝くのを見ることができる。窓はもちろん、開け放たれた空間のいたるところから入りこむ微風には、ほのかな芳香がある。それとともに、遠くで鳴くけたたましい蟬の声も運びこんでくる。壮麗な夜は完璧な静寂が支配し、キアヴェの柔らかな葉も眠りにつくほどだ。星々は木々の茂みに明かりを灯《とも》し、半月はわたしの故郷の満月よりも明るい光を放つ。

上陸した日の夜、士官と淑女の一団が玄関から馬に乗り、笑いを残して月明かりの中に消えていった。現地の人々が話しながら行き交う木々の茂みには、花の冠を戴く娘たちの白い着衣が輝き、交わす声は水辺のさざ波のように聞こえてくる。港の装甲艦から音楽がかすかに聞こえ、宮殿からも演奏家たちの奏でる音楽がわずかに聞こえる。一帯の空気は夜露を帯びた花の豊かな芳香に満ちていた。あたかも常夏の国を舞台に繰り広げられる、エデンの園の美しいミュージカルそのものだった。それは、わたしたちをお伽の国の岸辺に迎え入れるかのようだった。わたしにとっては見るものすべてが新鮮だが、厳密にはすでに見たことのある光景でもある。かつてわたしは、凍えるような灰色の北国でこのような島を夢想し、どれほど素晴らしいところだろうと焦がれたものだ。はるか遠くで潮騒の奏でる低く優しい囁きに耳を澄ましながら、いつまでもまどろむ。わたしは華麗な夜の帳《とばり》を楽しみながら、そのことを思い出していた。まどろむだけで、外には素敵な世界が開けているのであれば、気になってとても眠れるものではない。そう思った途端に、なにやら低く呟くような音が聞こえてきた。環礁に打ち寄せる波の音ではない。音はどんどん迫り、ついには聞き違えようもないものとなった。最初にちくりときたとき、すでに唸り音を立てて攻め寄せてきた蚊の大群に取り囲まれていた。もはや楽園どころではない。ホノルルでの最初の夜だというのに、わたしはこの小癪な生き物の攻撃を避けるため、早々に蚊帳《かや》の中に退散して味気ない前後不覚の眠りに就いたのだった。

I・L・B

手紙3

オアフの安息日――大儀式――突然の出発――他の島々への旅――マウイ島――論争――ハワイ島の風上――ポリネシアの楽園――ヒロの魅力

一月二八日　ハワイアン・ホテル

日曜日はとても気持ちのよい日だった。教会の鐘が鳴り、木陰の通りは晴れ着姿の人であふれている。先住民向けの大きな教会としてはカウマカピリ教会と、一般に石の教会と呼ばれるカヴァイアハオ教会の二つがある。後者は堅牢な大建築で、現地のキリスト教徒がサンゴの塊を持ち寄って建てたものだ。大きなローマカトリック教会もあり、こちらの司祭は住民の強引な改宗にある程度の成功を収めたといわれている。改革派カトリック教会、あるいは仮設英国大聖堂ともいうべき教会は、趣味はよいが非常に簡素な木造建築で、風光明媚な場所に建つ。敷地には現地の人たちや白人との混血子女の職業教育をする寄宿学校と、白人子女の通学する幼年学級が併設されている。これはデヴォンポート・ミス・セロンズ慈善会との共同運営だ。この聖堂の並びにあるもう一軒の建物では、ハワイ語による祈禱が執り行われている。

会衆派の教会は二つある。その一つである古い礼拝所（オールド・ベテル）は、S・C・デーモン師が牧師を務める。彼はホノルル在住者のなかでも最古参の一人として尊敬を集める人物で、外国人で知らぬ者はいない。もう一つのフォート・セイント教会は多くの会衆を有している。国会議員の大半をこの派が占めることから、「政局を動かす」とまでいわれるほどその影響力は大きい。現国王ルナリロもこの会派だが、エマ王妃は英国聖公会の熱心な信徒であり、ハワイ典礼祈禱に出席している。現地の人がこれほど多くこの派に属するようになった背景には、彼女の多大なる影響がある。エマ王妃の亡き夫である元国王は、晩年、祈禱書のハワイ語訳に明け暮れる日々を送った。当然のことだが、現地の人々は本人あるいは父親がキリスト教の洗礼を受けた教派に属し、外国人の大多数も同様にそれぞれの教派に属している。ニューイングランド清教徒の影響は、厳格な安息日の務めがかなり薄れたとはいえ、いまもそれなりの影響力を持っている。たいていの店は扉を閉ざすし、教会に通う人々の姿は傍目《はため》にも目立つ。人々は娯楽を慎み、波止場はひっそりと静まり返るのだ。

わたしは英国大聖堂へ二度ほど出かけた。褐色の肌をした大勢の少女たちの中に一人だけ修道服の女性がいたので目を引いた。彼女は何年もこの地で立派な務めを果たされているシスター・バーサだった。教会が守るべき儀礼は厳粛だ。それはあらゆる欲望を超越し、監督教会員である島民のほとんどすべてを理解する仕事だという。ウィリス主教の熱意と無私の行為は、いずれ必ずその優れた資質を理解してもらえる時代が到来するだろう。

ある午後、訪ねてみえた主教が、ヌウアヌ渓谷の美しく質素な住まいにわたしを案内してくださった。主教はここで先住民の少年向けに職業教育の寄宿学校を開いており、生徒のなかの数人が朝、白衣の合唱団として教会に出席する。ウィリス主教と校長を務める妹、それに一四人の少年が食堂で食事をとり、生徒は交代で給仕当番を引き受ける。毎朝六時半には、宿舎とつながっている専用の礼拝堂で祈禱があり、その後すぐに聖堂でも祈禱が行われる。赤道に近いため、一年を通してろうそくの明かりで早起きしなければならない。

今朝、ネヴァダ号の優しい友人たちと最後の朝食を共にした。長いこと洋上で一緒に過ごした乗客には遠心力とでもいうべきものが働き、港に着くなりちりぢりに分散することをわたしは知っている。たとえ一時的であろうと無理矢理一つにまとめようとすれば、強い反発が起こることも少なくない。しかし今朝、わたしたちは親しかった仲間がばらばらになってしまうことを惜しんだ。だが、残念なことばかりではない。この地の素晴らしい気候のおかげで、D氏[*1]はこれまでのような付きっきりの看護を必要としなくなるまでに回復した。朝露を帯び、薔薇色に輝く朝は、夜よりもはるかに素晴らしい。人々は早々に起き出して朝を堪能することもできる。わたしたちは八時に朝食をとったが、その席にアメリカ領事とデーモン氏が現れた。ここでは堅苦しい形式は不要なのだということがわかる。午前中は、主に病人の体に良さそうなものを買い求めながら店を見てまわり、その後、ネヴァダ号でブレテン船長を交え、乗客仲間と昼食を囲んだ。

遠まわしに言えば一国を代表する船、つまり戦艦の来航に次いで、ホノルルの住民の興奮を煽るのはニュージーランドからやって来る郵便船だ。船の故障や海難、あるいはあきれるほど不正確な運行時間など、大きな事件が起こらない土地において、ウェッブ郵船の動向はかなり刺激的な出来事だった。ネヴァダ号の船内で寛いでいた人たちの話では、この四日間ポンプがずっと作動していたそうで、ポンプから流れ出す水が澄んでいるのは、船がかなり浸水していたなによりの証拠だという。☆1

出航当日、港は黒山の人だかりで、外国人も何百人といた。ネヴァダ号は出航に向けてオレンジや、熱帯産の青いバナナを積み込んでいた。味気のないバナナなのだが、香りも味もよいと誤って伝えられている。

このとき、現地の人たちの興奮がひときわ高まった。現国王ルナリロがアメリカの旗艦カリフォルニア号を公式訪問するために現れたのだ。桟橋や通りは立錐《りっすい》の余地もなく、国王を一目見ようというカナカ人で埋め尽くされている。前国王は世継ぎに恵まれず、後継者を指名しなければならなかった。国王に強い影響力を持つ女占い師は、王はお告げどおりに死ぬ定めにあると説いたという。二カ月前、国王は後継者を指名することなく亡くなった。そこで憲法に則り、国民の選んだ代議員によって国家元首を選出するという責務が生じた。彼らは情熱を傾けながらも秩序を保ち、その権利を行使して、文明国家としての面目を見事に施したのだった。彼らが選んだのは外国人には「ビル王子」として知られ、諸島のなかで最高位にある首長のルナリロ（「最高位」の意味）だった。即位の際、王のもとには主権国家の同胞として欧州各国の元首から祝賀声明が

☆原注1　一週間後、この船は原因不明の不具合を抱えたまま、最終寄港地であるサンフランシスコになんとか引き返した。しかし、母港まで辿りついたのは奇跡ではないかと思えるほど、船はひどい状態だった。

続々と寄せられた。

蒼《あお》く雲ひとつない空、あふれんばかりの光と色彩の恵み。壮大な野外劇はいやがうえにも盛り上がった。ひどく暑い日で、ネヴァダ号の船首に陣取って物見を決めこむわたしたちには耐え難いほどだった。期待に胸膨らませる国民の歓声が大きなどよめきとなって最高潮に達すると、ペノック提督の乗船する立派な天幕を張った一六本オールの将官艇が、儀仗兵を配した二艘のボートを従え、岸と船のあいだの水路を滑るように進む。花飾りをまとった男女を乗せた何艘もの双胴カヌーが静かな海面でじっと身構えていたかと思うと、装甲艦のまわりを矢のように素早く旋回しては、またゆったりと優雅に静止する。

人垣がざわざわと揺れ動き、アメリカ海軍提督がイギリス製の四頭立てブルージュ馬車の踏み台に立っているのが見えた。群集から沸き起こるハワイ訛《なま》りの英語の歓声が響きわたる。歓声はさらに大きくなり、人々の興奮は高まったが、それ以上は何も見えなくなった。しばらくしてアメリカ人提督の乗船する将官艇がネヴァダ号の脇を通るとき、勲章を一つ付けただけの地味なモーニング服姿の国王が通るのを見ることができた。将官艇のあとに従う数艘のボートには、褐色の肌の人々と白人の随員一行が分乗している。長官、大臣に加え、ウィンザータイプの制服を身に着けた宮廷高官の姿もあった。こちらはイギリス側とは異なり、羽根飾りや肩章、金モールなどを加えたきらびやかさだ。国王が旗艦カリフォルニア号に到着すると、軍艦三隻が登桁礼《とうこうれい》*2で国王を迎え、人々の歓呼は空をも切り裂かんばかりの勢いとなった。重砲による六三発の儀礼砲が耳を聾するばかりに轟くなか、未開の土地で七〇世代にわたり受け継がれた王権の継承者にして臣民の信望を一身にあつめる国王は、旗艦の甲板へと足を踏み入れた。ロシア帝国皇帝に対してさえ、これほどの礼を尽くしたことはない。わたしには感慨深いものがあった。共和国アメリカを代表する人物が、有色人種の前に脱帽して立ち、地上最強の帝国がポリネシアの主権国家、北太平洋の小さな王国に最上の敬意を表しているのだ。わたしの母国の人々はこの国のことを、「キャプテン・クックが殺された諸島」という程度にしか知らない。大海の女神ともいうべきこの国の、なんと麗しきことか。ここは、波が荒巻く大西洋とは動きも色彩も異なる。そよ風が吹き、空は蒼く輝く。至高の力のなかにも穏和な空気が漂っていた。

一月二九日　蒸気船キラウエア号

ホノルルでどのようにのんびり一週間を過ごそうか。楽しく思い巡らせながら帰途に備えていたところ、デーモン夫妻がわたしを捕まえ、熱心に口説きはじめた。夫妻の友人の女性が、ハワイ島の火山を見に行くのに連れを探しているので一緒に行ってはどうかというのだ。旅行経験も知識も豊富な女性であることを夫妻は請け合うという。キラウエア号の出航が二時間後に迫っているが、わたしの滞在期間は限られているのだから、この機を逃せばもう二度と行くことはできないだろう。デクスター夫人も、それは是非とも行くべきだと言っているし、留守中のことはすべて自分たちが引き受ける。これは千載一遇の機会だから、とにかく行ったほうがよい。ホテルまで馬車で送るから急いで荷物を用意しなさい。夫妻は熱心にわたしを口説いた。

わたしにとって火山はいまだに神話的な存在であった。行くからには、いろいろと勉強しておきたい。それに、友人を残していくのは気懸かりだった。しかしデクスター夫人は、荷造りはあらかたできていると言い、子息も弱々しい声ながら、しきりに旅を勧めた。かかりつけの医師も、彼は心配ないと言う。デーモン夫妻の親切な急《せ》き立てにあい、行く以外に選択の余地はほとんどなくなってしまった。わたしは五時に夫妻と埠頭に立っていた。そこで同行の女性と、その他旅の道連れを紹介された。わたしはこの思いも寄らない成り行きにとまどいを覚えた。たしかに、わたしは何事も経験してみなければ気が済まないたちだが、それにも限度というものがある。楽しそうであれば、たとえ先が見えなくても飛びこんでしまう自分の性格に頭が痛かった。

埠頭は現地の人たちであふれかえっていた。彼らは、あふれんばかりの情を示して、親しい人との別れを惜しんでいる。かなりの乗客に加えて、さまざまな荷物を積みこんだ蒸気船の甲板は足の踏み場もなかった。男、女、子供、犬、猫、ゴザ、葉に包んだポイ、ヤシの実、バナナ、干し魚、そして色も香りも鮮烈な花を飾った浅黒い肌の人々の群れ。みなおしゃべりに余念がなく、大きな身振りと手振りで話を盛り上げ、大声を上げて笑っている。船は赤く染まった短い黄昏時《たそがれ》の環礁を進み、金色の大洋へと乗り出して、島の風下側を進んだ。闇夜が迫る前に人々が寝る支度をはじめると、甲板には天窓に至るまであらゆるところにゴザやマットレスが敷き詰められ、乗客たちはその上に坐りこんだり、眠ったり、煙草をふかしたりしている。一七〇名にのぼる現地の人々は、彼らが身につけているさまざまな色彩の服のせいで渾然《こんぜん》一体の塊となる。この人混みの中に、いつも目にする司祭服を着けてマットレスに身を横たえるウィリス主教の姿があった。彼は不快感と疲労に見舞われているように見えた。本国の宗徒たちは、現地のこの辛い布教活動をどのように捉えているのだろうか。

ゴア人[*3]なのかマレー人なのかはわからないが、黄色の肌の魅力的な面立《おもだ》ちの客室係がいて、乗客に優しく声をかけ、親切に世話を焼いている。彼に、甲板の天窓の上にマットレスを敷くか、それとも下の寝台にするかと聞かれ、わたしは知らないのをよいことに、迷うことなく、「もちろん下がいい」と答えた。下には女性専用の船室があると思っていたのだが、夕食時に下に降りて、その実態を知らされた。

四〇〇トンのスクリュー船キラウエア号はひどく外観が悪い。前進はするものの速度は遅いかわりに積載はいくらでもできそうに見える。この船は、船底で島中のサンゴの枝先を削り落としてまわるという笑い話があるくらいだ。島間航路のスクーナー帆船は数多くあるが、一週間以内に諸島の風上側に到達するにはこのキラウエア号に乗る以外にない。わたしはいまのところこの船に最低点を付けており、ニュージーランドの沿岸を航行する連絡船の部類に等しいと見ている。とはいうものの、この船は現地の人たちの誇りであり、風上に立ち向かう恐怖を払い除ける恵みの船と慕われているので、彼らのキラウエア号についての話には愛着がこもる。しかし、その姿は廃船同然にみすぼらしく、くたびれた石炭船か、アメリカで見かける老朽化したタグボートのようにしか見えない。船の造りにも問題があるようで、わたしは、メインマストを揚げる最中に大事なロープが二本ほど外れるのを目撃した。

船には小さな船室があり、二段ベッドが備え付けられている。寝台の脇には船尾の梁が剝き出しになっていて、それが二段ベッドの下の段となる。船尾には貨物室もあるが、横の客室とは仕切りがなく、ひと続きになっている。女性専用の客室はなく、性別、人種、肌の色、すべてにおいて取り合わせは自由だった。

同行のカープ嬢と、感じの良い女性二人は、気分が悪いと言ってすでに寝台に横になっていたが、わたしは寝台に入らなかった。ゴキブリのせいだ。鼠みたいに大きなやつが一匹、枕を占領し、その連れらしい、たいして大きさの変わらないゴキブリが、さしたる目的もないのに上掛けの上をうろうろしている。わたしの観察が正確であるとは必ずしも言えないまでも、この赤黒く、目はロブスターのようで触手の長さが五センチはある巨大生物は、もっとも危険にして予測不能の計画を実行に移す能力があるように見える。そこでわたしはマレー人の客室係を呼んだ。彼は同情の笑みを浮かべながらも、口ではわたしを元気付けるように、害はないから大丈夫だと請け合った。しかし、わたしにはこれが人間に害を及ぼす敵でないとはどうしても思えない。そのようなわけで、わたしは梁の上に横になったのだが、それでも眠ることができなかった。この恐るべき害虫の動向を監視し続けることこそが、大事な使命であるように思えてならなかったからだ。

寝台の件といい船室内の配置といい、わたしにはかなりおかしいという思いが募ったが、さらに追い討ちをかけるようなことが明け方に起きた。一人の紳士がわたしのもとにやってきて、あなたが足載せのクッション代わりにしているのは、マウイ島長官の頭であるのをご存知ですかと告げたのだ。それを知らされたとき、わたしの不信感は頂点に達した。クッションにさせられた恰幅《かっぷく》のよい先住民「閣下」は、梁の先でまどろみながら夜を過ごしたのだ。船室の中にいるイギリス人、中国人、ハワイ人、アメリカ人をとりまぜた「仲良し家族」の様子は、図解すれば少しはおわかりいただけることだろう。

ライマン長官	カープ嬢	＊＊嬢
アフォン氏	空き	＊＊嬢
ナハオレルア長官	わたし	ハワイ人

もう一つ気付いたことがある。トランクなど大型の旅行鞄はほとんどないが、船室後方の端にはメキシコ式鞍やサドルバッグが山積みにされていた。これこそがハワイでは旅行者の必需品であることを、後日、わたしは悟ったのだった。

今朝の五時に、船は背後に山並みが迫るマウイ島最大の村ラハイナに停泊した。海から望むこの村の景観は素晴らしい。蒼い海原と泡立つ環礁の彼方に、軒の低い草葺き平屋の絵のような家並みが連なる。木造家屋の多くは白く塗られ、その他は草葺きの家だが、どれもみな奥行きのある涼しそうなベランダがあり、ヤシの木やバナナ、ククイ、パンノキ、マンゴーなどが鬱蒼とした茂みに半ば隠れている。それらの濃い茂みの彩りは、背後に続く斜面を覆うサトウキビの鮮やかな緑と好対照をなしていた。

ラハイナは赤く燃え立つ険しい山々と海とに挟まれた細長い土地にあり、背後の山々は険しく、一気に一八〇〇メートルの高さにまで隆起して先を尖らせ、深い襞といくつもの丘をつくりだしている。山のほとんどは荒地で緑はないが、いくつか見られる深い裂け目にはシダやククイの緑が生い茂り、滝の周辺には潤いがある。ラハイナは朝の陽光を受けて薔薇色に輝いていた。それは絵に描いたような常夏の島で、夢でも見ているような鮮やかさだ。この島を素通りするなど、到底できるものではない。陽射しは海辺にも船にも海原にも降り注ぎ、真冬の景色をあまねく光り輝かせる。わたしは甲板の上に張られた天幕の下で、またしても夢見心地の気分にさせられた。軽やかな海の風に頬を撫でられ、人々が交わす言葉は聴いたことのない調べのように耳に届く。あたりには、熱帯の色彩豊かで優雅な人々が集まっていた。

　船は、陽に灼け焦げた不毛の砂地が続くマアレイア[*4]に停泊し、その後、マアレイアより七倍は暑く、炉の中にでもいるようなウルパラクア[*5]に立ち寄った。ここは海抜六〇〇メートルの山腹に広がるサトウキビ農園の荷揚げ港で、微風にそよぐ農園のサトウキビが目にすがすがしい。船はここでも錨を下ろした。わたしにはそれほど手間はかからないよう思えるのだが、船はのんびりと荷物と先住民を降ろし、新たな先住民とゴザやポイの入ったヒョウタンを積みこんだ。先住民はみな犬か猫をペットとして連れていて、それを撫でたり、誉めたり、猫なで声で話しかけたりしている。しかし子供を見かけることはほとんどない。たまに見かけると、男性が世話をしていた。たくましい犬もほとんどおらず、もっとも人気のあるのは、愚鈍な目付きで赤鼻の、鼻持ちならないマルチーズだった。

　海はすっかり凪《な》いでいるように見える。しかし、緩やかな波が岸辺に触れた途端、海は隠し持った力で飛沫を飛び散らせる。わたしは新鮮な驚きを覚えた。澄みわたった海の深みを覗《のぞ》くと涼しそうだ。名も知らぬ鮮やかな魚が、海中の障害物のあいだを素早く通り過ぎていく。しかし、涼しそうだというのは感覚的なものであって、実際の水温は摂氏二七度もある。黒々とした巨大な熔岩棚は、太古の昔に海へと流れ込んでからというもの、地上を美しく飾り付けようという親切な自然の働きを拒み続けている。おかげで地上の大気は熱波に打ち震えている。不死身のココヤシでさえ、陽に灼かれた赤い熔岩大地に葉のない高い幹をくねらせて痩せ衰え、精根尽きて無慈悲な空に渇きを訴えているようだ。

絶え間なくおしゃべりをしていた波が収まり、船員と乗客が暑い甲板で眠りにつくと、天幕までが眠そうにはためいた。舵が物憂げに軋む音だけが聞こえ、キラウエア号は気怠い波間にうとうとと揺れる。暑さに生気も萎え、旗がうなだれる。マグネシウム光のような白熱の太陽がぎらぎらと青海原に照りつけ、荒々しい漆黒の熔岩と赤い大地を焦がした。太陽は閃光《せんこう》を発してわたしたちの目を眩《くら》ませ、マウイ島の赤い岩場を輝かせる。ぎらぎらと照りつけるこの北回帰線の陽射しは壮麗であるものの、森の緑には心が和《なご》む。ウルパラクアの、とりたてて目を引くもののない広大な斜面より上に広がる森は恒久の緑をたたえ、絶え間なく降るというシャワーに潤う。その上方には雪のように白くどっしりと構えた雲海が広がって、永遠の冬の世界へと迫《せ》り上がる山頂が見える。太陽の家と呼ばれるハレアカラは世界最大の死火山で、最終火口の周囲は三〇キロ、海抜は三〇〇〇メートルを超える。この山と、山から延びた尾根と山麓、いくつもの小火口を合わせた土地が東マウイと呼ばれる。西マウイは、ほぼ全域にわたってそびえ立つエエカ山脈*6からなる。この二つの島を細長い不毛の大地が結び付けているが、高波がくれば水浸しになるような低地だ。島全体は南北に七五キロ、東西に四八キロほどで、一六〇〇平方キロメートルほどの面積がある。

船は午後にマウイ島を出航し、五時間かけてハワイ島とのあいだの海峡を渡った。だが熱帯の昼は短く、ハワイ島の姿は雪を戴く丸みを帯びた山頂が二つ、雲の上にそびえているのが見えるだけだった。[*7] わたしはハワイ諸島について書かれたジャーヴェス[*8]の優れた著作をしっかりと読んではいたが、このように思いがけない成り行きで来ることになったため、ハワイ島についてはほとんど知識がない。そこで船の乗客から教えを請うことにした。これから行こうとしている火山の大きさや活動状況の知識だけでなく、先住民が暮らす社会や、その社会と外国人の関わり、社会制度についても、わたしにはなんら知識がない。その事実がわかるにつれ気が滅入った。きちんとした知識を身に付けるのはいかに大変なことか。わたしは教養ある数名の男性に教えを請うたが、二人として同じ意見の人はいなかった。

わたしはホノルルに上陸したときから、ここには伝道賛成派と反伝道派という二つの派閥が存在するのを観察している。両派はハワイでの伝道問題をめぐり、何かにつけて激しく対立している。これまでのところ賛成派は、相手が文句をつけたいのなら勝手につけさせればよいという態度だ。反伝道派のほうは頑《かたく》ななうえに好戦的で、論拠も乏しいように思える。わたしはこれまでに何人もの（反伝道派の）紳士に捕まり、彼らから、世間はつまらないというに違いないような話を延々と聞かされた。自分の意見を見知らぬ相手の白紙の心に押し付けることしか頭にないので、見苦しいまでに軽々しく反伝道色を会話の中に押しこめようとする。彼らが言わんとするところは、「ニューイングランド流の教師を気取った（伝道派の）連中は、理解し難い狂信と自己本位とで、エデンの園を謳歌《おうか》する純朴で無垢な人々に悪を教え、罪の意識を植え付けようとしている」ということだった。「伝道派の連中は現地の人々に対し、人前では衣服を身に着けるよう教えて、エデンの園を欺瞞の国へと変えてしまった。そのため現地の人々は滅亡へと突き進むよう仕組まれ、多くの悲嘆を負わされた」ともいう。この説はあまりに悪意が剝き出しで恨みがましい。船には非常に知的で教養の深い、宣教師の娘と名乗る女性が二人乗り合わせていたが、同じ話題を語るにしても、慎重でありながらも率直な彼女たちの話術のほうが、わたしには好ましく映った。

わたしはデーモン氏から、白人との混血でとても端整な顔立ちをしたラグズデール[*9]という名の紳士を紹介された。彼は有能な弁護士であると同時に最近では立法府の通訳を兼務し、一般にはビル・ラグズデールと呼ばれ、先住民の指導者的存在である。彼の話し振りは雄弁で詩的ですらある。だが、気取り屋であることは否めないし、その振る舞いはフランスの作法の模倣でしかない。けれども、彼が先住民の愛国心を体現する人物であるとしても、ハワイの国民性が変わってしまうかもしれないという心配は無用だと思う。わたしには滑稽にしか映らないが、彼はどのような境遇にあっても、決して身だしなみを怠らない。わずか二日の旅だというのに、彼は三着のスーツを着替え、それに合わせて山羊革《やぎがわ》の手袋を組み合わせるという念の入れようだった。しかも、いずれ劣らず優雅な着こなしであったことを認めないわけにはいかない。それと好対照だったのが、ある中国人紳士である。彼はホノルルに住む裕福な商人であり、ハワイ島で成功をおさめた農園主でもある。この人物がわたしの興味を引いたのは、その容貌にあらわれる物静かな鋭い知性と、礼儀正しく威厳のある態度だった。その徳と高潔さゆえに、彼は人々の尊敬を一身に集めていると聞く。それは種々雑多な普通の乗客とは根本的に異なっていた。彼の話し振りはいつも明るく丁寧でありながら親しみを感じさせるので、紹介を受けたことのない人々とも会話が弾み、その楽しい雰囲気は自然とまわりに広がっていった。

ハワイ島ヒロ

キラウエア号は高速のスクリュー船ではないので、海峡を越えるときにはひどく揺れた。乗客の大半は船酔いに見舞われたが、人々の陽気さやユーモアを損なうほどの災難にはいたらなかった。船は暗くなってからハワイ島の北西に位置するカヴァイハエ☆2に寄港し、その後は進路を東の風上側に向けて海峡を進んだ。二日目の夜、乗員に、甲板の明かり採りの上に寝具を敷くかと聞かれ、わたしは大喜びでこの申し出を受けた。しかし、風に逆らって進む船は大きなうねりを受けて揺れたこともあるが、火山と地震の島が目と鼻の先だと思うと興奮して眠れなかった。眠れないのは他の乗客も同じようで、ヨットを進めるほどの風もない海域にもかかわらず、ここは航路上、最大の難所といわれている。おそらく、贅沢を言う者を懲らしめるために、束の間、南北大西洋に吹き荒れる怒濤の嵐や、セイブル島[*10]に吹きすさぶ東からの吹雪、あるいはインアクセシブル島[*11]（近寄り難い島）付近の真冬の烈風といった自然の猛威の一端を味わわせようということなのだろう。その夜は曇っていたので、いつもなら海上から遠望できるはずのキラウエアが放つ眩しい光を見ることはできなかった。

いまはにわか雨の多い時期だが、太陽が雨と虹のあいだに昇ったとき、わたしは自分の目を疑った。森の色合いが一変したのだ。赤々と燃えたつ色も、灼熱の日照りも、剝き出しの不毛地もここにはない。壮大な海岸線は高さ一〇〇メートルを超える灰色の崖となっている。そのほとんどは緑に覆われているものの、そこかしこに洞窟[*12]が黒々と口を開け、幻想的な雰囲気をつくりだしている。荒波が崖の裂け目や洞窟に流れこむと大砲のように轟きわたり、常夏の島では決して静まることのない潮騒の音を、束の間かき消してしまう。幾筋もの小滝が堰《せき》を切ったように崖から海へと落下し、岩の裂け目や深い谷間を轟音とともに流れ下る。その先の流域が広くなったところは緑の草原となり、そこには必ず草葺きの家やカロ水田、バナナの木やククイの木がある。広大な太平洋に面して立ち並ぶココヤシの扇状の葉は、細かく砕けた波の飛沫を浴びていた。はるか高みの崖の上には草地となった高台があり、タコノキやククイが公園のように整った小さな森を形づくり、目を奪う緑の草原や瀑布にきらめく谷間が、鬱蒼と生い茂る森の中にひらける。そのような森林が何百メートルにもわたってマウナ・ケアとマウナ・ロアの巨峰を取り囲み、雪

☆原注2　「ツゥーウィーハイ」と発音する。[*13]

を戴く山頂は海抜四二〇〇メートル付近で雲の上に突き出て輝きを放っている。

常春がもたらすハワイ島風上海岸の輝かしい緑は、自然の恵みの極致ともいえる。これに勝る自然は決して創造できないだろう。わたしはこれほどまでに生気にあふれた緑を見たことがない。ヒロの四六キロほど手前からは、深さ三〇メートルから二〇〇メートルはある渓谷が六十余りもある。その一つひとつに滝があり、野生の奇抜な熱帯植物が生い茂る。海岸沿いには現地の人々向けの教会や木造家屋、白く塗った家々が道標のように建ち並んでいる。人口の減少[*14]が悪評高く取りざたされるにしてはずいぶん規模の大きな町だし、家の数も多い。ヒロまで一六キロに迫ると、初めてサトウキビ農園が見えてきた。サトウキビの緑はことさら明るく輝き、製糖工場の白い建物から高い煙突が突き出ているのも見える。その先にはさらに多くの教会や農園、渓谷、家々と続く。蒸気船は一〇時前に、現在はヒロ湾と呼ばれるバイロン湾に入った。

「楽園のハワイ」とはこの地のことをいうのだろう。ホノルルは背伸びをしてそのようになろうとしているが、ヒロはあるがままでいい。太平洋随一と謳《うた》われる美しいヒロ湾は、半円形に約三キロの弧を描き、最奥部にはココナッツアイランドと呼ばれる小島がある。黒い熔岩の上にヤシの木が一本だけ生えているのがとても魅力的で、小島の先にも、深く刻まれた海岸線を辿るようにヤシの木が生えている。この小島から湾の北端までは金色の砂浜が帯状に続く。山脈で生まれたワイアケア川とワイルク川が山腹を早瀬となって流れ下り、シダの岸辺で深々と水をたたえて、ゆったりと海へと注ぐ。その瀬音と、浜に打ち寄せる波の音は轟くばかりに大きいが、その調べはどこかしら気怠い。

湾岸沿いにある先住民の家は緑の中に半ば埋もれているが、ワイルク川よりはわずかに高い位置に点在する。波止場付近には白い木造家屋と、森の上に突き出た教会の三本の尖塔が見え、外国の香りを添えている。ヒロは独特の土地柄といえる。湿度が高く、激しい火山活動が長期間休止状態にあるせいで、熔岩は分解され、植物を育む深い土壌がつくりだされた。肥沃な土地と雨、これらに適度な暑さと陽射しが加わり、自然の営みはさらに加速する。あり余るほどの植物が金色の砂浜を除く地表のすべてを覆い尽くし、高潮線の上までヒルガオの緑に彩られている。森林は鬱蒼として深く、ヒロの全体像は想像で把握するしかない。

海岸の樹木については固有種と外来種を見分けることができる。海から見ると濃い緑の塊でしかないが、そのなかにククイの明るい枝振りがあってパンノキの艶やかな暗い濃緑を和らげているし、野放図に伸びたバナナの茂みから突き出したヤシの木の細い幹は、周辺の森になんともいえない優雅さを与えている。ヤシの木の葉はヒロ湾の岸辺に沿って穏やかな風に吹かれ、その根元を半ば波に洗われている。それは流刑のヤシ[*15]のイメージというよりも、風が吹き荒れることがないことを伝える恵みの島の申し子のようだ。ヒロ湾から空に向かって大きく開けた土地には、サトウキビやカロ、メロン、パイナップルが植えられ、バナナの林もある。ここは大自然の惜しみない恵みを感じさせる。森に川、丘に渓とすべてが揃っているからだ。

常夏の土地から目を転じると、彼方には永遠の真冬に支配されているかのようにマウナ・ケアとマウナ・ロアの二峰がそびえ立ち、その頂きにはほとんど消えることのない雪の世界がある。ヒロから望むマウナ・ケアは均整がとれて美しく、山頂はいくつもの死火山の火口だという尖った峰になっている。だがわたしにはマウナ・ロアのほうがはるかに興味深い。まだ火山活動が続いているために、山頂がドームのような曲線を描く山に目線が向かう。マウナ・ロアの山頂には深さ二四〇メートルの巨大な火口があり、山腹の噴火口は火を噴き、激しく震えて砲音を響かせている。これまでにも、流れ出した火の塊がハワイ島のこのあたりを埋め尽くしたことがある。またいつ人里離れた山の頂きで火を発し、その強大な力を再び発揮してもおかしくないのだ。わたしの想像力は自然の驚異に刺激を受け、熱帯的な考え方に傾いていく。

カヌーが次々に岸辺を離れ、褐色の肌の人たちが海上を滑るように泳ぎまわり、ナポリ博物館のブロンズ像さながらに体を鍛え抜いた若者たちがサーフボード[*16]で波乗りをする姿がある。色鮮やかな服を着て馬に乗った人たちが浜辺を駆け、あたりの小道からも次々と騎手が押し寄せる。埠頭はたちまち熱帯らしい色鮮やかな群集にあふれた。まもなく捕鯨ボートが一艘、岸を離れて向かってきた。オールを漕ぐ八人の若者は真っ白なコットンのスーツに白い麦藁帽子といった出立ちで、帽子にも首元にも朱色の花輪を巻いている。若者たちがラグズデール氏の来島を喜んで歌い出すと、彼も歓迎に応えて甲板に躍り出ている。現地の乗客の一団も成り行きを理解し、居ずまいを正して、いつのまにか華やかな歓迎の輪に加わった。ヒロの住民たちが甲板になだれこむと、そこかしこでアロハが交わされ、キスに握手と、歓迎の嵐に包まれる。合唱団は外国人乗客の頭に美しいバラやオヒアレフアの花輪を被せ、音楽と花と好意と優しさで乗客を魔法の岸辺へと迎え入れる。わたしたちは捕鯨ボートに乗りこみ、それから人であふれる簡素な桟橋へと引き上げられた。この人混みは、ホノルルに向かうオーストラリアの郵便蒸気船の到着とキラウエア号の到着が重なったせいだった。見知らぬ土地に来たという感慨に浸る暇もなく、わたしは次々と親しみのこもった紹介を受けた。数少なくなった初期の宣教師である古老のコーン師[*17]とライマン師[*18]に桟橋でお会いしたのをはじめ、多くの人たちを紹介してもらった。ヒロにはホテルが一軒もなく、住民が旅人を受け容れている。カープ嬢とわたしに割り当てられたのはハワイ島郡知事であるサヴァランス氏の邸宅で、奥行きのあるベランダが二つある黄褐色の大きな木造住宅だった。

他の多くの場所と異なり、ヒロは知れば知るほどその魅力が増す町で、一言で表すことはできそうにない。海岸から延びる二本の狭い通りが、やがて海と並行する狭い一本の道と交差する。遠く山の上には同じ方向にもう一本の道が通じている。乗り物はなく、村の外に出ればこれらの狭い道がさらに狭まって、馬同士がようやくすれ違えるほどの小道となる。コーン師の住まいのほか、ライマン師、元伝道団のウェットモア氏、その他一、二軒の家々はニューイングランドの雰囲気をわずかに留め、サンドイッチ諸島におけるその影響の大きさを窺《うかが》わせる。これらの邸宅は気候のせいでほどよく色褪《いろあ》せ、古色あふれる詩情を醸《かも》し出している。

三つの教会のうちいちばん堂々とした佇《たたず》まいを見せるのはローマカトリック教会で、大きな二つの塔を持つ白い木造建築だ。二番目は尖塔が一つあるコーン師の教会で、これは現地の人向けのもの。三番目は外国人向けのこざっぱりとした小さな教会で、この建物にも尖塔が一つある。ローマカトリック教会は少々近所迷惑に思える。とんでもない時間に鐘が打ち鳴らされるし、その音ときたらとても鐘の音とは思えないほど調子外れの陰鬱な響きなのだ。ハワイ州の庁舎は奥行きのあるベランダ二つを備えた大きな黄褐色の木造建築で、異国情緒あふれる植栽と手入れの行き届いた芝生があり、ヒロでいちばん目を引く堂々とした建物だ。

外国人はみなそれぞれ郷里の趣味を住まいに取り入れており、調和のとれた好ましい印象を受ける。とはいうものの、全体の景観としてみれば、ヤシの木は外国人住宅よりも現地の家によく似合う。木造の家、草がけの家、草を編みこんだ家、平屋もあれば二階家もある。そのどれもが草葺きの屋根で、簡素なものから洒落た格子状のベランダがあるものまで、周辺の景観と絶妙な調和を保っている。どの家のベランダにも美しいツル植物がからんでいる。全体に褐色に見えるが、それは木陰をつくるバナナの濃い緑と好対照をなしている。

そこかしこに水音を立てる早瀬があり、どの家もこのきらめく澄んだ小川を敷地内に引き込んでいるようだ。流れは水浴び場に淀み、そこから緑鮮やかなカロ水田へ放たれる。ベランダは人々が集う場所であり、女性が着る鮮やかな色のホロクー[*19]や、男が身に着ける派手なシャツやバンダナ、男女を飾る生花を使った艶やかな花飾りなどで賑やかだ。温室と変わらない暖かさ、目を奪う名も知れぬ木々や花々、初めて嗅《か》ぐ濃厚な香り、茂みから聞こえる低く単調な歌声。わたしは見知らぬ国に迷い込んだような気分になる。辿り着いた人がおずおずとロトの実[*20]を食べ、故郷を忘れ去るという国に違いない。物憂げな気配にはどこか人を惹《ひ》きつける不思議な魅力があり、「失われた故郷」は不思議に心地よい。そう、これこそがポリネシアなのだ。

手紙4

ヒロの美しさ――ヤシの木とバナナ――初めてのハワイ式乗馬――ヒロ探訪
――タイタス・コーン師

ハワイ島、ヒロ

火山に出かける前に、短い手紙をもう一通出せそうだ。この地にあふれる植物の豪勢さについては、とても伝え切れるものではない。どこもかしこも花と緑が生い茂り、見事なツル植物や他の木に寄生するシダが目障りなものを覆い隠してくれる。当惑を覚えるほど入り組んだ迷宮をつくるのはユリ、バラ、フクシア、クレマチス、ベゴニア、ハマヒルガオ、いずれも驚くほどおいしい果実をつけるのはパッションフラワー、紫と黄色のミズレモンとさまざまな種類のトケイソウ科の植物だ。チェリモヤ、フトモモ、マンゴー、マンゴスチン、グァバ、タケ、アボカド、オレンジ、タマリンド、パパイア、バナナ、パンノキ、ホオノキ、ゼラニウム、ククイ、クチナシ、ドラセナ、ユーカリ、タコノキ、オヒア[☆1]、カマニ、カロ[☆2]、ノニ[☆3]、そしてこれから名前を覚えようと思っている数え切れないほどの花と木々。パイナップルにメロンに、子供たちがしゃぶるサトウキビ、カロにサツマイモの畑も広がる。

　このあたりにかぎらず、どこの家にもアメリカ風の庭があり、そこにはトウガラシやショウガが植えられている。ショウガは無数の小花を付けた花茎を垂らすが、まだ開花しない蕾《つぼみ》のときの先端は、着色した磁器にそっくりだ。この地でわたしの目を楽しませてくれる花の数々をどのように紹介すればよいだろう。ただ、これだけは信じて欲しい。母国の温室で目にする熱帯植物の見本とされるものは、基本的に間違った表示であるか、原産地で育つ実物の粗悪な模造品であるかのどちらかでしかない。ランをはじめとする花のたぐいは別にしても、バナナやココヤシ、タコノキはその典型だ。エディンバラ植物園にはヤシの木の展示館にアダン[☆4]があるが、あれこそ悪意に満ちた模倣とでもいうべきもので、枝は打ちひしがれてひょろひょろとのたうち、お粗末な葉を疎らに広げているにすぎない。同じくバナナとプランテーン[*1]も、同属のなかでももっとも元気がなく貧相に見える。いずれも温度と湿度を調整するだけでなく、熱帯の惜し気もない陽射しがなければ育たない。同じ展示室にあるナツメヤシとサトウヤシはまあよいとしても、ココヤシは異郷に暮らす流刑のヤシという表現が似つかわしいだろう。

　ヤシはどの種類であっても、初めて目にした木は忘れられないものだ。わたしもマラガ[*2]で初めて目にしたヤシの木をいまでもはっきりと覚えている。しかし、太平洋一帯のココヤシの林はいまだかつて見たことのないもので、これには魔法の力が秘められている。いまこうして手紙をしたためながらも、ヤシの木のふわりとした頂きを風が通り抜けて葉が擦《こす》れあうときに発する唸り声が聞こえてくる。すらりと高い幹、樹上にきりりと戴く冠、潤いがあり、きらきらと輝く葉。

それはいかにも東洋の神秘を体現しているように見える。絶海の孤島にわずかに頭を出したサンゴ島や岩礁にもヤシの木は生えるが、それらはいったいどのように到来するのだろう。ハワイ諸島では海岸沿いをヤシが飾る。乾燥しきった過酷な暑さに支配される海岸は、黒々とした熔岩が硬く覆い、何一つ育ちようもないはずなのに、そこには必ずヤシの木があり、間近な海から塩水を求めるかのように海に向かって根を伸ばす。たわみながら長く伸びた幹は皺が寄り、完璧な円筒状をしている。地面に近い部分は薬剤師の乳棒のように膨らんでおり、一八メートルから三〇メートルの高さにまで伸びる。ヤシの幹が真っ直ぐであったためしはなく、林の中では他の木にもたれかかったり、ねじれたりもするが、風や地震への耐性があるのだろう。

ヤシの木はいきなり成木になるかのようだ。生長の証を見ることはまずなく、ふさふさの葉を高々と空に掲げ、その木陰をはるか遠くへ投げかける。ヤシの木のつねに毅然《きぜん》とした孤高の姿は、地上よりも天上がふさわしい。他の植物がいずれも緑色であるのに対し、ヤシの木だけは黄色みを帯びている。ヤシの実は生長するあいだつねに黄色で、長さ三・六メートルから六メートルの扇のような葉も黄色く、そのせいであたりは琥珀色に明るくなる。ヤシの実からは果汁や油脂が採れ、食用となり、ロープの素材ともなる。そのような実を毎年一〇〇個ほども一本の木に結ぶ

☆原注1 *Metrosideros polymorpha*
☆原注2 *Colocasia antiquorum, Arum esculentum*
☆原注3 *Morinda citrifolia*
☆原注4 *Pandanus odoratissimus*

のだ。

ハワイ名をラウハラ[*3]というタコノキは、もっともハワイらしさを感じさせるものの一つだ。ヒロではふさぎ込んだように葉を垂らしているが、この木はわたしが風上側の沿岸からずっと見てきたものだ。枝が地面に垂れたように見える気根がことさら目を引いたのだが、いまわたしが目にしている木には、大きな杯状のスポンジに似た小さな根がある。気根は支柱の役目を兼ね、長さは一メートルから三・五メートルほどまである。どうやら環境によって異なるようだ。タコノキのなかでも、今日、わたしが見たシマタコノキ[*4]は不用意に近寄ると危険だ。長い剣のような葉が三列に並んで螺旋《らせん》状につき、葉の縁には鋸歯《きょし》状の鋭い棘《とげ》がある。わたしが見たときには枝がなく、遠目にはパイナップルの葉と果実を三〇倍ほど大きくしたように見えた。海岸沿いやヒロで見かける、ふさぎ込んだような形状をしたタコノキのほとんどはアダン[*5]と呼ばれるもので、横広がりに枝を張る。高さは七、八メートルほどで、険しい岩場に支柱のような根を張る。アダンは太平洋に新たに島が形成されるといち早く姿を現す植物[☆5]で、長いユッカのような葉を密集させる。木の形状は一般に丸い。ふさぎ込んだように見えるのは、葉が下向きに生え、しかも中ほどで折れ曲がるためだ。この時期には、一つの葉の塊ごとに、中央に緑色をしたパイナップルのような実を付ける。この石果には種子があり、柔らかい果肉の部分とともに食用となる。また、種子や実の表皮は、現地の人々が身に付ける鮮やかなオレンジ色の花飾り（レイ）となることもわたしは知った。葉の白く柔らかい部分と、花になる直前の蕾も食べられる。葉は屋根を葺くのに用いられ、長く強靭《きょうじん》な繊維からは敷物やロープが作られる。タコノキにはこのほかにバコア[*6]という種類もあり、こちらはモーリシャス諸島で砂糖袋を作るのに使われるのと同種だというが、わたしはまだ見たことがない。

ヤシの木に次いで美を競うのはバナナだと思う。ホノルルでは庭に植えられていたが、風に打たれてぼろぼろの姿だった。わたしはここで初めて、見事なバナナの林を見ることができた。わたしは林を前にして、実際にそこにいるというのに、ああ、熱帯に来た、という思いに駆られた。バナナが持つ豊かさ、シンプルな形ゆえの優美さを目の当たりにして、これまでずっと抱き続けてきた熱帯願望が叶《かな》えられたのだった。ここにはそこかしこにバナナがある。輝く木洩れ日、太く滑らかな幹、一メートルから三メートルほどにまで生長する巨大な葉、まだ青い果実や黄金色の果実は渦巻き状の大きな房となる。その中心から円錐形のペンダントが吊り下がっているのは、開花前の赤紫の花だ。バナナこそ典型的な熱帯植物といえるだろう。麗しく、輝かしく、陽気さすら感じる。バナナは当地が原産[*7]で野生植物だが、種から新しい芽が出ることはなく、繁殖はすべて親木が結実したとき、あるいは伐採したときに発芽する新芽による。種子ができるというのも変な話だが、少なくともアンダマン諸島[*8]ではできるといわれており、彼の地ではさらに奇妙なことに、森林の木々が一掃された後には二次植生として種子が芽吹くのだそうだ。温室のヤシの

☆原注5　その後にわかったことだが、これはインド南部に自生するカルデラ・ブッシュと同一で、その花の強烈な芳香は古来サンスクリット語の詩集にケタカの名で登場するほか、インドでは香油として珍重されるという。ハワイでもワウケ[*9]の樹皮で作ったタパ[*10]に芳香を加え、首長のために用いる。

木展示館[*11]に行ってバナナを見つけたなら、それを一〇倍の大きさに拡大し、思いつくかぎり美しい形を想像してみるといい。それでもなお、ヒロにあるバナナの林はそれを凌駕《りょうが》する。

地面には一年中青々と茂る草が敷き詰められ、さらにアマウ[*12]と呼ばれる茎の直径が三〇センチもある立派なシダや、コバノイシカグマ科に属するハワイ島ではよく目にする繊細なシダ[*13]がある。ヒロはそれほど大きな集落ではないのに活気がある。現地の人たちがつねに行き交い、狭い通りを馬で疾駆する。村には風通しのよい大きな家が一軒ある。質素で趣味が良く、壁には素敵な彫刻や水彩画が施されている。庭には大きな水浴小屋があり、冷たく澄んだ小川が引き込まれているが、そうした水音があたりの小川とともに音楽を奏で、心地よい穏やかな空気に満ちている。「太平洋でにわか雨を追いかけると、必ずヒロに辿り着く」、船乗りのあいだではそう言われているそうだ。実際、年間五〇〇〇ミリから六〇〇〇ミリの降雨がある。奥行きの深いベランダはとても居心地がよく、おかげで窓に目隠しもいらない。オーストラリアの家屋は木陰もなく、閉め切った室内は薄暗くて息が詰まるほどだが、ここではそんなことはなかった。

同行のカープ嬢は潑剌《はつらつ》とした女性で、旅の術を心得ているように見える。彼女は三日間苦しんだ船酔いをものともせず、火山への大旅行は明日だというのに、今日の午後になってワイルク川のアーヌエヌエ滝[*14]へ出かけようと言いだした。わたしは優柔不断にもそのお供をすることになった。わたしたちの護衛には愛想のない警官が同行した。道は岩だらけで、草とシダの陰には穴も隠されている。わたしたちは大きな穴だらけの川を何度も徒渉しなければならなかった。滝そのものは素晴らしかった。一気に三〇メートルを流れ落ちる滝の裏の洞穴には祠《ほこら》が祭られ、シダに覆われていた。滝の周囲にも大きなシダが茂り、熱帯性のさまざまな灌木《かんぼく》が鬱蒼として生い茂っていた。

この滝よりもさらに五キロほど登ったところにペイペイ滝[*15]があるが、こちらは地質学的に非常に興味深い。ワイルク川は二つの大火山を分ける境界線にある。研究者の話では、この川の水が熱い熔岩の上を通過するとき、煮立って渦となり、小石を巻きこみながら川床を削り取る。やがて川床にはカップ状の穴が形成されるのだという。そのため、川床はときにゴシック建築のような見事なドーム状となり、急流は激しく泡立ちながらそこをくぐり抜けて滝壺へと落下する。滝壺は白く泡立つ滝の足下に黒々と広がっている。周囲は、途中で折れたり捻《ねじ》れたりした柱状の熔岩[*16]に囲まれている。流れは、あるときは熔岩の川床に穴を穿《うが》って通り抜け、あるときには幅数十メートルにわたって橋となった分厚い岩の下をくぐり抜けていく。

わたしたちはアーヌエヌエ滝の近くで現地の家に立ち寄った。家の外では薔薇色のロングドレスを着た女性がバラの首飾りを作り、その夫はカロの根を板の上で叩《たた》いていた。彼の着衣はマロ(ふんどし)のみだった。これは細長い布を腰に巻き、両脚のあいだに通して着用する。キリスト教が伝わる以前にはこれが唯一、男性の着衣だった。一方、女性はパウと呼ばれるタパで作った短いペチコートのようなものを身に着けていた。丈は腰から膝ぐらいで、褐色の肌のせいか、わたしたちの目には普通の衣服のように見えた。

何もかもが目新しく興味を引かれて面白かったが、鞍が不安定なせいで乗馬は散々だった。おかげで背中の痛みが悪化した。川を渡るとき、馬は岩からほとんど真下に飛び降りなければならないが、わたしはそのせいで馬の首のところまでずり落ちてしまった。帰途、健康を考えるなら、火山見物を諦《あきら》めなければならないのではないかと考えた。フランクリン夫人のように籠で運ばれるなど、到底納得できるものではない。わたしたちが戻ると、サヴァランス氏はハワイ流に馬の背にまたがったほうがずっと楽だと言って、実際に彼の鞍をわたしの馬の背に載せてくれた。わたしは火山が見たい一心で、あれほど頑なに持っていた偏見に抗《あらが》って乗ってみた。試してみると、さあこれでこそキラウエアを目指そう、という気分になり、それ以外の乗り方は考えられなくなった。現地の女性はだれもがまたがって馬に乗る。彼女たちは普段はホロクーというゆったりした長衣をまとい、祭日には、ホノルルからの手紙に記したように、パウという晴れやかなウインドレスを着ている。ハワイ島では外国人女性もメキシコ式の鞍に大勢が馴染んでいる。こちらのほうが乗り手にははるかに安全だし、馬にとっても急峻な坂や険しい小道では楽だった。ただし、外国人女性はゆったりとしたトルコズボンに、踝《くるぶし》まで届くドレスという装いである。

世間一般では朝のうちから来客があれば煩わしいと思うものだが、ヒロではどうやらそうでもないようだ。時間の観念はいたってシンプルで、八時が朝食、一時がディナー、六時が夕食となる。頼みごとがあれば、思い立ったときにいつでも訪ねて来るが、親しく懇談したいときは夕刻ということになっている。仕事が終われば夕食で、食後、人々は灯火を携えて互いの家を訪れる。来客はいつでも開放されているベランダか、賑やかな居間に集う。玄関に呼び鈴《りん》はなく、執事が恭《うやうや》しく客の名を呼ぶこともなければ、居留守を使うこともない。家人が居間にいさえすれば、それは客人を迎え入れるときなのだ。今夜は、楽しい来客を何人か迎えた。みな一様に、わたしたちが男性の介添えもなく女性二人で火山に出かけることに関心を寄せるが、最近の火山の様子については何一つ情報を得られなかった。今夜はキラウエア方面に赤い輝きが見えず、火山活動はそれほど活発ではないのかと心配になる。

来客の一人であるトンプソン氏は、ヒロで外国人を対象にした小さな教会の牧師をしている。とても人当たりの良い洗練された人柄で、ホランド博士のほか、わたしのニューイングランドの友人たちとも交友があった。トンプソン氏はわたしのキラウエア旅行にと言って、奥様の乗馬服をわざわざ持って来てくださった。もう一人の来客であるタイタス・コーン師は、初期のハワイ島伝道で偉大な功績をあげた古参の宣教師の一人だ。上背があり、威厳のある容貌で、体も大きかった。途方もない苦労をともなう仕事をこなしてきただけのことはある。知性の面でも、その表情には熱狂者に往々にして見られる軟弱さといったものがまったくなく、精神の強靭さが見てとれた。師によってキリスト教会に入会を認められた者はおよそ一万二〇〇〇人にのぼる。コーン師はハワイ諸島の火山に関しても相当の権威だった。目を輝かせてキラウエアを語るその熱い仕草に、わたしの期待感はいやがうえにも高まった。わたしたちは明日に備えて案内人を雇った。彼は英語を話すと言ったが、実際はわずかに理解できるといった程度だった。ウパという名の先住民で、三日分の日当と馬三頭の費用合わせて三〇ドルということだった。

I・L・B

手紙5

火山へ旅立つ装備——騎士の出立ち——ウパ——火山への道——闇の中の光——キラウエア火口——ペレの館——クレーター・ハウス

一月三一日　キラウエア火山

前日の打身で骨は痛み、筋肉は凝っている。疲労困憊《こんぱい》しているので手紙を書くといった肉体労働さえできそうにないのだが、気分はやり遂げたという喜びに昂揚《こうよう》し、かつて体験したことのない感動に打ち震えている。言葉では言い尽くせないものを伝えるのは難しいが、キラウエアの印象が新鮮なうちに手紙をしたためておくことにする。ちなみにこの手紙は、「海上や浜辺には決してないたぐいの明かり」のもとで書いている。

昨日の朝は八時に準備を終えた。わたしからみれば羨ましいほど旅を知り尽くしたカープ嬢は、灰色の短い防水服を着込み、両脚を一方に揃えて鞍に乗った。そして、つばの広い麦藁帽子の上から緑のヴェールをしっかりと結んだ。そのせいで帽子のつばは折れ曲がって両耳を覆う形となり、注ぎ口が二つ付いた水差しのように見えた。カープ嬢は馬で運ぶ荷物を一つにまとめ、外套《がいとう》を数着と、ショール数枚を巻いて雨傘とともに鞍の前部に吊るした。ウパは現地流に首元と帽子に花飾りを巻いたお洒落な装いをしていた。彼はわたしたちのサドルバッグを鞍の突起に掛け、バナナとパンとお茶の瓶が入った袋を鞍の前部に、水筒を腰に巻きつけた。わたしは雨傘と日除け兼用のくたびれたオーストラリア製帽子に、トンプソン夫人から借りた乗馬服、擦《す》り切れたニュージーランド製のブーツで身を固め、毛布を鞍の後ろに革紐で結んだ。この鞍はある宣教師の娘さんが貸してくれたもので、金色の飾り鋲も派手な騎兵顔負けのメキシコ式鞍だ。前部と後部に突起があるが、後ろは低く、大きな木製の鐙《あぶみ》には革紐と同じ長さの垂れ革が付いていて、衣服が馬の皮膚を擦らない仕組みになっている。その外側には、鐙を覆って下まで垂れる丈夫な鞣《なめ》し革があって、藪の中を通り抜けるときにも足や靴が切り裂かれないように保護する役割をする。どの馬も首には七メートルほどのロープを何重にも巻きつけてあるが、ハワイ島で旅をするには男性も女性もこのような装備となる。

ウパの姿は絵に描いたように美しいが、わたしたちの格好はグロテスクそのものだった。その朝は湿って不吉な気配が漂っていた。五〇キロほどの道程のほとんどは並足で進むしかないのだが、案内人はすばやくヒロから抜け出そうと言わんばかりに、路傍《みちばた》の柔らかな草が生えた部分を通って全速力で走り出した。わたしはすぐに、新しく取り入れた乗馬法では不具合があることに気づいた。馬の手綱をしっかり取ろうとすれば、鞍の突起に両手でしがみつくことはできない。そこでわたしは手綱は握っていなくても大丈夫だろうと判断し、手を放して鞍の突起にしがみついた。すると今度は足が鐙に深く押し当てられ、浮いたり、すっぽ抜けたりする。とくに角を曲がるときには体が片側に投げ出されてしまう恐れがあるので、曲がり角に差しかかるたびに新たな恐怖に身がすくんだ。後ろの気配に気付いたウパが突然停止すると、乗り手の意志などかまわずにわたしの馬も止まったものだから、わたしは馬の頭を飛び越えて落ちそうになった。わたしは馬のたてがみと首に巻きつけてあるロープにしがみつき、辛うじて落馬を免れた。しかし折悪しく、道路脇の池に褐色の乙女の集団が水浴びをしていて、一部始終を見られてしまった。一斉に上がる笑い声にわたしはますますうろたえてしまった。わたしは絶対に路傍を速駆けなどすまいと固く心に誓った。

ヒロの街外れには、こぎれいな先住民の民家が建ち並んでいる。カロ水田やボラの養魚池《フィッシュポンド》が続くなかを六キロほど進むと、道は硬い熔岩が露出して凹凸が激しくなった。道幅は六〇センチに満たない。小道はやがて森の中に入った。森は簡単には言い表せないほど深い茂みとなっていて、まさに熱帯の密林という表現がぴったりだった。わたしはこれほど完全な美しさというものを想像したことすらない。自然は次々と素晴らしい造形美を産み出す。まるで湿潤な温室の空気が、惜しみのない水分を与えて発育を促しているかのようだ。

ここでは無限の多様性という言葉がよく似合う。なんという緑の深さだろう。それは人が踏み入ることを拒む、決して解かれることのない木々とシダとツル植物の迷宮だった。ヤシにパンノキ、オヒア、フトモモ、ククイの巨木、コア、バナナ、ノニ、バンブー、パパイア、グァバ、ティ、木性シダに匍匐《ほふく》性のシダ、他の木に寄生するシダ、あるいは同じシダの仲間に寄生されて餌《え》食《じき》となるシダもある。高木にはツル植物が這《は》い上がり、人の腕ほどもあるような太い茎から、馬の鞭ほどの細い茎まで、いずれも木々にからまり、隙間なく網目状にもつれあって、巻き髭の房飾りをわたしたちの頭上に垂らして風に揺れている。快速帆船に用いられるきわめて丈夫なロープほどの太さの植物がオヒアの高木の頂きまで節くれ立った茎をからみつけているが、オヒアは緋色の針のような華やかな花《レファ》を付けている。輝くヤムの花序、現地の人々が花飾りにする香りがよくて優雅なマイレ[☆1]があり、艶やかな葉を付けたツル植物は、木から木へと繋《つな》がっては垂れ下がり、あたりを明るくする。大きな青空のようなポーフエフエ[*1]が太陽をもとめて無数に花開き、森に優しい愛らしさを添える。木々はあちらに生え、こちらに倒れるという具合に、自然は倒木を新たな植物で覆い隠して腐蝕の痕跡も留めない。わたしたちはけもの道を外れ、人跡未踏の森を六キロほど辿った。「この庭の木になるものはすべて自由に食べるがよい」と神は言った。しかし聖書の世界とは異なり、蛇のように邪悪なものがおぞましい姿でこのエデンの園を這い回ることはない。

それはまったく酔いしれるような不可思議で厳粛な体験だった。そのせいか、この深い森からココヤシが立ち並ぶ暑い陽射しの中に出たときは失望感があった。荒れたサトウキビ畑の傍らにみすぼらしい草葺き小屋が二軒あり、わたしたちはここで半時ほど休憩を取ることにした。家の前には、ゆったりとした赤い長衣を身にまとい、刺青《いれずみ》に覆われた老婆がいた。短く刈ったぼさぼさの白髪頭をしており、ヤシの木の根元に腰を下ろして褐色の裸の子供を抱いている。老醜を晒

☆原注1　*Alyxia olivaeformis*

す痩身《そうしん》の男性がそばにいた。老人が身にまとっているのはマロだけで、やはりヤシの木の幹にもたれていた。あれこれと装備を着けたわたしたちの馬は木性シダの太い部分に繋がれ、わたしたち一行のなかではもっとも見栄えのよいウパがお茶を用意した。彼は現地の人としきりに話をしていたが、会話の中にしばしば「ワヒネ・ハオレ（外国人女性）」という言葉が出てくるので、彼らが何を話しているか見当が付いた。ウパは以前にS氏の話を聞きかじってからというもの、わたしは大首長で、ヴィクトリア女王とも繋がりがあると思いこんでいる。だから、この人たちにも同じ与太話を吹聴《ふいちょう》しているに違いない。彼らは貧しくみすぼらしいが、太陽が輝くこの空のもとでは惨めさなど無縁なのだろうか。彼らには他人を思いやる気持ちがあるとわたしには思えたし、別れのときに彼らが告げたアロハには心地よい親しみが感じられた。

ココヤシの林のあとは、また一列縦隊になってパホエホエ、あるいはサテン（のように滑らかな）岩と呼ばれる広大な熔岩地帯を進んだ。滑らかな岩肌の熔岩をパホエホエと呼ぶのに対し、角の尖った、人が通るのもままならないギザギザの熔岩はアアと呼ばれる。英語にはこの二つに当たる言葉がないため、学者もこのハワイ語を学術用語として使う。パホエホエはここからヒロまで三七キロにわたって広がる。大昔にキラウエアからヒロに向かって流れ出した熔岩流がここで堰《せ》き止められ、そのまま冷え固まったのだ。熔岩流は丘をつくり、とぐろを巻き、あるいはさざ波を立て、川のように流れ、巨大な渦を巻き、ときには池のように静まり返る。なかには泡がそのまま固まって空洞になったものもある。[*2] 約一万平方キロメートルの広さがあるハワイ島は、すべてこのような熔岩でできている。パホエホエの熔岩平原でよく見かけるのは、平鍋の中にクリームを入れたとき、縁に向かって広がる緩やかな波紋をそのまま巨大化したような形だ。熔岩の色はグレー一色で、緩やかな凹凸がある。起伏がなくほとんど平らな部分もあり、そのようなところでは馬は氷の上を進むように足を滑らせる。

ヒロにあった細かく分解した熔岩を見ているときには気づかなかったが、ここに来てわたしはハワイ島の地質構造を理解するようになった。海岸沿いの黒く硬い熔岩から、そびえ立つドーム状の山頂まで、あらゆる小石や微細な砂から、麓《ふもと》の肥沃な土地や荒地にいたるまで、すべてに深成岩の特徴[*3]が見られる。事実、ハワイ島は火山活動によって隆起を続け、稜線に稜線、山に山が重なりつづけ、同じく火山活動によって誕生したモンブランの高さに迫る。その活動はいまも続いており、わたしたちがときおり雲の上に望むマウナ・ロアの青い頂きに少しずつ高さを積み重ねている。ハワイ島は海底から積み上げられているのであり、パホエホエの平原は肥沃な土地に災厄をもたらす悪意ある報復と見なすより、建設的な創成過程と考えられるべきなのだ。

地面に開いた穴には、わずかに溜まった雨水以外まったく水はないが、それでもしばしばにわか雨が降るせいで空気は湿り、途方もなく広大な熔岩平原は豊かな植物に覆われている。シダはとくに緑に映え、なかでもアマウや、針金に似た匍匐《ほふく》性のウルヘと呼ばれるシダ、コバノイシカグマ科の仲間[*4]をよく見かける。見事な小型のグァバの白い花はオレンジの花と同じ匂いがするし、オヘロ[☆2]は白と赤の実を房状に付ける。いたるところで目にするオヒア[☆3]は小さな葉を持つが、深紅

☆原注2　*Vaccinium reticulatum*

のボンボン状の花は周囲の緑一色の風景でよく目立つ。現地の人たちはこの深紅の花を器用につなぎ、花のレイをよく作る。

ティー[☆4]も熔岩大地ではよく目にするが、この植物はもっとも利用価値が高い。葉は食材を包んで料理する際に用いられるほか、魚や固めのポイなどさまざまな食物を包むのに用いられる。多孔性の根は焼くとシロップの味がするし、蒸留すれば酒となる。

ときおり現れるふさふさとしたココヤシや素晴らしいククイの群落が、まわりの丈の低い植生のなかから顔を出している。わたしたちの左手には熔岩と海とが交わるところを指し示すように海岸線にヤシの木が並び、右手には周囲を木性シダやバナナに取り囲まれたマウナ・ロアの深い森林帯が広がっている。

起伏の多い登りが延々と続く。傾斜はごく緩やかなため、高度が増したことはあたりの空気が冷えてくることで知るに過ぎない。およそ五〇キロ進んで一二〇〇メートルほど登る。脚が強く、しっかりとした蹄鉄を付けた丈夫な馬でなければ、この行程はつとまらないだろう。起伏の多い熔岩上を進み、ときには岩棚の縁を注意しながら行く。道は熔岩上に生えた植物が踏み潰されているのでわかりやすいが、熔岩そのものには磨《す》り減った痕跡がない。

ウパはハーフウェイ・ハウス[*5]で休息を取ると言った。わたしは疲れきって馬の背に坐っているのも辛かったが、坐り心地のよいソファと紅茶を思い浮かべては慰めにした。しかし、休憩所というのはじつはつぎはぎだらけの草葺き小屋であって、しかも鍵が閉まっているという現実を突き付けられたときは、すっかり体の力が抜けてしまった。ウパは、わたしたちが馬を走らせるのが遅すぎるので、この調子では日没までに火山に着けないと言う。半時ほど草の上で休むとすぐに出発となった。ウパはそれまで「ハーフウェイ・ハウスで拍車を付ける」と繰り返していたとおり、わたしたちが再び馬に乗ると、彼は錆びついた重い拍車をわたしの足に取り付けた。拍車は、じゃらじゃらと音がする飾りの付いた歯の長さ四センチ弱のメキシコ式だ。こちらの馬は慣れたもので、この拍車で突かれなければびくともしない。わたしは疲れきっていたうえ、肩や膝の関節が痛み、これからさらに五時間も馬に乗らなければならないのかと思うと、すっかり気が滅入った。カープ嬢の馬は彼女が必死に振るう鞭がお気に召さないらしく、鞭打たれるくらいなら自分でとばかりに、しきりに尾を振り回した。そこでウパは彼女の馬を自分の前に出して進み、馬の調教に熱をこめた。わたしは先頭になったのをいいことに、自分の好みの速さで走らせることにした。母国では「金持ちの走り方」と呼ばれる、ゆったりとしたペースで怠け馬を走らせることに成功した。しかし、この走り方は案内人の考えるペースとは折り合いが悪く、ウパはしばしばハワイ語でまくし立てながら背後に迫り、わたしの馬の背めがけて鞭を入れた。馬は邪魔をされた腹いせにとばかりに蹴り上げようとするものだから、馬上のわたしは危ないことこのうえない。わたしは隊列の後ろに退くことにしたが、ウパは気晴らしとばかりに、今度はカープ嬢の暴れ馬をしたたかに鞭打つのだった。

☆原注3　*Metrosideros polymorpha*
☆原注4　*Cordyline terminalis*

あたりの景観にはほとんど変化がないが、これまで多種多様だった木々は、いつしかくすんだ葉を持つオヒアばかりとなった。小鳥も虫も見かけない。寂しい荒野を移動しているとき、角が捻じ曲がり痩せこけた醜い雄牛を先頭に、半野生の牛の群れが現れた。わたしたちは道端に避けて群れの行進を見送ったが、その後からラバに乗ったユニークなバチェロ[*6]が現れた。彼らの報せを聞いて、萎《しぼ》む一方だったわたしたちの気力は一気に挽回した。火山活動は活発だというのだ。牛の所有者は正確な頭数を把握しておらず、一万頭程度だと思うが、もしかするとそれよりずっと多いかもしれないという。牛は鞣し革をとるために飼育されており、撃ち殺して皮を剝ぐのは別の職人の仕事だそうだ。彼らは集落の近くで、サーロインとランプステーキの肉四五〇グラムをわずか二セントで、それも喜んで売ってくれた。これらの牛のほかにも、山岳地帯で野生化した群れがいる。テキサス牛の最悪の特性を留める雑種で、バンクーバー[*7]がこの諸島に持ち込んだ牛の末裔《まつえい》だ。当初一〇年間は触れることを禁制《カプ》としたため、牛は増えるにまかされた。最近は、牛たちが樹皮を齧《かじ》るために、老木が枯れたり若木が育たないといった被害が生じている。

あたりが次第に暗くなるなかを、わたしたちは木性シダが立ち並ぶ森の小道を通り抜けた。高さ三・六メートルから六・四メートルの木性シダは、葉の長さが一・五メートルから二メートルもあり、とても魅力的な植物だ。木立を抜け出ると、一またぎに闇が迫る。曇り空には月も星もない夜が訪れ、オヒアの樹林帯のせいでますます道は見えにくくなる。そのような道が九キロほど続いた。わたしは疲労と空腹で精根尽きかけていた。雨が降っていたが、構わず茂みの中で寝ころびたかった。暗闇の中で先を行く、疲れを知らないカープ嬢の声がひどく耳障りで、わたしは無情にも彼女も疲れてくれればいいと願った。わたしは鞍の突起にもたれかかり、かろうじて馬に乗っているありさまで、服は激しい雨に打たれてびしょ濡れだった。「ひどい馬旅だった」という話を一、二度聞いたことがあるが、まったくそのとおりの旅となった。それは神秘に満ちた、恐ろしいほど孤独な旅でもあった。連れが前を行くのがわかるのは、彼らの馬の蹄鉄がときに火花を散らすときだけだった。

やがて、手で触れることさえできそうな漆黒の闇が訪れた。「血の池ではないかしら？」わたしはぞっとした。真っ赤な水溜まりが路上で光っている。まさか、そんなはずはない。すると空一面が炉よりも赤く煌々《こうこう》と輝いたかと思うと、次の瞬間、道が明るく照らしだされた。カープ嬢は馬上で雫《しずく》の滴る傘をさし、ヒロを発つときと同様に背筋をのばしたまま硬直している。ウパはポンチョの中に身を丸め、ゆるゆると進んでいく。彼の水筒が赤く染まり、オヒアの木々が空に黒々と影絵を描く。黙示を告げるような唐突さで、まさに闇から生まれた光景があった。静まり返った夜の空気には刺激的な硫黄《いおう》の臭いが立ちこめる。砕ける波音が聞こえてくるようだった。岸に打ちつけ、高くなり低くなる潮騒のようだ。だが、海は五〇キロの彼方だ。天空はさらに明るく赤くなる。午後八時にクレーター・ハウス*8に辿りついたとき、キラウエアからは炎の混ざった赤い蒸気の雲が、暗闇に閉ざされた見えない大火口から絶え間なく噴き上がり、赤々と燃え立っていた。わたしたちは、永遠の炎が燃えさかる場所、世界最大の活火山に到着したのだった。

人里離れたクレーター・ハウスのベランダから雨の夜に瞬く光が見えたとき、これほど胸が躍るような輝きを見るのはほとんど奇蹟のように思えた。わたしは、この宿のまれにみる優しい主人に馬から抱き下ろされ、大きな薪の暖炉[*9]がある暖かく心地よい部屋に運ばれた。わたしは早々にベッドに退散し、刺すように冷たい夜の無限の闇の中から湧き起こる真っ赤な蒸気を見つめた。蒸気は湧き上がっては、後ろ髪を引かれるように火口へと沈んでいく。重く垂れこめた雲が赤く照らし出されていた。夜半過ぎに奇妙な色の火炎が思いついたように噴き上がり、うずくような鈍い音を立てた。

　この一帯ではよくあることだが、今朝は雨模様でどんよりと曇っている。一〇時まではドアの向こうに見える景色は霞んだ空白でしかなかったが、霧が晴れると昨夜の不思議がはっきりと姿を現した。力強くも広大な火口の外壁は、わたしのいるところからわずか数メートルの距離にある。火口というと円錐の丘を思い浮かべることが多いが、ここでは違う。マウナ・ロア山麓の標高一二〇〇メートルに深淵《しんえん》が口を開けている。[*10]起伏に富む平原の中に巨大な噴火口だけがあるのだが、これもまた火口なのだ。周囲一四キロ、底面積は一五平方キロメートルあり、火口の底は氷が張った池の水を抜いた状態に似ている。それほど遠くない昔に九〇メートルほど陥没してできたものだ。火口の深さは、下のどろどろとした熔岩が海原のように干満を繰り返すため、その年によって二四〇メートルから三三〇メートルのあいだで上下する。火山活動は火口の底全体に見てとれるが、そのほかにも、火口の縁にある裂け目からは蒸気が噴き出し、円錐丘からは熔岩が噴き出している。また、硫黄が噴出する場所では針状の結晶が堆積している。火口は地震によって絶えず震動し、切り裂かれている。ときに、はかり知れない恐怖を抱かせる大噴火を起こすが、キラウエアの活動はここからおよそ五キロ離れた火口の南側の熔岩湖でも続けられており、はるか昔から驚異の火山活動をわたしたち人類に披露してきた。

ハレマウマウと呼ばれるこの熔岩湖は「永遠に燃える火の家」という意味で、ハワイの神話において畏怖《いふ》される女神ペレのすみかとされる。爆発的な噴火を起こしているとき以外は、そばで観察しても危険はない。火口の眺望は日々変化する。火口内にある噴火口の熔岩水位が低すぎると、息詰まるようなガスが大量に噴出するため、来訪者は何も見えないことがある。この一週間は熔岩湖に目新しい変化はなく、青みを帯びた蒸気が火口壁周辺に垂れこめており、眺望はあまり期待できそうになかった。

ハワイの火山についてもっと多くのことがわかれば詳しく伝えるつもりだが、今夜のところは、わたしが実際に観察してきた本日一月三一日の火山活動だけを書き送ることにする。わたしの興奮はとめどなく、あれだけのものを見てしまった後で、落ち着いて書けるかどうか少し不安ではある。しかも、開け放したドアからは、いまも火口から空へ向かって噴き上がった真っ赤な蒸気の雲が、まるで燃え立つ炎のように見えているのだ。

わたしたちは先住民たちとともに火口へ向かった。愉快なガイドは絶えずわたしたちの物真似をしてみせ、もう一人のヒロから来たガイドはつたない英語をでたらめにしゃべった。コナから来た先住民の女性はつたない英語ながらも詩的に話したが、彼女の兄はまったく英語を解さなかった。わたしたちのようにものものしい装備を携えた奇怪な出立ちの外国人女性は、さぞ滑稽に見えることだろう。案の定、彼らは笑いの種を嗅ぎ分けるのに敏感で、わたしたちをそのように思っているのを隠そうとはしなかった。

道は火口の縁につくられており、絶壁を行く最初の下りは切り立つように険しい。ただ、この下の第二の下りまでは濃い茂みに覆われていて、オヒアやオヘロ、アマウ、ウラボシ科のシダ、[*11]ススキ、それに鮮やかな青緑色の実を房状に付ける球根性の植物など、数多くの植物に出会う。しかし、「その先」が怖そうだった。わたしの足に根が生えたように思えるのは、ここでは自然はいくらか機嫌がよいのか、自らつくりだした恐怖の作品を覆い隠そうとしているように見えるからだ。この先に待ち受ける第二の下り坂から向こうは、荒々しい熔岩塊と砕けた熔岩の襞が続く。そこは火口の周囲に不規則に広がる亀裂の一つだというが、おそらく火口の底が抜けた際の痕跡なのだろう。そこにはもはや植物といえるものはなく、見慣れた大地もない。わたしたちがいるのは地の底から新たに生まれた黒一色の、恐ろしく荒涼とした世界であり、目に親しみ、耳に馴染んだ自然は一切ない。段丘、断崖、湖、峰、川、山腹、渦巻き、割れ目など、わたしたちのまわりにあるものはすべて熔岩でできている。黒々として硬く、ガラスのように輝き、ところどころ灰白色となった場所には硫黄の黄色や明礬《みょうばん》の白い結晶がある。地震の影響で熔岩がいたるところで隆起し、亀裂が生じて、そこから高温の蒸気が噴き出している。

わたしたちは一時間以上かけて苦しい行程を這うように進み、ようやく火口のいちばん低い部分に降り立った。直径は優に一・六キロはある。上から眺めたときには凪いだ海のように見えたが、実際に歩いてみると、熔岩でできた灰色の波と渦の広がりがはっきりとわかる。巨大な岩の隙間には、ほんの数週間前にできたばかりの漆黒の熔岩が詰まり、虹色の光彩を放っている。熔岩の一部は、自然の氷塊のように先がとても荒々しく尖っており、お互いにからみあったり、下からの力で盛り上がったりしている。もっともよく見られるのは縄状の熔岩流だ。巨大なロープが巻きついていると錯覚させるほどロープによく似ている。この熔岩はところどころで熱い硫黄ガスを噴き出す岩溝に削り取られていた。不思議なのは、このような岩溝の奥の黒々と恐ろしい場所に、すらりとしたシダがこのうえなく美しい姿で三本も生えていたことだ。大森林の先陣ともいうべき、じつに危うげなこの使者たちが、長い歳月を経てこの火口を美しく飾ることだろう。

わたしたちの右手には切り立った岩棚があり、その上を新しい熔岩流が乗り越えて流れ落ちるときに冷え固まり、スタッファ島[*12]にあるような見事に均整のとれた円柱を形づくっている。この深い窪地を渡り終えるのに一時間かかった。最近、ハレマウマウから熔岩が窪地に流れ落ちたときに熔岩の丘が誕生し、この暑くて険しい一二〇メートルの斜面を登りきるのに、さらに一時間かかった。この丘は風変わりな形をしている。熔岩が流れ落ちながら固まっているのだが、それらのあるものは波打ち、あるものは川となっていた。あるところでは主流に逆らって小さな渦巻きや巨大な渦巻きをつくり、またあるところでは蛇や木の幹、無秩序に伸びる根、捻じ曲がった水道管のような形をしている。大自然は膨大な規模を誇り、すべてを呑みこみ、捻じ伏せる。それは驚異的な力技だ。さらに険しい傾斜を乗り越えるところで、熔岩は幅三〇メートルの燃えさかる滝となっていた。地表まで流れ下ったところもあれば、落下の途中で固まったところもあるが、どれも木の幹のように見える。わたしは、ひび割れの中にペレの髪の毛と呼ばれる不思議な糸状の熔岩をたくさん発見した。きめの粗いスパングラス[*13]にそっくりで、緑や黄みを帯びた褐色をしている。地表がこのペレの髪の毛にすっかり覆われている場所も数多くあり、まるでガラス細工を見るような感じだ。噴火の際に、噴泉が高く上がって熔岩の飛沫が周囲に飛び散るとき、風がその滴《しずく》を六〇センチから九〇センチほどに引き伸ばして褐色の糸を紡ぐのだ。このような熔岩の糸が、突き出た場所にひっかかり付着していた。

斜面を登るにつれて熔岩に開いた穴は多くなり、輝きが増す。それと同時に足元はますます熱くなった。相当な高温である証拠に、降ってきた雨が地表に当たると、しゅうしゅうという音を立てる。熔岩地帯はさらに危険度が増したので、わたしたちは一列縦隊になって歩いた。ガイドが先導して足元の安全を確かめる。わたしは何度か転んだが、そのたびに硫黄の蒸気が充満する窪みに落ちた。そして、両手を付いて立ち上がるとき、強い酸のせいで丈夫な犬革の手袋が内側まで焦げてしまった。

熔岩流を五〇キロほど[*14]辿って火口の縁に出る。新しい熔岩の上を三時間もかけて歩いたのだから、どう考えても噴火口はすぐそこにあるはずだ。だが、煙は見えず、炎の気配すらない。火山はわたしたちを特別に落胆させようと、今回にかぎって活動を停止したに違いない。

じつを言うと、わたしはキラウエアについては七冊もの資料を読んでいる。それらにはキラウエアのことが非常に詳しく書かれていたので、わたしはクレーター・ハウスを発つときから、がっかりすることもあると覚悟を決めていたのだった。

すると突然、頭上に、それも目の前に、血糊のような塊が空高く噴き上げられた。わたしたちはハレマウマウの縁に立っていたのだが、一〇メートルほど下にある熔岩湖から噴水のように熔岩が噴き出したのだった。あのときはだれもが悲鳴を上げ、感動のあまり涙を流していた。しかし、口を開く者はいなかった。この地上に新たにもたらされた恐怖と壮観さに、だれもが声を失っていたのだ。それは想像を絶し、筆舌に尽くしがたく、見る者の目に焼き付く光景だった。それは一瞬のうちに感覚と魂のすべてを奪い去り、日常的発想をひっくり返してしまう。まさに底なしの穴だった。消えない火。焦熱地獄。火と硫黄に燃える湖。永遠に燃え続ける灼熱《しゃくねつ》。打ち寄せる波の衰えることのない火焔《かえん》の海。波が呻き、轟き、炸裂し、突進し、舌打ちする。ここにも岸に砕ける潮騒があるが、それは火焔の波が火焔の岸に打ち寄せる海だった。

だが、わたしにいったい何が書けるというのだろう。噴流、噴泉、うねり、飛沫といった単語や、基準や法則の概念を伝える言葉が何になろう。ここにあるものは、そのような表現で言い尽くされるものではなかった。クレーター内の熔岩湖には、わたしたちの目の前で新たな火口のようなものが誕生した。真っ赤な熔岩の海は一メートルほど上昇して、高さ二・四メートルほどの円錐丘を出現させたが、これとて二分と同じ形ではいない。わたしたちがいま目にしているものは一月前には存在していなかったし、一月後にはまったく異なった景観となっていることだろう。

わたしたちが見ているこの熔岩湖は不揃いな形をしていて、狭まったところは一五〇メートルほどの幅しかないが、広いところでは一キロ近くある。いちばん狭まったあたりを熔岩の低い堰が横切り、いましも湖を二つに分断しようとしていた。この堰はわたしたちの目の前でみるみる築かれていった。わたしたちにいちばん近い熔岩湖の縁の側面は垂直の壁で、高さはせいぜい一二メートルほどだが、ここからいちばん遠い向かい側の壁は四五メートルほどの高さがあり、ごつごつとした険しい表情をしている。側面のある場所は顔を出した円錐丘にすっかり占領され、勢いよく蒸気が噴き上がっている。熔岩湖は現在見られるレベルより一二〇メートルも沈下したことがあるというが、一月前には縁からあふれだしたそうだ。

この熔岩湖でもっとも目を引くのは躍動する炎だ。双子の湖面はいぶし銀を思わせる灰白色の冷めた外殻に覆われているが、次の瞬間には鮮やかな薔薇色の亀裂を生じて崩れていく。果てしなく繰り返されるこの運動は、初めは必ず縁から中央に向かって繰り広げられるのだが、中央部分は独自の行動をとるかのように、必ず南の方角に進む。運動の一つひとつは、見る者を煽り立てるように破裂する直前、内部に閉じこめていた火山ガスをシュッと放つ。それは怒声や喚《わめ》き、あるいは悶《もだ》えのようにも聞こえる。いまそれは、この地上に拘束できるものなど何一つないとばかりに激しく猛り狂っている。陽気に遊んでいたかと思うと、一瞬、物憂く沈みがちになるが、これもまた新たな英気を養うためのものだ。

わたしたちがここに到着したときには、一一の噴泉が熔岩湖の中で陽気に噴火を繰り返していた。ときおり、近いところにある六つの熔岩湖が合体して一つの巨大な渦をつくりだし、盛り上がって高さ一〇メートル近くの巨大な円錐丘となるのだが、次の瞬間には、再び新しい流れとなって渦を巻きながら、いくつもの噴出口をつくって勢いよく熔岩を噴き出し、周囲に撥ね飛ばすのだった。ときとして湖面は中央へ向かおうとする動きをぴたりと止め、南へ向かおうとでもいうのか、大きなうねりとなって未完の堰に激しく打ち寄せる。湖面は太平洋の波さながらの波音とともに堰を打ち、ときにもぎとり、ときに乗り越えては、砕けた灼熱の塊となって堰の上に降り注ぐ。それは混沌と混乱、威圧、脅威、絶頂、雄大、そして神秘のすべてであるとともに、美の表出でもある。その色彩はなんと言えばいいだろう。熔岩の色は深紅の閃光というのとは少し違うし、生々しい血の色とも異なる。実際にこの目で見なければ、わたしはこのような色が存在するとは思いもしなかっただろう。

熔岩の外殻は絶えず皺を寄せ、たたみかけ、弾けて大きな破片となっては沈みこむ。そして、再び波打つ地殻の上へと放り出される。一一個の血の色に似た噴泉は長時間にわたって喜びも露わに熔岩湖の中を躍りまわっていた。それはまったく見事というほかなく、初めの半時こそ恐ろしさが同居していたが、それが過ぎてしまうと、噴泉の印象は深くわたしの心に刻まれていた。この光景はわたしを魅了するものとして、生涯、記憶されることだろう。

三時間ほどで熔岩湖を二分しそうな堤がみるみる築かれていった。これは堤に降りかかる飛沫が冷却されたためだ。天井から三〇センチ以上はある熔岩鍾乳が垂れるほど巨大な空洞が内側にできたせいでもある。このとき、遠いほうの熔岩湖では、南に向かう熔岩のうねりが南の境界となっているごつごつとした険しい壁に打ち当たって凄まじい音を上げ、一二メートルの高さに真っ赤な飛沫を撒《ま》き散らしていた。起伏の多い壁の突出部は、張り出しすぎると落下し、途方もなく巨大な炎の飛沫を上げてさらなる騒乱を演出した。

わたしたちのすぐ足元には熔岩の間歇泉《かんけつせん》があった。円錐丘の頂きが冷え固まったために穴がほとんど塞《ふさ》がったもので、最初に見たときは、高さと直径がおよそ一・八メートルほどだった。この丘からほとんど間を置かずに熔岩が噴き上がっては縁に降り注ぎ、わたしたちの目の前でみるみるその高さを増していった。内側の業火《ごうか》や、熔岩が嘔吐《おうと》する異様な音がわたしには恐ろしかった。熔岩湖に煙が上がることはなく、ほのかな青い蒸気が風で反対側へ流されているに過ぎない。だが、熱さは想像を絶していた。移動することができないので靴底は焦げ、顔の片側と耳には火《ひ》脹《ぶく》れができてしまった。熔岩湖そのものに煙は立たないが、西のほうには、煙を上げて騒々しい音を立て、蒸気の雲が湧き起こっている。様子を見に行くのさえ危険な恐ろしい場所だった。そこには熔岩が噴出する円錐丘がいくつもあるが、昨夜は目立った活動がなかった。わたしたちは船の甲板から海原を見下ろすように、縁のすぐ間際に立って覗いて見ていたのだが、あまり近づくと脆《もろ》くなった縁が崩れる危険があった。

そろそろ立ち去ろうというときに、熔岩湖に新たな衝撃が走った。高々と炎が噴き上がり、同時に熔岩が噴き出したのだ。それにつられて新たな円錐丘や噴出口が出現し、湖面の縁を楽しそうに躍りまわりながら中央に向かった。それらがまとまって一つの赤い塊になると、盛り上がってピラミッドをつくる。そして、いきなり大崩落を起こして姿を消した。すると無数の炎の大波が空中に投げ出され、打ち砕かれて、二つに割れた湖面に撥《は》ね返る。炎が湖面に叩きつけられると、湖面は底から力を得たように勢いよく隆起し、できあがったばかりの湖面を波立たせて、再びゆっくりと沈みこんだ。あたかも使命を果たすことができなかったときの苦悩を表すように、中央の湖面は空しく揺れた。

別れを告げるときがきた。おそらくは永遠の別れを。さらば、輝かしきハレマウマウ。大地が持てる偉大なる力よ。

これからも止《や》むことなく湧き起こり、砕け散り、大地を覆い続けるがいい。わたしはもはや汝のかたわらに添うことはない。二度とない。永久の別れだ。

畏敬の念すら抱かせる黒々とした火口から、痛む足をひきずりつつ、重い足取りでホテルへ戻るのは気怠かった。クレーターの周囲は小型の木性シダや、青緑色の蕾を付けたユリ、真紅のフトモモの花など、ありとあらゆる清らかなものに飾られている。それらは、すべきことをやり残したまま忘れ去られた世界を象徴するように、奇妙な感じでそこに生えていた。しかし、これは畏敬の世界が美の世界にとって代わっただけのことだ。黄泉《よみ》の国から、葉も花も果実も枯れることのない常夏のきらびやかな世界に移り代わっただけのことだ。

わたしはここまで書いたあと、火山関連の書籍に目を通した。そこには世界各地の人々の意見や印象が書かれており、なかには火口で展開される噴火の規模や、目まぐるしい変化を丹念に記しているものもあった。その一方では、まったく愚にもつかない話を、本人が得意げに延々と記述したものもある。それには「マダム・ペレ」がよく登場する。この女神は異教の創世神話においてもっとも偉大な神々の一つとされるのは疑いないが、著者は笑いを誘うためだけに、インクとペンと鉛筆を駆使して思いつくかぎり風刺漫画的に描いている。記事の中にはいくつかばかばかしいセリフが見受けられる。曰《いわ》く、「大したことのない噴火活動」、「大げさな騒音」、「ごみ捨て場のマダム・ペレ」といったたぐいのものだ。この手の書籍の大半はイギリスの作家のものだ。アメリカ人の機知はこれよりはもっと個性的だが、聖書の言葉を冒瀆《ぼうとく》するようなものが多く、まったく愛想が尽きる。人々が望むのは、ハワイ島でいかに楽しい時間を過ごし、面白いものを入手するかであって、そのためにはヒロへの到着や出発の正確な時間を記すべきだ。読者は一時間に五キロを踏破するというたぐいの情報には興味を抱かない。もっとも、人々がハレマウマウに出かけ、そこで俗物ぶりをひけらかすというのなら、それなりに役立つのだろう。

クレーター・ハウスは一種独特の興味深い建物だ。建っている土地は非常に不安定な場所で、一帯で起こる地震のせいで絶えず振動している。光景や音の迫力は昼夜を問わず、身がすくむような恐ろしさを感じることもある。周囲の土地に生じた割れ目や穴からは蒸気や噴煙が立ち昇り、硫黄の臭いが立ちこめる。ここでは裏庭にある天然の蒸し器でカロを料理し、同じような仕組みで雨水を濾過《ろか》して飲料水を手に入れている。建物は草と竹とでできているのだが、一本の釘も使用しない見事なものだ。急勾配《こうばい》の屋根を持つ横長の建物で、内部は壁の高さと同じ仕切りで区切られている。いわゆる天井というものはない。剝き出しの梁は常緑の葉で覆い隠され、ところどころから覗く空には星が瞬いている。ベランダに続くドアは開け放たれていて、大きな煉瓦造りの暖炉がある中央の部屋に続く。ここは海抜が高く[*15]気温が低いので、いつも薪がくべられ炎が揺れている。小さなテーブルと椅子が数脚、ソファが二脚、壁には本と絵がある。部屋はこうしたインテリアのせいで心地よい雰囲気があり、実際、申し分なく居心地がよい。

わたしたちが寝るのはこの部屋から通じる、床に敷物を敷いた清潔な部屋だ。向かい側には同じような客室がもう一部屋あり、そのほかにこぢんまりとした食堂があって、裏手の草葺きの厨房と繋がっている。気持ちよく客に応対する世話好きな老中国人が、わたしたちに「サー」を連発しながら厨房から料理を運んでくる。食卓には紅茶と、保存用ミルク、コーヒー、カロ、ビスケット、バター、ジャガイモ、山羊の肉、オヘロなどが載せられた。宿泊料金は一泊五ドルと安くないが、ここではジャガイモとオヘロ以外はすべて三〇キロも五〇キロも彼方からラバの背に載せて運び上げなければならない。建物は内外ともに可愛らしく絵になる。だが、鮮やかだがあまり趣味のよくない伸び放題の芝生のなかに建っている。まわりを囲む明るい色の柵は、八重咲きの小さな花を付けたバラで飾り付けられている。荒々しい禁断の火山地帯に、なんとも不思議な建物があるものだ。宿の主であるギルマン氏はなかなか男前のアメリカ人で、インド人の血が半分入っている。彼は素晴らしい英語を話すが、美人の先住民妻はまったく英語を解せず、客の面倒はすべて夫が見ていた。

宿には旅の途中に雨で足止めされた先住民のグループがいた。女性たちは床に坐って花や木の実を糸に通してレイを作っている。そのなかのひときわ美しい妙齢の女性は、衰弱のせいか床に重ねた毛布に身を横たえている。男たち三人は暖炉の傍らで煙草を吹かしていた。ウパはたどたどしい英語でわたしたちに話しかけるが、他の者たちはなにやら話しこんでは笑い声を上げた。彼らには、わたしのインクスタンドやペンや小さな文字が面白くて仕方がないのだ。K嬢[*16]はアンデスからピラミッドまで、どこへ行っても見かけるだろう典型的な旅行好きのアメリカ人女性で、疲れを知らず、涸《か》れることのない気力とスパルタ的なパワーを持ち合わせている。彼女はすべてを手に入れる才に長《た》けているのだ。その傍らに、足を引きずり、よれよれにくたびれて、靴もない哀れな状態のわたしがいる。以上がいまここにいるメンバーだ。山積みされた鞍や毛布、拍車や各種の装備が、これまでとこれからのわたしたちの旅を如実に物語っている。暖炉の炎と、外で燃え続ける炎の明かりが交錯する光景は、なかなかに見ごたえのある一幅の絵だった。

建物から三〇〇メートルほど離れたところに、硫黄が噴き出す蒸し風呂があるという。ひどい疼《うず》きや痛みによく効き、火口まで一〇キロの道程を歩いた後の凝りもすっかりほぐれるという主人の強い勧めで、わたしは呻きながらも足を引きずって出かけた。ところがこれがまったく気まなしろもので、こちらの希望どおりにはならない。というより、こんな危険地域でのんびりと湯治をすることを勧めるギルマン氏の気が知れない。わたしは、いつキラウエアが気まぐれを起こし、火傷を負わせたり、吹き飛ばしたりするのかと気が気ではなかった。楽天家のギルマン氏だけが天災から逃れられるわけではないだろう。それはともかく、硫黄の蒸気を噴き出す割れ目には適当な小屋が架けてあった。中には深さのある箱が設置され、引き蓋には首を通す穴がある。どうやら、中に坐って蒸気の生け贄にされる仕組みらしい。加減を見ようと迂闊にも手をかざしたら、高温の蒸気でたちまち皮が剝けてしまった。ギルマン氏の感情を害さないよう、この無責任な考案品に対する彼の並々ならぬ思い入れに配慮したわたしは、氏が処方してくれた時間まで小屋に留まり、それからできるだけ足を引きずらないようにして小屋を出た。そのまま彼とともに、サルファー・バンクスと名付けられた場所を見に行った。そこでは硫黄ガスが噴き出し、絶え間なく硫黄の結晶を積み上げている。これほど精緻な細工があるのかと思えるほど美しい針のような結晶が、層をなして魅惑的な形状を作っている。わたしはコロラド州で見た霜柱を思い浮かべた。いずれも手を触れればもろくも消えてしまう。それが作られる現場でなければ、この不思議な実験は観察できないのだ。

この宿には先に触れた現地の人々以外に、もう一人、四〇年間、牛狩りを専門とするハワイ島を知り尽くした老人がいた。わたしが出会ったここの住人すべてに共通することだが、この老人もやはり火山活動には並々ならぬ関心を抱いていた。一八六八年の大噴火で、あの美しいヒロの町が壊滅の危機に晒されたという話を、わたしたちはぞくぞくしながら聞かせてもらった。老人の話では、ちょうど三週間前にキラウエアに深い沈黙が訪れ、それと同時にマウナ・ロアの山頂火口が動き出したのだそうだ。最初は火山性の微震で大地を揺るがしたが、ついには大規模に燃え上がり、四一九一メートル[*17]の頂きが、はるか一六〇キロ沖の海上から見えたという。その二日後に突然、炎は収まった。マウナ・ロアはいま、星の瞬くもとでドーム状の巨大な山頂に雪を戴き、永遠の真冬の静けさに包まれている。

I・L・B

手紙6

困った王様――ロミロミ――火山の華々しい可能性

二月三日　ハワイ島、ヒロ

すっかり予定が狂ってしまった。当初の予定では、現地の郵便配達人とともに馬で島の北部に出てから、ホノルル行きの蒸気船に乗ることになっていたのだが、途中の渓谷が氾濫《はんらん》して馬での移動はおぼつかないという。ヒロからの蒸気船はこの先三週間もなかった。そこでわたしはS夫妻の好意により、下宿させてもらうことになった。この街は人も景色も生活も魅力にあふれている。デクスター夫人の一件を除けば、ここに滞在することになんの気がかりもない。火山の大旅行の疲れもすっかり癒《い》えていた。

キラウエアを発ったのは二月一日午前七時のことで、その日は土砂降りの雨だった。現地の人たちは青緑色の木の実を付けたレイや、赤と黄色のオヒアレフアのレイでわたしたちを飾ってくれた。鞍は湿り、火口も霧に掻き消され、木々からは雨水が滴り落ちていた。わたしたちは水の溜まった岩場を雨水を撥ね返しながら進んだが、馬は膝まで泥にはまった。生温かい熱帯の雨は真上から降り注ぎ、ヒロ近くまでわたしたちにつきまとった。ウパとK嬢は道中ずっと傘をさしていたが、わたしは馬が駆け足になったときにはいつでも鞍にしがみつけるようにと、両手を空けておかなければならなかった。クレーター・ハウスを出るとすぐにもウパは草地を全速で疾走した。わたしの馬も当然のように後を追った。そのとたん、わたしの足が鐙《あぶみ》から外れ、なんとも恥ずかしいことに、鞍の後ろまでずり下がって馬の背に坐ってしまった。いまにも馬の尻からずり落ちようとするのをなんとか鞍まで這い戻り、鞍の突起とたてがみにしがみついたところで、ほかの二人がようやく立ち止まった。幸いなことにわたしはしんがりだったので、二人はわたしの失態を見ていなかったと思う。

ウパは道々大いにわたしを楽しませてくれた。彼はわたしを「大首長」だと言って譲らないのだ。彼はヴィクトリア女王についていろいろなことを語った。女王陛下の徳業は当地でも広く知れわたっているようで、「よき女王、よき臣民、つくる」とウパは言い、「イギリス人、素晴らしい」と続けた。首長は何人いるのかとウパに聞かれて、わたしは代々続いた貴族のことを言っているのだろうと思い、五〇〇人以上はいると答えた。すると、「だめだめ、多すぎる」と彼は語気を強めた。「首長多い、国民、当惑する」と彼は言った。イギリスではみながよい国民かと質問され、残念ながらそのような理想からはほど遠い状況にあると答えると、彼はお世辞のつもりか、納得がいかないといった表情を浮かべ、さらにこう言った。「あなた良い女王。あなた、聖書、長く読む。あなた、偉い！」ウパがヨーロッパの政情をかなり知っており、イタリアの自由解放や普仏戦争などの話をするのには驚かされた。ウパは典型的な正教会会員として、教皇嫌いを露わにした。「聖書を読めばわかるが、教皇はキリストの敵だ！」と息巻いた。「女王様のため、楽団連れていく。セレナード、演奏する」とも言っていたが、これはいまのところ実行に移されていない。

わたしたちは日暮れとともにヒロの街に辿り着いた。濡《ぬ》れそぼち、へとへとで、充足感はあったものの、死にそうなほどお腹がすいていた。昼食に用意していたものは雨のせいで、新聞紙とパンを混ぜ合わせたどろどろの物体に成り果てていたため、わたしたちはまだ熟しきらないグァバをいくつか食べて飢えをしのいだのだった。キラウエアの黒々とした荒地を目にした後で、黄昏のなかにヒロの集落が姿を現したとき、わたしはその美しさを以前にもまして堪能した。雨はすでに上がり、心地よいそよ風がヤシの木の林を揺らし、タコノキのしめやかな葉を抜ける。艶やかなパンノキやバナナの分厚いひさしの下では、先住民たちが何組も集い、バラやオヒアレフアの花飾りを編んでいる。幸せそうな外国人の家々の灯りが、ベランダのパッションフラワーの飾りからこぼれて、きらめいている。わたしには耐えられないが、先住民の愛する低音のチャント*1が、絶え間ない波のつぶやきと木々の梢をわたる微風のため息に混ざり合う。北国のほのかな香りとは異なる濃厚な香りが、宵の大気を満たしている心地よい夕べだった。

体の凝りと痛みでひどく辛かったわたしは、本格的なハワイ式療法を受けてみるように勧められた。体の病はどのようなものでも治療対象となるうえに、リラクゼーションも味わえるという。ロミロミと呼ばれるこの治療は、揉《も》んだり叩いたりひねったりするのだが、モイモイという名の、乳母をしているハワイ人の上品な老女がこの技の名人だった。彼女はいちばん痛む筋肉を勘で当てると、そこを徹底的に叩いた。わたしの喉からは、苦しみの呻き声が笑い声となって絞り出された。すると、施術が終わらないうちから、腕も肩もほとんど苦痛がなくなってきたではないか。現地の家庭では、初めて訪れた客人をまずはロミロミでもてなす。家庭によってそのやり方はさまざまだが、なかには患者がうつ伏せになり、その背骨の上で子供たちが踊りまわる[☆1]というのもある。昔、首長は仕事がないときにはいつも臣下にロミロミをさせていたという。

夜にはヒロの住人が大勢やって来て、わたしたちの旅の様子や火山の最新情報を聞きたがった。キラウエア火山が近くにあるせいで、ヒロには尊厳とでもいったものが備わっているように思える。人々のおしゃべりに、よく見られるような退屈さがないのだ。この集落の人々は、火山活動については高みの見物を決めこむわけにはいかない。いつ脅威と不安が降りかかるか知れないからだ。火山活動は地震を起こして集落を揺るがすから、石造りの家を建てるわけにはいかないし、天井を漆喰にすることもできない。さらに、津波ははかり知れない破壊力をもって海辺を暴れまわる。最近も二度、怖ろしい氾濫があり、この楽園は壊滅の危機に晒された。そのうえ、マウナ・ロアという死火山[*2]も控えている。この山が息を吹き返せば、その脅威から逃れることはできないだろう。昨夜も山頂が明るくなっているという噂が流れ、全員が家から飛び出したが、ハレマウマウ火口から放たれた炎が激しさを増しただけのことだった。これほど壮大な可能性を抱え

☆原注1　Reef Rovings

こむ土地においては、火山はやはり最大の関心事なのだ。

I・L・B

手紙7

ヒロの住まい――ヒロの世間話――外国人の生活――国民食――ピリキアとアロハ――波乗り

ハワイ島、ヒロ

当地の白人は一つの社会を形成しているが、とてもこぢんまりとしたものだ。そのなかに二人の古老の宣教師、コーン師とライマン師がいる。コーン師が指導に当たった現地の人たちの一大グループは、かなり規模を縮小したとはいえ、現在も存続している。彼らは外国の伝道活動に毎年一二〇〇ドルの献金を行っている。ライマン師は高齢で体の具合も万全とはいえないはずだが、現地の若者のために職業訓練校の校長という職務を、疲れも見せずに務めている。二人の住まいはニューイングランド風の整理が行き届いたものだが、熱帯植物の華やかさがほどよく調和している。彼らの涼しげな隠遁所は、パンノキやタマリンド、タケなどの木陰に覆われ、茂みの向こうには青い入江が望める。そのほかにも無数の熱帯植物があり、これらの美しい家屋敷によく馴染んでいた。

ライマン師の二人の子息は地元の有力者で、一人はハワイ島の副郡知事を務めている。元宣教師の息子たちが事業を営んで当地に定住しているが、そのほかにも島に魅せられて移ってきた人たちも何人かいる。元布教グループのウェットモア博士は昔ながらの正統派ニューイングランド人気質を代表する人物で、ハワイのシダの話となると熱がこもる。若々しく晴れやかな彼の顔を見ていると、こちらまで楽しくなる。わたしが宿泊している家の主人はいつもにこやかで、人付き合いのよい理知的なアメリカ人だ。彼はハワイ島の郡知事を務めるほか、郵便局長などを兼務している。宣教師の娘だという美しい夫人のほかに数人の友人が同居している。この大きな屋敷にはつねに多くの人々が集い、それを快く受け容れる思いやりと親しさにあふれている。

若い女性の姿はほとんど見かけないし、青年もごくわずかしかいない。そのかわりとびきり陽気な子供たちが大勢、一年を通して裸足で遊び回っている。ヒロの集落から一一キロ以内のところに農園経営者が数家族住みついており、縫い物の会や教会に行くときに通ってくる。節操のない白人男性も少数ながらいて、酒を浴びるように飲むか悪行をしでかしたせいでこの島までやって来た流れ者たちだが、先住民に与える影響はきわめて悪い。ビル・ラグズデールをはじめとする白人との混血はまだそれほど多くない。

ヒロには馬車道がないし、そもそも馬車自体がない。そのため、住民は馬に乗るか、担架のようなもので移動しなければならない。人々はみな親切で、馬や衣類、型紙、本、その他、日用品の一つひとつを、いつも貸し借りしている。白人社会は狭く、そのなかで互いに接近して暮らすのは、船旅のような鬱陶しさがある。人々は互いの日常を隅々まで知っているからだ。家計の収入支出から小さな集まりまで、その日、だれがどうしたかにいたるまで、すべてが人の口にのぼる。実際のところ、火山とその活動がなければ、会話はすべて噂話に堕していたかもしれない。ここでも一身上の話は山のようにあるが、悪意がないのには驚かされる。だれがどうしたという話はこの地の共有財産ともいえる。だれがこう言った、どこそこへ出かけた、だれが来た、どこで何を買った、あるいは他の島の話にいたるまで、すべてが手紙と口承で共有されている。総じて好意的であり面白おかしいうえに、人の好奇心というものは興味深いものだが、それでもやはり危うい面がある。とはいえ、外国人はみな親切で、癒えない悩みは存在しない。看護婦は一人もいないので、女性は交代で何日でも何カ月でも昼夜を問わず病人の看護をする。このような互助の精神が人々の仲を育んでいるのだ。

外国人はとても素朴な暮らしをしている。食堂は食事のためだけに使い、居間は趣味がよく、いつも居心地よく保たれているし、寝室はきれいに片付いている。女性たちは信じられぬほど器用に作った小間物を趣向を凝らして飾り、カーペットを敷かずに軽やかなマニラ麻の敷物を使っている。使用人は一人だけで、それも午後七時には自宅に戻る中国人の料理人を雇うというのが一般的だが、いくつかの例外もある。そのような家では、わたしがお世話になっている家のように、下々に身をやつしているが謂われのある家系の先住民女性が、日中に子守として通ってくる。午前中、こうした女性はこざっぱりとした部屋着に真っ白なエプロンを翻らせ、家の中を掃いて埃を払う。単調な家事をしているだけなのだが、これほどまでに上品で洗練されて見える女性たちを初めて見た。彼女たちは着るものを自分で仕立てる。急に必要となったときには、二、三人が打ち合わせて本人の代わりに作るのだ。彼女たちはじつに心安く楽しげな生活をしている。

彼女たちはみな健康に暮らしているが、理由の一つは、家事という無意識の運動をこなしているせいだろう。女性の余暇はたっぷりとある。読書、音楽、合唱練習、デッサン、シダの押し絵、手芸、遠足、乗馬会など。そのうえ彼女たちは社交の才も十二分に発揮する。乗馬の際には上品なブルーマを着用するのが一般的で、またがって乗らない場合も変わりはない。どの住宅もみな見た目に美しいが、そのためにとくに手間をかけるということはない。この気候のおかげでほとんど手がかからないのだ。手軽に済ますのであれば、壁をコバノイシカグマ科のシダで美しく飾り付けるという手法がある。このシダは枯れてもすぐに新たな芽を出すし、またハワイでは一年中いつでも花が咲くので、どの部屋にも贅沢に花を飾ることができる。

住人のなかには貴重な蔵書を所有する人も多く、それ以外にも、鉱石や火山岩の標本、貝殻、サンゴなどの飾り棚、あるいは銃、ヒョウタン、さまざまな装飾品、現地の手織物などがあり、それだけで十分に部屋を飾り付けることができる。こうした火山岩の標本やサンゴのなかには、たとえようもない美しさと、はかり知れない価値のあるものが含まれている。

男性は女性に較べてあまりすることがないように見える。海辺には二軒の店があるが、ここにはクラブハウスがないし、小銭の持ち合わせが乏しいこともあり、男性陣が集うのはもっぱら浜の店か庁舎となる。ここでは仕事は忙しさと同義ではないし、公務も軽い。どれほど軽いかと言えば、この午前中も、郡知事と長官、判事が顔を並べ、庁舎の芝地で延々とクローケー[*1]に打ち興じるのをわたしは目撃している。殿方は奥方のために噂話を調達する。ちなみに、噂話はどの程度が彼らの手になる創作なのか、またどれほど流布するものなのかということは、だれにもわからない。

ヒロは先住民の人口が多く、海岸とワイルク川上流の高地に広い範囲にわたって住んでいる。そこかしこに、格子窓の木造家屋や奥行きのあるベランダを持つ草葺きの家が、マンゴーやバナナの木々のあいだから顔を覗かせている。ケエリコラニ王女[*2]の家は、アンブレラツリーの巨木と高さ二〇メートルにもなる見事な竹林が木陰をつくる海岸にある。現地の人々の生活に身近に触れてみるのも非常に興味深い。

カロの水田を作り、できたカロを潰すまでの力仕事は男が担う。カロ[☆1]は国民食とでもいうべきもので、ハワイ人にとり、ヒョウタンの器に盛ったポイなしの生活は考えられない。カロの根塊は人々にとって最大の関心事であり、植えられたその日から心をこめて賞味するそのときまで、人々はつねにカロに気を配る。ポイを口にするのは深遠な儀式に似ている。アラブ人にとっての塩や、秘密結社にとっての神秘の徴のようなものだ。カロの根塊はカリフォルニア産のビートのように分厚い楕円形で、大きな葉は幅広の弓矢のような形状で鮮明な緑色をしている。良質のものは水耕栽培される。水田は堤を築いて水を張り、泥を盛ったところに一本ずつ植えられる。栽培は挿し木で、根塊を切り取ったあとの部分を植え直す。根塊が育つまで、男たちは膝まで水に浸かりながら世話をする。

☆原注1　*Arum esculentum*

カロは蒸してスライスしたものを食べてもおいしいが、ハワイではポイにする。これは手間のかかる作業だ。まず根塊を地中に埋めて焼き、それを浅く凹んだ木板に載せて専用の石で叩き潰す。これはかなりの力仕事で、作業のあいだ、男は衣服を身に着けない。作業は決して見栄えのよいものではない。ヒョウタンの水に頻繁に手を浸し、手にこびりついたタロを落としながら作業するのだが、男たちはいかにも暑そうで、くたびれて見える。ある程度潰し終えたら、タロを板の上からヒョウタンに移し、水を加えてペースト状にする。それを二、三日放置し、発酵させると完成だ。ポイは紫色やピンク色をしており、味は製本用の糊に似た酸味がある。水を加える前の乾いた状態のものは「パイアイ（硬い食べ物）」と呼ばれ、これを一キロずつティーの葉に包んで旅の携行食とするほか、グアノ諸島[*3]へも輸出される。カロは栽培しやすく栄養価に富む作物で、カロ水田約四平方メートルでハワイ人一人が一年食べていけるという。

カロやメロン栽培は安定的とはいえないまでも、れっきとした農産業だ。しかし、その他の農産物となると、人々はどこ吹く風で栽培など念頭にない。これはいったいなぜなのか。ココヤシやパンノキ、ヤム、グァバ、バナナのほかにパパイアもある。ちなみに、パパイアは熟したアプリコットとカンタロープ・メロンをかけ合わせたような芳香があって、とてもおいしい。これらの恵みが人の手を借りることなく、寝ているうちに勝手に育っては熟してくれるのだ。だから男も女も、日がな一日趣味に打ち興じる。男は波乗り、女はレイ作り、男女共通の趣味としては、世間話、歌、それに乗馬がある。大人だけでなく、子供たちの大半も自分の馬を所有している。ただし、馬たちはなんともおぞましいほどに血統が悪く、発育も不良だ。

浜辺や芝生は必ずといってよいほど男女の騎手であふれている。裸足の彼らは鐙を足の指にしっかりと挟み、全速力で疾駆する。たとえ二〇〇メートルでも並足で行くのは堕落と考えているようだ。人々は家の前に集い、それぞれゴザに坐っているが、それはまるで絵のような光景だ。彼らは災いなど一度も降りかかったことがないように、歌い、笑い、話し込み、ハオレ[*4]をじろじろ眺めては、日がな一日過ごす。

集団で行われる野外料理は、どこへ行っても見かける楽しい光景だ。彼らの料理法はポリネシア全域に共通したもので、地面に掘った穴を石で囲み、中で薪を燃やす。この天然の竈《かまど》が十分に熱したところで、豚や鶏、パンノキの実、あるいはティーの葉に包んだカロを入れ、水を少しかけてから再び土ですっぽりと覆う。時間はかかるが、急がば回れの料理法といえる。

鮮やかな色彩の衣服、輝く瞳、明るい陽射し、音楽、踊り、憂いを知らない暮らし、穏やかな気候。これらはヒロの生活の明るい側面だが、影の部分もある。ヒロの人口は減少の一途を辿っているのだ。ハンセン病患者が増加しているという噂が広まっていることを考えるなら、この晴れやかな土地の何カ所かは、やがて荒涼として打ち捨てられるのかもしれない。悔やむ理由は多いが、忘れてならないのは、わずか四〇年前、火山の原野と海に挟まれたこの細く狭い土地に暮らす人々は、神を知らない破廉恥な集団だったということだ。当時の人々は首長を除き、何の権利もなかった。徹底的に蹂躙され、抑圧されてきたのだ。人々が徳を施すことを自覚することは皆無だったのだ。今日、見た目にはたしかに秩序が保たれている。ヒロでは鍵をかける家はなく、他人に恐怖心を与える者もいない。

現在、ハワイ諸島の人々は服を身に着け、文明化した生活を送り、すべてが平等の権利を持っている。全人口のうち六五〇〇〇人にはクレアナ（自由保有不動産）[*5]があり、全土に正しい知識に基づいた法が公平に執行されている。不正や抑圧は耳にしないし、人々は世界でも有数の優れた治世を実行する政治体制のもとにある。学校教育は全土に行きわたっており、王位に着くのは、彼らの種族のなかから選挙によって選ばれた開放的な君主だ。

ハワイ人に英語を話す者はほとんどいない。だが、彼らの言葉は覚えやすく、すでに当地に在住する外国人の大半がハワイ語を修得している。知ってのとおり、わたしはとりわけ外国語が不得手だが、ありふれたものの名前はなんとか言える。ハワイ語には一二文字しかなく[*6]、そのうちのいくつかは、たとえばKはTの、LはRの意味も兼ねている。この諸島で最北のカウアイ島は、しばしばTで始まるように発音されるし、カロ（kalo）も普通はタロ（taro）のように発音される。ハワイ語は音楽を連想させる。音節と単語はすべて母音で終わり、英語のsやshの音のように神経に障る子音はない。この柔らかな言葉遣いにかかると、英語の固く粗っぽい苗字は変貌を遂げ、フィスクはフィリキナに、ウィルソンはウィリキナになる。母音は一音ずつはっきりと発音され、たいていはイタリア語のような音をともなう。キラウエア火山の発音を英語で綴ると Keel-ah-wee-ah となり、カウアイ島は Kah-wye-ee と発音される。英語でハワイを Owhyhee（オワイヒイ）[*7]と呼ぶことがあるが、これは原語が間違って伝わったためだ。この島が Hawaii 以外の何ものかであったことなど一度もないし、その発音は Hah-wye-ee（ハワイイ）[*8]となる。間違いの源は、キャプテン・クックが、主格を表す接頭辞のOを単語の一部と取り違えてしまったせいだ。地名には音楽のように響くものが多いが、なかでも水を意味するWai（ワイ）がその典型といえる。ワイルク「破壊の水」、ワイアレアレ「さざ波の立つ水」、ワイオリ「歌う水」、ワイピオ「征服された水」、カイワイハエ「掻き乱された水」など だ。また、Mauna（マウナ）は山を意味する接頭辞で、太平洋の偉大なる二つの山であるマウナ・ケアとマウナ・ロアに使われている。だが、フアラライやマウイ島のハレアカラには用いられない。ちなみに、後者の二つの山はそれぞれ、「輝く太陽から生まれたもの」と「太陽の家」という意味がある。

わたしが見たところ、外国人は植物の名前に英語を当てはめない。オヒアやオヘロ、ククイ（キャンドルナッツ）、ラウハラ（パンダナス）、プル（木性シダ）、マーマネ、コアなど、彼らはハワイの言葉で呼んでいる。外国人がよく用いる現地語はほかにもいくつかあるが、わたしの場合は「ピリキア」という単語なしではやっていけない。ピリキアとは、大きな悩み事から些細な心配事、あるいはちょっとした足手まといを指す言葉だ。「わたしはピリキアしています」といったシンプルな表現をはじめ、「きわめてピリキア」、あるいは単刀直入に「ピリキア！」という具合に使い分ける。革命はピリキアだと言えるだろう。前国王が後継者を指名しないまま亡くなったのは大きなピリキアで、キラウエアに行く途中に馬が蹄鉄をなくしたりしたなら、これもかなり深刻なピリキアだ。「むっとする」状態を指す「ホウホウ」はいたるところで耳にする。「マカイ」は海側、「マウカ」は山側のことで、この二つは非常に明快で、戸外では間違えようがない。ところが「テーブルのマウカ側」にお坐りくださいなどといわれると、考え込んでしまう。

「アロハ」という言葉はさまざまな英語表現に取って代わる。アロハは出会いの挨拶であるとともに、別れの言葉であり、感謝、愛、善意をあらわす言葉でもある。アロハはあなたをがらくた入れや照明器具の陰からそっと窺い、路上や玄関口で出迎える。アロハはまた、手紙に添えられてあなたのもとに届く。アロハはあたりの空気に満ち満ちているのだ。「わたしのアロハをあなたに捧げます」、「彼はあなたにアロハを贈る」、「彼らはアロハを切望している」などのようにこの言葉を用いることができる。わたしはいま、その言葉が表現しうるやさしさと善意のすべてが思い浮かぶようになった。アロハはほかの表現に較べてとても便利だということにも気づく。アロハはその言葉を受け取った人が理解したとおりの意味を表してくれるから、あらゆる場面で第三者に伝えることが可能なのだ。ちなみに、英語のサンキューに当たる言葉はない。そこでしばしば代わりに英語の「グッド」を意味する「マイカイ」を用いる。それで表現しきれないぶんは、にっこり笑って補うのだ。感謝や貞節、美徳を表す言葉も存在しない。また、気象に当たる単語はなく、わたしたちが天気という言葉で理解している単語もまったく存在しない。

現地の人々には姓がない。火山の案内人はウパ（はさみ）だが、彼の妻や子供たちはそれとはさして関係のない名前が付いている。初代の王はカメハメハといい「孤独の人」を意味する。現国王の父君はカナイナというが、国王は「最高位の」を意味するルナリロというハワイ名だ。人はつねに同じ名で呼ばれるわけではなく、必ずしもその人物の性別を表すものでもないらしい。そこで書類に署名をするときには、男性なら「ホアピリ・カナカ」、女性なら「ホアピリ・ワヒネ」と書くことになる。

初めて書いた手紙で、なんとも恥ずかしい無知をさらけ出してしまったのを思い出す。わたしは捕鯨船の船員に言われるがまま、先住民をカナカ人と呼んでいたのだ。カナカという言葉は広く使われており、一般には男性を表す。この意味ではたしかにかなり古くから用いられてきた言葉ではある。しかし、どうしてもハワイ語で表現する必要がある場合、わたしは先住民という意味で「マオリ」を使う。これはニュージーランドの先住民であるマオリと同じ発音だ。愚民という意味を含むカナカなどという言葉を用いることには、断固として異議を申し立てたい。

ここまで書いたところで、サヴァランス氏が部屋に来られ、ハワイを代表するスポーツともいうべき波乗りが華々しく行われていると教えてくれた。そこでわたしたちは大挙して浜辺に繰り出し、二時間ほどたっぷりと見学を楽しんだ。波乗りはじつにはらはらとする遊びで、荒波に乗り出すにはよほど強靭な神経がなければならない。波乗り用の板は、棺の蓋のような形をした頑丈な厚い材だ。幅は六〇センチ、長さは一八〇センチから二七〇センチあり、表面に油脂が塗られている。板は普通パンノキかウィリウィリ[*10]の材で作られる。この日は波が荒く、波乗りにはうってつけだった。現地の人々が大勢海に入って泳ぎ、水飛沫を上げていたが、パパヘナル[*11]（波乗り板）を抱えているのは四〇人くらいのものだろう。マロ一枚の男たちが波乗り板を腕に抱え、波の打ち砕ける岩場から海に出る。彼らは板を前方に浮かべると、それに腹這いとなって白波の最前線へ泳ぎ出した。ときおり波間に姿が消えたが、しばらくすると、岸から一キロほどの滑らかな海面に、いくつもの黒い頭がコルク栓のように浮かび出た。

男たちが求めているのは大きな高い波だ。波乗り板に腹這いになった彼らは、後方からうねりの頂上へと一気に登りつめる。波がぐんぐんと速度を増して波の裾が海面に打ち当たると、波頭は大きく砕け散った。巨大な波の先端に男たちが姿を現し、巧みな手足の動きで波頭の端近くに身構えると、彼らは巧みに頂点に留まりながら斜めに横切っていく。まるで丘を滑降するようだ。男たちはつねに波を制しながらしっかりと乗りこなし、時速六四キロという強力な推進力で岸に向かって運ばれてゆく。彼らには自分たちのパフォーマンスがあって、豪胆な男は波乗り板に跪いたり、立ち上がる者もあった。両腕を振り回して雄叫びを上げる者もいる。男たちは絶えず獰猛な波に巻き込まれそうに見える。そびえる白い波頭は彼らのすぐ背後から頭上に迫るが、荒々しい白波に呑みこまれて打ち砕かれると思った瞬間、彼らは浅瀬に立って悠然と岸に向かっているか、滑るように波乗り板から波の下へと潜りこみ、次に見えたときには、引き波を巧みにコントロールしてはるか遠くに姿を現し、新たな喝采に備えている。

芸術的ともいえるこの技は、ちょうどよい瞬間をとらえて波に乗り、砕ける直前の波に乗り続けることが肝心なようだ。この競技者のなかには波乗り板に立ったまま岸まで滑るように意気揚々と帰ってくる者も二、三人はいて、彼らは観衆から盛大な歓声で迎えられる。これほど熟達はしておらず、波頭に乗りそこなう者も多い。彼らはそのまま波の後ろの平坦な海面まで滑り降りてしまうか、あるいは三メートルほどの高さの白波につかまって揉みくちゃにされたうえに、岸から沸き起こる怒声と笑い声の不名誉にまみれることになる。初めのうち、わたしは怖くて固唾を呑んで見守っていた。あの人たちはもう浮かび上がってこないか、叩き潰されてしまったのではないかと思えたのだ。しかし、すぐに波の後ろに黒い頭がひょっこりと現れて、次の機会を待ち構えている。浜辺は観衆であふれかえり、波乗りの男たちは、そのなかにヒロの名士の姿があれば手柄を上げようと奮い立った。

こちらの人たちは、まさに水陸両性といえる。男も女も天性の泳ぎの才が備わっているようで、子供たちは幼いうちから波にもまれてはしゃぎまわる。子供たちが水に飛びこむにあたっては、ちょっとした決断があればよい。ワイルク川の深い流れの、滝から下ってすぐのところで、娘たちは頭と首元に花飾りを付けて泳いだり、水面を漂ったり、飛び込みをしたりする。水が荒々しく激しいほど、人々の昂奮は高まるのだ。水中での功績を求めてやまないのは、若者たちに限ったことではない。わたしが見かけた白髪混じりの太った老人たちは、細めの波乗り板の上で体のバランスをとり、波に乗って岸に向かいながら、幼い頃に返ったように楽しんでいる。わたしもこの日の午後は、すっかり波乗り見学を楽しんだ。

ここでは、いつも昼下がりなのだろうかとわたしは訝《いぶか》る。海はあくまでも青く、陽射しは柔らかく、空気は心地よい。苦労も騒音も慌ただしさも、この地には無縁だ。人々はだれもが休暇を楽しんでいる（もっとも、仕事がない状況で、果たしてそれを休暇といえるのか定かではないが）。ともかくも、海では人々が波を浴び、華やかな装いをした数百人の男女が馬に乗って浜辺を駆けて行く。なんとものどかで熱帯らしい。ロトの実を食べ、うっとりとするような魔法の岸辺に留まる人々の気持ちが、わたしにはわかる気がする。

わたしは日々、健康を取り戻し、ほとんどの時間を屋外で過ごしている。この間、現地の警察官から馬と鞍を借りた。親切な友人たちがわたしのためにマクレガー製のフランネルで乗馬服を仕立ててくれた。これを着て、例のじゃらじゃらと鳴るメキシコ式の鐙があれば、わたしもすっかりハワイ人になった気分だ。わたしは日に一、二回馬に乗り、一人で近所を探索している。毎日、見たことのないシダや花との出会いがあり、そのことにすっかり夢中となっている。

I・L・B

手紙8

風下のハワイ島――ガルチ――メキシコ式鞍――オノメア――サトウキビ農園――砂糖製造――一般の関心事

ハワイ島、オノメア、オースティン判事邸

A夫人[*1]の妹であるS夫人[*2]は、友人としめしあわせ、姉はここしばらく体調がすぐれないと、いかにも曰くありげに切り出した。A夫人のためには転地療養ならぬ少々の気分転換が必要なので、わたしに是非、数日滞在してほしいという。わたしには彼女たちが言わんとしていることがわかった。遠まわしな言い方だが、わたしにもっと農園生活を楽しんでもらおうという気づかいを、やんわりと包み隠して伝えてくれているのだ。彼女たちはわたしのためにもう一つ予定を入れていた。ワイピオという素晴らしい渓谷へ五日がかりの旅をしてはどうかと言うのだ。ただし、あくまでも一つのプランだと言う。

彼女の夫のA氏がわたしのもとに差し向けてくれたのは、覇気もなければ行儀も悪く、見事なまでに貧相で鼠のような馬だった。そのように見えるのは、わたしを送り届ける役目のトンプソ

ン氏と随行の美しく若い女性が、騎士然として乗っている大きな二頭の馬にすっかり目を奪われたせいだ。わたしは借り物のサドルバッグとシダを運ぶ板二枚を鞍の後ろに載せた。

こちらでは雄大な乗馬が楽しめる。ゆったりと流れる深いワイルク川の木橋を渡り、そのあとは山の急斜面を曲がりくねりながら登る。夢に現れるような現地の民家を抜け、海から垂直にそびえ立つ断崖の縁に沿ってわたしたちは進んだ。深い渓谷へと急降下し、鮮やかなシダの森を通り、山の頂から大地を削りつつ下る急流を渡るということを何度も繰り返すうちに、ようやく目指す邸宅が建つ爽《さわ》やかな高台に辿り着いた。

キラウエア号のデッキから見たこの海岸の景色は素晴らしかったが、実際にその場に身を置くまで、本当の素晴らしさは十分にわかるものではないということを知らされた。オノメアは標高一八〇メートルの高台にあり、ヒロからは一メートル登るごとに空気は涼しく澄んでくる。この景色を海岸から見上げると、木々に覆われた波打つ斜面の先に、火山地帯の荒々しい大自然と雪を戴くマウナ・ケアの山頂を望むことができる。オノメアの高台からは、眼下に穏やかな太平洋が芳しい貿易風にさざ波立ち、どこまでも青い空が広がるのを望める。荒波が環礁に打ち砕かれ、波が岩場を洗い、ティーやタコノキ、波打ち際に迫るほど断崖を覆うシダやツル植物に白い飛沫を飛ばす。

ここには民家が一軒ある。パッションフラワーがベランダを覆い、素晴らしいハイビスカスがあたりの鬱蒼とした茂みの中で紅色を際立たせていた。その傍らで、赤と緑のホロクーを着た女性が花飾りを編み、通りがかりのわたしたちに「アロハ」と声をかけた。タコノキとバナナの林の下に軒を寄せ合う草の家々を通りすぎると、やがて鮮やかな緑が広がるカイウィキのサトウキビ農園が見えてくる。山の上の方からサトウキビを水車場へと運び下ろす用水路がわたしたちの頭上を通って道を横切り、その先にはシーズンたけなわの慌ただしい光景が繰り広げられている。

その後、道は急傾斜の下りとなり、わたしたちは泥に足を取られ、足を滑らせながら深く広い川へと下った。下りきったところできらきらと輝く澄んだ二つの川が交わっているのだが、じつに見事な景観だった。そこには数軒の家と中国人の店が数本のヤシの木の下に寄り集まり、馬に乗った顔馴染みがいつものように玄関口にふらりと寄っては、ヌホウ（情報）を交換しあっている。わたしたちの馬は心得たもので、政府が運営する渡しの平底舟に跳び乗った。船は髭のあるぞっとするような外見の女性が操《あやつ》っていた。対岸に着くと、馬はすぐに船から飛び下り、崖の斜面に刻まれた小道をどんどん登っていく。人の足なら相当きついだろう。わたしたちはこの斜面で花輪を着けた現地の人たちに出会った。おしゃべりをしたり、歌をうたったりしながら、しっかりした足取りの馬に乗って楽しげに坂を降りていく。すれ違う際、彼らはみな、「アロハ」の挨拶をわたしたちに投げかけていった。

わたしたちはときおり、尖塔を白く塗った現地の教会を見かけた。学校が一つ、それにさまざまなシダや花を調べて歩く一団も見かけた。植物の緑は青々として眩しいほどだ。わたしたちイギリス人は母国が緑に包まれていると思っているが、熱帯の島ハワイの緑と較べるなら貧相で色褪せたものでしかない。ヤシの木やククイ、オヒア、ハイビスカスなどは、あのような卓越した美しさがなければ、どこにでもあるつまらない植物に堕してしまうことだろう。渓谷には必ず荘厳な木々が生い茂り、パンノキやネイティブ・アップルといわれるマレーフトモモ[☆1]の一種で大型の葉を持つオヒア[*3]や、気根が特徴的なタコノキなどがもつれあう。その上に真っ青な大輪のヒルガオや匍匐性のシダがからみ、さらに宿り木が加わるという見事さだ。

この海岸が、心を取り乱すほど美しいのは、ガルチと呼ばれる渓谷のせいだ。途中には深さ三〇メートルから六〇〇メートルにわたる小規模ながらも深い峡谷があり、落差三メートルから五四〇メートルの滝が幾条も流れ落ちている。この勇壮な景観を味気ない数字に置き換えるのはわたしとしても不本意ではある。だが、おそらくは熔岩流の傷跡に違いない大地の裂け目を、マウナ・ケアの雪解け水や森林帯の降雨に育まれた奔流が深く切り裂き、浸食の結果出現したこの地形を、ほかの言葉で表すことはできそうにない。これらの滝は比類ない見事さで、はるか遠くの密林の中で白く輝き、澄んだ深い滝壺へと落下する。滝壺のまわりは芳醇な気候に育まれたこのうえなく豊かで鮮やかな緑に飾られている。巨大な葉のバナナや輝かしいパンノキ、柔らかなシダ、ヒカゲノカズラなどだ。ガルチはいずれも海の近くで広がり、ビロードの芝地となる。そこにはたいてい数件の草葺きの家とココヤシ、バナナ、それにカロ水田がある。このような大地の深い割れ目が、およそ五〇キロ圏内に六九も存在するのだった。

わたしたちが通り抜けたガルチはおそらく一一を数え、そこを流れる渓流は二つを除いてすべて渡った。渓へ下るときにはかなり危険なこともある。下りの場合、乗り手は鐙に立ちあがるようにして馬の首と直角の体勢をとり、上りでは鞍からずり落ちないようにたてがみにしがみつく。蹄鉄を付けない馬は山羊のように下る。用心深く足元を確かめ、ときには出した脚を引っ込めてはもっとましな足場を求めるのだ。また、あるときは四本脚を畳んで滑り降りたり、道を飛び越えたりする。メキシコ式の鞍はこのような道にはとても有利だ。道は崖の斜面に突き出た岩棚のようなものだから、上り下りにはつねに危険がともない、疲労困憊する。わたしは自分の年齢[*4]を考えると、新しい乗馬法を修得するのは無理かもしれないと心配だった。わたしが用心深く足場を確かめながらゆっくりと進むことしかできない場所でも、連れの二人は全速力で追い越していくので、わたしの馬も後を追い、全速力で駆けはじめる。わたしの馬は、駆けているときに突然立ち止まるという悪戯《いたずら》をすることがある。わたしは不面目にも真っ逆さまに落馬する一歩手前の状態で、かろうじて鞍にとどまっているといった格好になる。いまのわたしを見てもらえたらどんなにいいだろうと思う。ロブ・ロイ[*5]のような乗馬服、革のベルトにポーチといった装いで、タコノキの実の黄色いレイを首に掛け、鞍掛けは青色、メキシコ製の鐙をじゃらじゃらいわせ、鞍の後ろにはロブ・ロイ式に毛布を革紐でくくりつけているのだから。

その家は深い入江を上がった一八〇〇メートルの雄大な高みに建っていた。入江の中には巨大な二つのガルチがあり、そこには増水期のフォイアーズの滝[*6]よりも堂々とした滝があって、二つの渓谷に挟まれた場所には絵のように美しい村落がある。黒く深い水と対照的に大きな白波が、わたしたちがちょうど川を渡ったあたりまで流れ込んでいる。川の渡しからは砂糖を運び上げるための道が、一応、この家まで通じている。空気は何か別物のようにおいしく、潮騒のざわめきと

☆原注1 *Eugenia malaccensis*

低く響く滝の水音は心をなごませる。風上の海岸はどこでも波音に高低の抑揚がほとんどないものだが、トンネルの中を行く汽車のように波音はときに大きく、ときに小さく聞こえてくる。

わたしたちは親切に迎えられ、すぐに寛ぐことができた。それにしても「寛ぐ」とはなんと素晴らしい言葉だろう。わたしはいまその意味を、ハワイ島でしっかりと学びつつある。すべてが初めての体験で魅力的なのだが、わたしは次第によそ者の気がしなくなっている。この邸宅は広大な木造家屋でベランダがあり、こちらではたいていそうであるように、居間は玄関に直結している。わたしの部屋に上がる階段はなにやら曰くありげに壁から一〇センチほどずれていたが、これは地震のせいだ。製糖所の高い煙突も、地震のときに倒壊したという。

屋敷に近接して、こぢんまりとしたきれいな木造家屋が数軒あるが、これは農場の監督者や計理士、製糖所のボイラー係、機械工などの家々だ。そのほかには一軒の店と、工場と先住民のための、これもきれいな教会が崖の縁にある。崖下にはとても大きな集落があり、青々と輝いて見える。環境は申し分ない。山々からは冷気が下りてくるし、夢見るような青い海からは心地よい微風が吹き上げる。屋敷の裏手では、上り斜面の彼方に雄大なマウナ・ケアを望むことができる。到底、人が踏みこむことのできない深い森林は、海岸から二・四キロほど入ったところからはじまっている。鬱蒼とした広大な森林地帯は標高一二〇〇メートルまで広がるが、ところどころに美しく拓かれた山上の草地やサトウキビ畑があって、そこはことさら明るく輝いて見える。

いまは繁忙期で、大規模なこの農場はとても活気づいている。つねに五、六頭の馬が鞍を着けたまま家の前に繋いであり、農場監督の白人をはじめ有色人種や現地の人々が馬を飛ばしている。

彼らはさまざまな用事で行き交い、粉砕機は唸りを上げている。用水路は早瀬の水音を上げ、サトウキビを運ぶ馬車は軋み音を立て、喧騒は途絶えることがない。

ヒロ近郊の農園は条件に恵まれている。山から流れる無尽蔵な川の水を用水路に引きこみ、サトウキビの大半と燃料用の材木を水車まで運ぶことができるので、農場主にとっては木の伐採に経費がかかる以外に余分な出費がない。農場主のA氏は一〇〇頭のラバを所有しているが、彼の主な仕事は樽詰めにした砂糖を入江まで苦労して運び降ろすことだ。砂糖は天気の良いときにホノルル行きのスクーナー帆船に積みこまれる。この農園では先住民と中国人とを総勢一八五人雇い、年間六〇〇トンの砂糖を生産している。現地の人々は従順で労働意欲もあり、労働力として大いに期待されるものの、容易には得難い。彼らは、その気にならなければ働こうとはしないからだ。そこで「前払い」という有害な制度が実施されている。労働者は農園主に雇われる際、先住民の場合は一般に一年任期で、公証人立ち会いのもとで署名をし、契約を交わす。賃金は賄い付きなら月に約八ドル、賄い抜きであれば一一ドルで、そのほかに住居と医療を農場主が手当する。中国人が下級労働者として導入されており、一般に五年契約で雇われる。人道主義の見地とともに運営方針としても、労働者の待遇には十分な注意が払われている。農場で不当な行為が一つでもあれば、先住民は契約を更新しようとしなくなり、翌年には工場は立ち行かなくなってしまうからだ。

中国人は物静かで仕事熱心だが、阿片を吸い、賭け事に熱中する。彼らの多くは貯蓄に励み、任期が明けると、店を構えたり、商い用の野菜を栽培したりする。労働者はみな自分の馬を持っているので、土曜日ともなると労働者の騎馬隊のようなものが見られる。農園を切り盛りするには入念な気配りと、確固とした決断、それに人間の本性への理解を欠かすことができない。先住民はさしたる理由もなく仕事をさぼりたがるし、先住民をルナ（現場監督）の任に就かせるのは必ずしも妥当というわけではない。また、中国人と先住民の関係がいつもうまくいくとはかぎらないので、喧嘩や揉め事が持ち上がると、すべては経営者の裁断を仰ぐことになる。責任者には別の仕事もある。作業が予定どおりに進んでいるか否かを、畑と工場の両方で確認し、見届けなければならない。A氏は事業には鋭く抜け目のない人物で、情け容赦なく農場のすみずみにまで目を光らせる。彼が行うべき仕事は際限がなく、どこかジョージア州の古い奴隷制時代の農園生活を思い起こさせる。頭が痛いの、手がただれたのと、怠け病や慢性病がひどく多い。見ていると吹き出しそうになるが、傷病兵の候補者がにやけた笑いを呑みこみ、悲痛な表情を見せて一世一代の芝居を演じ、休暇の許可を勝ち取ると、途端に何食わぬ顔をして寛ぐのだ。A氏は屋敷にも頻繁に顔を出し、こちらでは別種の慢性病を抱えた妻への配慮も怠らない。

わたしはいま二度目の工場見学をさせてもらったところだが、正直、砂糖作りには食傷している。しかし「終わりよければすべてよし」で、最後にできあがった繊細な砂糖の結晶は、それまでの製造工程を忘れさせてくれる。サトウキビは葉をすべて取り払うと、用水路を下って水車場の粉砕機まで運ばれ、ここで五トンから六トンの圧力をかけられる。この工程で四五キロのサトウキビから、およそ三〇～三五キロの液汁を抽出する。薄緑色をしたこの液体は樋《とい》を流れて大水槽に入り、酸を中和する石灰を投与される。その後、熱した金属容器へと流れ込む。この段階での砂糖の臭いはひどいもので、表面に分厚い滓《かす》が浮いたどろどろの液体には胸が悪くなる。予《あらかじ》め熱して滓を取り除くと一列に並んだ鉄釜に移され、さらに沸騰と灰汁《あく》取りを繰り返しながら、順次、釜から釜へと移される。最後の釜は炉のすぐ脇にある。液体はここで泡立ちながら煮え、これ以上はないほど激しく沸騰する。その結果、残っていた灰汁はすべて表面に浮き上がる。十分に濃縮したところで一旦、加熱は中断される。油のように見える赤茶色の液体は真空釜に引き込まれ、釜の三分の一ほどまで満たされる。この真空釜で摂氏六五度か、あるいはそれより低い温度で液体を煮詰めると、濃縮の工程は完了する。ここで煮詰めるあいだ、ボイラー係は釜から数滴、中身を抜き取って指に付け、明かりにかざしてみる。ほんのわずかな変化を確認しながら、釜に液体を足す時機を判断する。釜が一杯になると、内部は微小な結晶でできた濃い粥《かゆ》のような状態になっている。その後、加熱器に流しこまれ、熱を加えられて型枠とよばれる槽に移される。ここで初めて砂糖はざらざらの粒状となる。原液、あるいは初めて結晶化したあとに残った液体である糖蜜（シロップ）は、真空釜に戻して煮詰め直す。シロップを煮詰め直す作業を二、三度繰り返すと、徐々に砂糖の質は向上し、シロップの量も減る。工程の仕上げはシロップの抽出で、これがじつに素晴らしい。まず砂糖とシロップの塊を遠心分離器という容器に移す。これは直径九〇センチ、深さ六〇センチほどの円筒形をしており、一分間に一〇〇〇回転する。容器の内側は金網で内張りされており、遠心作用で中身が金網の枠に強く圧《お》しつけられると、シロップは渦を巻いて金網を通り抜け、乾いた砂糖結晶が中央に山になって残るのだ。

サトウキビはものすごい速度で用水路を流れ、工場は深夜まで稼働している。液汁を搾《しぼ》ったあとのサトウキビは「くず」と呼ばれるが、乾燥させたものは蒸気動力の釜にくべ、燃料として用いられる。砂糖は輸送用として樽詰めされるが、この作業には機械工や樽屋、大工などが雇われている。

砂糖はハワイ諸島の関心を一身に集めている。キリスト教伝道団や捕鯨がもてはやされたこともあるが、いまや人々の話題はもっぱら砂糖だ。アメリカの市場で一セント上がったの下がったのという報せを聞いては、ハワイ中が浮き足立つ。ハワイ王国の国益は砂糖産業に牛耳《ぎゅうじ》られているのだ。しかしながら、砂糖相場は見るも無残に下落しているし、輸入関税の高さもあってアメリカ市場での実績はなんとも心もとないかぎりだ。巷《ちまた》では砂糖に関連して、やれ併合だ、互恵協定だとの声がかまびすしいが、互恵とは要するに、オアフ島のパール川両岸をアメリカに譲渡するということであり、アメリカがここに太平洋地区の海軍基地を設置するということにほかならない。ハワイ諸島は全土におよそ八〇〇平方キロメートルの肥沃な耕作地があるが、実際に耕作されているのは一五分の一に過ぎない。残りの耕作候補地のうち六〇〇平方キロメートルがサトウキビ生産に最適だという。そのような土地は将来の理想郷として人々に期待されている。海岸や海辺から山麓にまで広がるよく分解した熔岩の肥沃な土地にサトウキビを栽培したいものだと、人々はつね日頃から夢見ている。しかしこれまでのところ、サトウキビ栽培は惨憺《さんたん》たる投機でしかない。なんとか借金をせずに経営を続けているという農園がほとんどなのだ。

労働力を完備し、関税が撤廃されれば、一財産築くことも夢ではない。この土地からは平均でルイジアナ州の三倍の収穫がもたらされる。通常、〇・四ヘクタールあたり二トン半の収穫を上げるが、五トンのこともしばしばあり、高台にある大きく生長したサトウキビ畑では七トンを記録した例もある。天候に恵まれていることもあり、サトウキビは簡単に生長する。短期間の収穫期に死に物狂いで作業をする必要はなく、霜の降りないうちにと、まだ成熟していない作物を刈り入れるということもない。一年中、人手は同じ数でよいし、植え付け量も自由に決められる。二、三年植えずにおくことだってできるのだ。収穫に多少の違いがあるとすれば、休墾によって親株を伐採したあとに芽吹く苗芽が全体に小さめになることくらいだろう。刈り入れは、花穂が実る実らないに関わりなく好きなときにすれば、植え付けと刈り入れと製糖作業を同時に行うことができるのだ。

サトウキビは生長のどの段階でも美しい植物だが、トウモロコシのような穂を結んだときがとりわけ素晴らしい。サトウキビはあらゆる部分が利用できる。砂糖を採取する茎はもちろんだが、葉は馬やラバの餌となり、穂からは帽子ができる。サトウキビを切って盛った皿がいつでも手の届くところにあり、子供たちは次々とかじりつく。そろそろ砂糖の話には食傷気味だろうが、わたしはヴィクトリア州[*7]やニュージーランドの産業である羊毛や羊肉より、砂糖のほうがよほど興味がある。砂糖はこのおもちゃのような王国になくてはならない財源なのだ。ハワイでは昨年、七六四八トンの砂糖と七三〇トンのシロップが輸出されている。[☆2]わたしは砂糖の話題が頭から離れない。手紙を書くあいだも、サトウキビが陽射しのなかで波打つのが目に入るし、粉砕機が唸

☆原注2　一八七五年には砂糖の総輸出量は一万一二八六トンに達した。

る忙《せわ》しげな音も聞こえてくる。

I・L・B

手紙 9

エフィ・オースティン——ハワイの家政——食物と服装——シダ採集——原生林

ハワイ島、オノメア

この家は、住まいも家族もじつに気持ちがよい。A夫人は病弱にもかかわらずとても朗らかで、食事のとき以外は、夫人の部屋が家族の集いの場となっている。四人の息子たちは明るく聡明で、一日中、裸足のまま戸外で過ごす。父親は三〇頭の馬を所有し、子供たちは馬が大好きだ。末っ子のエフィは三歳とは思えないほど利発な子で、馬とラバにすっかり惚《ほ》れこんでいる。彼の話題は馬のことばかりで、お絵描き板に馬を描いてほしいとしきりにせがむ。エフィは陽気でやんちゃな子供だが、今日の夕刻、彼は物静かな様子でわたしの部屋にやってきた。ちょうど荘厳な太陽が森に覆われた傾斜地の後ろに沈もうとして、すみれ色のはるかな空に金色の霞があふれていた。「ぼく神さまに会ったよ」エフィはそっと呟いた。

この家にもやはり料理と給仕をする気のよさそうな中国人の料理人がいて、もちろん彼にも馬がある。彼の妻はとても小柄な中国人で、通いで家の掃除を行い、A夫人の世話をしたり、縫い物や繕い物をする。彼女は自国の服装をしており、盆のように大きくて堅く平らなサトウキビ製の帽子をしっかりと頭にのせ、膝丈のたっぷりとした青いコットンのみすぼらしいフロックを着ている。だぶだぶの幅広ズボンは足首まであり、室内履きを履いている。彼女は髪をきつく結い上げ、いつも銀の腕輪を身に付け、必ず帽子を被っている。

この家にかぎらず、ハワイ諸島ではどこでも玄関の呼び鈴はない。中国人は機械人形のように働き、日暮れとともに姿を消すので、召使による取り次ぎの煩わしさもない。室内にはカーペットがなく、暖炉もなく、埃は立たず、お湯を沸かす必要はなく、窓はいつも開いているので開け閉めをすることもない。こうした土地では、召使にこれ以上の仕事があるはずもない。質素で純朴な生活だが、これほど楽しそうに生活している人たちを、わたしはいまだかつて見たことがない。こんな人たちと暮らすのは本当に楽しい。東風に晒された不機嫌な顔や、騙《だま》されることなどないのに、うわべを取り繕う無駄な努力のせいで皺が寄った顔。そんな顔がここには一つもない。改まった訪問などと無縁な、人と人との付き合いがある。家庭生活での軽い手作業は楽しみのために行うのであって、恥ずべき労働ではない。人々は自分たちの暮らし向きに満足し、余暇は、穏やかに過ごし、教養を身に付けるため、あるいは人と快く付き合うためにあるのだ。人々の生活は簡素だが味わいがある。彼らは通りすがりの見知らぬ旅人にも質素な客室を提供するのをいとわず、いつでも気軽に簡素な食事に誘う。イギリスではしばしばあるように、もてなしが重荷になるような、頭を煩わす手間のかかる準備は必要ないのだ。

ハワイにはどのような食べ物があるのかと人に聞かれるかもしれない。ここではどこにでもあるのがカリフォルニア産の小麦粉で作るパンとクッキー、それにシロップ付きのホットケーキだ。頻繁に食べるものとしては挽《ひ》き割りの麦や、あまり良質ではないバター、サツマイモ、蒸したカロ、ジャガイモ、ポイなどがある。魚料理はホノルルのホテル以来、見かけない。肉は牛肉だけで、これはイギリスのものに較べると硬くぱさついている。飲み物は中国茶と日本茶と地元のコーヒーがある。酒類の販売はホノルル以外では許可されておらず、ビールやワイン、それに蒸留酒のたぐいを一般家庭で見かけることはない。バナナは重要な食品であり、グァバは薄切りにして牛乳や砂糖で食べるととてもおいしい。料理は母屋とは独立した厨房で行われ、アメリカ製コンロの上段と中段を使う。

服装についても話しておこう。わたしは乗馬と散歩にはフランネルの乗馬服、それ以外では絹地の黒服を着用している。こちらに在住の婦人たちは柄物《がらもの》の綿か絹を着用し、男性たちは黒服か黒系のツイード・スーツを身に着ける。毛織物は必要がなく、日除けスカーフや白い帽子、ひさしのある帽子も季節を問わず必要ないのだ。気温の変化はほとんどなく、日が暮れてからも冷えることはない。空気はつねに人を癒《いや》す香草のようだ。降雨があっても気温は下がらない。夏季は三、四度、気温は高めのようだ。窓や扉は一年中、開け放たれている。夜には毛布が欲しいが、必ずというほどではない。無尽蔵の空気と陽射しに恵まれ、気候も生活形態もじつに喜ばしい。わたしは日一日と健康を回復し、病弱とは無縁になりつつある。

仕事を行い、本を読み聞かせ、おしゃべりをし、乗馬に出かけ、さらにその辺を散策していると、合間に手紙を書く時間はほとんどなくなる。だが、とても楽しかったシダの採集については是非とも話しておきたい。昨日、わたしはトンプソン氏と上の二人の子供たちと、シダを採りに森の外れまで遠出した。わたしたちがマウカに向かって馬を走らせると、周囲のサトウキビは刈り入れどきを迎えて、銀色の穂を輝かせていた。森の外れまで来ると、古い踏み分け道には地を這う性質の草が一〇センチほどの厚さに生い茂り、半ば埋もれるようにして夥《おびただ》しいシダが生えていた。その下には小川や穴や窪みが隠れている。わたしたちは馬で進めなくなると、その場に馬を繋ぎ、その先は歩いた。その後、アネロイド型高度計[*1]が海抜四五〇メートルを示す地点に来ると、涼しくなったのがはっきりと感じられた。気温は高度が三〇〇メートル増すごとに二度ほど低くなるが、そうでなくてもここは風上側の平均よりも寒い場所だ。材木を引きずり下ろした跡が残っているのでなんとか前進できるが、これがなければ森は到底歩けるものではない。茂みはわたしの肩まで達するほどになったが、道の痕跡は見分けられるのでどうにか辿ることができた。

緑の迷路の足下に姿を隠した小川が楽しい調べを奏で、木々をわたる涼しげな微風の囁きと同じく耳に心地よい。つい先日、火山へ向かう途中で通り抜けたあの森を、わたしは熱帯らしく素晴らしい景観だと思ったが、この神の庭園の美しさに較べたら色褪せて見える。この美しさをどうにかして書き表したいと思うが、わたしにはできそうにない。どれをとっても似たような、色褪せた緑色の小葉を付けた木々しか見たことのない母国の人々に対して、あれとかこれとかという喩《たと》えを出しようがないのだ。

これほどの驚嘆を呼び覚ますものを目前にしたら、人は言葉を失う。以前にいくらか伐採されたところが趣きのある変化を見せているが、混沌とした大地の自然はあらゆるものを引き立たせる。ところどころに空き地があって、そこに薄緑色や銀色に輝く葉を付けたクイの巨木が大きく枝を広げている。そこからこぼれる陽射しが、ありとあらゆる種類のシダに降り注いでいる。

バナナやプランテーンも群生している。プランテーンは長さ二・四メートルの、コタニワタリ[*2]を巨大にしたような葉を付ける。艶やかな葉のノニや、太平洋のマホガニーといわれる濃緑の葉を持つコア、イングランドのニレの巨木ほどもあるフトモモ属の照葉樹もある。小さな葉のオヒアは深紅の花《レフア》が森に輝きを与え、深い紅色の新芽はニューイングランドの秋色に勝るとも劣らない。タコノキの強ばったように垂れ下がった枝振りが微風に軋み、泰然としたパンノキには、おいしそうには見えない実が吊り下がる。横に枝を広げたグァバの木は、黄色く熟した果実を見せびらかす。木々のなかには手強い宿り木の征服軍団に命を落とすものもあるが、その亡骸《なきがら》は比類のない美しさに彩られている。木々や宿り木にはヒルガオが柔らかな巻き髭を這わせ、大きな藤色の花飾りを付けている。イエイエの強靭な茎はオヒアの高木にからみついて締め上げ、ユッカのような突起の葉を地上一五メートルに広げている。

とても鮮やかな色の、いかにも熱帯植物らしい鳥の巣のような立派なシダがある。このシダは学名をアスプレニウム・ニドゥス[*3]という。木々の幹や枝に着生するが、艶やかで大きな葉は森に華やかさを与えてくれる。わたしはこのシダを標本用として、コアの木に着生していたものから一株採集した。わたしが採集したものには葉が九枚あり、一枚の大きさは縦一・二メートルから一・四メートル、幅一七・五センチから二二・五センチほどだった。キボティウム・カミッソイ[*4]

と思われる堂々とした木性シダも見つけた。手の届く範囲で二、三本を計測してみたのだが、丈は五・一メートルから六メートル、葉は縦二・四メートル、樹幹は地上九〇センチで周囲が一・六メートルあった。古い葉は暗緑色、丸まった葉を伸ばしはじめたばかりの若葉は薄緑色で、葉の色調は微妙に変化してじつに多彩だ。わたしは生まれて初めて木に登り、ポリポディウム・タマリスキヌム[*5]と思われる二種類の美しい寄生シダ[*6]の標本を手に入れた。初めて目にしたシダもある。フサシダ科カニクサ属のシダ[*7]、遠目にはヤムのように見える大型の匍匐性シダであるクライミング・ポテト・ファーン[*8]、草のような長い葉でたいがいの木を飾り付けるヒメシシラン[*9]も見ることができた。美しいパラパライ[*10]もそこかしこにある。植物標本で見たことのあるシダ[☆1]もいくつか見つかったが、これほど美しいとは思わなかった。標本で見たときには、こんなにも完璧な美を備えたものが箱の中でミイラにされるというのは納得がいかず、わたしは感動よりも嫌悪感を覚えたものだった。一枚に九〇から一三〇枚もの複葉を付けたシダも数多くある。この葉はときに縦一・五メートルほどにもなるのだが、幅はわずか五センチしかない[☆2]。匍匐性のものも多い。そのほとんどは主に木性シダの粗い幹を好む特定のシダで、数えてみたら一本の樹幹に一七種類のシダを付けたものもあった。わたしは総計三五種類の標本を採集した。

　まもなく、森はまったく人を寄せ付けなくなり、美しいウルヘ・シダ[*11]が迷路状となって下草を覆い、行く手を阻んだ。しかしじつのところ、このシダがなければ先へ進むのは危険なのだ。分厚く密集した植物に足元を支えられているからこそ、わたしたちはその下に流れている川に落ちずに済んでいるのだ。快い調べが聞こえなければ、二メートルほど下を流れる川の存在に気づかなかっただろう。

来る者を拒むようなこの森林地帯ほど素晴らしい景観を見ることはもうないと思う。わたしはこれほどまでに目を楽しませてくれるものをこれまで見たことがない。酔い痴れるほどのその美しさは、まさに究極の景観だった。この夢のような歓喜の森、造形と色彩の迷宮、もつれあい、ほつれあう鬱蒼とした茂み、当惑するほどの美、そのなかにときおり頭上の天空が鮮やかに現れ、一方、はるか彼方を見下ろせば、木々のあいだから開けた土地と芝地が見え、青々と涼やかな太平洋が見事にきらめいている。

爬虫類と虫が大の苦手なわたしにしてみれば、ハワイの魅力を語るときに見逃せないことなのだが、旺盛な植物が見事にからみあうしっとりと涼しい茂みの奥には、見苦しい姿で有毒の歯や牙のあるものは潜んでいない。蚊は、わたしがときどきエデンの園にいるわけではないことを思い出させるじつに憎らしい存在だが、ホノルルと異なり、冷涼で陽射しにあふれ、心なごむオノメアには、羽音も騒がしく人を刺すような蚊はいない。

I・L・B

☆原注1　*Trichomanes meifolium*[*12]
☆原注2　*Nephrolepis pectinata*[*13]

——備考——

本書の植物名はハワイ諸島に現存するものに限った。ここに登場したシダ類は手荒い扱いを受けながらも無事イギリスに到着し、現在はオックスフォード植物園の植物標本館でご覧いただける。植物名の特定、分類はわたしの従兄弟であるローソン教授による。

手紙10

孤立——地元の学校——野生児——ボラボラの家族——夜更かし——歓待——夕べの祈り

ハワイ島、ワイピオ渓谷

この谷は孤立していて、どことなく恐ろしさを感じる。前方は海に囲まれ、周囲は高さ三〇〇メートルから六〇〇メートルの断崖《パリ》となっている。そこを越えるもっとも簡単そうなところさえ目も眩《くら》むばかりの山道だった。ワイピオとヒロの小さな世界をつなげるには、一〇〇キロほどの険しい道程を辿らなければならない。夜はひどく陰気で、そのうえ、断崖のせいで暗くなるのも早い。わたしは現地の民家に宿泊しているが、この家では英語は一言も交わされない。デボラは仲間たちとハワイ語だけで話せる嬉しさにすっかり夢中になっている。わたしは一人でいるときよりも孤独を感じていた。乗馬をして孤独を手なずけるというのも効果が薄れてきたので、こうしてあなたに手紙を書いて自分を慰めるしかない。現地の人たちはしばらくわたしをじろじろと見て笑っていたが、そのうち驚いたようにわたしの手元から手紙を奪い取った。デボラによれば、わたしの書くのが速いことや、字が細かいことに感心しているという。わたしが妹に手紙を書いていると伝えると、彼らは写真はないのかと聞く。あなたの写真を見せると彼らは大喜びで、次々に写真を手渡し、外に群がる人たちにまで回した。彼らが外国人女性を見かけることは滅多にないことに加え、わたしが外国人男性を連れていないことにも驚いていた。

オノメアを発つときは、たいした準備でもないのに一騒動だった。デボラはひどく興奮していたし、わたしも同じだった。なにしろ現地の人と二人きりで五日間の旅をするのは初めてのことだ。デボラは先住民の一七歳の少女でとてもよい娘だったし、オースティン夫妻のもとで育てられたので一応の英語は話せた。彼女はオースティン家の農園で働く白人男性と結婚してまだ間もない。A氏は親切にも秘蔵のラバを貸してくれた。ラバというものはその習性上、蹴飛ばしたり、跳ねたり、いきなり依怙地《いこじ》になったり、あるいは水溜まりで寝ころんだりといった行動をとるものだ。A氏はこのラバは違うとは断言しなかったが、彼の予期したとおり、ラバはおのれの種族に恥じないしっかりとした態度を貫いてくれた。ただ、装備については大いに頭を悩ませた。わたしは防水服を持っていなかった。結局、着るのはフランネルの乗馬服とし、肩掛けを別に用意することにした。鞍の後ろに付けるサドルバッグに着替えを用意し、そのほかにはリービッヒ製の牛肉エキス一瓶、保存用に煮込んだ牛肉少々、バター一缶、クッキー一缶、イワシ一缶、小さめのパン一塊、焼いたヤムも少しだけ一緒に詰めた。デボラは紺色のブルマー・ドレス[*1]を着て、襟元に流れる豊かな巻き毛が赤いバラの蕾のレイに美しく混ざり合い、とても格好がよかった。彼女の馬は力強い。この旅ではそうした馬が求められた。この先、ワイピオとヒロの往復は、ハワイ島でもっとも険しい道となる。その行程をしっかりこなせるだけの丈夫な馬が不可欠だった。

わたしたちは朝の七時に明るい陽射しのなかを出発した。デボラの夫が初めの一・六キロほどを同行し、馬の腹帯と装備の具合を点検した。道は滑りやすかったが、わたしの乗るラバは巧みに脚を寄せながら進み、歩けないときは滑って進んだ。オノメアからガイドがいる地点まで、険しいアップダウンが続いた。何度も渓流を渡ると、やがて美しい深いガルチに出た。谷底には簡素な学校が一棟あり、ヤシとパパイアの木陰には草葺きの小屋がいくつか軒を寄せ合っている。谷間はそこはかとない平安に包まれ、いつまでも続く昼下がりのなかにあった。わたしたちはここでガイドを務めることになっているデボラの叔父を探し出したが、自分の馬では持ちこたえそうもないので行けないと言う。幸いにもデボラの従兄弟が同行することになり、すぐに馬を取りに戻ったので、わたしたちはその間、馬とラバを繋いで学校に入った。

この学校はエディンバラ・ハイランド学校協会か何かと関係があるらしいが、とても粗末な建物で、教師は着るものさえ事欠くありさまだった。彼は自分の赤ん坊の世話もしていたが、その子は服を着ているというより布でぐるぐる巻きにされて、傍らの長椅子に寝かされていた。長椅子が数脚、机が一脚、黒板が一つ、それに讃美歌集が、この僻地《へきち》の深い渓谷に置かれていた。谷間には渓流の奏でる水音と太平洋の轟くばかりの潮騒が響き、子供たちがハワイ語で歌う調子の外れた讃美歌が唱和する。わたしはこの生徒たちのことは、真っ白な歯並びと輝く茶色の瞳しか思い出せないだろう。わたしには教師と生徒の双方が教育に無関心であるように思えた。厳格な法規定があり、六歳から一五歳までの子供たちは年に四〇週は学校に通わなければならないので、この一帯の子供たち全員がここに集まっているはずなのだが、その数は情けないほどに少ない。子供たちはみな色物の制服を着て生花のレイを付けていた。わたしたちが外に出ると、村人たちが熟れたパパイアを持ってきてくれた。

再び馬に乗って出発する際、ここまではるばる旅をしてきたという先住民の女性二人がわたしたちに加わることになった。デボラは彼女たちの参加で、これまで以上に快活になった。年上のほうの女性はぼさぼさの黒髪で、頭に何も飾りを付けず、黒いホロクーにタコノキの黄色い実のレイと黄色いズボンという格好だった。素足の両足には大きな拍車をくくり付けている。黒いポンチョにくるまった四歳くらいの子供が鞍の後ろに積んだ毛布の上に乗り、黄色いショールで女性の腰に結わえ付けられていた。年下のほうの女性はとても美しい。船員帽を被り、帽子と首元に深紅のオヒアレフアのレイを付け、黒いホロクーに紅いポンチョを着て、片足にだけ拍車を付け、雨が降り出すたびに緑色の傘をさした。

まもなく従兄弟のカルナが合流した。彼が乗ってきた馬は年老いて図体《ずうたい》が大きかった。斜視で尾はなく、骨ばかりの馬で、その目にはつねに猜疑《さいぎ》と恐怖の色を浮かべていた。半ば開いた口元からはそこはかとなく惨めさが漂う。この馬を人間にたとえるなら、ときとして狂暴にもなるが、はるか昔に悪事への意欲も涸れ果て、恐怖だけが残った男を彷彿とさせる。鞍の下は皮が剝《む》けてじくじくと膿《う》み、痩せた背中に毛布が貼りついて、人がまたがると身を縮めた。馬の片側二本の脚が反対側より短いようで、馬も乗り手も体が不自由に見える。熔岩の上ばかり歩いてきたのか、蹄《ひづめ》は薄く磨り減っていた。わたしは昨日、一・六キロほどこの馬に乗った。馬は突然、発作を起こしたように駆け出そうとしたが、三歩目にはよろめいた。その不均衡な脚のせいで、わたしはいまにも転がり落ちそうな気分だった。カルナはしきりに重い棒で馬を叩いたり、あるいは目や鼻を思い切り残忍に殴りつけた。しかし、馬はすくむばかりで一向に速度は上がらない。わたしがいたわりながら乗っていると、馬は次第に本来の性格を取り戻した。この悲惨な生き物が受ける数々の苦痛が、今回の旅を妨げる最大の障害になっていたので、わたしはカルナに賄賂《わいろ》を渡した。その金があれば一カ月はのんびりできる額だ。しかしカルナに必要なのは、なによりも少々お灸をすえることだとわたしは思っている。

乗り手よりも馬の話が先になってしまったが、カルナも決して捨てたものではない。彼は端正な顔立ちをした一六歳の少年で、目の美しいこの国の住民のなかでもひときわ美しい瞳をしている。すっきりとした鼻筋、繊細な口元、きれいな歯並び、巻き毛の豊かな髪、それに熱帯の血筋を示す明るい頬と、それらの美点を覆い隠すほどには濃くはない褐色の肌。その体軀は強くしなやかで、軟体動物のような柔軟さがある。彼は薄手の白シャツと綿ズボンといった身なりで、苦もなく屈伸や側転をいくらでも繰り返すことができる。彼は野生児そのもので、感情のままに行動する。その意味では、彼の目鼻立ちの整った美しい顔立ちも、まだ人に馴れていない野生動物のようなものだといえる。彼は大声で話し、しきりに笑い転げる。口ずさむ歌は単調なチャントで、わたしには異教徒の念仏にしか聞こえない。

カルナは鞍から身を翻して鐙に片足立ちし、悠々と果物をもぎ取りはじめるといつまでも戻って来ない。彼は突然、激昂しては、自分の馬の目や耳を殴りつける。恐ろしい声で怒鳴り散らし、

「ハールーチェ!」という長く引き伸ばして聞こえる音を馬に投げつける。細い小径を通るときにはわたしのラバを叩いて脅えさせるので、わたしはそのたびに振り落とされそうになる。カルナは徹底してぞんざいで責任感がない。馬に対して無謀であるように、自分自身にも向こう見ずで、礼儀作法というものがない。すべきこと、してはならないことの意識を欠いているのだ。彼の口にかかると、心地よい調べのハワイの言葉も、キバタン[*2]かオウムがしゃべるように粗暴に聞こえる。その態度には遠慮や気兼ねがないのだ。彼は馬を寄せて来ると、わたしの目の前に顔を突き出し「寒い！」と一言、質問をしているかのように言う。自分がみじめにも寒さに震えていることを、そのような態度でわたしに告げるのだ。食事のときには鶏肉の入ったわたしの器に手を入れるし、食べかけのビスケットを横取りする。だが、彼にはまったく悪気がない。だから、馬を虐待しているとき以外は、彼との時間はとても楽しく感じられた。

先住民との付き合いは不思議な体験に満ちている。彼らの考え方は普段の態度に現れているが、控えめに言ってもかなり奇妙だ。デボラは白人に育てられ、一応まともな英語を話し、性格もよい。しかし、彼女がわたしたちと同じ白人であれば、せいぜい一一歳そこそこの少女としか思えない。何を話しても、彼女にはわたしの考えが理解できないように見えるからだ。しかし、わたし自身は彼女の話がとても興味深く、十分に楽しんでいる。

午後遅くまで空はすっきりと晴れわたった。わたしたちの進む青草の茂る小径から、きらきらと輝く太平洋までは一キロ半と離れていない。左手にはマウナ・ケアのうっすらと雪を冠《かぶ》った山頂が原生林の中にそびえ立っている。実際には彼方の山頂が見た目にはとても近くに見え、二時間も馬を走らせれば行き着けそうな錯覚を覚える。これまでの四二キロの道程は、深さ三〇メートルから二四〇メートルのガルチに入っては抜け出すことの繰り返しだった。どのガルチも海に向かって開けており、潮流が三拍子の衝撃音を轟かせている。ククイは、濃緑の葉のあいだから顔を出す銀色の切片を散らしたような若葉が美しいコントラストをなしていて、どこでもひときわよく目立つ。比較的浅いガルチでは、ククイが一帯を覆っていることもあり、陽射しを求めて上に向かい、樹高三〇メートルほどになる。鬱蒼としたククイの茂みは一種独特で、緑の大波がガルチに押し寄せ、そのまま固まったようにも見える。ガルチにはそれぞれ特有のシダや木々があり、それらは一〇〇キロほどの範囲内の土壌や気候、気温などの違いによって変わる。どのガルチでも、岩場や木々や地面は必ずといってよいほど見事なシダや苔に覆われている。巨大な木性シダの葉があたりの暗い茂みを明るく照らし、愛らしいホウライシダや優美なイワヒバが輝く水辺に影を映す。そしてどこでもヒルガオが天を求めて、空よりも青い大きな花を咲かせている。

ガルチを下るときはいつも気が重い。微風がそよめく明るい高台を進んでいると、いきなり断崖に道を阻まれる。足元のはるかな森の深淵からは、水飛沫や小さな水音、さらには響きわたるような低い水音が聞こえてきて、またしても渡渉しなければならない川があることを知らされる。仕方なく高台から重々しい影の吹きだまりへと下っていくのだが、そのたびに先に待ち受けるガルチが思いやられて憂鬱となる。ガルチによってはククイが一帯を支配しているが、到底あり得ない姿勢を気根で支えたタコノキが一帯を支配するガルチや、陰鬱なオヒアのガルチもある。しかし、ときにそれらの樹木が渾然一体となったところもある。そこでは涼し気なシダの植栽から羽根を広げたようなココヤシが立ち上がり、見事なパンノキがメロンのような緑の実を結んでいる。また、オヒアの高木には究極の美しさを見せる深紅の房が古木を飾り付けている。花は微妙な色合いをなす緑の枝ぶりのなかで、燃え立つように見える。風変わりな王冠を戴くパパイアの高木や、無数の実を付ける巨大なプランテーン、それ以外にも数限りなくある木々や灌木やツル植物も、すべては常春の恵みと美しさを享受している。

ある谷底を目にしたときのわたしの驚きを想像してほしい。見た目も美しい巨木が深い林の中に出現したのだが、木には艶やかな緑色の丸い実が枝もたわわに実っていた。近づくとそれはなんとオレンジの木だった。バレンシアで見られる大木をもはるかに凌ぐその巨大さに、最初、わたしにはまったく見分けがつかなかった。またあるとき目にした大きな灌木の茂みは、楕円形で縁にウェーブのある濃緑の細長い葉を付けていた。茎には艶やかな緑色の実が並び、常緑の草木に雪が積もったように真っ白な花が一面に茂みを覆っていたのだが、それはコーヒーノキだった。グァバは艶やかな丸い葉で、葉の付け根に一つずつ芳しい香りのある白い花を付ける。黄色い実はいたるところで見られる。わたしはなにより、珍しい果実や葉、草木を見られるのが嬉しい。ハワイ諸島原産ではない針葉樹についても、あの四角四面の外観が、原産地のものとどのように異なるのか確かめてみたいと思っている。わたしたちはウルシの林を通ったが、北米原産のウルシはこの常春の地においても落葉の習性を留めていた。冬枯れのようにわびしく白茶けた梢は、この世には恵まれない土地もあるということを思い起こさせる。霧や寒さ、暗闇、雪解けの泥濘《ぬかるみ》、疾風、葉の落ちた木々など、イギリスの冬にまつわるありとあらゆる惨めさのなかで暮らすあなたのことを思い出した。

このように急峻なガルチを、かつての人々は四肢を駆使して越えようとしたというのだから驚く。昔といってもつい三〇年ほど前のことだが、当時、断崖は細心の注意を払って岩登りするしかなく、下りは岩から岩、木から木へと綱を張り、それを伝って降りたのだった。しかし、両手でぶら下がってしまうような事態になったときは、熟練の登山者でも手に負えなかった。コーン師やライアン師はこのような方法でガルチを下り、当時は多くの人が暮らしていた谷間の集落に福音をもたらしたのだった。近年、こうした断崖の斜面にも馬がようやくすれ違える程度の狭い小道が刻まれるようになった。しかし、登りやすい緩やかな勾配ではないので、急峻な崖を登り降りできるのは唯一、脚の丈夫な地元の動物だけだ。その道もたいていは湧き水に抉《えぐ》られ、馬の蹄で磨り減ってひどい凹凸ができ、荒れ放題となっている。あちこちで土砂の崩落によって生じた段差が、ときには九〇センチにもなっている。こうした道を登り降りするとき、馬やラバは脚を滑らせたり、跳ねたり、這ったりして進む。ときには立ちすくんで拍車に急《せ》かされたり、後続に追い立てられる馬もある。多少緩やかな下り坂も泥だらけで滑りやすく、大雨が降ればたちまち危険になる。そんな道を、馬たちは四肢を寄せて器用に滑り降りる。一歩間違えばたちまち命取りになる道もあるが、崖下を覆う植物が見た目を欺き、危険を忘れさせてしまう。目の前にはいま書いたような恐ろしい崖があり、剝き出しの岩肌にジグザグに刻まれた道がある。わたしはどのように急かされようとも、ここを登っていこうという気にはなれない。

出発地から三八キロメートルまで、どのガルチにも水が流れていた。昨日早めに越えたハカラウの巨大ガルチは、川底こそ平坦だが、川幅はイートンのテムズ川に匹敵する大きさがあった。反対に、緩やかな小川がシダの茂る洞穴を流れているようなガルチもある。ガルチによっては、力強い奔流が突き出した岩壁のあいだを猛烈な速さで流れ下ったり、巨石のあいだから深淵へと落下するところもあれば、次々と絶壁を伝って海へと注ぐところもある。ガルチの多くは熔岩流の通り道だったのだろう。ぎざぎざとした大量のアア熔岩のなかには冷え固まったあと、水の流れで徐々に表面が滑らかになったり、川床に穴を穿っているところもある。渓流には狭い橋が架かったところも何カ所かあるが、たいていは渡渉しなければならない。渡るといっても穏やかなイメージからはほど遠い。馬は激しくあがき、もがきながら渡るのだ。澄み切った水が馬の目を欺く。だが、川は深く、馬はたいてい出した前脚を引っこめ、その動作で横転しそうになってあがくのだ。ハワイの火山に関するブリガム氏の貴重な小論文を読めば、わたしがこのガルチから受けたのと同じように、氏の感銘がどれほど深かったかを窺い知ることができる。☆1

わたしたちは光あふれるある谷間で昼食をとった。カルナはきれいなヤムイモの葉で一パイントはたっぷり入るカップを作った。午後からは、どんよりとした雲が低く海に垂れこめ、もっとも険しい断崖といわれるラウパホエホエの南斜面に着くころには、激しい風をともなう豪雨がわたしたちに襲いかかった。この恐ろしい断崖には唖然とするばかりだった。カルナが先頭を進んでいたのだが、突然、その姿が消えたとき、わたしはてっきり彼が崖から転落したのかと思った。それはちょっとした岩棚だったのだが、起伏が激しく危険なうえに、足がかりは山羊にしか無理だろうと思えるようなものしかなかった。真下で白波を立てる海を見下ろそうものなら目が眩む。

ようやく谷底に着いて周囲を見回すと、そこにはそそり立つ断崖と、大仰な唸り声をあげる海に挟まれた狭い砂地があるだけだった。その砂地に、波が破壊の決意を固めたように押し寄せる。いましがた下って来た道は、断崖の斜面に這わせた一筋の糸のように見えた。わたしは「突き出す」という言葉の意味をよく理解していないが、なにか悪い意味合いがあるとしたら、この断崖《パリ》にはその表現がぴったりだろう。

ガルチ内の開けた土地には、いまにも倒壊しそうな民家が高いヤシの木々の下に密集していた。この集落はまさに悲惨のきわみにあった。怒濤の波はつねに轟音を発し、乏しい飲み水は塩分を含んでいる。ハンセン病の蔓延も噂されており、村人の困窮はハワイ島でも最悪といわれていた。わたしたちは、この村では一晩であっても泊まるのは無理だと注意を受けていた。そこで雨に濡れ、疲労しきった体に鞭打ちながら、さらに一〇キロ先にある先住民の家に向かった。宿泊はそこでするように言われていたからだ。

☆原注1　ヒロからラウパホエホエまで、いくぶん内陸を進むおよそ五〇キロの道程は、世界有数の景観が展開する。深さ五四〇メートルから六〇〇メートル、幅は優に一キロ半はある峡谷が次々とマウナ・ケアの山腹まで続く。小川は突如として姿を変え、奔流となって道を遮ることがある。道は信じ難いほど険しく、激しい登降を繰り返す。斜面に展開する見事な森やさまざまな形状の滝があり、断崖にジグザグの道が刻まれている。このような深い断崖に遭遇した人間は、あえて騎乗のまま下ろうとはしない。それほど険しい地形なのだ。しかし、不慣れな人間が歩いて下るよりも、馬やラバのほうがうまくこなすだろう。少なくとも六五回の渡渉が必要なおよそ五〇キロの行程である。(『ハワイの火山』[*3]ブリガム著)

雨は激しく降り続き、道は滑りやすく、道程は遅々として進まない。不吉な気配の漂う夕暮れどきだった。わたしは濡れねずみだったので疲れが取れず、体が強張って激しい痛みが襲った。ボラボラの家に向かう長い斜面を登りながら、わたしは空想にふけった。今回はソファや温かい紅茶ではなく、燃え盛る火のそばで服を乾かすことだけをひたすら思った。わたしたちの宿泊先を聞くと、ヒロの住民たちは肩をすぼめたり、不可解な笑いを浮かべる人ばかりだった。なかには、そこは先住民の民家のなかでも最悪だという人さえいた。

それは一目見れば十分だった。山の斜面に打ち捨てられたように建つ荒れ果てた木造の家があった。その横にある一、二戸のさらにひどい粗末な草葺き小屋はおそらく料理小屋で、傍らの一戸は食事用の建物なのだろう。

カルナが長く引き伸ばして発する「ハールーチェ」の声に、男が一人、背後に女の集団を従えて姿を現した。わたしたちが近づいていくと、女たちはもそもそと衣服を身に着けた。わたしたちは強張った体で、一〇時間坐り続けたずぶ濡れの鞍から下りた。そして、ふらつく足取りで取り散らかったベランダに上がったが、一歩踏み出すたびに服からは水が滴り、長靴からは水があふれた。内部には縦五・四メートル、横四・二メートルの部屋が一つあるのみで、出先から帰ったばかりなのか、乱雑に荷物が放り出されていた。汚れた床にはゴザが敷かれている。部屋の半分は取り散らかり、巻き上げたゴザや箱、竹、鞍、毛布、ロープ、ヤシの実、カロの根塊、バナナ、上掛け、鍋、ヒョウタン、ティーの葉に包んだ硬いポイの束、骨、猫、鶏、衣類などが山になっている。そのなかにいた老女は、昔の異教時代の遺物のようでぞっとした。短く刈りこんだ白髪は逆立ち、体中に刺青がある。ボロの毛布を肩に羽織るだけで衣服は身に着けていなかった。一二歳くらいの少女は艶のある髪をぼさぼさにして、緑色のキャラコ一枚を無造作に体に巻いている。目鼻立ちの整った二人の若い女は薔薇色のワンピースを着ていて、一人は赤ん坊を抱えていた。二人はマットの上でうずくまったり臥《ふ》したりして、蛮人の群れのように折り重なっていた。

男はわたしたちが一晩滞在すると聞くなり奮闘して、あたりの物を部屋の片側に掻き集め、プル（木性シダの柔毛で作った手触りの滑らかな上掛け）を敷き詰めてその上にシーツをかけた。それからコットンで作った鮮やかなオレンジと赤のキルトを用意した。現地の民家で一般にやるように、部屋を薄いモスリン地の柄物の布で間仕切りをした。そして男は鞍を下ろすのを手伝った。濡れた鞍と毛布、それに装具が加わり、部屋はますます混乱の度合いを深めた。この間、女たちは床に寝たまま、わたしたちをじろじろと見ていた。

このあたりは空気が冷たく、わたしはリュウマチがぶり返しそうだった。デボラに着替えをしたいと言うと、カルナは彼女の合図を見るなり、わたしの足に飛びついて、ぬれた長靴を引き剝《は》がし、わたしの靴下も脱がしてしまった。彼の野生児としての敏捷《びんしょう》さに、一瞬、わたしは脚までもぎ取られるのではないかと思った。わたしは濡れた服の上にかける肩掛けをもらうくらいのつもりだったのだ。

この間に男は鶏を絞めて茹《ゆ》で、さらにサツマイモを茹で上げると、あまり食欲を誘わないこのご馳走と、ヒョウタンに盛ったポイが並べられた。わたしたちは輪になり、わたしはナイフで、あとの三人は指でこれらを食べはじめた。汚れた器に入ったコーヒーもあった。女たちはゴザに枕を並べ終えると、うつ伏せになって枕に顎をのせ、大きな茶色の目でわたしたちを見つめながら、ひっきりなしにお喋りをしては笑い声を上げた。女たちは卑しい肉感的な顔付きをしており、下等動物を思わせる。食事を終え、男が残りものを投げ与えると、女たちはあっという間に、骨に残った肉をきれいに食べ尽くした。驚いたのは、これほどひどい食事であっても、男はわたしたちが手を洗えるように、水の入った器とタオルらしき物とを持ってきたことだった。

この頃にはすでにあたりは暗くなっていた。男は表面に深い窪みのある石を取り出した。窪みには牛脂と灯芯に当たるボロ布が置いてあり、これに火を点《つ》けると勢いよく燃え上がった。女たちは寄り集まって大きなヒョウタンのポイを囲み、独特の指使いで酸っぱいポイを口に運んでは、頭をのけぞらせて獣のように満ち足りた表情で目を閉じた。食べ終わると先ほどと同じようにうつ伏せになり、枕に顎をのせて、ずらりと並んだ茶色の目をわたしたちに据えた。カルナもデボラとともに女たちの輪に加わり、感情を露わに大声を上げていたが、やがて「アウウェ」と長い唸り声を上げた。これには疲れたという意味があるらしい。彼は身に着けているものを脱ぎ捨てると、わたしとデボラの寝台の横に敷いたゴザに寝ころんだ。わたしたちは仕切り用のカーテンを寝台に垂らし、少しでも暖かくなるように上掛けにくるまった。

デボラが咳をしているのが気懸かりだったので、わたしが外側に移り、壊れた窓の下に寝た。するとまもなく大きな猫が窓を跳び越え、わたしを踏みつけて侵入した。そこへまた一匹、さらに一匹と、都合五匹の野良猫がわたしを踏み台にして家宅侵入を果たし、次なる犯行に及んだ。もし六匹目が侵入してきたら、わたしは迷惑きわまりない猫たちに黙って耐え忍びはしなかっただろう。部屋の垂木《たるき》には乾し肉が吊るしてある。わたしは燃え残っていた灯火のもとで、猫たちがこそこそと這い登り、乾し肉を盗み取ってから降りて来るのを目撃した。猫たちは最初と同じようにわたしを踏み台にして、素早く窓から姿を消した。

猫たちはこの一連の熟練技を成し遂げる際に数本の乾し肉を落としたため、デボラが目を覚ました。そして次の瞬間、わたしはカーテンの下から覗くカルナの大きな目と鉢合わせになった。結局、家人も起き出し、その後は煙草を喫《す》ったり、ときおりポイを食べながらお喋りを続けた。デボラとカルナは言い争っていたが、後でデボラは、あのときはふざけていただけだと言っていた。

ときどき雨雲から月が顔を出して夜明けと間違えさせる。わたしは雨漏りを避けるために寝返りを打ち続けていた。このようにして夜は更けていった。わたしは夜更かしをするより眠りたかったが、夜を楽しんでもいた。これはまったく新しい奇妙な体験だった。人里離れた侘《わび》しい家で一一人の先住民に囲まれ、白人はただ一人。それでいて危険も不快な出来事もなく、わが家にいるように心は安らかだった。

とうとう白々と夜が明けた。雨が激しく降り続き、馬たちは風に尾を向けて情けなくうなだれている。昨夜、濡れたサドルバッグから着替えを取り出し、濡れぬようにしておいたのだが、それらはすっかり湿り、わたしが寝るときに着ていたものより濡れているほどだった。デボラとわたしの長靴はかちかちに固くなっていたので、わたしたちはカルナの熱心な奉仕の申し出を喜んで受けることにした。

洗面の方法はじつに奇妙だった。カルナが三分の一リットルほどの水が入ったヒョウタンを掲げて待ちかまえているのだ。わたしたちは家人がくすくす笑いながら見守るなか、顔と手を洗った。彼はこれを礼儀にかなった作法と考えているらしく、ゴザの上に置くよう説得しても聞き入れない。デボラもこれが正しい対応だと思っているようだ。わたしたちは昨夜のご馳走の残りもので朝食を済ませ、女たちは昨日と同じく枕に顎をのせ、寝ころびながらわたしたちを見つめていた。

出発するのとほぼ同時に雨が上がった。すっきりと晴れわたるとまではいかないが、とても気持ちのよい朝だった。今日はそれほど大きなガルチを越える予定はない。道はどこも丈の高い草が生い茂っている。起伏の多い高地を進むと公園のような森があり、グァバや外来種のウルシの茂みが見える。さまざまなシダや花、木々があるが、密生するというほどではない。水場はほとんどなく、これまでより乾燥した気候で、土壌が異なることがわかる。

わたしたちは道が許すかぎり縦一列となり、ゆっくりと規則的な早足で進んだ。ときおり馬に乗った先住民に出会い、ヌホウ(情報)の交換で足止めを食った。また、二度ほど茂みに隠れ、このあたりで危険視されているものを避けなければならなかった。山には野生化した雄牛の大群がいくつもいる。これらは焼印のある牛で、焼印のない野生のものとは区別される。食糧が必要になると、経験豊かなバチェロ(カウボーイ)が蹄鉄を付けた頑丈な馬に乗り、大勢で山に出かけて四、五〇頭を追い立て、山から降ろすのだ。わたしたちは、そのようにして狩り出された牛の群れがヒロへ向かうのに出食わしたのだった。群れの先頭に一人か二人が付き、ほかの男たちは叫び声を上げながら脇としんがりを固めている。牛たちは狩り出され追い立てられてひどく興奮し、ときには竜巻のごとく突進して、角で地面を引き裂く。だから、馬を駆る男たちの姿が見えたり角の曲がった牛が見えたら、すぐさま物陰に退避しなければならない。過去に、襲われて怪我をした人がいたに相違なく、無謀といわれる先住民でさえ、これには慎重になる。わたしたちは途中で出会う旅人から、「この先に牛がいる」と警告されることが幾度かあった。法律では、バチェロの一人が渓谷の上で見張りに立ち、牛が通過するときには注意を呼びかけることになっている。

　わたしたちは再び駆け足で進んだ。その先で出会った現地の人の話によれば、もう目的地のすぐそばまで来ているはずだった。しかし、そのような気配はまったくない。わたしたちがいるあたりはまだ険しい高地で、海に挑むように突き出た大きな岬ばかりが目に付く。ラバは脚を痛そうにしているので、わたしは下りて歩きはじめた。すると数メートルと進まぬうちに突然、深さ三〇〇メートルの断崖の縁に出た。眼下には細長い肥沃な渓があり、向かい側はさらに高い断崖で、どちらの崖も海と垂直に接している。谷はせいぜい長さ五キロというところだろう。近寄りがたいほど高い山々に囲まれていた。それはじつに壮大なスケールのガルチだった。眼下の眺望は魅惑の一言に尽き、肥沃な土地は平坦で、砂丘が海を防ぎ、曲がりくねった小川が土地を潤している。明るく輝いて見えるのは養魚池《フィッシュポンド》*4で、草地やカロ水田、オレンジやコーヒーの林、イチジク、パンノキ、ヤシの木などが点在する。草葺きの家が建ち並び、尖塔のある先住民の教会もある。渓の上にはもう一つの教会が、ローマカトリックの活力と攻勢を誇示していた。断崖《パリ》からはこれだけのことが見て取れた。外の世界と渓谷の集落を結ぶ唯一の手段である崩れかけた斜面の小道を苦労しながら下っていくと、一メートル降りるごとに村はより大きく、その詳細もはっきりと見えてくる。

わたしは徒歩で下るのに苦労した。そのうえ、拍車から伸びる長い歯が岩につかえたり服にからむため、すっかり閉口した。それでいて、脱いでしまえばいいというとても単純な方法がわたしの頭を過《よぎ》ることはなかった。

川と岩場のあいだに、きれいに手入れされた木造の家がある。それがわたしたちの目指す場所だった。家主は先住民のハレマヌ氏で、国会議員であるとともに知事代理を務めている。この地域の名士であり、資産家でもある。英語は一言も話せないがハワイ語で高い教育を受け、なかなかの筆達者でもある。わたしはサヴァランス氏の紹介状を携えてきたので、すぐに下にも置かぬ歓待を受けた。馬の世話はもとより、贅沢な宿が与えられた。

わたしたちは暗くなる前に谷を登り、滝を見学してきた。戻ると夕食が用意されていたが、昨日の今日のことなので、それは贅を尽くしたものに見えた。居間は明るく華やかで、壁には壁紙が張られ、床には麻の敷物が敷かれている。本と写真アルバムの置かれた丸テーブル、ロッキングチェアが二脚、事務机、テーブルと椅子のセット、それにカナダ製の長椅子もある。いったいどのようにしてこれらの家具をここまで運んできたのだろう。わたしには想像もつかなかった。わたしたちの寝室は居間に隣接している。そこにはなんと蚊帳付きの四本柱のベッドがあり、長椅子が一脚と椅子が二脚、床には地元のゴザが敷かれていた。洗面設備はかなり変則的で、洗面器と平織りのタオルがベランダに置かれていたが、それは全部で一五人のためのものであった。ここではみな、川で水浴びをするからだ。

　ハレマヌ家には厨房棟があり、先住民の料理人がいる。それとは別に食事室もあるが、これがすべて外国式なのには驚いた。真っ白なクロスのかかったテーブルと椅子、ナイフとフォーク、テーブルナプキンが揃い、卓上の塩入れまである。食事に同席するよう誘うと、彼はナイフとフォークを正確に使い、ナイフを口に運ぶようなことはまったくない。その後、彼が家族や使用人たちとゴザに坐ってヒョウタンからポイを指で食べているのは微笑《ほほえ》ましかった。わたしたちの夕食には、おいしく料理された川魚の揚げ物と蒸したカロが出され、ワイピオ産のコーヒーには温めたミルクが添えてあった。

　ハレマヌ氏と話をするのは通訳を通すのでひどくもどかしい。デボラは当然ながら、わざわざ英語を話そうとは思わないようで、すっかり仲間との話に夢中となっている。夕食後、ろうそくの灯る客間で寛いでいると、ハレマヌ氏はわたしに写真アルバムを見せてくれた。八時になると彼は大きな聖書を取り出し、眼鏡をかけてハワイ語で書かれた一章を読み終え、跪《ひざまず》いて恭しく敬《けい》虔《けん》な祈りを捧げた。その終わりのほうで、「父なる主」に当たるハワイ語がわたしにも聞き取れた。[☆2] ここワイピオでそれを聞くと、「父」の意味にも心情がこもって、親族や人種の繋がりを超えた広がりが感じられる。ここには他人やよそ者、外国人の区別はない。この人物は、これほどまでに教養深く、キリスト教に教化されていながら、いまだ人生半ばにあると言う。「先生たちが初めてここに来られた当時のわたしは、単なる大きな子供にすぎませんでした」。彼は、かつて身近でありいまは廃れているヘイアウ[*5]の恐怖の生き証人でもあるはずだ。

寝室はじつに快適だった。カルナも同じ部屋で寝かせてほしいと訴えた。アクア（霊）が怖いのだろう。しかし、わたしたちは流罪を言いわたし、彼を客間の寝椅子に置き去りにした。

☆原注2　ハワイ語の「主の祈り」E ko mākou Makua i loko o ka lani, E hoʻāno ʻia Kou inoa, E hiki mai Kou aupuni, E mālama ʻia Kou makemake ma ka honua nei. E like me ʻia i mālamaʻia ma ka lani lā. E hāʻawi mai iā mākou i kēia la. i ʻai na mākou no nēia lā. E kala mai hoʻi iā mākou i kā mākou lawehala ʻana, Me mākou e kala nei i ka poʻe i lawehala i kā mākou. Mai hoʻokuʻu ʻoe iā mākou i ka hoʻowalewale ʻia mai, E hoʻopakele nō naʻe iā mākou i ka ʻino. No ka mea, Nou ke aupuni, a me ka mana, A me ka hoʻonani ʻia, ā mau loa aku. ʻĀmene.

（原注に誤りがあるため、正しい表記を掲載した）

手紙10 II

ワイピオの滝――ベッシー・トゥインカー――ウィリアム・ウォーレス――亡命者の町――生け贄――伝説の暴君

今朝はしっかり休養がとれて目覚めた。嬉しいことに天気もよく、滝の見物にはうってつけの日和《ひより》だった。この滝は、外国人で見た者はほとんどいないという。わたしが乗っていたラバは少しばかり腹帯で擦り傷ができ、まるでヘブライの預言者エリシャのように、「ああ、ご主人様、どうせわたしは借りものですから」と言っているように見えた。そこでわたしは、美しく脚も速いが、調教途中の鹿毛の雌馬を二〇ドルで買った。今日、さっそくそれに乗ってみたが、とても気に入った。

昨日の夕食と同じような朝食を済ますと、案内をしてくれるハレマヌ氏の娘を加え、総勢三名が馬に乗り、滝に向かって出発した。地元の人たちはわたしたちを思いとどまらせようとして、落石があるから危険だとか、いくつも川を渡るから服を着ていては無理だと言った。そこで後者の対策に、デボラは長靴を脱いで馬に乗り、わたしは靴下を脱いだ。美しい谷間を抜け、谷から外れて深い渓谷に出ると、その先はぐるりと円を描くように高さ六〇〇メートルの絶壁に囲まれた谷間に通じている。わたしたちはその場に馬を繋いだ。歩きはじめてまもなく、「服を着たままではこの先は無理だと彼女が言っている」とデボラが言った。わたしは自分の服はニューポートあたりで流行している水着とそれほど変わらないからと言い放ち、二人の先住民が見守るなか、乗馬服のまま堂々と川に入った。それで二人も思い直したようだ。それにしても大変な徒歩旅行だった。川を一〇回は渡ったが、あるときは膝まで水に浸かり、あるときは腰まで浸かった。それも、押し寄せる流れの中で滑りやすい岩と格闘しながらのことだ。崩落して苔蒸した岩を滑りながら登り降りを繰り返し、カンナやグァバや刺《とげ》のあるツルのジャングルでは目をつぶって突き進んだり、ときには木から木へとかなりの高さまで攀《よ》じ登ったりした。こうして一時間ほど奮闘した末に、わたしたちは滝が見えるところに到着したが、滝壺は見えなかった。われらが可愛らしい案内人は、風が出てきたし、落石が起きたら死んでしまうかもしれないと言って、これ以上進むのを拒んだ。わたしはそんなことは信じられなかったので、二人をその場に残すと、いくつも痣《あざ》をつくりながら苦労して川を遡り、滝壺から川が流れ出している場所まで辿り着いた。しかし、両岸ともそれ以上は登れるような岩場ではなかったので、わたしは生温かく静かな川に首まで浸かり、滝[*1]の光景をしっかりと記憶に刻んだのだった。

　わたしはナイアガラ大瀑布以外の滝には興味がないので、この滝に特別惹《ひ》かれたわけではない。滝は最初の落差が六〇メートル、二段目が四八〇メートルあるが、あまりに高さがあるため、滝は水量を惜しむように少しずつ流れては霧となって飛び散ってしまい、見た目の重量感や重厚な轟音が鳴りわたるほどの水量がないのだ。しかし、あたりの景観に漂う荘厳さは筆舌に尽くし難い。くり抜かれた岩壁は一面黒々として、はるかな高みの青空から暗い水の奈落へと一気に落ちる絶壁を誕生させている。木立の中に岩屑が飛び散るときには、ぞっとするような陰気な音を立て、水が落下するときには、鈴に似たか細い音が響きわたる。川の流れは激しく、周辺には軽やかなシダが生い茂る。滝の下部は見上げるように高い滝のせいで目立たないが、わずかに岩肌に緑色の色調を添えて、その存在を示している。絶壁のとてつもない高さがつくる陰の中に、深い森の涼しげな緑の暗がりが重なり、熱帯の力強い木々はその奇妙な形姿を滝壺の黒い鏡に映し出す。一瞬、一条の陽光が差しこみ、上部の霧が虹に姿を変えた。深い淵に陽が差すのは一年のうちわずかに五日のことでしかない。荘厳で黒々とした木の陰に覆われた奈落にかかった虹は、これまでに見たことのないほど神々《こうごう》しく、約束の架け橋のように思えたのだった。

先住民の二人のところへ戻ると、彼女たちはパパイアと生の淡水エビで饗宴《きょうえん》の最中だった。エビは川で大量に獲《と》れる。たしかにイギリスの白人たちも文明人を称しながら、生きたまま、少なくとも生で牡蠣《かき》を食べるのを承知している。だが、虫のように蠢《うごめ》くエビが、仲間である人間の白い歯のあいだで悶える光景には身の毛がよだつ思いだった。

かくてわたしたちの冒険に満ちた遠征は、打身、引っかき傷、衣服のかぎ裂きをつくって終わりを告げた。わたしたちがその渓谷から出ようとしたとき、大きな岩が崩落するのを目撃した。岩はそれほど離れていないところに落ち、オヒアの木を根こそぎにした。ぞっとするほど重苦しい渓谷だったが、それでも来ただけの甲斐《かい》はあったと思う。

わたしたちは再び馬に乗り、行けるところまで渓谷を登り、深い川を何度も渡って渓谷の裏側に下った。コーヒーノキが見事に満開の花を咲かせており、満開のオレンジとともに、この島の両側で各地を襲った枯葉病を免れていた。よく見かける熱帯の果樹以外にも立派なイチジクがあり、トウゴマの木などは三メートルから六・六メートルの高さにまで生長して素晴らしい茂みをつくっている。途中でワイピオの女性が数人加わると、デボラたち先住民はどんな地形も全速力で疾走した。わたしも振り落とされることもなく、愛馬の駿足《しゅんそく》を大いに楽しんだ。わたしたちは広大なカロ水田を抜け、何百匹もの金色の魚が光を受けてきらきらと輝く養魚池《フィッシュポンド》を過ぎ、ヒルガオの緑に覆われた海辺のあたりまで戻って川に出た。ワイピオの住人は川床が平坦なこの流れを道として利用している。何艘ものカヌーが滑るように川面《かわも》を進み、褐色の肌の男たちが水に浮かべたカロの束を引きながら川の中を歩く。そして数珠《じゅず》つなぎとなった馬やラバが荷を背負って静かな川の流れを遡っていく。人が容易に近寄れない深い谷では、ここでも川が道として使われているようだ。この川を馬で遡っているときに突風が吹き荒れ、川面に霧のような飛沫が巻き上がって、わたしたちは馬の背から吹き飛ばされそうになった。ハワイ島にハリケーンはないが、ワイピオは日中に恐ろしい突風に見舞われることがある。この風のすごさを考えれば、ワイピオの人々があの滝を訪れるのに異議を唱えるのがわからなくもない。以前に、この集落の家の一つがハリケーンで吹き飛ばされ、以前建っていたところから六メートル離れたいまの場所まで飛ばされたという。

戻ると夕食が用意されていた。カロとヤムイモ、絞めたばかりの鶏の料理、ポイ、コーヒー、ロールパン、それに燻製《くんせい》のサーモン。わたしが、鶏料理やサーモンは故郷の味がするとハレマヌ氏に話すと、彼は大いに喜び、では明日の朝食にもお出ししようと言った。

わたしが「ベッシー・トゥインカー」と名付けた馬の持ち主は、とても熱心にこの馬を売りつけようとしたが、わたしはオノメアに着いてからでなければ支払いはできないと伝えてあった。彼はわたしの留守中に、何らかの理由で信用できなくなったようだった。デボラが長いこと話し込んだ末、夕方になってわたしに伝えたところによれば、「馬を持って行かせるわけにはいかない。乗っていってしまえば、代金を送ってこない恐れがあると彼は言っている」。わたしは憤慨して、イギリス女性は人を騙したりすることはない、とデボラを通して男に伝えた。それはかなり漠然としていて立証しようのない反論なのだが、この気の毒な男を納得させるだけの効果はあったようだ。

ハレマヌ氏はデボラやカルナ、そのほか大勢の先住民とともにポイの食事を終えると、きれいな銀色のろうそくを持ちだしてきて、デボラに通訳をしてほしいと伝えた。彼はイギリスについて数々の思慮深い質問を浴びせ、とくに貧民の置かれている状況、参政権の普及度合い、宗教の影響力について熱心に聞いてきた。わたしがスコットランドに数年いたことがあるのを知ると、「ウォーレス氏[*2]をご存知か」と彼は訊《たず》ねた。わたしはだれのことを指しているのかわからず、ハワイに来て以来、聞き及んだ人物の名をあれこれ思い浮かべてみた。そのうちに突然閃《ひらめ》いて、彼が言わんとすることを理解した。そこでわたしは、ウォーレスはわたしがスコットランドの事情を知るずっと以前に、それもわたしが生まれるはるか以前に死んだ人物だが、スコットランド人はウォーレスを敬愛して記憶に留め、記念碑を建てていると伝えた。年代を取り違えているとはいえ、彼はウォーレスの功績について一通りのことを知っていた。彼は同胞の数が減少していくのを深く嘆いていると語り、沈んだ表情をしていた。「彼はとても悲しんでいます」と、デボラがハレマヌ氏の言葉を伝えた。じきにカナカは一人もいなくなるだろう。この美しい渓谷にはかつて大勢の人が暮らしていた。わずか四〇年前、ハワイの紀行文を書いたエリス氏[*3]が訪れたとき、ここには一三〇〇名の住人がいたが、いまではせいぜい二〇〇名といったところだと彼は語った。

ここにはプホヌア[*4]という、ハワイ島のこのあたり一帯の駆け込み寺があった。ここともう一つ、島の反対側に当時のままの形を留めるホナウナウが、ハワイの「逃亡者の町」として存在していた。モーゼの掟《おきて》を思わせるこのような考えが、はるばるハワイ諸島まで伝わるということは可能だろうか。それはともかく、この二ヵ所の聖域は完全な治外法権だった。門はいつでも開け放たれており、逃亡者はこの門を一歩でも入りさえすれば、王や首長、復讐者などの追跡から解放された。この門は幅が広く、海か山に向いて建てられた。ここを通って自由の身となった殺人犯や、過失で人を殺した者、禁制《カプ》を犯した者たちは、偶像の前にひれ伏し、聖域に辿り着いたことに感謝を捧げた。逃亡者はここに一定期間とどまり、その後は家族のもとに戻ることが許された。人々は高位の神々から庇護《ひご》された者たちに危害を加えることはなかった。

戦争のときはこの禁制の領域の両端に白旗を垂らし、平和が布告されるまで敗残兵を中に導いた。この旗は壁の外に少し離れて取り付けられ、敵を追う戦士は、たとえ相手をなぎ倒そうという衝動に駆られていても、この旗から先へは一歩たりとも入ることはできない。その中は禁制《カプ》の聖域であり、そこで敵を襲おうとする者には僧侶とその信者によって死がもたらされた。戦時には近在の女や子供、老人が匿《かくま》われ、安全な状態で戦闘が終わるのを待つことができただけでなく、敗戦後の暴力沙汰からも逃れることができた。

プホヌアには重さ二、三トンの石が地上一五メートルほどの高さに積み上げられており、上に行くほどその幅は狭まる。基部は幅四・五メートル、上部は三・六メートルほどだ。これは野蛮な異教徒時代における人類の真に偉大な記念碑といえるもので、軍の造反者から侵略者の手を逃れた者まで、この聖域に辿り着きさえすれば、ケアヴェ[*5]の僧侶は敵も味方も分け隔てせずに庇護のもとに置いたという民度の高さを示すものだ。

この恩赦の境内とは対極にある大きなヘイアウがいくつか近くにある。このおぞましい祭壇では、一度に八〇人が生け贄にされたといわれている。美しい谷間にまつわる伝説の一つに次のようなものがある。ウミ王がハワイ島の六地域を統治する王たちを征服したとき、捕虜を一人ずつヘイアウの祭壇に捧げることにした。このとき雲間から信奉するクアヒロ神の声が聞こえ、さらに多くの生け贄を求めた。祭壇で人の生き血が次々に流されたが、飽くことを知らない魔神はさらに多くを求め、ついにウミ王は捕虜をすべて捧げたうえに、自らの家来も一人を除いてすべて失ってしまった。王は、その寵愛《ちょうあい》する戦士を手放すのを拒んだが、クアヒロ神は天から雷を放ち、ついにこの戦士も捧げられて、あとには王と生け贄の儀式を執り行った僧侶だけが残されたというものだ。

「征服された水」を意味するこのワイピオ渓谷は、多くの伝説に彩られている。そのうちのいくつかは、この地に住んでいた残虐王ホオクにまつわるもので、この王について今日に伝わる伝説は、口にするのも憚られるほどのおぞましさだ。伝承によれば、王は美しい男がいると聞けば、兵を送って男の首を狩り、あるいは慰みにその顔を見るも無残に切り刻ませたという。あるとき、王は男の腕を切り取ってくるように命じたが、それは単に男の刺青が自分のものより見事だからというだけの理由だった。ワイピオの祭壇に、最後の人間が生け贄にされてから六四年が経つ。しかしこの地の古老のなかには、ハワイが偶像崇拝[*6]を永久に廃棄した当時、少なくとも三〇歳にはなっていた者が数人いる。ハレマヌ氏は再び真実の神に簡潔な祈りを捧げて、夕べを締めくくった。

手紙11

月明かりの旅立ち――先住民のもてなし――先住民の贅沢――作戦会議――雨季――メリトレプテス・パシフィカ――暗い見通し――洪水――危機下の会話――決死の渡川――スコットランド人のガルチ

ハワイ島、ヒロ

噂ではベニシア号のペノック提督のもとに国王が見えるという。それが本当なら、静かに暮らすこの町も上を下への大騒ぎとなるだろう。

わたしたちはラウパホエホエとオノメアのあいだの大きな渓谷で恐ろしい目にあった。ワイピオを発ったときのありきたりな行動との落差があまりに大きく、筆を進めにくい。

わたしたちは、前回の手紙を書いた日の午前中にワイピオを出発した。熟睡して朝、目覚めると、前の晩に用心して釘に吊るしておいた保存用の牛肉は、小さなアリたちにほとんど持ち去られていた。低地ではどの家でもアリが群がる。アリは魔法の軍団のように群れをなし、食べられるものはなんでも、その場で貪《むさぼ》り尽くせなければせっせと運び去る。そのためテーブルの脚には昇汞水《しょうこうすい》に浸したボロ布を巻きつけてある。

わたしたちはランプの明かりで朝食をとった。わたしがあるご馳走が懐かしかったと言ったら、親切な主人は朝早くからその料理を用意してくれた。彼はわたしたち一行が泊めてもらった礼金を払おうとしても、断固として受け取らなかった。夫の同伴もなく旅をするご婦人からわずかでも金を受け取るなど、恥ずべきことだと言うのだった。

申し分のない早朝だった。谷間を取り囲む断崖の上に満月がかかり、コーヒーやパンノキの林が月光にきらめいている。月明かりに輝く川面は海からの微風にかすかに震えていた。夥しい夜露が降り、人家からは煙がたゆたっている。東の空が薔薇色に染まり、谷間は絵に描いたような平安に満たされている。多くの先住民が見送りに集まったので、全員と握手をしてはアロハを交わした。わたしたちはバラとオヒアレフアのレイを贈られた。デボラは艶やかな髪に赤いオヒアの花《レフア》を飾り、とてもきれいだった。マロ一つを身に着けた男や、作業で着古した短い青シャツを腰まで垂らしただけの男たちと握手を交わしているのを見たら、あなたはきっと吹き出すことだろう。

わたしは馬主としての自負をいくぶんか感じながら愛馬に乗った。荷物は当面、ラバに積んでいくことにした。カロを積んだ二〇頭の馬とラバが連なる最後尾に付き、わたしたちは途方もない断崖《パリ》を登りはじめた。カロはパイアイという固形食物にしてある。以前に書いたと思うが、これはカロの芋を石焼にしてから水を加えずに叩き潰したもので、九キロから一八キロずつティーの葉に包み、ココヤシの繊維で結んである。こうしておくと数カ月は保《も》つのだ。ワイピオではカロが大量に生産され、農場やワイメアの牧場、近隣地域などへ出荷されている。推計では二・六平方キロのカロ水田があれば、年間一万五〇〇〇人のハワイ人の食を賄えるという。

断崖《パリ》の頂上から見る景色は素晴らしかった。白い月はいましも沈もうとし、早朝の陽射しが夜露の降りた寂しい谷間の奥を照らし出す。そして、渓谷を見守る巨大な岬を鮮やかな薔薇色に染めはじめていた。マウナ・ケアは夜のうちに大雪が降り、起伏の激しい巨大な頂きから原生林までが雪に覆われて、朝日にそっと触れたアルプスの山頂のように赤く照り映える。輝かしく陽気な一日がはじまると、ハマクアに漂う陰鬱さは一掃され、高地本来の魅力が復活する。爽やかな海風がそよぎ、雲はなくとも陽射しはそれほど暑くない。わたしたちは早めの昼食をとろうと、以前に立ち寄ったことのあるこぎれいな草小屋で休憩をとった。午後になってから、以前ハカラウから道連れになったことのある女性の家に立ち寄ると、彼女はわたしたちの訪問を喜び、ポイと豚肉を振る舞ってくれた。

わたしたちはボラボラの家に宿泊するのを避けるため、五四キロ近く馬に乗り続け、夕方近くに険しい坂を下って、潮騒の轟くラウパホエホエ村に到着した。ハレマヌ氏からはホノルルという名の未亡人宛の簡単な紹介状をもらってあった。デボラは、彼の紹介であれば宿泊先は清潔なところに違いないと言っていたが、事実そのとおりだった。紹介状を差し出すと、わたしたちはすぐに快く受け容れられた。とても美しい未亡人のほかに、兄弟が二人と従兄弟が二人いて、全員がわたしたちを歓待してくれた。男性たちは鶏を絞めて夕食の準備をし、ホノルルはベッドを用意してくれた。家は一間《ひと》しかないがかなり広く、突き当たりと側面に出入口がある。部屋を仕切る派手なクレトン模様が描かれたキャラコ地のカーテンが、三つ目のドアの役割をしていた。

嬉しいことに蚊帳を張った四柱式のベッドには、清潔なシダの繊維で作られたマットレスの上にリネンのシーツがかかり、その上に美しいキルトのベッドカバーがかけられていた。キルトは、白地に緑の葉のリースをあしらい、そのまわりをクラシックな唐草模様が縁取る見事なものだった。先住民の女性はこのようなキルトのデザインや色使いに見事な才能を発揮し、なかには芸術品の域に達するものもある。素材は無地か柄物のコットンで八ドルほどのものだが、完成したキルトは一八ドルから五〇ドルの値が付く。未亡人は箪笥からきれいな絹のカバーをかけた小さめの枕を六つ取り出した。すでにベッドには大きな枕が二つ出ているので、使い途《みち》はよくわからなかった。それほど豊かとはいえない先住民の家で、これほどまでに美しい調度品が揃っているのは驚きだった。床にはカーペットが何枚も敷かれているが、いずれも洗練されたものだ。テーブルが二つ、椅子が数脚あるほかには、前後に角度を調整できる鏡が上についている衣装箪笥と洗面器、コットンのタオル、水差し、それに石油ランプがある。どれも手荒く扱っても問題のない丈夫なもので、使い勝手も悪くない。一一時間というもの鞍に坐り続けた後では、こうした贅沢ははかり知れない充足感を与えてくれる。

ホノルルは初めは緑色のワンピースを着ていたが、夕食の用意ができると、その上からマクレガー社のタータンチェック地のホロクーを着込んだ。男たちはきびきびと働き、イギリスであれば羽根をむしるくらいの時間で鶏を料理し終えた。見たこともないほど素晴らしいゴザがテーブルクロスとして床の中央に広げられ、その上に鶏とサツマイモを盛った器、それにもちろんポイのヒョウタンが載せられた。紅茶やコーヒー、牛乳は手に入らず、水も濁ってまずいので、わたしは男の子にヤシの実を一つ採ってきてほしいと一〇セント硬貨を手渡した。ほどなく、大きくて無骨な物体が八個、ごろごろと戸口に転がってきた。外側は淡褐色の滑らかな殻で、その下には二・五センチほどの厚さの強靭な繊維質の層がある。これを剝がすと、わたしたちにお馴染みのヤシの実が現れる。内側の実の色は外側よりはるかに薄い。わたしたちが割った実はとても若かったが、大きなコップ三杯分の液体が入っていた。泡立つ液体は甘くほのかに酸味があり、ココナッツの風味がしっかりついていて、とてもおいしい。果肉は薄くて柔らかく、スプーンがあれば半熟卵の白身のようにすくって食べることができる。

わたしたちが揃って胡座《あぐら》をかき、食事を囲むと、ラウパホエホエ中の人が部屋に押し寄せた。彼らは入りきらずにベランダにもたむろし、例によって瞬きもせずに熱心な眼差しで穴の開くほどどこちらを見つめている。二〇人もの衆人環視のもとで食事をするのは居心地が悪い。騒々しい話し声の中にワヒネ・ハオレ*1という言葉が繰り返し聞こえてくるので、わたしのことを話題にしているのはあきらかだった。とくにわたしの折りたたみナイフは注目の的のようで、それは手から手へと手渡され、家の中から外にまで回された。わたしは七時に席を立ったが、みんなはまだ盛り上がっていた。

昨夜は星が明るく輝いていたのだが、翌朝起きると強風が吹き荒れていた。人の声を掻き消すほどの波音で、巨大な波が押し寄せてきている。激しい雨が数時間にわたって続くことになるらしい。わたしたちの今日の予定について、しきりに現地の人たちが取り沙汰する声が聞こえる。わたしはいつも人の声の調子や態度で判断するが、繰り返し聞こえるのは困難をきわめる三つのガルチの名で、年長の男たちはそこを避けるように言っているらしい。しかし日曜までにはどうしても帰りたいデボラは、いますぐに発って三七キロほど馬を走らせれば、川が増水する前にオノメアに辿り着けるという。カルナがいなければそれも選択肢の一つだが、彼の馬は疲れきっていたし、彼自身もしっかりラバを引くことができないでいた。ラバはしょっちゅう餌を食べようと道草をするので、わたしたちはさらに手間取ることになる。そのうえ、カルナは未開での礼儀作法にこだわっていた。彼はわたしの長靴を脱がせたり履かせるのを使命と感じているようで、ワイピオ川ではわたしを抱えて渡った。そしてサドルバッグに荷物を詰めるのを手伝い、さらには髪にブラシをかけるとまで申し出る始末だ。路上ではしきりにグァバを持って来ては「食べろ!」と命じ、たびたび馬を寄せてきては、「疲れた?」、「寒い?」と人の顔を窺う。デボラはカルナがとても疲れていると言う。わたしも彼の薄着ではこの天候には気の毒に思えた。先住民はわたしたち白人ほど寒さに強いとはいえない。摂氏二〇度の気温は彼らには寒いくらいなのだ。しかし当人は相変わらず手に負えず、最後まで馬を殴り続けた。

わたしたちは昨夜よりも数が増えた観衆の注視のもと、鶏肉とポイ、ココナッツジュースの朝食をとった。観衆の中に典型的な蛮人風の老人がいて、赤い毛布を腰に巻き、刺青だらけの痩せた胸と腕とを露わにしていた。

ラバは少しばかり装具擦れが起きていた。借りもののラバなので気が引けたわたしは、サドルバッグを自分の馬に移した。しかしあいにくの天気で、サドルバッグとともに立派なヤシの実をいくつか一緒に包んでおいた防水布はすっかり使い物にならなくなっていた。

まったくひどい状態だった。その家は海岸からさほど離れておらず、濃い霧の立ちこめる海からは波がものすごい音を立てて押し寄せる。声を張り上げなければ互いの声も聞き取れなかった。両側の斜面は監獄の塀のように渓谷を閉じ込め、昨夜はなかった滝が崖の上から海へと一気に流れ落ちている。雨は水滴というより、滝のような勢いで降り注ぎ、地面には五、六センチの深さに雨水があふれている。馬たちは尾を両脚に挟んで体を寄せ合っていたが、惨めに打ち震える体軀からは雨水が滴り落ちている。わたしの薄手の毛織服は馬に乗る前からびしょ濡れだった。雨の中で靴下を履いていると脚が冷えて強張ると聞いたので、靴下は脱いだ。わたしはラバだけでなく、デボラが気懸かりだった。ただ、彼女にはしっかりとした防水コートがあったし、遠征に出かける以前に出ていた咳もすっかり収まっていたのは幸いだった。いずれにせよ彼女はわたしほど雨を気にしていなかった。

わたしたちはまもなく目眩《めまい》がするほど高く険しい断崖《パリ》の上に出て、何キロも水飛沫を撥ね上げながら先を進んだ。土手を滑り降りたり、土壌が洗い流されて岩肌が露出した道を進んだが、その間、雨は止《や》むことなく降り続いた。土砂が厚さ一メートルほどすっかり剝ぎ取られている場所が何カ所もあった。雨水が溜まり深くえぐれて水路となっている道の路肩は、馬の頭ほどの高さになっているが、数日前までは平坦だったところだ。昼になると状況はさらに悪化した。わたしは、白人男性が同行してくれればどれほど心強いかと思った。深い渓谷をいくつも抜けなければならないことを考えると不安が募る。オノメアまで残すところ四時間ほどになった頃、カルナの馬が動けなくなってしまったので、彼は別の馬を探しに出かけた。その間を利用し、わたしたちは一・六キロほど道を外れたデボラの祖父母の家を訪れることにした。

　デボラの叔父はわたしたちを連れていくつかの小川を渡り、料理小屋へと案内した。そこでは嬉しいことに、地面に掘った穴の中でカロがほどよく料理されたところで、穴を取り囲む石の周囲の熾《おき》がまだ暖かかった。小屋はとても小さく、立ち上がれば頭がつかえるほどの狭さだが、室内にはマロ一つの男性が五人と女性が四人いた。全身に刺青を彫ったかなり高齢の二人は毛布にくるまり、二人の子供と、じゃれあう犬が五匹、猫が二匹、さらにさまざまな荷物が山積みにされている。ハワイ人は集団で暮らすのを好み、いつも互いに訪問したり、相手の家に寝泊まりする。ハワイ人はだれでも客を手厚くもてなし、どれほど貧しくともポイの最後の一口を仲間内で分け合うのだ。この家の人たちはかなり貧しそうに見えたが、本当は違うのかもしれない。数メートル先にはしっかりとした草葺き小屋があり、そこには素晴らしいゴザが何枚もあった。

　男が一人外へ出て鶏の頸《くび》を切り落とした。炎にかざして毛羽を取り、切り刻んで鍋に入れるまではわずかの時間で、わたしたちの足が温まるまもなく料理ができあがった。わたしたちは鍋から直《じか》に肉をとり、焼いたポイと一緒に食べた。デボラはわたしを外に連れ出し、マンゴーの林と、金色の魚が群れる池を見せ、子供の頃、それらが自分のものだったと語った。彼女は親族にとても愛着があるようで、彼らに囲まれたデボラはお伽話の王女様のように見えた。親族は彼女を誉めそやし、特別扱いしているのがよくわかる。わたしたちがここに立ち寄ったのは、彼らが彼女のために作っておいた鳥の羽根のレイ[*2]を受け取るためだった。このレイ一つで三〇〇羽の鳥が犠牲になったとわたしは思う。それは非常に美しく高価な飾りだが[☆1]、よく工夫されており、長いまま持ち運びできるように細い竹筒に入れてあった。

わたしたちは再び馬に乗ったが、わたしはなんとなく気が進まなかった。わたしの取り越し苦労かもしれないし、臆病で現地の事情に疎《うと》いせいだけかもしれないと考えてみた。しかしデボラはまだほんの子供だった。彼女は幼さゆえのひたむきさで、一刻も早く夫のもとに帰りたいように見えた。幼い妻がそのように思うのはわたしにも微笑ましく思えるし、彼女の意思に真っ向から反対するつもりにもなれなかった。わたしは、危険があるかもしれないということを大げさに捉えすぎているのかもしれないと考えた。それでもなお、彼女から聞いた話は気懸かりだった。彼女の親戚はしきりにわたしたちを引き止め、遠くに馬を置いてあるので一緒に行ってあげられないから、月曜まで留まったほうがいいと勧めたという。ハワイ島ではもっとも往来の頻繁な街道だというのに、いまは人影がない。しかも、今日は人々が遠出をする土曜日なのだ。わたしはこの先に危険が待ち構えている兆しだと思わずにはいられなかった。

☆原注1　メリトレプテス・パシフィカ[*3]という小鳥はハワイの山岳地帯に生息する。左右の翼の下に一本ずつ、長さ二・五センチの鮮やかな黄色の羽根がある。この鳥を捕らえるには棒の先に粘着質の物質[*4]を付けたものを用いる。以前はこの鳥の捕獲は固く禁じられていた。羽根はカメハメハ一世の戦《いくさ》装束として集められた。ハワイ国王が今日、国事の際に用いる「マモ」はこの羽根で作られている。この高価なマントは丈一・二メートル、裾の幅は三・二メートルあり、九代にわたって受け継がれてきた。使用された羽根は五本で一ドル半の価値があるといわれるが、製作に要する労力を換算するなら、王家の装具としてはもっとも高価なものといえよう。

わたしたちがあるガルチを渡ったとき、川の勢いは強く、水嵩《みずかさ》も馬の胴回りまであった。そのあとでカルナと合流したが、気まぐれな彼は馬を調達するのもそっちのけに、先住民仲間に冒険譚の数々を延々とお披露目中だった。彼は後ですぐにも追いつくと言う。デボラは次のガルチは大変なのでカルナを待ってはいられない、急いで渡らなければとわたしに告げた。川を見下ろす断崖《パリ》に着くと、激しく流れる水音が聞こえてきた。岸まで下ると、たしかに大変なことになっている。それでもデボラは馬を進めて川に入ったが、わたしは水際で立ち止まった。彼女は無事に渡りかけたが、対岸に近づいたところで彼女の大きな馬が躓《つまず》き、脚を滑らせてもがいた。彼女はわたしに向かって何事か叫んだが、わたしには聞こえなかった。そこでわたしも馬を川に進めた。

しかし、馬は最初の一歩で深く沈み
川の流れが鞍を洗った*5

馬は背を洗う水の中をもがきながらも果敢に進み、必死に水と格闘するデボラの馬に追いついた。そのとき馬が水中の岩にでも脚を滑らせたのか、わたしは馬もろとも深みに押し流されてしまった。馬の前脚が空を掻くのが見え、馬の頭だけが水面に出ている状態だった。わたしが強く拍車を当てると、馬は喘ぎながら水を掻き、激しく悶えて体勢を取り戻した。そして浅瀬に辿り着き、無事に岸へ上がることができた。大げさに騒ぐほどのことではないにせよ、あまり愉快とはいえない体験だった。

わたしたちはさらに先を急いだ。道は表面が流されて滑りやすく、いよいよ危険になってきた。これ以上激しくなることなどないと思えた雨はさらに激しさを増したようで、雨水が断崖《パリ》の小道を激しく流れ落ちる。雨は何百もの小滝となって断崖から飛び出し、砂利を巻きこんでからからと音を立てた。あるガルチで橋を渡ろうとしたとき、断崖の硬い玄武岩が削り取られたのか、水の流れは耳をつんざく轟音を立てた。その後、わたしたちはハカラウにある巨大なガルチのそびえ立つ頂きに出た。ここは数あるガルチの中でも最大級で、二本の川が流れているのだが、川を渡る地点には海が間近に迫っている。重々しい波の音に混じって早瀬の鋭い音が聞こえてきたが、そこにはなんと橋がなかった。

深い茂みが視界を遮っているうえに、険しい下り道は土砂が洗い流されて危険な状態だった。わたしは下に辿り着くまで何も見えなかった。デボラはそこにいた現地の人と話をしていたが、男の身振りには語気強く語る様子が見てとれ、しきりに川を指差している。川は轟音を上げ、見た目にも凄まじい様相となっている。一週間前には二つの浅瀬が合流するところにちょっとした地面があり、そこに家が一軒建っていた。それがいまは流れが渦巻き、ぶつかり合って、泡立つ一本の激流と化していた。川幅はグラスゴーのクライド川[*6]の倍はある。流れからわずかに顔を出している家があるので、そこが通り道だとわかるにすぎない。そのうえ、海からは見上げるほどの恐ろしい巨大な三つの白波が河口からガルチの中に押し入り、わたしたちが渡ろうとする地点のすぐ近くで砕け散った。わたしはデボラに取りすがるようにして、頼むから渡らないでくれと懇願した。すると彼女はもう引き返せないと答えた。先ほど渡ってきたガルチはいまでは渡れなくなっているし、ことそのガルチとのあいだには夜を明かせる家は一軒もない。ここは川底がしっかりしているし、あの男も馬が丈夫であればいまなら越せると言っていると主張した。ぐずぐずしているとここも渡れなくなるからと言い、「拍車をかけて、かけ通すのよ」と言うなり、わたしの反対を押し切って川に突進していった。

わたしは川に入るなり、ナイフを取り出してヤシの実を包んでおいた防水布を切り裂いた。たしかにデボラの馬は丈夫で蹄鉄も打ってある。しかし、わたしの馬は蹄鉄もなく、経験も乏しい。いったいどうなることかと疑念が過《よぎ》る。広大な激流を見て目が眩むような恐怖が湧き、気分も意識も文字どおり流れに巻きこまれそうだったが、すでに川に入っていて引き返せないと観念すると、どうにか気持ちを立て直し、平静さを取り戻すことができた。先を行くデボラは金切り声を上げて何か叫んでいるがわたしには聞き取れない。後で聞くと、「拍車をかけて、かけて、どんどん渡って」と言っていたそうだ。後ろ岸では現地の男がハワイ語で大声を上げ、しきりに腕を振り回し右へ行けと指示を出している。だが、激しく降りしきる雨に、打ち寄せる大波と川の激流が重なって、見ることも聞くこともままならない。わたしにはデボラの馬が脚を取られるのが見え、わたしの馬も泳いでいるのがわかった。泳ぎ、苦闘し、もがきながら、まもなく川の合流地点に辿り着き、水嵩が鞍までしかなかったので、そこでようやく足場を確保した。

いま思い返してみると、わたしたちは腰のあたりまで水に浸りながら、あたりの騒音に負けず怒鳴るように話していた。引き返すにしろ、先に進むにしろ危険なことに変わりはなかった。わたしは進退きわまった状況で、震えながら歯を鳴らし、デボラのほうは初めて事態を理解した途端に、英語を忘れてしまったようだ。以下はそのような状態で交わされた会話だ。

わたし「馬が弱っているし、荷も重過ぎる。このままでは馬と道連れか、わたしが溺れるかのどちらかよ」

デボラ（彼女には彼女なりの事情がある）「でも戻れない。ここ、いられない。水、どんどん高くなる。馬に拍車、当てる。できるわ」

わたし「でも、この先のほうが岸まで遠いし、流れも深いわ。ご主人はあなたにそんな危険な真似をしてほしくはないでしょう」

デボラ「渡ることだけ、考える。馬、力尽きたら放っておく。わたし、泳いであなたを助ける」

こんな状況の中で、わたしは一瞬、このか弱い少女が波にもまれながらもわたしを担ぐという滑稽な情景が思い浮かび、苦笑してしまった。わたしはサドルバッグを彼女の丈夫な馬に移し変えようとしたが、川に浸かっているのでうまくいかず、話をしているうちに馬たちは足場から深みへと流されてしまった。

さらに激しい流れが一気に押し寄せた。川は激しく渦を巻き、いくら拍車を当て、手綱を引いても、馬たちは海に向かって流されていく。わたしは、デボラの馬が回転するのが見えた。花嫁も同然のこの晴れやかな新妻を待ち受けている運命が、わたしの頭を過《よぎ》る。馬たちは頭だけが、わたしたちは肩から上だけがかろうじて水面に出ているに過ぎなかった。激しい波が左手に轟き、わたしたちはそちらに向かってどんどん流されていった。

恐怖に引きつる少女の顔が目に入ったとき、わたしは平静心を取り戻した。わたしは金切り声を上げ、自分の真似をするよう彼女に叫んだ。馬の手綱を引いて頭を上げてから向きを変え、横からではなく胸元で水圧を受け止めさせようとしたのだ。馬は賢くも、すべきことを理解したように必死で水を掻いた。それはまさしく恐怖の緊張状態だった。この激流に逆らおうものなら、あるいは、すぐ後ろに迫る山のような波に押し戻されたらひとたまりもなかっただろう。わたしは絶えず馬に拍車を当てながら、少しずつ左へと寄せていくと、岸は徐々に近づいた。必死にもがき続けたあげく、ついにデボラの馬は地面を捉えた。それでも、彼女はなおも「拍車を、拍車を」と叫んでいるのが夢の中の声のように辛うじてわたしのもとに届いた。わたしの馬は二度、地面に脚を触れながらなおも流され、海まであと数メートルというところでどうにか岸に上がった。

それからわたしは、二人分のサドルバッグをデボラの馬に移し変えた。これからわたしたちが登らなければならないのは難所の中でもひときわ険しい断崖だったが、この道については、ほかに方法がなく跳び越えて通らなくてはならない場所があったということ以外、わたしは何一つ覚えていなかった。デボラもようやく危険に対して敏感になった。彼女は、オノメアに着く前にもう一つガルチを越えなければならないが、それはこれまで以上に危険なので無理かもしれないと心配しはじめたのだった。

わたしたちはともかくそこまで行ってみることにした。ひどく荒涼とした場所であったことは覚えている。断崖《パリ》のほとんど垂直の斜面を這い、あるいは滑り降りると、やがて大波が打ち砕かれる轟音が聞こえた。そしていきなり、絵に描いたような荘厳な海の景色の中に降り立った。そこはわずかな足場があるだけで、崖から猛烈な奔流までのあいだは膝の深さまで水没している。ここは「スコットランド人のガルチ」と呼ばれているが、かつてスコットランド人の男性がここで溺れ死んだことに由来するという。川を渡る地点は海から一・二キロ遡った海抜一〇〇メートルほどのところにある。ワイピオへ向かうときには、深い穴や、馬に乗った人の背を越すほどの巨岩を見て、満水になったら恐ろしいと思ったものだ。だが、いまはまったく実感が湧かなかった。巨大な力を秘めた激流が一気に押し寄せると、クリーム状に泡立ち逆巻いて、黒々と深い溝の中でほとばしり、雷のような怒号を響きわたらせる。そして、あっという間にすべてを荒々しく乗り越え、幅広の巨大な三つの滝となって海になだれこむ。わたしたちが渡ろうとする地点は、その滝の一つから一〇メートルほどしか離れていなかった。モリソン川[*7]の滝を思い浮かべてほしい。その川幅を四倍に広げ、流れの激しさを五〇倍ほどにして、絶壁で取り囲み、上にも下にもナイアガラ瀑布のミニチュア版をいくつも配してみたとしても、この場のほんの一端を再現するに過ぎないだろう。

海岸から三・六メートルほどのところに二、三の岩が見え隠れしており、その岩の一つに見事な刺青をした男が裸になって両手に投げ縄を持ち、泡立つ流れに膝まで浸かって立っていた。対岸から三分の一ほど離れたさらに深い水の中には、もう一人の先住民が支柱につかまり立ちしていた。馬に乗った若い女性が一人、崖の下に押しこめられようとしていた。身内が重病との報せを受けた彼女をヒロに向かわせるため、男たちが川を渡らせようとしているのだった。わたしはデボラの言葉を聞いてぞっとした。彼女は、あの女性が渡れたなら、男たちの腕は確かだということだから、わたしたちも彼女に続こうと訴えた。わたしは、あなたの夫がここにいたらあなたを渡らせると思うかと訊ねると、彼女は、まさかと答える。怖くはないのかと訊ねると、もちろん怖いと答えはするが、彼女は家に帰りたいという気持ちで頭がいっぱいだった。褐色の肌であっても、その顔が青ざめているのがわかる。わたしは、せめて彼女の夫が、この一途《いちず》な愛情に応えることのできる人物であってほしいと願うほかなかった。

人はこのガルチをもっとも危険だというが、あの水陸自在でならす先住民が手伝ってくれるのであれば、彼女にせよわたしにせよ、命を危ぶむことはないと思った。わたしが本当に恐れたのは、馬が打撲したり切り傷を負ったり、脚を骨折したりすることだったので、わたしは川を渡らず、森の中で一夜を明かすと告げた。しかしわたしの声は大騒動に呑みこまれてしまった。ハワイ人たちが轟音の中、大声で叫び合っていたからだ。近くにいた男が岸に向かい、女性が乗った馬の鼻先に縄を巻きつけて、流れの中に引き入れる。見ているほうが興奮するほどだが、馬はどちらを向いても恐ろしい流れの中を岩から岩へとゆっくり移動していった。動物は死を覚悟することがないぶんだけ大胆になれるのかもしれない。男は馬をできるだけ遠くまで進ませると、支柱につかまる男に縄を投げ、さらに馬を追い立てた。しかし、男たちのあいだには深い割れ目があり、馬が岩から岩に跳び移ろうとしたとき、深みにはまってしまった。一瞬、女性の頭と肩、馬の頭と泡立つ激流しか見えなくなった。男が力強く縄を引くと、馬は激しくもがきながらなんとか岩まで辿り着いた。

わたしは行くわ、とデボラが言った。彼女の馬のほうが上等だし、力もあるからというのだ。そして先ほどと同じことが繰り返され、同じように脚を滑らせて割れ目に沈んだ。だが、今度はほんの一瞬、馬もろともに彼女の姿も見えなくなった。それは荘厳な光景にも見えた。恐ろしいという感情と、好奇心とが同時に湧き起こったのだった。わたしは危険を恐れたわけではないが、馬が疲労していたので岸に留まり、洪水が引くのを待とうと心に決めていた。ところが先住民の男たちは、わたしがここに留まると訴えているのを理解できなかった。わたしが「やめて、やめて」と叫んで、強張った足を鐙から外そうとしているうちに、馬の鼻先に綱を巻いて川に入っていった。先の二人のようにわたしも割れ目に入って行くのかと思うと心底《しんそこ》恐ろしかったが、馬は闇雲に飛びこんでいった。馬は猛然と水に浸かり、激しくもがいて、前脚を岩にかけた。しかし上に飛び乗ろうとしたそのとき、馬は鼻を鳴らしながら後ろに滑って穴にはまり、わたしは目の上まで水に沈んでしまった。わたしは馬に強く拍車を当てた。男たちは金切り声を上げると、後ろの男が水に飛びこみ、二人がかりで縄を引いた。馬は脚を滑らせもがきながらも岩を捉え、それから再び一気に沈みこんで深い水の中を岸まで辿り着いた。川の水は泡立ちながらその岩を覆い、その深さは優に六〇センチに達していた。

わたしたちが渡り終えたすぐあとに、カルナが姿を現した。彼は服を脱いで丸めると、水陸自在の能力を発揮して川を渡りはじめた。飛び跳ねたり浮かんだり、潜ったりしながらも、しっかりとラバと馬を従えるところは水の精さながらで、その敏捷な動きは眺めていて見事だった。

しかし、いま思い返してみても、あのような洪水の中を人間が泳いで渡るというのは到底信じられなかった。わたしたちはぎりぎりに間に合ったのだった。わたしたちが出発したすぐ後にラウパホエホエに到着した旅人は、わたしたちより経験豊かだったが、同じような危険は冒さず、二日の足止めに耐えた。これまでにラバと馬が数頭、ガルチの岩場を渡るときにあわてふためいて脚を骨折したという。

このあとまもなくしてデボラが嬉しそうに声を上げ、可愛らしい顔を輝かせた。見ると、彼女の夫がこの先の断崖《パリ》の上を、馬で駆けて来るところだった。まもなく彼が合流すると、わたしは疲れた馬を彼の元気で丈夫な馬と交換した。彼はいまにも洪水になりそうなのを知り、わたしたちがラウパホエホエを発たないほうがいいと判断したという。彼はガルチを渡るときに使う投げ縄を用意してわたしたちに合流し、川の水が引くまで一緒に留まろうとしたのだった。わたしは責任感のある白人男性の出現ですっかり安堵した。まだ数カ所のガルチを越えなければならなかったが、どれもそれほど危険なものではなかった。最後の一一キロは、途中に湿地帯や馬の膝まで水に浸かるところもしばしばあったが、快調に馬を飛ばした。オノメアに帰り着いたときには、まだ三〇キロは走れそうなほどに気分も体力も充実していた。ずぶ濡れの旅の後には、嬉しくも、乾いた服と熱い風呂、それにおいしいお茶が待っていた。

わたしはオノメアで日曜日を過ごし、昨日、先住民と一緒に土砂降りの中をヒロに戻り、温かく迎えられた。今回の冒険旅行は驚嘆の九日間だった。ヒロの人たちは、白人男性か経験豊かな現地人が同行していたなら、あのような危険な馬旅など決してさせなかっただろうと口を揃えた。わたしは全員が生きて旅の話ができるのを感謝しているし、デボラのことは旅の前より悪く思うようなことはない。むしろ好ましくさえ思っている。Eについても何か言うべきだろうが、この旅では何も触れなかったので、わたしの考えや感じたことを、ここで語るのは控えようと思う。

メキシコ式の鞍には深い敬意を払わなければならない。もしも片側に脚を揃えることにこだわっていたなら、わたしは溺死していただろう。いまわたしは、この鞍ならどこにでも、どこまでも行けそうに思える。ところで初めはわたしよりはるかに元気だったカープ嬢だが、彼女は火山への乗馬がたたり、いまだ元気を回復できず具合が悪そうだ。

昨夜はキラウエアがかなり活発に活動していたに違いない。午後一〇時に上のベランダから眺めると、西の空一面が明るく照らしだされていた。マウナ・ロアに積もる雪がその光を赤々と照り返し、めったに見ることのできない氷に映える焔の光景を望むことができた。

I・L・B

手紙12

ペレの高僧――伝道の苦難――有名な洗礼式――信仰復活――津波――カピオラニの武勇譚――熔岩流と地震

二月二二日　ヒロ

ヒロの人たちは親切なうえに社交上手でもあるので、この地での滞在はとても楽しい。小さな社会なのに文化レベルは高く、洗練された趣味を持つ人が多いのだ。こんな場所は滅多にあるものではない。ちょっとした楽しい編み物の会や男性の朗読会、ベランダで行われるシダの押し絵、顕微鏡観察、音楽の夕べ、さらには、こぢんまりとした昼食会などもあり、日曜の夜はいわゆる歌の集いが、顔の広いこの家で開かれる。わたしが特に楽しんだのは、タイタス・コーン師のお宅で過ごす午後の時間だった。師は現役伝道師の最古参であるだけでなく、ハワイの火山についても相当な権威で、火の女神ペレに関する権威と称されるほどだ。師は、この地で伝道を開始したときに関するわくわくするような話を、控えめで静かな口調で語ってくれた。

よく知られているようにハワイ諸島が偶像崇拝を廃棄したのは一八一九年のことだ。コーン夫妻がヒロに赴いたのは一八三五年だが、ライマン夫妻が心血を注いだおかげで、現地の社会習慣には画期的な変化がもたらされていた。コーン師は熱弁家で体格もよい。彼はハワイ語を習得するなり、各地を飛び回った。その間、ライマン師は、伝道会本部を切り盛りするとともに、寄宿制の職業訓練校を監督していた。こちらは今日にいたるまで運営されている。当時、教区には一万五〇〇〇人の先住民がいた。もっとも遠い教区は一六〇キロも離れており、場所によっては手足ばかりか、生命まで危険に晒さなければ行き着けないところもあった。当時、馬は半ば野生動物のような存在だったので、コーン師はわたしが行ってきたばかりのあの壮絶な一帯を徒歩で歩き回った。ガルチの斜面を馬で下るという横着な方法など思いもよらず、彼は這うようにして、あるいはロープを使って、木から木へ、岩から岩へと下ったのだった。先週のような激しい雨が降れば、川は渡れなくなる。しかし、彼は体が流されないようにロープを付け、泳いで渡ったことが何度もあった。あるいは、熱心な先住民教徒の頑丈な肩に担がれて渡ったこともある。このときは激流の中で屈強な男たちがスクラムを組み、担ぎ手が転倒した場合に備えた。このようなことが日に三、四回は繰り返された。説教は少ない週で六、七回、多い週には二五回も行った。師はしばしば大雨をついて旅をした。危険な流れを渡り、滑りやすい断崖を登り、風雨の中、服をびしょ濡れにして説教を行った。彼にはいつも親切で友好的な先住民の手助けがあった。コーン師は森の中で寝ることもよくあって、そういうときは木の枝に時計を吊るしておいたが、盗られたり、興味本位で触ろうとする者などはいなかった。彼らはキリスト教宣教師をカプ（タブー）として見ていたようだ。

コーン師はその年の暮れまでにはハワイ島を一周した。徒歩とカヌーによる全行程四八〇キロの旅の途中には、カヌーが沈没する危機も二度あった。師から洗礼を受けてキリスト教徒となった者は総計一万二〇〇〇人にのぼり、さらに四〇〇〇人の子供が加わった。

彼はある大きな洗礼式にまつわる大変興味深い話をしてくれた。彼がもっとも気を遣うのは、前もって候補者を選ぶことだった。候補者は慎重な教化と観察、試みの期間を通じて選ばれる。遠隔地の村人は基礎的な教化を受けるために、数カ月間ヒロに滞在した。多くの人々が二年後には改宗したが、現時点で一年以上学んでいる者がそれ以上いる。それ以下の期間となると、いくぶん少ない。候補者に選ばれた者は数週間前に氏名が公表され、次いで本人の友人だけでなく、敵対する人物をも含めて、あらゆるところから招喚された人々が、本人の人となりを、知りうるかぎり証言するのだ。

一八三八年七月の第一日曜日には、一七〇五人の元異教徒が洗礼を受けた。人々は人一人が通れるだけの空間をつくり、地面に並んで坐る。そのあいだをコーン師とライマン師は人々が頭《こうべ》を垂れる上に水を振りかけながら進んだ。その後、コーン師は、何百人というすすり泣く人々を前にし、「父と子と聖霊の名において、汝《なんじ》らに洗礼を授ける」と言い、普遍救済主義派への入会を承認した。この後、二四〇〇人の改宗者が聖餐《せいさん》を受けた。コーン師は儀式に参列した人々について次のように語っている。「これらの人々は真に心より自らの罪を悔い改め、新たな命を生きる決意を堅くした」、「老いさらばえた者、脚の不自由な者、盲目の者、体の不自由な者、萎れた者、麻痺した者、潜水病に罹《かか》って苦痛に苛《さいな》まれる者、目や鼻、口、あるいは手足を失った者、容貌の変形した者、あるいは肢体が見るも無残に爛《ただ》れた者、これらの人々が杖にすがりながらよろめき、あるいは人に手を引かれたり担がれたりして主の食卓に集った。その大勢のなかには、最近まで人の生き血に手を染めた老いた偶像崇拝の神官の姿があり、泥棒の罪を犯した者、姦通を犯した者、強盗を犯した者、殺人を犯した者、わが子の血を手に染めた母親の姿がある。それはあたかも救世主が癒しの言葉をかけた群衆のようである」。

偶像崇拝が廃棄されたのは一八一九年で、伝道活動の行われる以前のことだ。人々は一八三七年までは教会の教えに無関心だった。しかし、翌年の大洗礼会を期に一大宗教旋風が巻き起こり、その後四年にわたってハワイ諸島を席巻《せっけん》したのだった。この波乱の時代については、コーン師やライマン夫人から直接、聞いてもらうのがいちばんなのだが、ここで簡単に説明しようと思う。

この時期、ヒロ地区やプナ地区の住人は一斉に福音に耳を傾けるようになり、山岳地帯に出向いた若者たちによって神の愛と新たな命の報せが病人や老人にもたらされた。それを聞いた人々が洗礼を受けるようになるのだが、当時は洗礼式に用いる水は、洞窟の天井からわずかに滴るものだけということもしばしばあった。ハワイ人の考える「あの世」とは、それがどこであるにせよ、あまりにも漠然としてお粗末なものだった。エリス氏によれば、大多数の人は、「オラ・ロア・イア・ジェス（イエスによって与えられる永遠の生命）」を、「朝の光のように」彼らの前に出現した、またとない嬉しい報せと考えたのだった。ある首長の老夫人は感きわまり、こう言った。「わたしの魂は死なず、この痩せ衰えた体はもう一度、生き返るの？」このような歓喜の驚きが、先住民に共通した感じ方のようだ。ハワイ諸島にもたらされたこの喜びの報せを聞くために、それほど遠い距離でなければ、病人や体の不自由な者たちも担架に乗せられたり背負われたりして運びこまれた。衰弱した者たちが伝道師の通る小道まで這っていくこともしばしばだった。

しかし一万五〇〇〇人の信者に対し、伝道師はわずかに二人。しかも人々は一六〇キロにわたって散在していた。だれもが飢えたように福音を聞きたがり、手間取る伝道の進捗《しんちょく》に痺《しび》れを切らせた。彼らは、「光明の中で死なせてほしい」と訴えたのだ。このことが奇妙な事態を引き起こした。遠くの集落が伝道本部のそばに集まってきたのだ。地域人口のうち三分の二が伝道本部のある地域に流入し、半径約一・六キロの中に草葺きの家やバナナの家がびっしりと建ち並んだ。美しいヒロの街はまたたく間に人口一〇〇〇人から一万人へと膨れ上がったのだった。昼夜の別なく鳴り響く法螺《ほら》貝《がい》の音を合図に、三〇〇〇人から六〇〇〇人の礼拝者が教会に集まった。この広大な野外集会は二年間続いたが混乱はなく、慎みのある平穏がこの奇妙な間に合わせの街を見事に支配した。新たなモラル、新たな社会秩序、あらゆる事柄に関する新たな考え方が、新たな宗教とともに説かれなければならなかった。コーン夫人とライマン夫人は毎日女性と子供を集めては、文明生活の習慣や技能を教え、一人一人の世話を焼いて、帽子の編み方や洋服の着方、作り方などを教えた。

一八三七年一一月七日、この島々が忘れることのできない出来事が起こった。太平洋随一と謳われる三日月形の砂浜はヤシの木々に縁取られ、その背後には彼方まで緑が続き、前方には海原が広がっている。ヒロは今日と同じように静かな真夏のまどろみのなかにあった。

いつものように四回の説教が六〇〇〇人の聴衆に向けて説かれた。この日は葬式があったと現地の人たちは言うが、コーン師には覚えがない。彼がこの日に説教した聖句は「汝ら、備えよ」だった。説教が終わると、いつもよりも多い群集は説教者に続いて帰宅した。一日の務めも終わりを迎え、現地の人々は静かな宵の空気の中で讃美歌を歌っていた。コーン師は祈りを捧げるために家族を部屋に呼び集めたところだった。その部屋とは、いま師がわたしに話を聞かせているこの場所だ。そのとき、「大きな山が海岸に落ちてきたような音」に彼らは驚かされた。恐怖の叫びや泣き叫ぶ声が上がり、たちまち想像を絶する大混乱が生じた。静かな海は一瞬のうちに巨大なうねりとなって浜辺に押し寄せ、すべてを押し流して、見るも無残な残骸に変えてしまったのだ。あふれた水の中には男や女、子供、犬、家、食糧、カヌー、衣服などが浮かんでいたという。何百人という住民が地上を洗う大波にもまれた。ある者は浜辺に打ちつけられた。いち早く駆けつけた仲間に救われた者もいたが、引き波にさらわれ、海に連れ去られた者もいた。強健な泳ぎの名手のなかにも、力尽きて溺れる者もあった。しかし、先住民は水陸自在の性質を備えていたこともあって、死亡した者は災害の甚大さに較べればそれほど多くなかった。コーン師は、自分が耳にした海鳴りの音や苦痛の叫び、断末魔の悲鳴、さらには半狂乱で浜辺に殺到する人々や、すべてが廃墟と化した海岸の様子など、恐怖の光景を語った。

わたしはキラウエアから出した手紙で、クレーターの女神[*1]がもたらす恐怖について綴ったが、この女神を祭る神官も当然ながら恐ろしい人物だった。コーン師が語ったところによれば、身の丈一八八センチという大男の神官[*2]がいたが、彼は位が高く、姉とともに神事を執り行っていたものの、まれに見る下劣な品性をあらわしていたという。彼の主な務めは女神ペレの怒りを鎮めることだった。彼は海辺に住んでいたが、しばしばキラウエアに登っては生け贄を捧げた。生け贄が必要だと判断すると、彼が指差すだけで不運な男はたちまち血祭りにあげられたのだ。この男は異教の権化《ごんげ》であるばかりでなく、不信心による罪人の権化でもあった。彼の前身は強盗だった。すぐに怒りを爆発させるだけでなく、その怒りが野放図であったため、村人は彼の影にさえ怯《おび》えた。男は衣服や食べ物のために人を殺《あや》めたことも少なからずあったが、たかだか五〇セントほどの価値しかないもののためにそうしたのだった。芯から邪悪な野蛮人だった彼だが、あるとき好奇心に駆られてヒロの集会にやってきた。そこで、その場に集う数千のハワイ人を変身させる抗い難い神秘の力に触れ、この大男はたちまち崩れ落ちてその場にひれ伏したのだった。「わたしは騙されていました」と彼は言った。「わたしはみなを騙してきました。わたしはこれまで暗闇の中に生き、真の神を知らず、神ではないものを崇《あが》めていました。わたしはいまこれを断ちます。真実の神が現れたからです。神は語ります。わたしは彼に跪きます。わたしを神の僕《しもべ》にしてください」。その後、まもなく姉もやってきた。二人は数カ月間ここに滞在し、教えの手ほどきを受けた。彼らはすでに七〇歳に手が届く年齢だったが、新約聖書の教えを飲み干すように学び、幼子《おさなご》のように温和で好ましく、物静かな人柄を得た。長い試みの期間の末に洗礼を受け、その後の数年は質素で敬虔な暮らしをして信仰を守り、安らかにこの世を去った。

初期のこうした時代にさまざまな光景を繰り広げた古い教会は、ある夜の豪雨で倒壊してしまった。何本もの太い木材が木造家屋を支える田園風の造りだったが、湿った土壌に打ちこまれた木材が腐り、雨水を吸い込んだ草葺きの屋根も、その重みに耐えられなくなったのだった。日を置かず、人々はすぐさま新たな教会の建設に取りかかった。作業はすべて有志によって行われた。ある者は古い建物の残骸の中からまだ使えそうな材木を集め、またある者は基礎になる石を探した。島民にとって、これまで夢にも思ったことのない途方もない作業が開始されたのだった。砂を詰めたヒョウタンの器を頭に載せて運ぶ者、樹皮でできた前掛けに砂をかき集める者、サンゴ礁に漕ぎ出し、六メートルの深さから石灰岩を運んでくる者もあった。この間に、大勢が森に繰り出し、町から何キロも離れた山奥で真っ直ぐな高木を次々と切り倒した。当時は馬や牛は気の荒い野生動物だと考えられていたので、五〇人から一〇〇人ほどの男たちが丸太の根元に太いロープを巻きつけ、藪や草むらを抜け、起伏の多い大地や川床を越えて引きずり、新しい教会の敷地に積み上げた。男たちが森の中で丸太を引きながら上げる荒々しく抑揚のないチャントの声は、いまも伝道師の子供たちの記憶にまざまざと甦《よみがえ》るという。子供たちには、島民が力を合わせればソロモンの寺院さえ建立できそうに思えたという。

こうした四年間に洗礼を受けた人々の多くは、このときすでに亡くなっていたに違いない。一八六七年になると、ヒロの古い教会は七つの会衆に分割され、そのうちの六つは先住民が牧者を務めた。広大な教会区に点在する信者たちの要求に応えられるようにと、さらに一五の教会が建設され、それぞれの教会は五〇〇人から一〇〇〇人の会衆を有した。現在のヒロの教会は見事な木造建築だが、建設には一万四〇〇〇ドルが投じられた。これらの費用は、主に現地の人々の献金と労働奉仕とで賄われた。ハワイのキリスト教徒がほかの国々に較べて特別に優れているわけでも、劣るわけでもないだろうが、気前がいいのはたしかだろう。同胞である先住民牧師に支援するだけではない。ヒロのキリスト教徒が宗教活動のためにこれまでに献じた総額は、じつに一〇万ドルに達する。コーン師のもとに集う先住民の会衆は、現在はかなり減少したとはいえ、毎年、海外伝道団のために一二〇〇ドル以上を調達しているし、会衆の中からは伝道師となって南ポリネシアの島々に赴いた者も一二人いる。

気の毒な人々よ。わたしたちには何世紀にもわたってキリスト教の伝統が受け継がれているが、わたしたちと同じ法に照らしてこの人々が評価されるのでは不公平というものだ。彼らは、血塗られた邪悪な異教からようやく浮上してきたばかりではないか。わたしたちは簡単には直情に駆られることのない寒い北国の気質を備えている。これに対して、肌の浅黒いポリネシア民族は本能的に振る舞い、快活さを身上としてきた。そんな彼らに対して、抑制を説く福音の教えは、わたしたちよりはるかに厳しいものだ。彼らが恵まれなかったのは、太平洋をうろつくひどく下劣な白人たちが、宣教師よりも早くこの諸島に上陸したことが最大の要因だといえる。これら腐敗した白人たちが、偶像崇拝よりも深い堕落の深みにまで人々を引きずりこんだのだ。残念ながら、人々を腐敗と破滅の道へと導く在留外国人はいまもなお存在する。

昨日、敬愛すべきライマン夫人から聞いた話をぜひともしておかなければならない。初めて伝道団が上陸[*3]してから五年が過ぎた一八二五年のことだ。キャプテン・クック殺害の地として知られるカイワアロアに暮らす女性大首長のカピオラニ[*4]はキリスト教徒になった。彼女はいまだに火の女神ペレを恐れる人民を哀れみ、キラウエアを訪ねて恐怖の女神ペレに挑み、不敬の振る舞いをすると告げた。夫をはじめ多くの者たちが思いとどまるように説得したが、彼女の決意は固かった。多くの従者を従えて旅立ったカピオラニは、一六〇キロに及ぶ行程のほとんどを徒歩で進み、険しい熔岩を越えて火口付近に到着した。ペレの女性神官《カフナ》は彼女を出迎えると、そのような敵意ある用向きを実行しようとすれば女神の不興を買うと脅し、従者もろとも非業の死を遂げるだろうと予言した。火口の外壁周辺には、当時もいまと変わらずオヘロが群生していたが、キラウエアにかぎらずどこでも、オヘロはペレに捧げる神聖な植物だったので、人々は最初に女神に献じてからでなければ、この実を口にしようとはしなかった。習わしでは、火口に到着したなら、まず、実の付いたオヘロの枝を手折《たお》る。それから噴火口に顔を向け、枝の半分を断崖から投じながら、「女神ペレよ、オヘロはあなたのもの。これを捧げ、わたしもご相伴《しょうばん》にあずかります」と言えば、その後はいくらでも食べてよかった。カピオラニはこの手順を踏まえることなくオヘロの実を採って食べ終えると、八〇人の従者とともにハレマウマウの黒い岸に降り立った。燃え盛る火口が一望できるその場所で、彼女は従者に向かって告げた。「エホバこそがわたしの信じる神である。この火を燃やされたのはエホバの神なのだから、わたしはペレを恐れない。もし、わたしがペレの怒りに触れて非業の死を遂げるなら、あなた方はペレの威光を畏《おそ》れるがよい。しかし、わたしがエホバの力を信じて女神ペレのカプを犯しても、神がペレの怒りから護ってくれるなら、そのときは、あなた方は主エホバを畏れ、仕えるのです。ハワイの神々はすべて虚しい。偉大にして善なるエホバは教えを説く者たちを遣わし、この虚無から生命を与える神へと導く正しい道を示された」。彼らは讃美歌を歌った。わたしには、ひび割れた灼熱の熔岩大地を、いくぶん腰が引けながらもうねうねと進む奇妙な行列が目に浮かぶようだ。確固としたカピオラニの信仰心も、容易には従者たちの信仰を奮い立たせるにはいたらない。彼らは、遺恨の女神が追撃する兆しを見せることがないまま火口の縁に到り、初めて安堵の胸をなでおろしたことだろう。それは、カルメル山の柔らかな緑のスロープで行われたエリヤの呼びかけ[*5]よりも崇高だったはずだ。しかしながら、広く普及した火の女神への信仰は、その無力を暴かれたのちも生き続け、その後長い歳月を経てようやく終焉《しゅうえん》を見たのだった。

こうした興味深い昔話以外にも、わたしはライマン夫人やコーン師から火山や地震、津波などの恐ろしい話を聞いた。すべては実際の目撃談であり、その場に居合わせた人の話なのだ。彼らの話はわたしに深い印象を与えたが、言葉で表現するのはなかなか難しい。わたしは、このような経験豊かな高齢者たちが、ノアの大洪水やポンペイの埋没を目撃した人物と同じように思える。本来なら死んでいたかもしれない人物がいまだ食事をし、服を身にまとい、こうして生活している。なんだか不思議な感じだ。彼らは絶えず地震の揺れを感じてきたのだ。その落ち着いたやさしい眼差《まなざ》しは、巨大な津波が押し寄せるのを見つめ、熔岩流の赤く鈍い輝きを見つめ、火焔の滝が深い熔岩湖に流れ落ちて一晩のうちに燃え尽きて固まったのを見てきたのだった。昼間は地下の灼熱炉から立ち昇る煙が、夜には真っ赤な火焔の照り返しが、見えない日はない。そのような年が幾度となくあった。かつて二人は、固まった熔岩大地の地下空間をどろどろとした熔岩が流れたあとを四五〇メートルほど辿ったことがある。その先で姿を現した熔岩は怒りの声を上げながら、滝となって断崖から海に流れ落ちていたそうだ。あるときは、マウナ・ロアの頂上から直径六〇メートルの火柱が上がった。焰は三週間にわたり、空中三〇〇メートルの高さにまで立ち昇って、周囲一六〇キロでは夜が昼のように明るくなったという。その残滓《ざんし》とでもいうべき円錐丘が周囲一・六キロに見られる。わたしたちが今日目にするのは沈静化した大地だ。しかし、彼らは島の創造の過程をつぶさに見てきた。大地に大地が重なり、丘に丘が重なる。剝き出しの、また形も定かではないどろどろのもの。それがキラウエアの火口の中で絶えることなく生み出されている。

聞いた話は尽きないが、わたしはそのほんの一端を伝えるだけでよしとしなければならない。一八五五年、マウナ・ロアは四回目の記録的な大爆発を起こした。熔岩流はヒロに向かって流れ下った。そして数カ月をかけて鬱蒼とした森林帯を突っ切り、ゆっくりと海岸に向かって這い進んだ。この美しい町は、創世記に登場する窪地の町[*6]と同じ運命に身をゆだねようとしていた。コーン師は熔岩の噴出する現場を何度も訪れたが、素朴な住民たちは彼が戻るたびに、あとどのくらい続くのかと訊ねるのだった。五カ月というもの、人々は熔岩の氾濫を見守ったが、それは日一日と近づくように見えた。逃げるべきか、留まるべきか、彼らは悩み続けた。ヒロの美しい家々は、この町と並び称された近隣のプナ地区のように、荒々しい熔岩や黒い砂と化してしまうのだろうか。夜毎、迫り来る火焰を見守りながら、人々の胸のうちにはさまざまな葛藤が起きた。やがて灼熱の波は堆積した小山にくい止められた。そのとき、ヒロまであと一三キロほどの距離だった。

こうして人々の不安は幕を閉じた。熔岩流という途方もない自然現象を止めることができたのは、同じように巨大な自然の産物だけだった。噴出した熔岩は直線距離にして六四キロ、蛇行部を入れれば一〇〇キロ近くを移動した。幅は一・六キロから四・八キロ、深さは一・五メートルから六〇メートル。不規則なのは、流れ下った斜面の地形の影響だ。結局、噴火は一三カ月も続いた。噴出した熔岩はおよそ七八〇平方キロメートルにわたって大地を覆い、その体積は一一億立方メートルにのぼるといわれている。一八五九年には、マウナ・ロア山頂で高さ一二〇メートル、直径もそれとほぼ同じくらいの熔岩が噴き上がった。噴出した熔岩は八日間かけて八〇キロ流れ、ついには海に到達した。熔岩の流れはさらに続き、やがてハワイ島に新たな岬が付け加えられることになった。

熔岩の噴出は脅威だったが、農耕地にはほとんど被害がなく、人命が損なわれることもなかった。そこで人々は火山が改心したのだろうと考えるようになった。ところが一八六八年に、ハワイ島史に例を見ない恐怖の事態が勃発《ぼっぱつ》した。ライマン夫人がその様子を生々しく、だが簡潔に語ってくれた。彼女が語る傍らではヤシの木々が風にそよぎ、ジンジャーの花の濃厚な香りが木陰の部屋に漂った。そのためか、彼女が話しているのは別世界の出来事のように思えるのだった。

五年前の三月二七日、繰り返し地震が起き、その後、日増しに激しくなっていった。あまりに頻発するので住人はこう語った。「大きな揺れと揺れのあいだも、沸騰した鍋の蓋のように島は絶えず微動し続けた。大揺れがやってきたときは、大波に打ち当たった船のように揺れた」。やがて、マウナ・ロア山頂にあるモクアーヴェオヴェオという火口から、噴煙と赤く発光する蒸気の柱が立ち上がった。するとドーム状の山頂の南斜面が引き裂かれ、裂け目から四本に分かれた熔岩があふれ出て、枝分かれを繰り返しながら山腹を下りはじめた。だが、突然のように流れは止まった。青みを帯びたドーム状の山頂には火焔も蒸気も噴煙もなく、静かな青空を背景にたたずんでいるのだった。ヒロの人々はこの唐突な小休止に少なからず動揺した。だれ一人、これで安心だと思いはしなかった。奇妙に押し黙った火焔のエネルギーは、間違いなく激烈に解き放たれるはずだった。

地震はその後も絶え間なく続き、それとわかる小休止はほとんどなくなった。「脈打ち、突き上げ、揺れ動く振動がさらに活発に、強烈に、鋭くなっていった。それはときに上下に、ときに回転するように、そしてときに横に揺れて波打った」。そのため、人々は吐き気や眩暈《めまい》、嘔吐《おうと》を感じた。

四月二日晴れ。午後遅く、地震はクライマックスを迎えた。「地表は嵐の海のように盛り上がり、次に沈みこんだ」。岩場は裂け、山々は崩れ落ち、建物はすっかり飛び散り、木々は葦のようにたわみ、家畜は怯えて狂ったように走り回った。人々はついに神の審判が下されたと思った。大地はいたるところで口を開けた。ヒロの町もその例外ではなかった。馬も乗り手も歩行者も一斉に地面に投げ出された。「山脈の屋台骨や堅牢な岩壁、大地の台座が一斉に砕け散ったようだった」。キラウエアでの地震は時計の針が秒を刻むように頻発した。ヒロの南部に広がるカウ地区[*7]では、この恐怖の一日に三〇〇回の揺れを数えた。当時、この地区に居合わせたライマン夫人の息子の話では、地面が前後に揺れ、次に南北、東西、そのうち回転したり、上下に揺れたりして、しまいにはどのように揺れているのかわからなくなったという。あらゆるものが激しく揺さぶられた。「木々は強風に引き裂かれようとしているかのように、激しく揺れ動いていた」。彼とほかの人たちは、しゃがみこんで転げ回らないように手足を踏ん張った。赤いどろどろとした土のようなものが見えたとき、彼らは熔岩だと思った。それは山腹から噴き上がって空中高く岩を吹き飛ばし、家屋や木々、さらには人や家畜を呑みこんでいった。流れは三分ほどのうちに五キロの距離を移動し、住民三一人と家畜五〇〇頭の村を埋め尽くした。谷間の住人は山に逃げ出した。だが、山そのものも切り裂かれ、それらが一つになって高台が出現したところもある。人々は揺れる大地にふらつきながら、この四月二日という夜を祈りと歌で過ごした。海岸を見ると、浜が沈むのが見えた。高さ一五メートルから一八メートルはあろうかと思われる大波が、岸に打ちつけては後退するということが五回も繰り返されたのだ。大波は村々を破壊し、石造りの頑丈な家さえ波に包みこまれるとたちまちのうちに倒壊した。そして岸の近くに居合わせた四六人を永遠に呑みこんだのだった。

さらに地震は頻発したが、火山には何の気配もなかった。この恐怖の日々に、人々は神経をすり減らしていた。ホノルルに避難しようとする者や、馬の背に鞍を着けたままにして、いつでも逃げ出せるようにしておく者もあったが、どこへ逃げるという当てがあるわけではなかった。住人たちはしきりに「火山はどうだ?」と声をかけあった。人々が震える大地に耳を押し当てると、地底に押し込められた熔岩の海原が、大地の胸骨をかきむしるのが聞こえるようだった。

四月二日の壊滅的な大地震から五日後、ヒロ南部の大地が凄まじい音と唸り声を上げて口を開けた。そして、火山についてのあらゆる疑念に対する回答が一挙に与えられた。熔岩流は地下を三〇キロ流れ下ったあと、長さ三キロほどの裂け目から、凄まじい威力で膨大な量を噴き上げたのだった。草に覆われた高台の頂きは、のどかな光景が永劫《えいごう》にそこにあると思われていた気持ちのよい田園地帯で、先住民と外国人の家々が散在し、家畜の群れも多かった。そこに巨大な四つの噴泉が途方もない勢いで噴き上がり、灼熱の熔岩とともに、何トンもある岩を一五〇から三〇〇メートルの高みにまで放り上げたのだった。近くに居合わせたホノルル在住のホイットニー氏は次のように証言している。「この巨大な噴出口から海まで、真っ赤な熔岩の急流が誕生した。熔岩は増水した川のように波立ち、逆巻きながら突進していった。大きな岩が一緒に流れ、熔岩を泡立たせながら断崖を飛び降り、谷を突っ切り、海に流れ込んだ。熔岩流は大きな波音を立てて打ち寄せる壮大な滝のようにも見えた。それは力強く途方もない凄まじさで、火の川という形容がふさわしい。幅は六〇メートルから二四〇メートル、厚みは六メートルほど、速度は時速一六キロから四〇キロと自在に変化した」。この鋭い観察眼の持ち主は、噴火の特徴として、熔岩は旋回運動をしながら噴き出すのだが、空中では熔岩も岩石も南に向かって旋回すると述べている。キラウエアではたしかに熔岩は南に向かって噴き出していた。わたしもそれには気づいていた。これらの熔岩流は、すべてをつなぎ合わせれば一・六キロの長さになった。海に押し寄せる熔岩の川は四本に分岐し、そのあいだに人や動物を閉じ込めた。そのうちの一本はわずか四時間で海に流れ込み、そのほかの流れは約一六キロの距離を二日がかりで移動した。流れの幅は二・五キロに及ぶ。海に流れこんだ熔岩のせいで海岸線は一キロ近く迫《せ》り出したが、ハワイ島が新たに取得したこの無益な地所は、きわめて高価な犠牲を支払ったことになる。一六平方キロメートルにわたる貴重な放牧地と、それよりもさらに広大な森林が、長期にわたって失われたのだ。ハワイ島南東部の海岸全域が一・二メートルから一・八メートル沈降し、いくつかの集落と、海岸を美しく縁取っていたココヤシが壊滅した。この地帯の人口はそれほど多くなかったが、この恐怖の一週間で二〇〇軒の家屋と一〇〇名の人命が犠牲となった。動きだした山や、盛り上がった海、あるいは火焔の攻勢から命からがら逃げだした人々はヒロへと殺到し、口々に自分たちが被《こうむ》った哀しみや失意を告げた。地震の回数は二週間で二〇〇〇回を数えた。平均すれば日に一四〇回となる。島の裏側ではそれよりはるかに多くの揺れがあった。

I・L・B

手紙13

王の上陸――王の行列――プナの森――ルナリロ王――ホオクプ――王室
――贈る人――贈り物――王の演説

二月　ハワイ島、ヒロ

いつもなら夢見るように静かなヒロの午後なのだが、今日はすっかり落ち着きをなくしている。アメリカ政府はルナリロ国王のハワイ島周遊に便宜を図るべく、合衆国軍装甲艦ベニシア号をその任につかせたという告知を二日前に行った。国王は明朝、ペノック提督以下、スコーフィールド、アレクザンダー両将軍とともに当地に到着予定とのことだった。

国王の権威はかつての首長のように、ポイの瓢箪に羽根飾りのマントやカヒリ、行事にともなう大騒ぎのたぐいで飾り立てられるのではなく、ヴィクトリア女王のごとく、王室費やその他もろもろの事柄は明文化された憲法によって定められている。今回、国王は非公式の滞在だった。ホオクプと呼ばれる捧げものの儀式や歓迎の式典、会議などは行わずに静養される意向だが、侍従や副長官などは随行する。ヒロの善男善女は家をシダや花で飾り付け、入念に衣服の手入れをした。また、行儀作法やもてなし専門家協議会なるものまで開かれた。そうしなければ、英国のビュードかトバモリー[*1]あたりと同じように田舎者扱いされ、王室の権威が失墜してしまうと信じこんでいるように見える。彼らは、神の恩寵ならびに人民の意志によって奉じられる君主には、共和国流のくだけた流儀ではなく、しかるべき敬意が払われるべきだと考えている。とはいうものの、実際にはどのように折り合いをつけてよいのかわからなかった。さまざまに試行錯誤もあったが、結局は国王の取り計らいですべては順調に運んだのだった。

昨日の午前八時、ベニシア号が環礁内に投錨すると、ヒロの町では一斉に国旗が花開いた。ハワイ国旗は青、赤、白で八本の縞模様が描かれ、左上に英国旗が添えられたものだが、アメリカ国旗はそれ以上に目立った。英国旗を一部にアレンジした旗が熱帯の木々の輝きに包まれ、そよ風に翻るのを、わたしは胸を熱くして見た。かくも晴れやかな朝の陽射しのなか、ヒロの輝かしい緑とココヤシを背景に、ゆったりと翻るわが心の旗がこれほど素晴らしく見えたことはない。雲一つなく暑かったが、マウナ・ケアは文字どおり雪[*2]に覆われ涼しげで、夏が支配する麓より、冬のほうが素晴らしいとでもいうように下界を見下ろしていた。現地の人々は鮮やかな服装にレイや花飾りをあしらい、あらゆる地区から馬を駆ってやってきた。彼らは自らの元首に対する海外の列強が示す心遣いに内心は満足しているようだが、じつは今回の行幸に反対していた。奇妙な考えだが、彼らは、国王がひとたび合衆国の戦艦に乗れば、たちまち誘拐されてアメリカに連れ去られてしまうと考えていたのだ。

副知事のライマン氏と知事のサヴァランス氏がベニシア号まで出向き、国王は一〇時に上陸し

ヒロから望むマウナケア

た。滞在中の宿舎となる知事邸に到着すると、国王は、光栄の至りと出迎えを受けた。アメリカの陸海両軍の士官は、数年前にエディンバラ公がこの島を訪れたときに滞在した元捕鯨船長邸で同じく熱心な歓待を受けた。その屋敷からは陽気な笑い声が通りまで聞こえてきたから、彼らなりに楽しんでいるに違いない。わたしはホノルルで公務中のルナリロ王を目にしたことがあるが、こちらで拝見するほうがはるかに興味深い。頼りない独立国は、アメリカによる併合という圧力のただなかにいる。わたしは王朝そのものに深い興味があった。

　国王は見栄えのする容貌の持ち主で、年齢は三八、上背があり、胸幅が広い。髪はきちんと整えられ、手足は小さい。じつに堂々とした上品な外観で、わたしたち白人から見てもあきらかに美男といえる。秀《ひい》でた額には、頭脳明晰にしてごまかしのきかない率直さが見て取れる。

鼻筋の通った釣り合いのよい鼻梁《びりょう》に、形のよい口元が続く。ポリネシア人らしく、少しばかり唇は厚いが、形のよい髭に隠れて目立たない。顎鬚はイギリス流に刈り込んである。目は大きく、もちろん褐色の瞳をしている。歯並びが見事であるのはいうまでもない。目の下がわずかに膨らみ、これはエマ王妃にも受け継がれている特徴だが、そのせいか瞳は憂愁の翳《かげ》りをたたえている。わたしには、国王の瞳が彼の人格とはかけ離れているように思える。きわめて紳士然とした風貌で、その立ち居振る舞いにはハワイ人に共通する優雅さがある。国王は上陸の際には黒っぽいモーニングコートに黒のフェルト帽という服装だった。

　国王が海岸に降り立つと、浜辺を埋める先住民の群集から一斉に歓声が上がり、沸き上がる声とともに帽子やハンカチが振られた。その後、自然と行列ができあがり、人々は知事邸まで国王に付き従った。野次馬の子供たちが先頭を駆け、それに続く国王には、現地の人々がオヒアレフアとマイレ[*3]の美しい花飾りをいくつも手向《たむ》ける。国王の両脇には警察長官と知事が寄り添い、その後ろに侍従官と副官が従った。そのあとには巨大なハワイ国旗を掲げた先住民が、旗の重みにふらつきながらも一行を追う。ヒロの音楽隊が大きな太鼓を叩きながら続いたが、ここにはわたしの友人であるウパもいた。その後ろから、男や女、子供たちのとくに役割のない集団、つまりは烏合《うごう》の衆が、足早に追い付こうと駆けていく。群集は国王が家に入ってからも、なかなか解散しなかった。そこで国王は再び姿を現し、「余は臣民に会えて嬉しい。来る月曜日には接見パーティーを開く予定である」といった内容の短い演説を行った。そのとき、わたしたちは興味深いものを見ることができるはずだ。ハワイ島南部の各地から人々が集まり、昔ながらの風習に従い、王や首長に贈り物をするホオクプと呼ばれる儀式を行うからだ。

その日の午後、わたしはウェットモア博士とともに馬で美しいプナの森へ植物探索に出かけた。わたしたちが浜辺を駆けて急な曲がり角に差しかかったとき、国王の一行をなぎ倒しそうになった。わたしたちは馬からずり落ちそうになりながら、あわてて手綱を引かなければならなかった。国王にはアメリカ軍提督や、ベニシア号の艦長と九人の士官、それに二人の将軍が随行していた。白人らしく、露骨ではないにせよ大きく見開いたいくつもの目を見たとき、彼らは白人女性が大胆にも馬にまたがっているのを初めて見たのだとわかった。わたしたちは颯爽と馬を飛ばして砂浜を越え、ワイアケア川まで出た。川を渡ると数年前にできた広大な熔岩流に行き当たった。ここは用心深く馬を進めなければならない。パホエホエ熔岩は川のように渦を巻き、あるいは捩《ね》じれて広がっている。ところどころにあるはずの穴は、生い茂るシダやツル植物に半ば隠れていた。あたりにはココヤシやパンノキの林が広がり、鬱蒼とした森林に溶けこんでいる。起伏の多い陰鬱な熔岩は植物に姿を隠しているが、道を踏み外せば、たとえ一・八メートルほどの落差でも手足の骨折は免れない。このあたりの熱帯植物の森は、斧《おの》や鉈《なた》を振るわなければ決して通れるものではない。しかし、苦労して道を切り拓いても、年に一、二度は刈り取ってやらないとまたたく間にもとに戻ってしまう。プナ地区の森を抜けるこの道は、一列で進まないと通れないほど狭い。

まったくほれぼれするほど美しい森だった。木々を透かし、真夏のくすんだ鋼色《はがねいろ》の空が見える。葉擦《はず》れの音一つ立てず、鳥の鳴き声もなく、虫たちの世界には沈黙が落ちる。その静寂は完璧で、熔岩に響く蹄の音が大きく耳障りなほどだった。空気はかすかに涼しく、爽やかな苔の匂いがする。朽ちた雰囲気がいくぶん足りないものの、ときに枯葉がかさかさ音を立てると、イングランドの一〇月の晴れた日にそっくりだった。森はヒロに向かう大勢の先住民で賑わっていた。人々はヤシの木やパンノキの実、生きた鶏、ポイやカロを積み上げた馬を追い、別の集団は花飾りを付けた豚を苦労しながら追い立てる。みなが同じ方角へ進んだ。国王への貢物《みつぎもの》を運んでいるのだ。わたしたちは珍しい寄生種のシダをいくらか採集して戻った。

二月二四日　ヒロ

わたしはヒロの喧騒を離れて少しばかり息抜きをするため、土曜日に一人でオノメアまで馬で出かけた。出かけるに際して、ある紳士から強健で見栄えのする雌馬を借りたのだが、驚きやすい馬なので、乗るときはしっかりと押さえているように忠告された。だが、わたしの足が鐙にかからないうちに、馬は手綱を取っていた中国人を振り払い、跳ね回りながら走り出してしまった。五マイル走ったところで、ようやく馬は落ち着いた。この馬は崖っぷちで跳ね、飛び上がり、踊るような仕草を見せ、浅瀬の渡り場では荒れ狂った。元気いっぱいだが、まるでバカな馬だった。オノメアは華やいで見えたが、なんといってものどかさが心地よい。翌日、朝の礼拝に間に合うようにヒロの町へ戻ることにした。馬はたっぷりと疾走したあとだったので熱が引いたように落ち着き、日曜日にふさわしく振る舞った。わたしが帰ろうとしたとき、数時間前に男が死んだことを警察長官に伝えてほしいと住人たちに頼まれた。その男は馬の後ろに子供を乗せてヒロへ向かっていたが、難所の断崖を越えようとして転落したのだという。男と馬は死亡したが、子供は無傷だった。通りがかりの人が深いシダの茂みで泣き叫ぶ子供に気づき、事故が発見されたのだった。先住民は危険な断崖を越えるとき、空腹で疲労し切った馬に乗っているという自覚が足りない。その結果、このような事故がときおり起きる。日曜の朝のヒロは明るく澄み切った静けさの中にあった。わたしはこの町をこれほど美しいと思ったことはない。

　民家のベランダはどこも国王行幸の祝賀会に参加しようと町にやって来た人たちであふれていた。わたしもジェンキンス氏[*4]の向こうを張って、「王室社交欄」を書いてみることにしよう。ルナリロ国王は日頃から熱心に教会に通うわけではないが、今朝はコーン師の先住民教会で行われた礼拝に出席した。夜は外国人教会に出席したが、ここでは合唱団による見事な聖歌斉唱があった。

　わたしはできることなら国王のあら探しはしたくない。だが、イギリスの各紙ではすでにさまざまな事柄を取り上げていることだろう。彼が新たに担うことになった重責への責任感が確かなものであれば、問題点は改善されるだろうと期待されている。わたしは現国王が歴代のハワイ王と同じ轍《てつ》を踏むのではないかと懸念している。現国王は統治にあたり、王国内でも選《え》りすぐりの人材を顧問に据えることで際立つ分別を示した。また、選挙後の公的活動では思いやりと優れた感性を兼ね備えたところを遺憾なく発揮している。しばしば伝えられるように、男子は母親からその知性を受け継ぐのであるなら、ルナリロ王は間違いなく逸材といえる。ロンドンで客死を遂げた母君ケカウルオヒ[*5]は女性としては最高位の首長であり、カメハメハ二世の后《きさき》の一人だったが、カメハメハ三世によってその優れた才を認められ、クヒナ・ヌイ[*6]と呼ばれる摂政の座に就いた。これはハワイの旧統治体制においては王に次ぐ権威であり、彼女の承認がなければ王といえども条例は合法化されなかった。彼女はカアフマヌ三世[*7]と称し、一八四五年に亡くなるまで生涯この重要な地位にあった。

現国王は歴代ハワイ王の直系ではなく、それよりもはるかに古い家系[*8]の出身だ。父親は平民だったが、ハワイ人の階級は母系に受け継がれる。現国王は伝道師が首長階級の子弟のために創設した学校で十分な英語教育を受け、非常に優秀な学生として頭角をあらわした。そして若くして文学と詩歌への教養を身につけた。彼はとても気立てがよく、温情に篤《あつ》いといわれている。人当たりのよさも手伝い、とくに国民からの信望が厚く、アリイ・ロコマイカイ（親切な首長）と称される。ハワイ諸島の中では高位の身分であったにもかかわらず、先の二つの政府から黙殺されていた。そのため、公職に就く機会も、事業の才をあらわす機会も与えられないのではないかという不満が口を突いて出ることが少なからずあった。経験は乏しくとも、高貴で自由奔放な天性を備えるルナリロは、「幼くひ弱な王国」を発展させて国民の生活を向上させるという、だれにも引けを取らない愛国心と大志を抱いていると国民は信じたのだった。思いもかけず三ヵ月ほど前に王位を継承したとき、国民はこれまでのハワイ諸島では見られなかったような熱狂で、この王を支持したのだった。

国王は到着したその日にコーン師を訪ねた。このとき、ライマン師の学校のフルート楽団が国王のために演奏した。王は若者たちに優しく声をかけ、わたしも君たちと同じように学んだが、今後は学んだ教えを生かしていきたいと語った。

今日はヒロにとって特別な一日だった。古くから先住民の習わしであったホオクプ（供物）が復興し、大いに興味をそそられる光景が繰り広げられたのだ。わたしはかつてこれほど楽しく見学したものはない。天候は申し分なく、大勢の先住民が一〇〇キロから一三〇キロという遠距離からやって来ることを思えば、じつに幸運だった。人々は潰れそうな馬に乗り、群れをなして早朝から押し寄せた。一〇時までには海岸の草地に一〇〇〇頭以上の馬が繋がれていた。大半の家は国旗を掲揚し、接見会場となる庁舎はとくに念入りに飾り付けがされていた。庁舎は奥行きのあるベランダが二つ並んだ瀟洒《しょうしゃ》な木造建築で、見事なマニエニエ草[*9]の生えた広い芝地に建ち、三方が道路に面している。まだ一〇時にはほど遠いというのに、芝地を囲む低い塀の外には人だかりができていた。さらに方々から先住民や外国人までもが馬を駆ってやってきた。港にはボートやカヌーが賑やかに浮かび、楽団が演奏し、外国人はここではかなり軽んじられた少数派ながら、晴れ着姿で庁舎の上のベランダに集合した。背の高い竹に掲げられた国旗が、芝生の手前に設けられた小さな門を飾り、公式の掲揚台の巨大な国旗は何キロメートルも先から人目を引いた。近隣の農園だけでなく、ヒロの街中でも数軒は星条旗を掲げていた。

ルナリロ王は一〇時きっかりにライマン副郡知事とハワイ島郡知事、侍従官、副官をともない庁舎に入った。国王は自分の席である下のベランダに立ち、随員一行が王に従った。外国人は上のベランダにいるか、あるいはこちらのほうがよく見えるというのでベランダに通じる階段に陣取るかのいずれかだった。わたしは必死で三時間を立ち通した。従者の紳士たちはきちんとした正装だったが、被っている帽子は呆《あき》れるほどお粗末だった。国王は狩猟用スーツのような服装で、裾の前を斜めに断ち落とした短めの茶色い上着と灰色のベスト、青いストライプの入った灰色ズボンという出立ちだった。

王は帽子を被らずに立っていた。王がこのような服装をしているのは、先住民が平服で気軽に出席できるようにするためで、ヒロの豪雨が列席者の晴れ着を台無しにすることがないようにとの配慮だった。国王と随員たちの服はレイや花飾りに隠れてほとんど見えず、オヒアレフアのレイをはじめ長いものでは二メートルもあるレイが、悪趣味で野暮な西洋の服装に一風変わった魅力を添えていた。とはいうものの、この光景は、この国の詩的で気取りのない国民の本性を示している。ここではなによりも人の心が優先されていた。わたしは外観から受ける違和感は気にしないことにした。ただし、アメリカ人は別だ。生まれも育ちも根っからの共和国人の彼らには、忠誠心という伝統が欠如していた。この地上に敬うものを何一つ持たず、その顔には単なる共和主義だけでなく、ニューイングランド出身の典型的なピューリタン的共和国主義がべったりと貼りついている。彼らは外国の王に仕える臣民であり、なかには忠誠の誓いを立てて政府の役人になった者もいるというのに、彼らの口をついて出る「陛下、陛下」の掛け声はあまりに不躾《ぶしつけ》で、われわれのように王制を敷いている国の人間が口にするのと違い、度が過ぎた。

国王が姿を現すと同時に、歓呼の声は凄まじくなった。それは英国の歓声と同じようにはじまるが、あとに続くのは「万歳三唱タイガー」[*10]ではなく、「ハイ、ハイ、ハイ、ハラー!」となる。

帽子が飛び、ハンカチが宙を舞い、大勢の人が目に涙を浮かべ、すべてが熱狂に包まれた。人々がやって来たのは、自らが選んだ王を歓迎するためだ。彼はカメハメハ五世が「踏みにじった」憲法を復興することを期待される王であるとともに、古い封建制の流儀に従う「首長たる王」なのだ。要するに人々が歓迎せずにはいられないような存在なのだった。

　人々の歓声が収まると、白いリンネルの服に真紅のレイを身に付けたミッショナリー・ライマン・スクールの少年八〇名が、国旗掲揚台のまわりの一段低くなった四角い広場に登場し、イギリス国歌と同じメロディーのハワイ国歌[*11]を合唱した。さらに歓声が高まり、熱狂が渦を巻く。合唱が終わると先住民は門から芝生に入り、一人ずつ王の立つベランダの前に進み出た。その行列は延々と続き、二四〇〇名ものハワイ人が王にまみえるという本懐を遂げ、永遠の思い出となる無限の一瞬を堪能するのだった。ときおり、青い目をした人相の悪い外国人の顔も入り交じるが、白人はごくわずかしかいない。外国人学校の生徒たちはごくわずかで、彼らはライマン師の学校の少年たちに次いで接見を受けた。アメリカ人はこうした儀式にも、握手という田舎くさい習わしを持ちこんだ。これはワシントンで行われる大統領歓迎会からの借り物だろう。国王が先住民一人一人と接見を終えるたびに、ベランダの正面には貢物が置かれ、贈るほうは満足して芝生に腰を下ろす。男も女も子供も、一人として手ぶらで来る者はいない。どの顔も誇りと興奮と満足感にあふれている。ここには祝砲で迎えられ、敷地には護衛が配される元首、それも彼らと同じ肌の色をし、自分たちを同胞と呼ぶ王がいるのだ。

　人々の服装は千差万別だった。女性はみな現地の服装であるゆったりしたホロクーというロングドレスを身に着けている。その多くは黒、青、緑、あるいは鮮やかな薔薇色で、そのほかに明るい黄色や、わずかながら純白もあるし、黄と真紅を混ぜ合わせた柄もある。なかにはハイビスカスやパッションフラワーで縁取りした、とても素敵なサトウキビの穂の帽子を被った者もいた。女性たちのなかには、流れる髪を色鮮やかなハンカチやパラパライなどのシダで軽く結んだ者もいる。多くの女性がバンダナの結び目を優雅に左肩に垂らしていた。みな二つ、三つ、四つ、あるいは六つもの美しいレイを身にまとい、さらに香りのよいマイレの長いレイで身を飾っている。真紅のオヒアレフアのレイはだれもが身に着けるが、そのほかにも赤と白の小さな八重のバラを使ったレイもある。ポハ[12]や黄色のアマランサス[13]、砂糖をまぶしたようなサトウキビの穂、黄色のタコノキの実、芳《かぐわ》しいクチナシ、まれにオレンジの花や大きなパッションフラワーのレイもある。靴を履いた女性はごくわずかで、頭に飾りを付けた子供はいない。

一列に並んだ中国人の農園労働者が二〇〇人続く。みな、子供のような顔に狡猾そうな尖った切れ長の目をしている。紺色の厚手木綿のだぼだぼの作業ズボンをはき、同じ生地のシャツはズボンの上から出して脇で留めてある。前頭部の髪を剃り、残りの髪はきつく結んで何重にも頭に巻きつけている。彼らは全員で、随員の副官に献金を手渡した。ハワイ人男性の服装は人それぞれで、女性よりもさらに変化に富んでいる。あらゆる種類の着衣があり、なかには裸の上半身をオヒアのレイやマイレで飾る者もいる。これらの男たちが一人ずつ進み出る姿には、哀れを誘うほどの無知がさらけ出された。男たちの多くは着古しのシャツ一枚に、綿ズボンを膝までたくし上げた格好で現れた。赤シャツに青ズボンの者もいれば、シャツ一枚を羽織りさえすれば立派な外出着だと心得ている者もいる。派手な飾りの付いたシャツでめかしこんだうえに、ズボンの裾を泥だらけの古長靴に突っこんだ者もいた。白い麦藁帽に白シャツ、白ズボンの出立ちで、帽子と首元には真紅のレイという若者たちも見かける。鉱夫のように腰にスカーフを巻いた者もいる。なかでも強烈な印象を受けたのは、肩にコットンのタオルを巻いた数人の老人たちだった。

これらの人々が登場するのを見ていると、おかしさと哀れみがしばしば一緒に込み上げてくる。社交界に初登場を果たそうという乙女がセント・ジェームズ宮殿でのデビューをなんとかこなし、貴人の前から後援者のもとに引き揚げようとするのと同じようなものだ。決定的な瞬間が訪れると、彼らは間違えては大変と気もそぞろになる。なかにはすっかりあがってしまい、贈り物をここに置き、あちらで握手と、知事から手取り足取り指導してもらわなければならない者もいた。大半の者が跪き、あるいは涙にむせびながら熱狂的に王の手に接吻するか、王の手を無我夢中で両手に握り締める。ときおり、貢物で両手がふさがっているため、握手ができずにまごつく者たちもいた。そのようなとき、国王は優しく肩を叩いてやった。握手の際、愛情をこめた貢物をしっかり受け止めてもらおうと、国王の手に硬貨を握らせる者もいる。先住民はフイと呼ばれる会議を開き、いくつかの取り決めをまとめたのだが、彼らは国王に対し、あなたはハオレからも多額の税を受理しているのだから、現地の者たちがあなたを支援するために用意した献金を受け取っていただきたいと伝えた。国王がそれを拒むようでは、臣民に対する愛情が疑われるというのだ。ルナリロは彼らの気持ちを傷つけないように、それらの金品を受け取った。

ある女性は麻痺して震える体を引きずるように、のろのろと王の前に進み出た。彼女の片腕は力なく脇に垂れ、もう一方は生きた鶏をしっかりと握り締めていたので、握手のために手を離すこともできなかった。そこで王は彼女の力が入らない手をとって高く上げた。これには大きな喝采が沸き起こった。脚が不自由で、両手しか使えない男性もいて、膝を折ったまま地面を這い進んだ。彼は国王の足元に額《ぬか》ずく一瞬のために三キロの道程を這ってきたのだったが、両腕には贈り物を抱えていた。彼の望みが実現したとき、その姿はとても人の形のようには見えなかった。彼はそのとき、その場で死んでもいいと思えるほどの満足感を得たのは間違いない。全身が刺青だらけの古代人のような男たちもいた。子供のころに偶像崇拝は廃棄されたが、彼らの記憶にはかつての圧制時代が残っていた。国王に影を落とした者は死をもって断罪された時代であり、豚同然の民衆には首長に抗って自らの生命を護る権利さえ一切なかった時代だった。彼らはすっかりうろたえ、打ち震えながら進み出ると、くずおれるように跪いた。そして、優しく励ます王の顔もろくに目に入らないのか、ひたすら王の手に口づけをして涙を流すのだった。幼い子供たちも大勢が親とともに参列した。腕に抱かれた赤子もいれば、親に背負われた子もいる。国王は屈みこんですべての子供たちと握手を交わし、さらにはおくるみから小さな手を引き出して握ったりもした。老人たちは涙にむせび、人々の歓声はあたりの空気を引き裂くばかりだった。

輝く顔とまばゆいばかりの色彩の行列の次にわたしの興味を引いたのは、人々が携えてきた貢物と、惜しみのない気前のよさだった。多くの女性が、贈り物として生きた鶏の両脚を縛って持ってきては次々と置いたため、熱い陽射しのもとで失神したり痙攣《けいれん》したりする鶏であふれかえった。男たちのなかには飾り立てた豚の片脚に綱を付けて献上する者があったが、豚は畏れ多くも国王を前にしながらしつこく鳴きわめくので、裏手に退場させられた。網に入れてきれいに束ねられたサツマイモや卵、カロが、大勢の手で運ばれてきた。それから、一〇〇ポンドはあろうかというバナナの大きな房を、男が二人一組になって竹の棒に吊るして担ぎ、千鳥足で運びこんだ。そのほかにもヤムイモやヤシの実、オレンジ、タマネギ、カボチャ、まだ青いパイナップル、さらにはおいしそうな大型のパッションフルーツなどが次々と運びこまれた。若い娘のなかには花をアレンジした花束を捧げる者やハワイミツスイ[*14]の高価な黄色い羽根のレイを贈る者もいた。庁舎の正面には、二トンにはなろうというカロやサツマイモをはじめ、数百羽の鶏やバナナ、卵、ヤシの実などが山をなした。

ホオクプの光景は素晴らしかった。愛情にあふれ、顔を輝かせて集う人々のうち、だれ一人として官吏の座や何らかの地位を得るために贈り物をしようという者はいなかった。ホオクプは、社会規範を象徴する人物に対する尊敬という古《いにしえ》の精神そのものだった。そこには人々が一心同体となって君主として選んだ王に対する極端なまでの献身的な愛がある。その心は純真で熱烈な感情が込められていた。現地の人々がこれまでになく現国王を好ましく思うのは、彼が真に至高の存在であるからだといわれている。誇るべき家柄における最後の末裔《まつえい》なのだ。何世紀にも及ぶルナリロの家系の品格はカメハメハ王家をも凌ぐという。

最後の貢物が献じられる頃には、庁舎の正面にはさまざまな人々が集まり、興奮し、ざわめいていた。国王がしばし休憩をとるあいだを利用して、偶像崇拝の巫女《みこ》らしき、ぞっとするような外観の老女二人が登場した。彼女たちは単調でいかにも異教の調べといったメレ（歌）を口にしはじめ、古代の偶像神を讃《たた》えた。それは、いまこうしてわたしが魅了されている人々が、じつは殺戮を好む神々と生け贄の時代からわずか一世代しか隔たっていないことに思いいたらせるものだった。

王は随員を従え、上のベランダに再び姿を見せた。関係する外国人もすべて顔を揃えている。古老の宣教師二人と温和な容貌のフランス人司祭の顔もそこにあった。国王の姿を機に新たな熱狂が沸き起こった。王は前に進み出ると、原稿なしに演説を行った。以下がその逐語訳である。

ここに集まったすべての人に、わたしは心からのアロハを贈る。あなたたちがわたしのために集まってくれたこの日のことを、わたしはこの世から召されるときまで忘れない。(歓声)わたしはあなたたち親愛なる国民(マカアイナナ)への愛に満たされている。ここにやって来たあなたたちに加え、すべての人々が、わたしが王となることを選んだ。それはまだ若い元首であるわたしにあなたたちを治めさせるとともに、現在、わたしとともにある卓越した政府にその役割を果たさせるためである。(歓声)あなたたちはわたしの生みの親であり、わたしはあなたたちの「父」となる。(割れんばかりの歓呼)昔、すでに故人となったわれわれの先祖の時代には、国民は王に近寄ることを許されなかった。国民と王とは離れ離れだった。しかし今日、われわれは出会い、ともに結ばれている。(歓声)わたしはあなたたちになぜひとも説きたい。正しい道に踏みとどまり、遠い昔の無知な習慣を棄てよう。神は唯一絶対の神しか存在せず、その神に従うことがわれわれの義務である。偶像神のたぐいはすべて捨て去ろう。

一八二〇年にはビンガム師[15]ならびにサーストン師[16]をはじめとする聖職者諸氏がハワイ諸島を訪れ、「神という言葉」を高らかに告げた。あなたたちが今日あるのは、彼らの教えがあったからである。彼らは御霊《みたま》の国へと旅立たれ、いまはサーストン夫人を残すのみとなった。われわれは彼らから多くの恩恵を受けている。（歓声）当地にも（コーン師とライマン師を暗に指し示し）われわれが見習うべく努め、その教えに従うべき、老練白髪の教父がおられる。

現在の若者たちが十分な知識を教授されているのは、わたしの大いなる喜びとするところである。そのなかにはあなたたちの子供もいることだろう。知を求め、徳の習いに耐え、励みなさい。怠惰であってはならない。（歓声）知を求め、優れた人格を求めて励んだ者こそが、政府が信頼するに足る地位にふさわしい者であり、今後もその地位を約束されている。

現在、わたしには四人の外国人が補佐官として付いている。しかしいま、わたしの目の前で、この旗の下に集う若者たちのなかに、こうした地位を占める資質を持つ者があれば、わたしは必ずやその地位に任命しよう。（大喝采）あなたたちすべてにアロハを。

王の演説はとても巧みで、要点を強調するための身振りもしっかり取り入れられていた。言葉はしばしば歓声に中断された。国王が演説を結ぶにあたって、群集に対して優雅な身のこなしで腰を屈め、「あなたたちすべてにアロハを」と言ったとき、人々の歓呼と熱狂は天を突かんばかりだった。こうして大ホオクプは幕を閉じ、会衆は三々五々、国王の演説やその日一日の出来事を口々に交わしながら解散した。

I・L・B

手紙14

料理——ライマン師のパーティー——ルナリロ王の知性——ヒロのわが家——ウパの最後

ハワイ島、ヒロ

国王は歓迎会翌日の夕方、「サヴァランス夫妻のご招待を謹んでお受けする」との意向を伝えられた。これはごく一般的なパーティーと夕食会のことだ。当地で「軽食」を準備することがいかに大変か、あなたには想像もつかないだろう。このようなときには必ずメニューにあげられる料理を作るのに必要な材料がこの島では滅多に手に入らない。バターや牛乳さえ希少品なのだ。わたしは以前、ベンガル・カレーとイギリス風のローリーポーリー・プディング[*1]を作って、料理の名人だとの評を得たことがある。サヴァランス夫人に手伝いを申し出ると快諾されたので、中国人の料理人ともう一人の中国人の囚人を助手に、わたしたちは一日半かけて料理をした。わたしはこちらでは見かけない巨大なトライフル[*2]を作ろうと考え、アーモンドとラズベリージャムを探して、店という店をまわったものの、無駄足だった。そこでココナッツを挽いてアーモンドの代用とした。ラズベリーのほうは親切な友人が一瓶、提供してくれた。

この家の中国人料理人は面白い。彼はずっと笑いながら見学していたが、おそらく多少のやっかみがあるのだろう、わたしたちがオーブンでケーキを少々焼きそこなったとみると、一大事とばかりに、どたばたとサヴァランス夫人の部屋に駆けこんでは、身振り手振りで、「ルー、ルー！ケーキ、とってもおいしいね。うまく焼けたよ！」と皮肉を言う。ここでは酒類は一切使えない。ヒロではアルコールは厳しく規制されているのだ。だが、不出来なトライフルにしたくはない。わたしはこっそりシェリー酒をグラスに二杯使ってしまった。これが犯罪にはならないといいのだが……。わたしたちは料理に精を出し、トライフルとスポンジケーキ、パウンドケーキ、それにスパイスの香りを付けたケーキと、数多くのココナッツケーキやホットケーキを作り、さらにカスタードと味付け肉を使ったサンドイッチを作った。あまりに料理が楽しいものだから、台所を引き払って社交場に行くのが気が重いくらいだった。だが、わたしたちはその夜、国王と大勢のヒロ市民をもてなすライマン師の家に出かけた。

とくに広くもない部屋は、どこも人であふれていた。国王が部屋に入ると全員が起立して迎え、フルート楽団がベランダで国歌を演奏した。その夜はときおり、国王が作曲したハワイアン・ソングがいくつか歌われた。それから、わたしは国王に紹介された。彼は初対面の者にとても思いやりがあり、わたしにたくさん話しかけてくれた。国王は紳士的で思いやりがあり、気取りのない人物だった。とても知的で勉強家でもある。彼との時間はとても楽しかった。国王はエマ女王がイギリスで歓待を受けたときのことを熱っぽく語り、彼女がヴェニスをはじめとする欧州各都市をとても気に入ったという話を伺った。ご本人もヨーロッパ諸国の歴訪を希望しており、なかでも大英帝国には是非とも訪れたいという。英国の有力政治家と面識を持てば、立憲政治についての知識がさらに深まるという理由からだった。あと二年もすれば自分が国を空けても構わないほどハワイ諸島は安定しているだろうから、そのときに欧州を堪能できるようフランス語を学ぼうと思っていると国王は語った。

国王はわが国の事情について非常に多くの質問をしたが、なかでも王権の制約についてさまざまな疑問を呈した。王は顧問団を選ぶ元首として理論上の権利を有しながら、現実には議会の多数派が決めた顧問団を受け容れなければならないのには納得がいかないという。さらに両院を通過した議案の承諾を拒否する元首の権限と、元首の持つ拒否権が一致しないことも理解に苦しむようだった。王は英国における立憲の歴史を研究した結果、君主の権限は絶対的なものに思えるが、自分が事実を正しく理解しているとすれば、王位は権力というよりむしろ装飾であり、舳首の飾りのようなものだと語った。王はわたしに、共和国に同調する風潮が英国に広がっているというのは本当かと訊ね、さらに、イギリスの立憲君主制は現君主の思慮分別とその称賛される徳によって支えられているように思えるが、現君主のあともこの体制は存続すると思うかとわたしに訊ねた。国王はこの小王国が巨大な諸王国の流儀をいたずらに模倣しすぎているとも考えていた。あまりにも多すぎる大げさな身分や、閑職の部局、近衛部隊などを廃止し、宮廷での物真似の虚飾も削減したいと語った。彼はまた、即位以来、先日の朝のホオクプほど嬉しかったことはないと言い、わたしの感想を促した。わたしは正直に感想を述べられるのを喜んだ。わたしはあれほどの国家儀式を堪能したことはないし、とてもよい印象を受けたと答えた。王の声はとても心地よく、一挙手一投足が洗練されていて自然な高貴さが備わっている。それは人当たりのよい紳士的な天性のたまものであって、鍛錬や考慮によって備わるものではないだろう。国王はそのようなものを兼ね備えているせいで、ポリネシアにおける一国の君主という以上に、とても興味深い人物だった。

召使というものがいないので、翌日のパーティーでは、主催者とその友人たちが奮闘して準備をしなければならなかった。幸いにもみなが喜んで参加してくれたので、日没までに飾り付けは完成した。ヒロ中からかき集めた提灯が正面のベランダに吊るされ、椅子が正面と横の両ベランダに据えられた。居間とベランダは四カ所の扉を開けると一つの大きなスペースになるので、三〇人が入っても部屋には余裕があった。横のベランダは国旗を垂れ幕のようにして広げ、全体はシダの飾りと花輪で趣味よく飾られている。国王は随員をともなって早めに到着し、主催者夫妻の出迎えを受けた。非の打ちどころなく洗練された来賓らしく、彼はサヴァランス夫人の手をとって入室した。歓待する側は堅苦しさを避け、国王には本物の親睦の夕べを楽しんでいただこうと考えていたので、余興には椅子取りゲームやマジカル・ミュージック、それから場所柄を考えて少しおとなしめの改定版目隠し遊びなどを用意した。最初のうちルナリロ王は見ているだけだったが、やがて上機嫌に次々とゲームに参加した。何はともあれ、その夜は楽しんでいただけたようだ。

夕食は九時に出された。日本式のテーブルを数脚借りてあり、部屋とベランダに分散して置かれた。来客は分かれて坐り、それぞれにこぢんまりとした社交の輪ができた。ヒロの三人の婦人とわたしはウェイトレスを務めた。わたしは上手にできた品々をみなが堪能しているのを見て嬉しかったし、トライフルが全員に好評なのに気をよくした。夕食後にちょっとしたダンスパーティーがあった。ヒロにはきちんとダンスを踊れる者はほとんどいないので、見ているだけでも楽しかった。だが、ベランダでは散策を楽しむ人たちの話声や陽気な笑い声があふれた。庭園の塀の外にはその様子を見ようと一晩中立ちつくす先住民の群集がいて、彼らも楽しんでいた。パーティーにおける彼らの楽しげな外観は、人によっては受け容れ難いかもしれない。わたしは、ヒロの住人たちがイヴニングドレスを持っていなくてもなんら問題がないと思う。女性たちは美しいモーニングドレスを着ていたし、男性は厚手のブーツと着心地のよいモーニングコートに黒の蝶ネクタイという服装だった。

テーブルの上には、わたしが持参した英国の著名な文学者や科学者の写真が何枚か載っていた。それを見た国王の話から、彼がそれらの文学作品や科学研究について驚くほど精通していることがわかった。なかでも聖職者スタンリー[*3]については、作者と意見を共有するほどの権威だった。わたしは署名をコレクションしていたので、ルナリロ王の署名をいただけないかとお願いした。すると王は、署名に添えたら気に入るだろうと考えてスタンザ[*4]を作詩したと言われた。翌日の午後にそれを持って現れたとき、彼は身なりを詫びた。国王は丈の短い上着に、青色のズボンを膝近くまで泥だらけのブーツにたくし込んでいた。綴りの間違いはないかと聞かれたとき、わたしは驚いた。国王は素晴らしい英語を話しているのだ。それはシンプルで優しい願いを、ありのまま表現した詩だった。

二月二六日　ハワイ島ヒロ

いずこを貴女がさすらおうと
いずこが貴女のすみかになろうと
願わくば、主の導きによって歩まれんことを
主に見守られ、与えられんことを。
海の彼方からの訪問者である貴方を歓迎する
わが心からの祈り

ルナリロ・R

国王の口調は心地よく響くが、ときおりアメリカ流の粗野な言葉が飛び出して、驚かされることがある。アメリカ人提督と二人の将軍がちょうど火山見学から帰ってきたとき、彼らは体が強張り、肌はただれ、傷だらけで、疲れきっていた。「まいったよ」。すると国王は、「提督はくたばりそうだね」と応えたのだった。彼は素晴らしく魅力的だが、その発言に優柔不断さが垣間見えると、ときにそれは転じて災いともなり得る人の良さといった気質を暗示するようで、残念に

思う。わたしはこれまでに聞き及んだところから思うに、ハワイ歴代の王たちは自らの悪《あ》しき本能というより、平気で悪事をなす外国人の犠牲になったのだ。

わたしの最後の一日は、お別れを告げるためにあちこちを訪問することで潰れてしまった。そこでこの手紙はキラウエア号に乗船してから書き終えることにした。カープ嬢とわたしは乗船地点まで三キロほど馬に乗って行かなければならなかった。この三週間というもの波が荒く、乗客を乗せたボートをヒロの海岸に着けることができなかったのだ。岩場に到着したときにはわたしの服はすっかり濡れていたが、ずぶ濡れのウパが水の溜まった捕鯨ボートまでわたしたちを運んでくれた。わたしたちはボートでも足首まで水に浸り、気分が悪くなるほど激しくうねる波を越えて、水浸しの上に薄汚い蒸気船まで運ばれた。ウパにはわたしの馬を引いて行き、自分の馬に乗って帰るように言い含めておいたのだが、わたしが最後に見たのは、わたしの馬にまたがり現地の人々と競って海岸を走る彼の姿だった。[☆1]

I・L・B

☆原注1　これが彼の最後といえる晴れ姿だった。数日後、知事は彼をハンセン病患者としてモロカイ島の隔離施設に収監するという辛い任務を執行した。彼はヒロの先住民のなかでは人気者だった。喜びにあふれた彼のことをだれもが惜しむだろう。妻と素晴らしい子供たちがあとに残されたが、やがて彼らも同じ運命を辿ることになるのだろうか。

手紙15

疾風怒濤の中——ハワイ島の風下——異教神殿——ワイメア平原——初期の移住者——先住民の批評

ハワイ島、ワイメア

キラウエア号にまつわる奇怪な話を数え上げるときりがない。船はヒロの大波に二時間揺さぶられ、それからさらに二時間の航海をした後、機関が破損。そのため、当地で言うところの疾風怒濤の海上で、船首を風上に向けたまま五時間も停船していた。その夜は惨憺たるものだった。プライバシーなど一切お構いなしで、船室は蒸し風呂同然、乗客はみな気分が悪くなった。わたしは湿った服を着たまま寝台に横になり、巨大ゴキブリの行進に目を奪われた。耳を澄ますと両隣の寝台にいる中国人とカリフォルニアの荒くれ乗客の恐ろしい呻き声ばかりが耳につき、楽しむどころの話ではなかった。

真夜中に天井の明かり取りからテーブルめがけて海水が流れ落ち、船室はたちまち一〇センチから一五センチの床上浸水となった。船が揺れるたびに水が撥ね、おかげで乗客は寝台の上で手荒い洗浄治療を施されることになった。枕もマットレスも着ている服も、見るまに水を吸いこんだ。一度の大波で船内の灯りは消え、カンテラだけがひときわ濃い闇の中に揺れていた。英国船だったら大騒ぎになることは間違いない。客室係があわてて走り回ったり、あるいは対処している振りをするところだが、この船では乗客たちが大声を上げて客室係を呼んでも、彼らはおっとり構えた顔に悲哀をたたえた微笑を浮かべて現れるだけで、一言も口をきかない。客室係は静かに船尾の梁に腰を下ろして、裸足の足を水に浸して沈思黙考するのだ。それは救いようのない、おかしな光景だった。朝食は当然なかったが、テーブルの端に一枚だけ皿が用意されていたのは、無言の老スコットランド人船長のためだった。彼は防水服に防水帽の出立ちで椅子の上に胡座をかいて坐っている。そのとき、とても感じのよい客室係が一人現れた。彼はズボンを膝までたくし上げて水の中を行き来し、寝台の隅に腰を下ろした乗客たちに素晴らしいカレーを運んだ。彼ははなはだしい船の惨状を乗員一同にかわって謝罪したが、その優しさに乗客たちは慰められた。このような人物がいるかぎり、わたしはこのキラウエア号よりさらにひどい目にあっても甘んじて受け容れることができる。それにしても、この人物は無愛想になったり、うんざりしたり、狼《ろう》狽《ばい》したりすることはないのだろうか。

翌日はよく晴れた。乗客たちはこぞって甲板に上がり、服を陽に当てて乾かした。ハワイ島南部の風下側に広がる海岸線からカヴァアロアまでは、炭坑の景色ほどの魅力もない。陽光に輝くヒロの海岸線とは対照的に、南側はただ埃と火山灰が続く。黒々とした熔岩とガラス質の瓦礫《がれき》が熔岩流に沿って何キロも延び、不毛の大地には見るかぎり剝《む》き出しの熔岩だけが累々と積み重なっている。唯一、ココヤシだけは海岸沿いに並んでいる。海は不思議な色をしている。液体になったトルコ石のような透明感のある碧色《へきしょく》のなかにサンゴ礁が広がっているのが見えなかったら、あるいは鮫がいるかもしれないとはらはらすることがなければ、ただの退屈な光景だろう。キャプテン・クックが生命を落とした湾*1を過ぎたころ、二七艘のカヌー船団とすれ違う。カヌーはいずれも一本の丸太を削って作られたもので、全長四・五メートルから七・五メートル、深さはおよそ五〇センチほどしかなく、体格のよい男性は乗れないのではないかと思う程度の幅しかない。片側に二本の反り返った長い木材を使ったアウトリガー*2があり、本体の両端にも反り返った軽い木材の梁がある。カヌーは滑るように水面を進むのだが、船体は普通ではあり得ないほど傾くことがある。しかし、アウトリガーがそれをコントロールしている。凪《なぎ》のときにはパドルで漕ぐが、猛烈な速度が出る。少しでも風が出ると斜めに立てる小さな帆を使う。この手のカヌーはかなりの荒波にも耐えるということだが、見た目はあきらかに不安定で頼りないものに見える。航海をするなら、わたしはこのあたりにかぎらずどの海でも、しっかりとした捕鯨船のほうが絶対にいい。船は数時間、熔岩の海岸沿いに進んだ。雨は降らず、川も緑もなく、ただ熱帯の過酷な陽射しに晒された。陽に照り返された岸が続いたあと、正午を過ぎてまもなく、船は焼け焦げたようなカヴァイハエ湾に投錨した。

集落には外国人の店が一軒と数多くの民家があった。高台には異教徒の神殿である巨大なヘイアウ*3（神殿）があり、山裾にはココヤシの林が立ち並んでいる。赤色のグラデーションとなった背景の山々は燃え上がるように見える。魅惑的な木々も灼熱の勢いを衰えさせることはできないようだ。周囲の澄みわたった空気は熱気に打ち震え、鏡のように凪いだ海の中にはサンゴの林が見える。ここからハワイ島の三大山も望むことができるという。以上がハワイ島の交易の拠点といわれるこの町で目に付く光景だった。それにしてもなんと柔らかく優しい青色の空だろう。彼方に目をやれば、はるかな高みには真っ白な雲海が広がり、その上に空がかかっている。まもなく、奇妙なドーム状に盛り上がったマウナ・ケア、マウナ・ロア、ファラライの偉大なる火山を初めて目にした。三つの山は永遠の安息についているかのようだ。

到着する直前になって、蒸気船サンフランシスコ号の運行が一週間遅れることになったのを知った。そこでこの機会に、以前から誘われていた親切なご招待を受けることにした。ワイメア*4に出かけ、そこから外国人がめったに訪れないというワイマヌ渓谷*5へ出かけることにしたのだ。そこはワイピオよりも素晴らしい渓谷だという。わたしは紳士淑女とともに海岸で馬を手に入れた。馬には現地の牛追い用の鞍が装着してあるが、鞣し革の覆いもない木製の無骨なもので、頑丈な投げ縄用の突起が付いていた。大きな木製の鐙は短くすることができないが、乗ってみると、わたしはこの正真正銘の現地流で、難なく山を駆け登ったり降りたりできることに気づいた。

わたしが馬で行きたい場所は巨大なヘイアウだった。それは海岸からははるか上の、岩肌が露出した険しい山の上にあり、簡単には行き着けない。ハワイ島に一つだけ残るこの異教神殿は、赤く薄い空気に包まれ、荒れ果てて不気味な雰囲気を漂わせている巨大な堆積物と化していた。内部に入ると、この諸島に伝わる異教の血塗られた古い物語がわたしの頭を過《よぎ》る。入口は両側を高い岩壁に挟まれた狭い通路になっていて、ここから血祭りにあげられる人間を僧侶が引きずり出し、タイリ[*6]の前へと引きたてるのだった。タイリとは兜《かぶと》を被り、赤い羽根で覆われた恐ろしい形相《ぎょうそう》の木像で、カメハメハ大王が贔屓《ひいき》にした軍神として知られる。このヘイアウは、大王がオアフ島の制圧に乗り出すに際して建立されたものだ。

ヘイアウは長さ六七メートル、幅三〇メートルの不揃いな平行四辺形をしている。四隅とマウカ（山）側には熔岩を積み上げた石垣が、動力を使わずに高さ六メートルまでしっかりと緻密に積み上げられている。基部の幅は三・六メートルで、上に行くほど狭まり、最上部は平らな一・八メートル幅の石の層になっている。海側の高さは二メートルほどしかなく、石垣は部分的に崩れている。舗装された階段があるが、これらはアリイ（首長）と家臣がそれぞれ階級に応じて並ぶための席だ。上段は広々とし、滑らかな石で平らに舗装されている。これらの石ははるか遠くから運ばれたもの[*7]で、ほとんどの島民がヘイアウの建設に携わった。南端には中庭があり、主神像が立っているが、周囲を多数の下位の神像が取り囲んでいる。ハワイ人には数多くの神々と数多くの主人がいたためだ。この中庭にはアヌウという枝を編んで造られた非常に高い構造物がある。オベリスク状の内部は空洞で、基部は一辺が一・五メートルの四角形になっている。内部に神託を告げる僧が立ち、王は僧の口を通して戦争や平和、あるいは国家の重要事項に関する答えを求めた。その際、言葉の意味よりも僧の発する声の調子が重要だったようだ。しかし、予想される回答はたいていはあらかじめ決められていた。

中庭の外側にはレレという祭壇があり、この上に人間をはじめとする生け贄が供された。ヘイアウをタイリに奉納する日には、果物、犬、豚といった膨大な供物が差し出され、この祭壇で一一名の人間が犠牲となった。これらの生け贄は捕虜やカプを犯した者、あるいは首長にとって目障りになった者たちの中から選ばれる。盲人、脚の不自由な者、そのほかの不具者たちであることも多かった。これらの犠牲者は、ここから離れた場所で石や棍棒で速やかに処分されることもあった。その死体は、わたしが震えながら通り抜けたあの狭い通路を引きずってこられたこともあるのだ。しかし普通は、縛り上げられた状態で生きたままヘイアウの中に連れこまれ、外庭で殺された。僧侶はこれらの生け贄を殺害する際には念入りに細かく切り刻んだという。祭壇には一度に二人から二〇人の生け贄が供えられた。偶像の前の祭壇の上にうつ伏せで一列に並べられ、僧が祈禱のようなものを唱える。豚の供物があれば、これも上に積み上げ、あとは山積みになったものがそのまま腐るまで放置されたのだ。

ヘイアウの中に住むのは僧に限られたが、王のための「聖なる家」があり、王は厳格に定められたカプの期間をここで過ごした。このヘイアウという陰鬱な場所には、想像を絶する恐怖の記憶が絶えず亡霊のように付きまとう。それとともにこの残忍な儀式の時代から、人々が決して知ることのなかった無限の思いやりが、唯一神の存在によってもたらされるまでの長い道程を思い浮かべてみた。ハワイの人々が何世代にもわたってこのような無分別な儀式を繰り返し、言いようのない暗闇の内に生きて死んでいったのだという思いには刺すような痛みがともなった。

雨の降らない灼熱のカヴァイハエ海岸から上ってくると、大気は三〇メートルごとに心地よさを増し、体を動かすのが楽しくなる。ヤシの木が並ぶ海岸線からワイメアの北に位置するみずみずしい山々に至る一六キロの道程には一本の木も川もないが、焦土はところどころで豪雨の際に出現する激流に深々と抉られている。わたしはこれまで貿易風の当たる緑の海岸ばかりを旅してきた。風上側には雲が集まり、雨が降り注ぐのだ。しかし、島の風下側の大部分を占めるこの荒地には楽しめるものがない。ここは灼熱の土地だった。わたしはすっかり忘れていたが、ここは灼熱地帯であり、潤いも実りもなく、陽に晒され赤茶けた焦土がただ広がるばかりだった。このあたりでは島の幅は三五キロほどしかなく、強風が吹きすさび、地表からは褐色の砂塵が盛大に巻き上がる。そのため、高原の一部は、木一つない火口丘を背景に平原が煙を上げているように見える。水辺も草もシダもない。わずかに棘《とげ》のないアザミと干からびたようなインディゴの小さな茂み、それに数種類のキク類が悲痛な生存のために苦闘しているに過ぎない。そこには熱帯の豊かさは小指ほどもなく、ただ酷暑が広がるばかりだ。海岸から一六キロほど行くと、赤い大地がうっすらと緑色に染まりはじめ、登り斜面が終わった頂きには、ハワイ島屈指の景観を誇る美しいワイメア高原が広がる。空気には潤いと涼気があり、目の前には青々とした滑らかな草地が広がる。わたしたちの左手には、小高い丘陵地帯や大地の裂け目、尖峰《せんぽう》、森、峡谷の中に広がるノニの茂みがあり、心地よい滝の音が聞こえる。北の方角はマンスター・サール*8の景観に似ており、南は典型的な火山地帯の風景だ。熱帯植物はすっかり姿を消していた。木造の家々はノニの木を植林して風を防ぎ、ゴツゴツとした熔岩塊を高さ一・五メートルに積み上げた石垣で牛の侵入を防いでいる。あたりには在外公館を兼ねた庁舎や、減少した人口に較べると大きすぎるような先住民の教会、そのほかに人が住んでいたと思われる住居の痕跡をいくつか見かけた。しかし、山々を覆う森以外には、荒涼としていることばかりが目立つ光景だった。

わたしが泊まる家の集落は石垣に囲まれていた。石垣を乗り越えると、薄闇の中から語気強く声が上がった。「だれだ！　なんの用だ？」わたしは無愛想な詰問口調の主が、二人のマグパイ[*9]とわかって安堵した。タスマニア出身のS氏は白人と混血の若い女性と結婚している。彼女の母親である先住民と七、八人の浅黒い肌の娘たちがここに暮らしているが、そのほかにも先住民や中国人、中国人の混血が数多く雇われている。一家の主は羊で生計を立てていた。彼はマウナ・ケアの牧場で二万五〇〇〇頭の羊を飼っている。標高一八〇〇メートルの土地は羊の繁殖に適しており、他所では免れられない数種の病気もここでは無縁だった。ハワイ諸島の畜羊業者はわずかに三、四人だが、去年は合計一三〇トンの羊毛が輸出されている。[☆1]S氏は羊のほかに一〇〇〇頭の牛と五〇頭の馬を所有している。

ワイメアにおける牛の放牧以外の産業としては、ニュージーランドから輸入した数頭のショートホーン種[*10]と掛け合わせて、退化した島の品種を向上させようという試みが細々と行われている。このあたりの平原は壮大な牧草地を提供するだけでなく、思い切り馬を走らせることができる。平原は大公道となるのだ。ハワイ島は一周五〇〇キロ弱の正三角形をしており、この道以外に横断道路はない。ほかはいずれも人の通れない森林帯か、通行不可能な荒涼とした火山地帯だ。ハワイ島の一方から他方へ抜けるには、海岸線を蛇行しながら南部を取り巻く熱せられた鋼鉄のような道を辿るしかない。ワイメアには海岸からの道が一本ある。この道はごくまれに二、三頭の

☆原注1　一八七五年には二一〇トンに増加した。

牛やラバの群れが通る程度で、それよりも大層な理由でこの道が輸送に使われることはほとんどない。ここでは、蹄鉄のない馬が草原を疾走するときの鈍く響きわたる音が昼夜を問わず聞こえる。

この大高原は標高七五〇メートルに広がるので、暑すぎることはなく、平均気温は摂氏一七、八度ほどだ。一年を通じ、日中は毎日のように霽やにわか雨があり、朝晩は晴れわたって涼しい。ハワイ島の三大火山は、躍動する長い曲線を地平線から立ち上げる。目立った起伏のないマウナ・ケアの巨体が、ワイメア平原の南端から標高四二〇〇メートルの高さまでそびえ立ち、山体には高さ九〇メートルから三〇〇メートルの鮮やかな赤色をした噴石丘[*11]が連なる。その背後の六四キロ彼方には、マウナ・ロアのなだらかな山頂が広がる。いまはのどかな景観だが、わずか一三年前には夜間に大噴火を起こした。このとき一帯では、新聞が読めるほどの明るさが支配し、噴火のピーク時には夜でもろうそくが必要ないほどだった。ここから四八キロほど南下した海岸近くには死火山のファアラライ[*12]が、いくぶん控えめなドーム型の山頂を見せている。もしもハワイ島全域が、あるいはワイメアの南側が水深二四〇〇メートルまで水没したなら、等間隔にドーム型の火山島が三つ残り、そのうちいちばん高い島の標高は一八〇〇メートルになるはずだ。

ワイメア平原の南部には、激しい火山活動がつくり上げた痕跡がいたるところにあり、噴石丘以外にも、火山灰やスコリア[*13]、火山砂が見られる。中央付近にはとても珍しい洞窟がいくつかある。「熔岩の気泡[*14]」と思われるこれらの地下空間は、先住民が埋葬地として利用した。急峻な地形の中に絵画のように美しい森が広がるコハラ山脈は、ワイメアの北と繋がっている。見事な草原が広がる斜面からは、無尽蔵の水が平原にもたらされるが、土壌は砂が多いうえに強風による蒸発もあり、ここから三キロも先へ行くと潤いを失ってしまう。一辺が一六キロと二〇キロほどの土地は、灌漑すればはかり知れない貴重な価値を生む肥沃な土地となるだろうが、現在は砂塵の荒野でしかなく、いまも草原を侵略している。平原が東に向かって傾斜したあたりには、再び熱帯植物が姿を現す。地表は探査も容易ではない密集した茂みと湿原に覆われ、その茂みが影を落とす水源の水はワイピオとワイマヌ渓谷へと流れ下る。その水量はハワイ島風下側の砂漠地帯を灌漑できるほどだといわれている。

草原の気候はとても爽快だ。荷馬車が通れる道があるので、物資を手軽に入手できる住環境が整えられれば、冷涼で気温の変動が少ないワイメアは、太平洋でも屈指の保養地になるだろう。ただし、ハワイ島は病人や老人には向かない。馬に乗れなければ、人と会うことはおろか、気晴らしすらもできないのだ。ライアンズ師[*15]は初期伝道団のなかでもよく知られた人物だが、四〇年間務めたこの地をいまも離れられずにいる。彼はハワイ語で詩作し、優れた讃美歌を翻訳するとともに、作曲ではこれまでに大部の一冊を書き上げていて、その功績はとても大きい。彼によれば、ハワイ語はもともと音律によって表現されるのに向いている言葉だという。若いころのライアンズ師は疲れを知らず、ワイマヌ渓谷の伝道では四回もロープを伝って断崖を下った。現在は夫妻のいずれも馬に乗ることはできない。いま二人がもっとも心を痛めているのは、彼らのまわりから住人が減り、消えていくことだった。しかし、明るい先住民の少女二人が英語と家事を学ぶために同居しているので、夫妻の家には活気がある。

ワイメアの道徳的な社会環境は、昔から健全とは言い難い。この地域に早くから移住してきたのは、いわゆる白人の悪党やビーチにたむろする不良、あるいは海岸沿いを徘徊する品のない連中だった。そうした者たちが住み着いて一帯に汚名を流し、昔からハワイにあった悪徳に自分たちの悪徳を上塗りしてきた。その結果、この地を不正の巣窟《そうくつ》に変え、そのために粗野な土地と呼ばれるようになったのだった。この島に宣教師の一行が到来し、分別のある普通の白人が定住するようになると、目に余る不品行は、次第に世論という形で糾弾されるようになった。これまでまかり通っていた無法は、法をもって処罰されるようになったのだ。無法者呼ばわりされたかつての移住者もいまはその多くが亡くなるか、あるいは法の威力の及ばない土地へと流れていったものの、いまだに「ワイメアの連中」は基準に達しているとは見なされていない。当地の多数派の外国人は、先住民女性と結婚したイギリス人だ。先住民の徹底したキリスト教化に対する抵抗運動は、こうした住民層から生まれており、伝道活動に対する中傷も生じている。

ワイメアには特有の美しさがある。風が吹き抜ける草原、雄大な山々の稜線、絶えず変化する色彩。起伏の多いドーム状の山頂が戴く純白の雪が、早朝の陽射しを受けて薔薇色にきらめくマウナ・ケアの朝の眺望。ディズレーリ[*16]の、「幸福とは雰囲気的なものだ」という格言にわたしは同調できないが、絶えず降り注ぐ陽射しや、不快感とか邪悪さとは無縁の気候は、人の気分を和ませるのはたしかだ。

わたしの関心を強く引く現地女性がいる。彼女は、英語で自分の考えを述べることのできる最初の人物でもあった。洞察力が鋭く聡明なうえに風刺が大好きで、もの真似がうまい。彼女は白人が景色に感心する様子を巧みに真似て見せ、そのじつ、景色に感嘆すること自体を笑いとばす。どうやらわたしたち白人のことは、気難しく、陰気で、心配性の惨めな人種だと思っているらしい。彼女はこう言う。「わたしたちはいつでも幸せよ。どんなことが起きても、いつまでもめそめそしないの。だれかが亡くなったりしたら、もちろん何日かは悲嘆にくれるけれど、その後はまた幸せになる。わたしたちは一日を通して楽しいの。白人のように、楽しいときとふさぎこむときが交互に訪れたりはしないのよ。くよくよしないということね。人生はとても短いのよ。ハオレはいつも、何が悲しいというの?」彼女が言うのはおそらく、気楽で、快楽に忠実で、笑いさざめくことの大好きなここの人々一般に共通する感情だった。いかなる言い付けであろうと、ときにはそれに背《そむ》いてでも納得のいくことをしようとする人々で、「明日に思いいたすことのない」人々だった。以前にも触れた美しいキルトの製作は、現地女性の大好きな仕事であり、自分たちの分だけでなく、夫の服もすべて自分で仕立てる。レイ作りのために森へ出かけて適当な材料を探し、お喋りをし、乗馬を楽しみ、友人を訪ねるといったことで一日は過ぎる。わたしたち白人女性も自国の文化にこだわらず、ホロクーを着れば、少しは憂鬱な時間が減るかもしれない。

I・L・B

手紙16

草葺き小屋――未開人の中に一人――眩暈の断崖（パリ）――世界から外れて――幸福の理想郷――一時の蛮行――災難の夜――ワイマヌ渓谷――静寂の世界――ピリキア

ハワイ島、ワイマヌ渓谷

わたしはいま草葺き小屋の入口に坐っている。ここより先に道はなく、人里離れたこの巨大な大地の裂け目より先に進むことはできない。わたしのまわりには三〇人ほどの先住民が腰を下ろし、わたしをじろじろ見ては笑い声を上げ、お喋りを楽しんでいる。このあたり一帯に、白人はわたし一人きりだ。みなで輪になり、鶏と大きなヒョウタンに入ったポイを囲み、一緒に食事をとった。鶏はわたしのために一羽を潰し、石竈で焼いてくれたものだ。わたしはナイフを持ってくるのを忘れたので、未開人のような原始的な方法で食事をするしかなかったが、内心、気が気でなかったのは、見たところあきらかにハンセン病の進行した人が数人いたことだ。ゴザの上には男が一人、刺青をした褐色の手足を広げて寝そべっていた。他の者たちは胡座をかいてタコノキのレイ作りに励んでいる。男性の一人は、見事なまでに白く、驚くほど丈夫な繊維から釣り糸

普段着の女性たち

を作っていた。これはニュージーランドの亜麻とは異なり、ハワイの亜麻[*1]から採れる繊維だった。この谷間の住人はほぼ全員がワヒネ・ハオレを見ようと戸外に出ていた。彼らが外国人女性を見かけたのはただ一度で、それも現地に暮らす女性を見たきりだった。わたしは、ここにただ一人でいた。もっとも近い白人でさえ、山や渓谷に隔てられた何キロも彼方にいるのだった。

ここは素晴らしいところだ。長さ五キロ、幅一キロほどの渓谷は、高さ六〇〇メートルから一二〇〇メートルの絶壁に囲まれ、人が出入りする道も定かではない。絶壁の頂きからは五つの滝が流れ落ち、それが一つの穏やかな川になる。このあたりでは馬の背ほどの水嵩だが、少し下れば、馬が泳げるほどの深さとなる。渓谷は鬱蒼とした緑の森に覆われ、滝壺は見えず、白っぽい玄武岩の岩壁もほとんどが緑に隠れている。渓谷の開口部には剝き出しの岩が広がる断崖が左右に迫っている。一方は高さが六〇〇メートルほどあるだろうか。太平洋に面して切り立った断崖に、大きな音を轟かせて波が押し寄せる。波は、わたしが手紙を書いているこの小屋まで三〇メートルほどのところまで迫るが、浜に積み重なった大きな砂利石が防波堤になっていた。

いつまでも続くかのような昼下がりに、日暮れどきが訪れる。暑く静かな世界は、この世に現れた夢の世界に思える。ここに暮らす人々のなかには生涯を夢の世界で過ごし、少なくとも陸路では一歩もこの渓谷から出たことのない人がいるというのも納得できる。それは、絶えることのない語らいとさんざめく笑い声からなる夢だ。わたしはこれほど陽気な人たちに出会ったことがない。ここでの孤立した生活は、間違いなく彼らにとってかけがえのないものなのだ。

この絵のような光景が描写できたらどれほどよいだろう。ゴザを敷いたベランダには目鼻立ちの整った若者が二人と、女性が五人、緑や赤や黄色の服を着て、全員がシダのレイを頭に被り、くつろいで地面に坐っている。外には大きな熔岩を敷き詰めた歩道があり、そこに集う人々は色とりどりの服装で花輪や花飾りを身に付けている。なかには赤と黄色の毛布に身を包み、老醜をさらけ出した者もいる。彼らは思い思いに腰を下ろし、あるいは横になっている。仔犬をあやす者もいる。たくさんの大型犬がいて、猫の群れと仲よく魚の骨を漁《あさ》っている。波乗り板、櫂《かい》、鞍、投げ縄、拍車、乗馬具、ティーの葉の束などが散在している。外には一三頭の馬が繫がれており、そのなかには渓谷の上から意気揚々とわたしを連れてきた者たちの馬もある。向かいの断崖が夕陽に赤く照り映える。わたしと断崖のあいだには村を二分する静かな広い川があり、そこには子供たちが次々にやってきては泳いで渡っていた。ときおりマロをまとっただけの男や、片手に衣服を掲げ持った子供たちが川を渡ってきて、人垣に加わった。

だれもが一心にわたしを見つめる。みな気立てのよさそうな眼差しだ。ワイピオからのガイドがわたしのことをみなに説明しはじめたが、彼の英語はぶっきらぼうで一貫性に欠け、おまけにほとんど意味をなさなかった。ときおりわたしの傍らにやってきては、彼ら独特の質問を発する。「お父さん？　お母さん？　結婚？　時計？　どうやって来た？」彼らには主語の「YOU」は手に余るらしく、決して使わない。「キラウエア？　ルナリロ？」わたしからなにがしかの答えをもらうと、戻っていっては身振り手振りで矢継ぎ早に一席ぶつ。そのなかに男前で愛想のよい、赤いマロを着けた男性がいた。校長のようにも見えるその男性は人垣から出て来ると、わたしの脇に腰を下ろした。だが、彼が持ち合わせている英単語は「いくつ？」しかなかった。わたしが指を折って伝えると、彼は心底愉快そうに笑って、「歳を取りすぎだね」と一言いい、それをみなに話した。すると、また爆笑の渦となった。ヴィクトリア女王とコーン師の写真をノートに挟んであったので、彼らに見せたところ、わたしのまわりに人だかりができた。彼らはコーン師を見つけて拍手喝采し、大声を上げて喜んだ。ルナリロ国王の手書きの文字に対しては、次々に手渡しながら、そのたびに恭しく「ああっ」とか「おおっ」といった声が発せられた。それは人々の手に回されながら、縦にされ、斜めにされ、逆さにされ、入念にチェックされた。わたしがインクの吸い取り紙を綴じたノートに壊れやすいシダを挟みこんだとき、彼らはおかしな振る舞いを見つけたように甲高い笑い声を上げた。枯葉に何か意味を持たせるような行為が、彼らにはひどく馬鹿らしく思えたようだ。バネ式の蓋が二つ付いたインク入れは、彼らにはとても興味深かったようだ。一人ずつ手にとっては両方の蓋を繰り返し開け閉めし、「マイカイ、マイカイ（良い）」の合唱が人垣をめぐった。みな、純朴で善良そうだったので、わたしはついに彼らを信用して時計を回した。時計は大変な評判だった。みなが絶賛したのは、どうやらそれが小さいためだったらしい。時計はいま、勝手にどこかをめぐっている。しかしわたしは少しも気懸かりではなかった。男が川の対岸から少し離れた小屋を指差し、何か訊ねる口調で語ったので、わたしが頷《うなず》くと、男は馬に乗ると指差した方向に時計を持ち去った。エリス氏がカヌーでこの渓谷にやって来たことがある。彼の話によれば、説教に際してキリスト教の一般的な信義については無関心に見えた人々が、「オラ・ロア・イア・ジェス（キリストによる永遠の生命）」の話を聞くなり、非常に強い関心を示したという。

わたしが渓谷の上流に出かけているあいだに、貧しい人々が七枚のゴザを重ねて素敵なベッドを部屋の片隅に用意してくれた。部屋は襞の入ったコットンのカーテンで仕切られていて、反対側には枕が一〇個並べられている。この小さな部屋には夜になると何人が入って来るのだろう。わたしはいま、石の窪みに牛脂を入れた灯芯の明かりで手紙を書いている。わたしの世話を焼くために、若者二人が派遣されたらしい。一人はインク入れを捧げ持ち、もう一人は、わたしが目を上げるたびに、わたしの使いそうなものに見当をつけて飛びついた。服が湿っているせいか、二人はわたしが寒がっていることにしたいらしく、ワウティ[*2]という植物の内側の樹皮で作ったタパを何枚もわたしに被せるのだった。二人はカロの葉に包んでたくさんの川エビを持ってきてくれたが、わたしがそれを口にしなかったことに心から驚いていた。

三月五日　ワイピオ

ワイメアを発ったのは昨日の朝だが、すでに一週間はたっぷりと経った気がする。この間、じつに多くのことを経験した。馴染みのハレマヌ氏が夕食の支度をしてくれているあいだに、今回の遠征について手短に述べてみることにしよう。

晴れ晴れとした朝を迎えた。広大なワイメア平原は赤と黄金色の光に満ちあふれ、雪を戴くマウナ・ケアには雲一つない。わたしたちは灯火を点して朝食をとり、六時前には出発した。この緯度では、いうまでもなく夏の一日は短い。家の主は親切にも立派な馬と革袋に入れた食糧を提供してくれた。わたしは、こちらに用があるという白人と、先住民一人とともにこの渓谷を訪れた。その日の朝は豪華さをきわめた。薔薇色に輝く空に向かって山々が白くくっきりと立ち上がり、山麓には青い靄が幾重にも襞をつくって垂れこめる。丈の低い、だが、毅然と立ち上がった草には青い夜露が輝いている。空気はどこまでも澄みわたり、凍っているのかと思うほどだ。本当にすべてが晴れ晴れとしていた。馬も爽快な朝を喜び、小躍りする。だが、手綱をとられるのが気に入らないのか、しきりに轡《くつわ》を嚙みしめる。わたしたちは草が生い茂る平坦な大地を進み、枯れ木が周辺に連なるハマクアの森に至った。森はオヒアやシダの巨木にあふれていた。シダのなかには横二列に葉が並ぶものがあるが、これはニュージーランドで見たものよりはるかに大きくて緻密だ。この島には野生の山羊、牛、豚が群れをなしており、一帯をうろついては土を踏み固め、あるいは掘り返し掻きむしる。老木の樹皮は嚙み砕かれ、若木は食べ尽くされた。このような状態が続けば、遠からずして美しい森は破壊され、ハワイ島の森林気候をも変えてしまうだろう。牛は見るもおぞましいひどい品種で、骨と皮と角の集合体といったありさまだった。

ワイピオの断崖の上に出ると、ワイメアの柔らかな草原に慣れた素足の馬たちは、人を乗せたまま崖を下るのを嫌がった。仕方なくわたしたちは歩いて下った。わたしにとって、この寂しい渓谷は以前にもまして美しく思われた。渓谷の奥はどこまでも青く沈み、青い靄がゆったりと渦を巻いて立ち昇る。朝の静寂を乱すのがためらわれるほどだ。露をたたえた緑の中に、海岸は目の粗い黄金のように輝く。静かな銀色の川は立ち退《の》くのを厭《いと》うようにゆったりと流れ下り、怒号を発する太平洋へと溶けこんでいく。渓谷の反対側には、わたしたちが辿るはずの道がか細いジグザグ模様を描いて這い上がり、剝き出しの頂上近くで消えていた。この平安そのものの光景を一目見るためだけでも再訪の価値があった。

ハレマヌ氏はわたしたちを快く迎え入れ、家の者にてきぱきと食事を用意させた。S氏が今後のわたしの旅程を整えて旅立ってしまうと、わたしは初めてただ一人、英語の通じない先住民の中に残ることになった。ワイマヌへの旅行では、ワイマヌで育ち、目も眩むばかりの絶壁の登り降りに慣れた馬を手に入れることが第一だった。そのような馬を調達したあと、わたしは、個性的な顔立ちのハナヌイという先住民をガイドに雇った。わたしたちは一〇時前にワイピオを発ち、渓谷を駆け抜けて反対側の垂直に切り立つ絶壁に到達した。旅人のなかには、ハレマヌ氏の家から虚空《こくう》に架けられたような道を見るなり、断念して引き返す人もあるという。わたしはワイマヌ育ちの馬があれば安全だと聞いていたので、必死に恐怖を抑えこんだ。自分が一時間前に眺めていた崖を、ハナヌイの先導で登りはじめた。崖はほとんど完璧に垂直だった。灌木もシダも、緑の茂みらしきものすらなく、剝き出しの焦土ともいうべき斜面を覆うものは何一つない。崖は海に迫って高さ六〇〇メートルに切り立っている。この岩壁に付けられた踏み跡は羊のための道でもあるかのように、幅は七五センチから一一五センチほどしかない。それが大きく左右に振れて、ジグザグ模様を描いている。ときに人の胸元まである大岩の段差を乗り越え、またあるときはほとんど足がかりのない張り出し岩を踏み越えた。大雨に流された場所も三ヵ所あった。じつに想像を絶する恐怖の道だった。

　ガイドの馬が体を硬直させてあわてふためき、もんどりうって落ちてしまうかのようにあたりを落ち着きなく見回すのを見るのは恐ろしかった。わたしの馬は心得たように堂々と登っていくものの、ときに滑り、跳び上がり、先を急いだ。岩棚から小石をぱらぱらと落とし、ときには一瞬前脚で地面にしがみつくようにする。道は上に行くほど狭くなり、険しさを増した。馬の腹帯は呼吸を妨げないように緩め、普通は腹の下に通す鞍帯も胸のあたりで留めてある。だが、馬の右脚が断崖からはみ出して宙に浮いたときは、自分の左足を崖にぶつけないように鐙からはずし、馬の首元に押し付けていなければならない。そのようなときに体のバランスを崩しそうになったことも一度や二度ではない。土砂崩れのせいで、砂と砂礫《されき》が積もって急勾配になったところもあった。道幅は馬の体ぎりぎりでほとんど余裕がない。これを登るのがどれほど危険であるか、想像してもらえるだろうか。わたしは鞍がずれないように注意しながら馬から滑り降りて下に潜りこんだ。そして馬の後脚をつかみ、これを軸にぐるりと回転して馬の後ろに出た。健脚でならす地元の馬と一緒だとはいうものの、この砂場を越えるのは必死の覚悟だった。馬が深い砂礫の中でもがきながら滑っていくのにはひやひやさせられたが、わたし自身は自分が滑っているのに気づいても、それほど恐怖を感じなかった。というのも、わたしは馬の尻尾にしがみついていたからだ。

この崖の頂きからワイマヌ渓谷まで距離にして一六キロほどだが、そのあいだに九つのガルチがあって、そのうちの二つは二七〇メートルの深さがある。どのガルチも起伏のある大地と豊かな緑、輝く川をたたえ、たとえようもなく美しい。だが、コナからの南風は赤道地帯からの熱風を運び、太陽は雲に遮られることがない。渓谷の暑さは強烈だった。ガルチは次から次へと現れた。とりわけ深く険しい二つの渓谷のあいだは、せいぜい五〇メートルほどの幅しかない尾根となっていた。

正午を過ぎてまもなく、わたしたちは同時に馬を停めた。眼下にワイマヌ渓谷が広がっていた。高低差七五〇メートルほどというが、そこへ下る道は宙に浮かんでいるようだ。それはワイピオの孤立した世界を思わせる光景だった。すぐに目に付いたのは、二〇軒ほどある住民の草葺き小屋だった。渓谷の上流部には鬱蒼とした森に五つの滝が流れ落ち、銀色のリボンのような川や、緑なす草原も見える。すると一羽の鳥が現れて谷間を旋回した。鳥は大いなる喜びを満喫しているように見えた。

わたしたちはこの渓谷に迫り出した目も眩むような尾根に踏みこみ、苦労しながらも、暑さと静けさの中へと下っていくことに専念する。道は先ほどと同じように険しく起伏も激しいが、道幅はそれほど狭くない。それに加え、ククイやタコノキ、オヒア、ティーといった木々とともにシダやツル植物が岩の裂け目に生い茂っているため、垂直の絶壁が目に入らないせいか、恐怖は感じなかった。渓谷は丸一日かかりそうなほどはるか下方にあるが、急峻な下り道なので、頂きからわずか一時間ほどで下り切った。わたしたちが下るにつれて、最初は玩具のように見えた家や教会が視界の中に大きく広がり、銀色のリボンは川となり、草原の斑点は馬となった。太平洋の海岸線を描く白い波は逆巻く波となり、さらに下ったところでは、わたしたちがやって来るのを目にした人々が、あわてて衣服を身に着けるのが見えた。

四軒の民家が、崖と川に挟まれた土地に身を寄せ合うように集まり、対岸には六軒から八軒の民家と教会、学校がある。いまいる場所と海とのあいだに広がる狭い海岸は、砲丸のように滑らかで大きな丸石のある浜で、一年を通じて打ち寄せる大きな波音に洗われている。向かい側の渓谷を囲む断崖はさらに急峻で、道などつくることはできないだろう。先ほど上から見下ろした家の前には、学校の子供たちと住民の大半が集まっている。そこは熔岩が剝き出しで土手のような地形に取り囲まれていて、乗り越えにくくなっている。普段は親切な現地の人々なのに、わたしに手を貸そうとする者が一人もいないのは、おそらく現地の女性が男性の手を必要としないからだろう。女性は男勝りでたくましく、活発で恐れを知らない。男たちと競って泳ぎ、さまざまな競技もするのだ。家の前では老人が一人、褐色の肌に何一つ身にまとわず、焼いたカロを叩き潰してポイを作っている。女性が一人いて、髪に花を飾ってはいるが、衣服は身に着けず、川の水に腰まで浸かってエビを獲っている。彼女はラッパ型の軽い籠を前に押しやりながら川の中を歩いていた。その他の女性たちは鮮やかな衣服を身に着けている。

日没まであと六時間はある。それまでは旅を続けたかったので、わたしたちは再び馬に乗り、しばらく川を遡った。渓谷においては川は公道だった。わたしたちの両脇を村中の子供たちが、片手に衣服の束をかざしつつ泳いで付いてくる。カヌーも二艘、わたしたちの後を付いてきた。川は静かで澄みわたり、平坦な川底が見える。だが、深さは馬の胴回りの中ほどまであり、馬に乗る者は両脚を鐙から外して鞍のあたりまで持ち上げなければならない。心持ち体を後ろへ反らすようにして、脚を馬の首に押し付けておくのだ。この独特の乗馬スタイルの騎手たちをはじめ、川面《かわも》を滑るカヌーや泳ぎまわる子供たちと犬のいる光景は、楽しい絵のように見える。子供たちの何人かは毎日、泳いで学校へ通う。わたしたちの護衛をかって出た人々を振り切ろうと、柔らかな草地に上がり、駆け足で進んだ。

やがて、とても美しい草葺きの家が建ち並ぶ場所に出た。家々に木陰をつくるたわわに実を結んだパンノキは、この島のなかでもとりわけ見事なものだった。オレンジの木が花を付け、コーヒーノキの細い枝には愛らしい白い花が雪のように積もっている。ココヤシはバナナの茂みから立ち上がり、クチナシの花の群れがハイビスカスを覆い隠そうとしている。ガイドのハナヌイは見世物師のように気取っている。おかげでわたしはサーカスの貼り紙にある怪物にでもなった気分だ。わたしはなすすべもなく、じっと坐って人々の視線に晒されていた。わたしは漂白したような自分の顔や、色褪せたような目や髪、さらには肌の色や服装のことなど、あれこれと思いをめぐらせた。ハナヌイはよくわからない質問をわたしにした。その様子から察するに、人々がわたしについてあれこれ問いただすのに対し、彼は口任せに適当なことを言っているようだ。住民はわたしにココナッツミルクとバナナを持ってきてくれた。それはすっきりしてとてもおいしかった。

集落の先の渓谷では二メートル半ほどもあるカンナをはじめ、グァバやオヒアが密林をなし、その下でシダがからみあっていて通り抜けるのに苦労する。ハナヌイは仲間うちでの楽しいひときが恋しくなったのか、立ち止まってわたしに告げた。「リオ（馬）、行かない」。わたしは、「では、なんとかしましょう」と答えて、先に進んだ。彼は馬の背に坐ったまま、不謹慎なくらいに大声をあげて笑い、仕方なく後に付いてきた。先住民と旅をするときには、やるべきことをしっかり心に決めておく必要がある。多少押しが強くても、計画を実行に移す強い意志が必要なのだということを、わたしは理解していた。

苦労しながら少し先へ進むと、密林の中に彼の姿が見えなくなった。戻ってみると、彼の馬は胴体部分まで草に隠れ、柔らかい地面でもがいていた。そこでわたしたちは馬を下り、そこに馬を繋いだ。ハナヌイはほとんど進んでいなかったことになる。わたしは五本の滝があるところまで行きたかったが、それを彼に理解させることができない。結局、二人の立場を変え、わたしがガイドを務めるしかなかった。わたしたちは急流沿いに茂った見事な木々や苔やシダの中を這うように進み、やがて川の分岐点に出た。そこには馬が三頭繋がれていて、岩場には衣服らしい布が広げてある。一方の川沿いには人の足跡が付いていた。そこでわたしはもう一方の川を選ぶことにした。ハナヌイの素振りはそれに抗議するようだったが、そちらの川の先にたっぷりと閑談の機会があるのを嗅《か》ぎ分けているのはあきらかだった。彼は、わたしが譲らないのを見て取ると、再び大声で笑ってわたしの後に付いてきた。

この地点から先の景観はじつに見事で、わたしは夢中になった。いま、わたしは確信しているが、そのときわたしは、ついに外国人が一度も見たことのない場所に辿り着いたのだという気がした。熱帯樹林の栄華がそこにあった。深淵な森は、素晴らしい色彩とあふれんばかりの豊かさでわたしたちを取り巻いた。この土地では自然の営みはとても速く、明確だ。年間三三〇〇ミリの降雨と温室並みの気温は、あらゆる植物に絶え間のない生長を促すので、衰頽《すいたい》よりも生長がすべてに勝る。発芽、開花、結実が四季を通じて行われるのだ。ケンブリッジのカム川ほどの川幅は琥珀色に澄みわたり、躍るように流れる。輝く深みにしばしよどむ水の中では、魚が銀色の砂を背景に戯れる。魚たちは笑うばかりで、脅威を知らない。早瀬はきらめき、謎も苦悶も知らぬかのように、ただ岩に砕ける。苔やシダの緑に覆われた岩場の水はそれほど冷たくはないし、水深はわずかに九〇センチなので、歩いて渡るのも危険ではなく、楽しいくらいだ。ただし、川沿いに進むことはできない。森はあまりに鬱蒼として複雑だからだ。そこでわたしたちは水の中を歩いた。流れの急な場所では、裸足のガイドに手を貸してもらった。

さまざまな植物が入り乱れて川を覆い尽くそうとしている。あらゆる緑は川を慕ってなびき、川面に触れようと傾いている。そのため、川の流れは延々と魔法の天蓋《てんがい》に覆われることになる。大きな葉を持つオヒアがそこかしこにあり、無数に咲いた針のような淡紅色の花は、午後の陽射しが斜めに差しこんで悪戯をするせいか、天蓋の長い通路を照らし出す灯のように見える。陽射しは笑いさざめく川面に戯れて、川底の砂を金色に変え、ククイやパンノキの多彩な緑を輝かせる。堂々とした木性シダの上や、オヒアの枝に垂れて震える繊細なウラボシ科のシダ[*3]の上、あるいはパンノキの無骨な幹を飾る美しいツル植物やシダの上にも陽射しは輝く。明るいバナナの葉や、地を這う艶やかなヤムイモ、どれほど高い木にも這い上り、大きな房となって垂れ下がることを繰り返しながら木から木へと広がるツル植物は、森を織物のように飾り付ける。岩を羽毛のような緑で包むものや、シダとの区別が判然としない種まで、ありとあらゆる種類のヒカゲノカズラにも陽射しは届く。それでもなお奥深く薄暗いところはある。陽射しは、湿った涼しげな陰をつくる葉叢《はむら》を通り抜けることはない。夢見心地の木陰では、川の調べがこのうえないほど甘美に耳をくすぐる。あまりに強烈な喜びには、苦痛にも似た哀しみが潜むものだが、ここでは哀しみが生まれるかわりに、魂を奪われるほどの快感があるのだ。そこかしこで川を塞ぐ倒木からは、妖精を思わせる透けるような苔やシダが上に伸び、あるいは下に垂れ、露を含んで陽射しにきらきらと輝く。ときおり現れる赤い熱帯の鳥の輝く飾り羽がさらに森の印象を高めた。

その後、一時間ほど川の中を歩いて広々とした陽射しの中に出ると、そこが五つの滝の郷だった。滝は半円形の崖から下の三つの滝壺へと流れ落ちていく。ただし、滝から滝へと伝い歩くことはできない。この大きな渓谷は壮観だった。深く暗い滝壺から晴れわたる天を仰ぎ見ると、滝ははるかな高みから決して急《せ》くことなく、無数の虹の中を九〇〇メートルの高さを静かに流れ落ちている。水飛沫に煙るシダの茂みが、断崖の壁面を優美に飾り付けている。そして、滝壺の岩は深く穿《うが》たれている。わたしは心地よい風と陽射しを浴びて服が乾いていくのを感じたが、渋々ながら川を下って引き返すことにした。オヒアが自然の天蓋となっているもう一本の川との合流点に戻ると、男と女二人が水の中から上がってきた。それは古の牧神ファウヌスと連れ立つ水の精ナーディアス、木の精ハマドリュアスを彷彿とさせる光景だった。三人は腰まで水に浸かり、赤いオヒアレフアとシダのレイを身にまとっていた。幻想的にさえ見える苔の冠を付けた豊かに流れる髪が、非の打ちどころない裸体に垂れている。鮮やかな褐色の肌は斜めに差し込む陽射しを受けて艶やかに輝いた。彼らはラッパ型の籠でエビを獲るという毎日のありふれた労働に携わっていたのだった。わたしたちは連れ立って川を下り、彼らが馬を繋いでおいた場所に出た。二人の女がホロクーを身に着けると、男はわたしに、自分の裸馬に乗っていくよう強く勧めた。そして、わたしたちが馬を繋いでおいた場所まで来ると、全員が馬に乗り、柔らかな草原を疾駆した。

ワイマヌでは馬に乗った三〇人の人々がわたしたちを待ち受けていた。みながわたしに握手を求め、オヒアやタコノキ、ハイビスカスの花飾りをいくつもわたしにかけてくれた。わたしたち騎馬隊が川に入ると、大勢の子供たちとともに犬と三艘のカヌーが待ち受けていた。護衛が付いたわたしは意気揚々と家に向かった。川面に繰り広げられる行列は、カヌーの乗り手が櫂《かい》を漕ぎ、子供たちが犬と泳ぎ、三〇人を超える騎手が両脚を馬の首元に上げ、全員が「青白い顔の人」に付き添うという奇妙で魔法のような集団だった。わたしは一時の蛮行ともいえるこのお祭り騒ぎにすっかり打ち興じ、純粋な人々の優しさと善意を心ゆくまで味わった。

谷間に闇が広がると、奇妙なチャント（詠唱）とともに澄んだ声が響きわたった。部屋の中には人があふれ、煙草のパイプが人々の輪をめぐる。ポイが新たに用意され、ココナッツミルクがヒョウタンに満たされると、メレと呼ばれる土着の歌が長々と続いた。わたしは用意されたカーテンの中に潜りこんで横になった。五〇キロ弱の道程を馬で駆け抜け、川の中を三・二キロも歩いたせいもあって、しっかり睡魔が訪れているのだが、その眠気を阻む二匹のゴキブリがいた。ゴキブリたちは鼠のように大きく、獰猛そうな触手と突き出た目をして、わたしの枕を占拠しようとする。追い払おうと頭をもたげたら、事態はさらにやっかいであることを知らされた。二匹はただの先発にすぎなかった。一時的な撤退をしたものの、大軍が控えていて、ゴザや干草の上を鼠の足音そのままに這いずり回っている。眠気はそれで吹き飛び、その後、数時間も眠ることができなかった。さらにひどかったのは、これに加えてカーテンの外から侵入する災厄にも見舞われたことだ。あの独特の羽音の前触れもなく、次々と襲う蚊に刺されてしまう。そのうえ、一三人が横になる部屋はドアが閉ざされているので、耐え難い暑さだった。あのとき、そのうちの二人がハンセン病患者だと知っていたら、もっといたたまれなかっただろう。

そんなことがあったので、わたしは深夜に起き出し、眠りこむ人々のあいだを注意しながら通り抜けて戸外に出た。すべてが月明かりに照らし出されている。わたしは熱帯植物のことより、これまでも繰り返しわたしを捉えた感慨にふけっていた。未開の地に白人女性がただ一人でいるというのに、安全はしっかりと保証されているのだ。キリスト教を習得して文明化した社会では、険しい山間の、海岸から削り取られたような孤立した渓谷においても、不愉快なことやあるまじき出来事を目にすることは決してない。夜のしじまに海が咆《ほ》える。川は優しくせせらぎ、アシの茂みをくぐり抜けていく。あたりの空気を微《かす》かに震わせて水が流れ落ち、木の葉もまた微かにそよいでいるようだ。空気には物憂げで芳醇な香りが満ちている。オレンジの花の息づき、そして、おそらくはビャクレンカク[*4]の花が象牙のような壺を月に向けて開いている。わたしは一晩中、芳《かぐわ》しい夜に浸っていたかったが、夜露がすごく、なによりわたしは靴を履いていなかったので、気が進まないまま草葺き小屋に戻った。内部にはむせ返るような暑さと、ココナッツオイル、煙草、牛脂の鼻をつく臭いが充満していた。

夜明け前にはわたしの馬に鞍が置かれ、大勢の先住民がそのまわりに集まっていた。ハナヌイは姿をくらましていたが、昨日、わたしに裸馬を貸してくれた男性がガイドを引き受けることに話は決まっていた。そのときは長靴が行方不明になっていたので、わたしは現地の人たちの流儀に則り、裸足で馬にまたがった。わたしたちは再び川を遡った。川の中ではゆったりと厳粛な足取りで進み、広々とした草原では全力で駆け抜ける。澄んだ小川を何度か渡り、それから深い密林に入った。カンナやプランテーン、アマウの茂みからパンノキやククイ、オヒアの高木が伸びている。プランテーンはそこかしこにあった。これはバナナの実にそっくりだが、調理しなければ食べられない。黄色の花を付ける巨大なカンナには、堅くて黒い実がなる。これを袋に入れるとマラカスのような楽器となり、異教風味満点の原始的な太鼓の伴奏に使われる。ここのグァバはオレンジほどの大きさでレモンのように黄色く熟すが、地面に落ちても顧みる者もいない。ときおり下のほうから早瀬の水音が聞こえると、パアラウ[*5]は降りていって四つん這いになり、果実を探した。カバのような鳴き声が聞こえることもあるが、いつも耳の先しか見えない[*6]。楽しげな野生馬の群れのように、わたしたちの接近に怯え、大きな音を立てて密林に逃げこんでしまうのだ。シダが岸を縁取る澄んだ早瀬は、ときに数メートルの幅を持つ街道となる。密林はさらに鬱蒼として、森の木々は大きさを増し、ツル植物は複雑にからまり、流れは深く岩だらけとなった。馬は目を閉じ、果敢に茂みに突き進むが、わたしたちは渓谷の上まであと一キロほどのところまで来ながら、完全に行く手を阻まれた。見た目は冴えないが、鞣し革の覆いがとても役に立つ。鐙と足を保護するこの覆いがなかったら、ここでは一〇メートルと進めなかっただろう。わたしたちはすっかり閉じ込められて、馬を下りるのにも苦労した。わたしは野生のカロの葉を脚に巻きつけ、ごつごつとした岩場を乗り越えて小さな丘に上った。そこから大地の裂け目である渓谷が一望できた。それはまさに絶景だった。高さ九〇〇メートルの絶壁が人跡未踏の頂きを見せてそびえ立つ。壁面は涼しげな露をまとって陰の中にあったが、とつぜん一条の陽射しが差しこむと薔薇色に染まった。光の幅広い帯が大地の割れ目に注がれる。渓谷は、はるか彼方の茜色《あかねいろ》の東の空に向かって伸びていた。わたしはこの小さな閉ざされた世界がかぎりなく愛しいものに思え、立ち去るのが辛かった。

なにやら海岸近くが騒がしかった。一人の男が草葺きの家を建てるというので、住人たちが家に通じる石畳をつくっているのだった。三〇人ほどの村人が海岸から一列に並んで地面に腰を下ろし、火事場のバケツリレーのように次々と石を手渡す。それはとても楽しそうな仕事のように思えたので、わたしはハナヌイにそこから抜け出せとは言えなかった。先住民は日々の生活を集団で行い、他人との交流をとても大切にする。彼らは何をするにも必ず集団であたり、仕事や娯楽も男女で共有する。かつてハワイ島の王は、いまよりはるかに数多くいた成人をかき集め、五キロ弱に及ぶ人垣をつくって石を手渡し、コナの大ヘイアウ[*7]を建てたという。ちなみに、四〇年前にはこの渓谷に二〇〇〇人が住んでいたようだが、現在はわずか一一七人にまで減少している。四〇年前の推計は決して誇張ではないだろう。渓谷全体がカロの栽培に適しており、ここには二・六平方キロメートルのカロ水田がある。それは年間一万五〇〇〇人分の需要を満たせるといわれている。

　川では二人の女性がエビを獲り、子供たちは泳いで学校に向かっていた。カロが石の中で焼かれ、紫煙が静かな大気に立ち昇る。女たちが集い、地面に腰を下ろして縫い物とレイ作りに励む。こうしてワイマヌの一日が始まった。大昔からそうであるように、長い夏の一日はいまもこうして明ける。渓谷の住人たちはエビを獲り、裁縫をし、カロを焼いて年老いていくのかと考えると不思議な気分だった。ワイマヌの住民全員がわたしと握手をしてくれた。優しいアロハがあたりに満ちあふれ、女性たちはわたしたち二人に花飾りを贈ってくれた。わたしは家の主に楽しく過ごさせてもらったお礼の一ドル半を受け取ってもらうのにひどく苦労した。

　目がくらむような断崖の上では、太陽は天高く、陽射しが熱かった。わたしは最後にもう一度あたりを見わたした。涼しげに陰る谷間は永遠のしじまにまどろんでいる。そこはもっとも奥深く、緑豊かな、そして優雅でもあるハワイ島随一の大地の割れ目だった。

陽射しは強烈に明るく、海は鋼の光沢をたたえ、コナの熱い息吹《いぶき》が草木を焦がす。わたしの両手は蚊に刺されて腫《は》れあがっていたため、手袋をはめることができず、陽射しに焼かれて赤くなっていた。湿ったブーツは硬化して脚を締めつける。ハナヌイが編んでくれた葉の冠を、熱くなった頭に被ったら人心地がついた。それでもわたしは先を急ぐ気になれないでいる。陽射しを受けたガルチの片側は日陰となっていて涼しく、露が滴っている。ヒルガオの青い輝きはまだ衰えを見せず、小さな沢の流れはシダの岩屋に滴り落ちては小さな淀みをつくる。赤いオヒアレフアが木陰に灯《とも》り、オレンジの花は深い茂みの中で星のように輝いた。ウェーブのかかった葉を持つコーヒーノキは、白い花が一面に付いて雪を被ったようだ。そのときわたしは熱帯の夢から突然、目が覚めた。自分が、渓谷の北斜面に立ち上がる絶壁の縁《ふち》にいることに気づいたのだ。そこから六〇〇メートル下の海までは、一気に落ち込む容赦ない垂直の壁となっている。その日も眩むばかりの崖っぷちに刻まれた傾斜の緩い踏み分け道の幅は、せいぜい六〇センチほどしかなかった。

わたしは、これほどひどい急斜面を下るより、ワイマヌに戻ってそこで生涯を暮らしたほうがましだと思った。わたしは愚かにも恐怖に駆られて馬から下りてしまった。自分の二本足より馬の四本脚のほうが信頼できることを忘れてしまったのだ。震えて臆病なわたしとは違い、怖じ気や眩暈、あるいは死を予知することのない動物のほうがずっと頼もしいことを失念していたのだった。この恐怖の断崖下りについて詳しく書くつもりだったが、昨日のピリキア（心配事）はこれでおしまいにする。ハレマヌ氏はそのほうがいいとばかりに、にこやかな顔をしてわたしの肩を叩き、大声でこう言った。「マイカイ、マイカイ（よかった、よかった）」。そう言えばわたしは、昨日からまともなものを食べていない。テーブルにはおいしそうな川魚が湯気を立てていることだし、この辺でペンを置くことにする。

I・L・B

手紙17

麗しのラハイナ――ハンセン病患者の島――シスター・フィービー――家族の学校――緩やかな規律――地元の齟齬

蒸気船キラウエア号

カヴァイハエからホノルルへ向かう途中で下船し、マウイ島のラハイナ[*1]で一日を過ごしている。この町は熱帯らしいとても美しい町だ。格子造りの家が木々の茂みから顔をのぞかせ、ココヤシやパンノキ、ククイ、タマリンド、マンゴー、バナナ、オレンジの木の茂みの背後には、サトウキビが鮮やかな緑の細い縞模様を描いている。その上には輝くばかりのエエカ山脈が一八〇〇メートルの高さにそびえ立つ。山肌はいたるところに深い襞ができ、涼しげな緑に縁取られている。すばらしいラハイナ。町並みは海岸沿いに長さ三・二キロの帯となって続き、幅は八〇〇メートルほどしかない。いまにも押し潰されそうな、眩しい砂漠の中のオアシスだ。かつてこの町は捕鯨の基地であるとともに伝道の一大拠点だった。だが捕鯨業は町を見捨て、布教活動は山の斜面にあるラハイナルナ学校[*2]がわずかに残るのみとなった。町で目を引く建物としては、以前の宮殿や要塞の跡、税関、それに先住民の教会などがある。商店と外国人居住者の建物は海岸沿いに点在している。緑色のベランダが特徴の明るい木造建築は、ククイやパンノキなど、目も覚めるばかりの熱帯植物に半ば埋もれるようにして建っている。外観も品のよい手入れが施されていて、はるか彼方のマサチューセッツにあるヒッコリーやニレの木陰に建つ家を彷彿とさせる。先住民の草葺きの家は川沿いに密集しているが、マンゴーやバナナの茂みの木陰、あるいはサトウキビ畑を取り囲んで香るクチナシの小道にも見かける。そのほかにも、日干し煉瓦の塀や家、ぎらぎらと照り返す大地、先住民の華やかな衣服、光り輝く外来植物の茂み、群青色《ぐんじょういろ》の海、熱帯の乾燥した熱風……。それがマウイ島の首都であるラハイナの特徴だった。この町の暑さは強烈だが、からっとしているので元気が出るほどだ。温度計が指し示す摂氏二七度というのは、ハワイ諸島の風下側では平均的で、海面温度に近い。わたしはサトウキビ畑を抜け、まばゆい浜辺を歩きまわったが、陽射しの強さが気になることはあまりなかった。こちらではほとんど見かけないが、白い日傘を差して陽射しを防ぐ必要などなかった。

砕け散ったサンゴでできた砂浜は真っ白だ。海は静かに澄みわたったトルコ石のような青色で、完璧なまでの透明度がある。波がサンゴ礁に打ちつけられ、低く重厚な波音がいつまでも続く。青い海原ははるか彼方の水平線まで延びている。大空は深い群青色で、木々の茂みは目に眩しく、山の多いモロカイ島は、まるで青い海に浮かぶ大輪の青いヒルガオのようだ。ヤシの木の林に風がそよぎ、さざ波が砂浜に寄せて軽やかな水音を上げる。人々は気怠げな陽射しのもとで日光浴をし、花を飾る。すべてが豊饒《ほうじょう》で、鮮烈で美しい。母国のあの灰色の空の下には、色褪せて単調

までで、先住民をはじめ、白人との混血先住民、他の混血先住民、それに中国人で構成されている。生徒は衣服、ベッド、寝具などを自前で用意し、年に四〇ドルを支払うことになっている。政府からの補助は二年間で二三二五ドルだ。シスター・フィービーはわたしのために名所ガイドとなってくれた。わたしがハワイ諸島で過ごした時間のなかでもとくに楽しかった日々の一つは彼女のおかげだ。年長のシスターは中年だが、外見は華奢《きゃしゃ》で清純な愛らしい容貌の持ち主だった。年下のシスターはそろそろ中年に手が届こうかという年齢で、わたしがこれまで会った女性のなかでもとりわけ明るく陽気で可愛らしい。彼女の目と口の端にはいつも楽しそうな笑みが浮かんでいる。二人の顔がたたえる表情には静かな落ち着きがあり、「優しく見守る愛とすべてを冷静に見つめる知恵」とが兼ね備えられている。

わたしはこれほど陽気な表情をした女の子たちを見たことはない。料理をする少女たち、アイロンがけをする少女たち、英語を音読する者たちもいるが、どの勉強も楽しいお遊びのように見える。少女たちがシスターに話しかけるときは、母親に対するようにまつわりつくのだ。彼女たちが聖書を読む声が聞こえ、歴史の授業を受ける声や、ピアノの伴奏で歌う声も聞こえてくる。わたしは彼女たちが、口述される難解な文章を一つの綴り間違いもなく書きとめるのを見学したが、きれいで読みやすい筆跡はうらやましいほどだった。生徒たちの発音と抑揚は聞いていて心地よい。質問に答える態度は、母国の地方校でも滅多に見かけないものだ。互いに競いあい、きびきびとしていて、生徒の知性とともに授業の質の良さを窺わせる。幼い生徒以外は全員、英語をハワイ語と遜色なく流暢に話す。子供たちの態度に見られる快活さや自主性を、どのように表現したらよいだろう。自由気ままというのとは違う。それは寛大な母親や叔母に対して、やんちゃに跳ねまわる子供たちのようにも見える。学校というよりは家族のようで、この学校を統制している規律は、あきらかに愛の法則だった。シスターは学内の規律を先住民の性格や環境にうまく適応させている。母国であれば同様の施設では当然と思われる厳格な規律も、ここでは似合わないだけでなく、致命的なものともなる。それを強行するなら誹謗《ひぼう》中傷となって跳ね返らないともかぎらない。ここでは完全な服従もときに要求されるが、規則はごくわずかであって、緩やかなものでしかない。強制を旨とする戒律ではなく、よくまとまった家族の中の規律といったものだ。

先住民の娯楽は一般にあるまじきものとして反対されるが、ハワイ人は生来、踊り好きだから、踊りたい者は踊るし、無害な遊びに打ち興じる者もいる。そこで教師は生徒たちにさまざまな英国のダンスを伝授している。生徒たちの踊りは可愛らしく、じつに優雅だ。制服はないので、イギリス風の可愛らしい柄物のフロックを身に着けている。なかには艶やかな髪にハイビスカスを飾る者もいる。年長の生徒になると顔立ちも美しく、容姿に優雅さが加わる娘もいる。欧州の学校では決して見られないが、彼女たちには体をくねらせるような仕草がある。だれもが楽しく浮かれ騒いでいるように見えるのだ。それでいて彼女たちの表情は洗練され知的で、ハワイで見かける一般女性の顔と較べてもとても好ましく思える。

二つある寮はいずれも風通しがよく、蚊帳の付いた四柱ベッドが一人ずつ備えられている。ベッドの上掛けは先住民が好む鮮やかなキルトで、それぞれ個性的な趣味と巧みな技術が反映されている。各寮にシスターが一人ずつ付いて寝起きをともにしているので、教養深く上品な二人の女性には、質素な小礼拝堂しか避難する場所はない。清貧の誓いを立てたうえは、当然私物はなく、一冊の本、一葉の写真など、普通なら身のまわりを飾る小物さえない。生活はすべて、礼拝堂で過ごす時間のほかは生徒とともにあり、悩みを抱えた生徒がいれば家庭訪問を行うといった生活が、八年間、寒暖計がつねに摂氏二七度を示すなかで続けられてきたのだった。

ハワイの女性には、イギリス人が一般に持つような貞操観念がない。この民族に未来が開けるとするなら、より高い道徳を浸透させる必要がある。そのためには少女たちを淫《みだ》らな悪徳のはびこる環境から切り離し、清純と善行が重んじられる快適な環境に置くことだ。家庭の主婦としての習慣や技術を身に付けるべく養育し、民族に生来のものより高度な仕事や娯楽を育成する。それはとても高貴な仕事であり、ある意味で希望の持てる仕事でもあるが、結果を出すには一時の中断も息抜きも許されない。この仕事はある意味で退屈な仕事の最たるものといえる。なぜなら、いわゆる下働きといわれる仕事はもちろんのこと、学業や、家庭における女性の勤勉さといった社会規範の訓練をも引き受けなければならないからだ。彼女たちには後援組織がなく、つい最近までは定期的な礼拝さえ行えず、ごくまれにある聖餐式も行うことができなかった。また、アメリカ人宣教師とのあいだでは、教会組織との違いから生じる軋轢《あつれき》にも耐えなければならない。ハワイ諸島に長年暮らし、キリスト教を伝道してきた優秀な男性たちからすれば、彼女たちは敵か、控えめに言っても他人の分野を侵す者たちと見なされた。彼らの、衣服や娯楽に関する考え方とは齟齬《そご》をきたしているからだ。たとえば彼女たちが身に着ける修道服や教会に関係する名称、あるいはミス・セロン婦人慈善会の存在そのものが問題とされた。それは、ハワイ諸島では儀式主義的な傾向が強い組織として知られ、当地ではとくに冷遇される英国教会派とあきらかな結び付きがあることも、強い敵対感情の一因だった。そのような感情が彼女たちの宗教教育の内容や趣旨に向けられるのだ。ちなみに彼女たちは、母国で一般に「ホノルル伝道団」と呼ばれているものとはまったく関わりがない。☆1

I・L・B

☆原注1　二人のシスターはいまもこうした外部の不信感を乗り越えて暮らしている。このことをここに書き添えられるのは嬉しいかぎりだ。わたしはその後、ハワイ諸島に五カ月滞在したが、その間、わたしが耳にしたこのラハイナの学校に関する評判は、どれもいたって好評だった。学校運営が優れて賢明であることを人々は認めているのだ。評価は二人のシスターへの好感から生じたもので、彼女たちの仕事はこのうえなく貴重な活動として認められている。彼女たちのおかげでラハイナの町は貴重な恩恵を受けていると言えるだろう。

手紙18

めまぐるしい社交――申し分のない気候――ホノルル名所――エマ女王――王室の園遊会――減少する先住民人口――通貨と新聞

三月二〇日　ホノルル、ハワイアン・ホテル

オアフ島に雨が降り、灰色の鋭峰や深い渓谷、涼しげな大地の割れ目、赤い岬、火山の火口丘など、すべてが艶やかな緑をたたえて、言いようのない美しさに満ちている。夜明けに上陸したとき、周囲は薔薇色に輝いていた。ホノルルの町は木陰が多く、木々は露に満ちて、花びらをより鮮やかに見せている。それはまさに「太平洋の楽園」と称されるにふさわしかった。ホテルは居心地がよく、デクスター夫人がいることもあって、懐かしのわが家に戻ったような気分になる。しかし、ここに戻ってわずか数日しか経っていないにもかかわらず、わたしはハワイ島で得た健康を損ねてしまった。しばらくは蒸気船「横揺れモーゼ号」[*1]が来る気配もない。ロッキー山脈[*2]は遠のいてしまったようだ。ホノルルはいかにも国際都市らしく客扱いがよい。陽気さと賑やかさを兼ね備えており、とくにホテルはそうした賑やかさの中心にあった。来客は朝食の時間に始ま

るが、その終わりはいつとも知れず、訪問、来客、宮廷での祝い事、政府高官が催す宴会、乗馬会にピクニック、ベランダでのパーティー、和気あいあいのお付き合い、昼食会、軍艦での夜間パーティー、これらが次々と恐ろしいスピードで展開する。しかし、それらはすべてうわべのことにすぎない。その裏には素晴らしいことが隠されている。それは、この地を訪れた人々を、寂しさや無関心さ、冷淡さから引き剝がして、優しさのうちに包みこんでくれることだ。このようなホスピタリティーこそが、当地の美しい景観や恵まれた気候以上に、この土地を魅力的なものにしている。健康を害し、友人もないままこの地を訪れる多くの人々に、ホノルルを楽園たらしめている。人々はみな親しく、互いに洗礼名で呼び交わしていることにわたしも気づいている。多くの人々は伝道団の聖職者か、その関係者の子孫であり、もともと親しい間柄にあるだけでなく、「いとこの会」という称賛の的ともなっている社交界を通して、より深い繫がりを維持している。これらの人々は互いに深い関心で結ばれ愛し合っているものの、心の底から結び付いているせいか、ときに深く憎しみ合うこともある。とにかく、ここはとても魅力的な町で、ここでの付き合いは楽しい。残念なのは、この町の魅力を堪能できるほどの健康が与えられていないことだった。

肺病の初期患者や気管支炎患者にとり、この地の安定した気候はとても体によい。地中海沿岸やアルジェリア、マデイラあるいはフロリダといった保養地では、夏の猛暑など健康を害する季節があるので、人々は疾患が癒えないのに春先に帰国して、次の冬にはまた新たに風邪を引いて療養を再開するといったことを繰り返す。しかし、ここでは健康に悪い季節も猛暑もないので、患者は完治するまで逗留《とうりゅう》することができる。一年のうち九カ月間も吹きつける規則正しい貿易風は、いまはまだ吹きはじめていない。そのため気温は摂氏二七度と高めだが、うっとうしいほどの暑さではない。控えめな海風と山からの微風が町にそよぎ、紫に染まる夜には星の灯が点《とも》る。月は金色の光を投げ、涼しく心地よい。ハワイの平均気温はおおよそ摂氏二四度で、誤差は四度しかない。気温は標高が三〇〇メートル高くなるごとにおよそ二度ずつ下がるので、保養者はハワイ諸島のなかでそれぞれ自分に適した気候を選ぶことができる。

　わたしはオアフ島とホノルルの地形を少しずつ学んでいるが、ホノルルは少し複雑だ。海から望むオアフ島は人の目を欺く。島はアラン島[*3]ほどの大きさにも見えないのだが、実際には南北が七四キロ、東西は四〇キロあり、面積は一三七八平方キロメートルある。島の南部でもっとも目を引くのは、ワイキキのヤシの林の向こうに見えるダイヤモンドヒル、通称レアヒ[*4]だ。いまが実際にそうなのだが、新緑が目に映える雨上がりを除けば、レアヒは赤茶けた不毛の丘に過ぎない。丘の高さは二三二メートルで、ほぼ同じ深さ[*5]のクレーターがあるが、この火口丘は急速に縮小している。数年前、一週間に九一〇ミリという豪雨があり、クレーターの外側、内側ともに削り取られて無残な姿となってしまった。現在も、緩やかだが確実に浸食が続いている。ホノルルのすぐ裏手にあるパンチボウルも同じ種類のクレーターだが、こちらは鮮やかな色彩だ。一帯は赤い色をしているので、噴火を終えたばかりのように思えるほどだ。一七八七年の観察記録によると、丘には数多くの尖峰があると記されている。しかし雨や嵐などの大気現象によって徐々にその姿を変え、いまではマウナ・ケアの北斜面に突き出している噴石丘と似た形状の、浸食の進んだ火口丘でしかない。

　オアフ島には海辺にも数多くのクレーターがある。凝灰岩でできた火口丘群が六カ所あるが、熔岩の分解レベルや土壌の深さを考えると、マウイ島やハワイ島より早い時期[*6]に火山活動は終焉したものと考えられる。海岸に面した部分はたいていサンゴ礁となっている。幅一キロ弱ほどの浜辺は、その多くが砕けたサンゴや貝殻、砂、サンゴ虫など、さまざまな海の生物を押し固めたような形状となっている。古いサンゴは一二メートルから一五メートルほどの大きさだが、場所によっては三〇メートルほどにまで生長して防波堤のような役割を果たす。また、サンゴが上昇して陸地になったところもある。ホノルルはかつて幅一・六キロほどのサンゴ礁によって海から護られた礁湖《ラグーン》だった。サンゴが高さ六メートルほどに生長して水域を美しい平原に変え、首都に新たな用地を提供したのだった。

　背後の山々は一面が岩稜地帯となっており、巨大な渓谷が山を奥深くまで削りこんでいる。隆起は標高一二〇二メートルのコナワイオラニ山とコナフアヌイ山[*7]の峰々で最高点に達し、そこから二つに裂けるようにしてヌウアヌ渓谷となる。山脈の風上側は豊かで実り多く、米やサトウキビ農園が散在する。しかし、風下側では、豊かな熱帯植物はその痕跡すらなく、荒涼とした雰囲気はホノルルに異国情緒を添える独特の魅力となっている。

　わたしは木陰の街路を散歩するのが毎日の楽しみで、ヤシの木やバナナの茂みに囲まれるたびに心がうきうきとする。パッションフラワーやピタヤの茂みがチョウマメ[*8]と混ざり合って塀や柵を覆い、赤サンゴの針のような花柱を付けるエリスリナ[*9]の朱色の花や、燃えるような赤紫のブーゲンビレア（花びらのように見えるのは苞葉《ほうよう》の発達したもの）が木陰を明るく照らす。イギリスでは晩餐のテーブルを飾るために鉢で育てる紫葉のドラセナは、雑草のようにどこにでも生えている。

押し出しはよいが仰々しくアンバランスに見える建設中の政府の建物とこのホテルを除くなら、ホノルルには堂々とした大建築物といったものはほとんどない。趣味はよいが仮設の英国大聖堂ともいうべきカヴァイアハオ教会は、かつて人口の減少に合わせて縮小されたが、再び肥大化している。刑務所は清潔で広々とした建物だが、服役囚は道路工事や公共事業の現場に労役として送り出されるため、日中は空だった。クイーンズ病院はエマ女王と夫がその設立にあたり、ホノルル中に寄付を募った病院だ。庁舎はけばけばしく、木陰もなかった。

イオラニ宮殿[*10]は宮殿といえるかどうかは疑わしい。この建物についてはあまり語ることはない。総人口五万六〇〇〇の王国にとっては数字に見合ったスケールといえるだろうが、この王国は国王の収入や大臣の給与などからは推測できない。宮殿は面積四〇アールほどの心地よい敷地に建ち、玄関口まで見事な並木道が通じている。階段を上がると一応の広さのヨーロッパ調の玄関ホールがあり、壁面には本人から贈呈されたルイ・フィリップ・フランス国王夫妻の肖像画と、トーマス提督[*11]の肖像画が飾られている。ハワイ人は深い敬愛の念をもってこの前提督を記憶に留めている。ジョージ・ポーレット卿[*12]によって執り行われた英国への統治権譲渡という不名誉な事件のあと、先住民指導者がハワイ諸島の統治を速やかに回復できたのはこの人物のおかげだ。そのほかには装飾用の花瓶がいくつかと、トルヴァルセン[*13]の小型彫刻のレプリカが何作かある。玉座が置かれた謁見の間は宮殿左翼に位置する。残念なことに、この部屋はロンドンやニューヨークでよく見かける客間と大差なく、ハワイ王国の玉座である装飾付きの椅子以外に目を引くものはない。このほかに、豪華でも高価でもない王冠があるというが、わたしはまだ見たことはない。現在、宮殿は公式の接見や催事に限って用いられており、国王はここからほど近いハエモエイピオの私邸に暮らしている。

W嬢の厚意により、私はエマ女王に謁見することができた。女王は、またの名をカレオナラニといい、カメハメハ四世の未亡人である。彼女は数年前に訪英し、大いに注目を集めたことはあなたも覚えていることだろう。イギリス人の血が四分の一入っているが、肌は生粋のハワイ人同様に褐色で、教育や生活環境によって洗練されているものの、容姿はハワイ人そのものに見える。しかし女王は非常に上品であるとともに可愛らしい方だ。彼女は当地に住むイギリス人医師のルーク博士に育てられ、教育はアメリカ人が創設した首長の子弟専用の学校で受けた。女王はイギリス好みで、わが国に強い共感を寄せるばかりでなく、英国聖公会に傾倒する信徒であり、ホノルル伝道団の熱心な支持者でもある。秀でた優しさと善意に加え、ハワイ人としての強い愛国心をあわせ持っており、女王に寄せる国民の親愛は深い。

街中にある女王の住まいはウィンター・ハウスと呼ばれ、木陰に建つ大きな建物はニューイングランドの古風な邸宅を思わせる。奥行きのあるベランダを二つ備え、玄関は二階にある。一階は侍従の居室とオフィスになっているようで、木陰では先住民女性が一人、アイロンがけをしていた。二階はイギリス貴族の趣きのある田園邸宅に似て、家具や装飾品は歳月をかけて徐々に集められたようだ。家具調度品を店で一括購入するのと異なり、個人の生い立ちや思い出を留めているところなどは、いかにもイギリス風の心地よさを感じさせる。わたしが母国を旅立って以来、メルボルンの主教館を除けば、これほど英国を思わせる建物にお目にかかったことはない。呼び鈴はあったかもしれないが見かけなかったので、わたしたちは何も鳴らさなかった。

女王は開け放たれた応接間のドアまで迎えに出ていらした。わたしは以前にも女王を見かけたことがある。そのときは洋装で、英国で作られた当世風の四輪馬車に乗り、美しい二頭の黒馬を操っていた。今回は公式訪問というわけではないので、女王は打ち解けた様子だった。現地のホロクーを身に着け、巻き毛の黒髪もそのまま垂らしている。身長は中背より少し低めだ。女王は三七歳という年齢にしては非常に若く見え、とても優雅な立ち居振る舞いをされる。その一挙手一投足は、わざとらしさがなく、威厳や飾り気もない。じつにしとやかで魅力的だった。容貌は温和で可愛らしく、その瞳には国王と同様、悲しみの影が宿るものの、明るく茶目っ気のある表情が彼女の容姿に大きな魅力を添えている。女王はこれまでにいくつも深い悲しみを体験している。最初は一人息子であるハワイ国皇太子との四歳での死別だった。王子は死の間際に英国聖公会の洗礼を受け、ヴィクトリア女王ならびにプリンス・オブ・ウェールズを教父母として、アルバート・エドワード[*14]と命名された。二度目は強い絆《きずな》で結ばれた夫の早すぎる死だった。女王は、言葉にいっそうの正確さを期すために言い澱《よど》むことがあるものの、素晴らしい英語を話す。彼女はとても楽しそうに英国のことを語り、ヴェニスについては彼女の内に呼び起こされた感動をじつに見事に描写してみせた。わたしはその語り口に魅せられ、ヨーロッパ旅行中の話を女王の口から聞いてみたいと思ったほどだ。

数日後、わたしは女王の私邸で催された園遊会に列席した。じつに素敵な会で、ホノルル中の人が集まったのか、二五〇人もの参加者があった。園遊会の模様は、現状を知ってもらうためにも、ここに書いておく。有色人種の王室と聞けば、当然のように滑稽に歪めて見たがる輩《やから》がいるからだ。人々は日没より少し前に到着した。出迎えるエマ女王は黒いシルクのシンプルなドレスを召してお供の者をまわりに従え、芝生に腰を下ろしていた。ルナリロ国王の一行が到着すると、楽団の国歌演奏で迎えられた国王は別の芝地に立ち、侍従官が来客の到着を高らかに告げる。このとき、顔見知りの客は国王と短めの言葉を交わす機会を得る。国王は仕立てのよい黒のモーニング・スーツを召し、オーストリア皇帝フランツ・ヨーゼフ勲章を飾り紐で身に付けている。国王の簡素な服装を補うかのように、随員たちは華々しい光彩を放っている。国王とは王権をめぐるライバルであり、オアフ島長官で、高位の首長(アリイ・ヌイ)でもあるカラーカウアはひときわきらびやかだった。彼の衣装は、基本的にはウィンザー宮の制服と同じように見えるが、肩章や綬章、モールでたっぷりと覆われている。高官はそれぞれの官庁独自の制服を身に着けるので、金モールは膨大な量となる。首長たちは一般人より背丈、体軀が抜きん出ており、全体的に高貴な容貌でもある。そのせいか、人種の異なる人々のように思う人も多い。この夜、首長たちの集団は数が少なかった。衰退しつつある階層であるのはだれもが知っていることだが、威風堂々としている。このような威厳と光輝に対し、英米の軍艦から招待された将官四〇名は、いずれも礼装軍服の出立ちながら、あきらかに見劣りがする。わたしはこの人たちのことを少し批判的に書いたが、庭園の外の柵に集まった群集は、わたしの考えを支持しないだろう。

見事な樹木の下には椅子やベンチが置かれ、そこに人々が集い、あるいは散策し、戯れ、政治談義や世間話に花を咲かせる。また、王宮楽団が間を置いて演奏をし、見事な音色に一同が耳を傾ける。女性たちの服装は白も色物もあるが、どちらも美しく、王宮という場所にふさわしい。若い女性はたいてい白のドレスを身に着け、髪には生花を挿している。年長の女性たちはレースの飾りや裾を垂らした黒や色物のシルクドレスが多く、美しいクチナシのレイからは芳しい香りが庭園に漂う。氷菓子や、セーヴルの陶磁器に注がれた紅茶が、正装した従僕や給仕によって供された。ヒョウタンやポイ、マロやパウの世界から、当を得た趣味のよい文明世界へと飛躍を遂げたことに、わたしは感動した。琥珀色をした熱帯の短い黄昏が終わり夜の帳《とばり》が降りると、園庭は突然、無数の提灯に照らし出された。まるで魔法にかかったような気分だ。二階にある続きの間は、屋根の下で踊るほうがよい人のために開け放たれている。しかし、

ハワイの女性

ここに集う多くの人々は薄闇の中を散策し、紫に染まる夜を楽しんだようだ。一一時に食事が供され、その後まもなく散会となった。園遊会は素晴らしかったが、わたしは八時前には暇乞《いとまご》いをした。わたしにはハワイ島の荒くれた野外生活のほうが、社交の場よりも体に合っているように思える。

人口の減少を話題にするのは悲しい。この地には国民の圧倒的な熱狂のうちに選ばれた君主が存在し、内閣や議会、それに高度で精巧な政治機構がある。それはヤンキーが言うところの、何百万人を有する帝国をも動かすことのできる存在だった。しかしながら、ハワイの先住民人口はわずか四万九〇〇〇人に過ぎない。この減少を食い止めることができなければ、四半世紀のうちに、国を治めるハワイ人は一人もいなくなってしまうだろう。今日、首長制度はほとんど廃《すた》れたも同然の階層となっている。わずかな例を除けば、彼らには跡継ぎがいないからだ。わたしはハワイ島のいたるところで、かつては大きな人口を抱えていただろう集落の廃墟を目《ま》の当たりにした。山の斜面はグァバの茂みに覆われて荒れ果て、教会や学校は空間をもてあましている。寒村では子供の声は聞かれない。この国にはしっかりとした政治機構も教会も法令もあるが、どこでも皺だらけの痩せこけた老人が大きすぎる服を身にまとっている。それは老人が若かりしころの服、筋骨たくましく活気に満ちていたころの衣服であるような、そんな悲しい光景に見えるのだ。わたしにはこうも思えて仕方がない。町はたしかに陽気にあふれているが、あの笑いに満ちた花飾りの騎馬集団も、はかない命の蝶たちが短い陽射しに舞い踊るようなものだと。

……痩せ衰えて骸《むくろ》のような人々、
彼らに残されたのは非業の死を遂げることのみ

ハワイ人の人口に関する統計には愕然とさせられる。キャプテン・クックによる統計を少なく見積もって四分の一にしても、一七七九年の先住民人口は三〇万だった。それが一八七二年には四万九〇〇〇しかない。初めて国勢調査が行われた一八三二年には一三万だったのだから、四〇年間で八万人減少したことになる。年に二〇〇〇人ずつの割合だから、このままいけば一八九七年には全人口が消滅してしまう。この種族が絶滅しつつあるのは、さまざまな意味で納得がいかない。政治や文明化に対して比類のない適応を見せ、ポリネシアの一国家として無難な一歩を踏み出したこの王国の、その後の発展を見守るのはとても興味深い。白人はこの国の岸辺に到来し、一方では緩やかではあるが絶対確実な破滅をもたらし、もう一方では新たな生活様式を伝えた。恵みと呪いの拮抗するその影響力は五〇年間にわたって作用し続け、教養ある者たちには周知のこの結果がもたらされたのだった。

わたしは表立ってこの問題が取り上げられるのを耳にしたことはないが、当然、人口の減少は税の負担となり、残る者たちに重くのしかかる。国王や閣僚、軍隊、警察、国債、最高裁判所、公立小学校、そのどれもが予算のかさむ贅沢品であるとともに、欠かすことのできない必需品だ。王室費はこの国の財源を考えるなら話にならないほど膨大だし、内閣の四部門の長、外務、内務、財務の各大臣と司法長官は、なんと年間五〇〇〇ドルもの報酬を得ている。☆1 人件費を含む支出はこの三〇年間、増加の一途を辿っている。学校教育だけでも、税金は二一歳から六〇歳までの男性一人あたり年間二ドルを徴収し、さらに同じ名目で付加税も徴収される。

この国ほど教育の普及した国は世界に類を見ない。教育は義務制で、小学校のほかにも政府管轄の高等学校が数多くある。教員数は三二四人で、児童二七人に一人の割合だ。文部省があり、議長のカマカウ氏が先の年度末の議会で報告したところによれば、六歳から一五歳までの児童八九三一人のうち実際に通学する人数は八二八七人に上るという。一般税のなかには四つ足動物についての課税がある。二歳以上の馬は一頭につき年間一ドル、犬は一ドル半を納めるというものだが、ずいぶん痛みをともなう文明化のような気がする。これまでの手紙でわかるように、わたしは常夏の島の情緒に惑わされて有頂天になっていたのかもしれない。しかし、この無味乾燥な具体的数字のせいで、わたしの見方はもっと率直で現実的なものに変わるかもしれない。

ホノルルについては熱帯の島の美しさばかりを伝えて、それ以外のことについてはほとんど触れてこなかった。この町は昔の栄華を留めるといった様子がない。埠頭は手入れが行き届き、街路も路地も清潔の一言に尽きる。小売店は、海岸沿いではなく街中を走る二本の長い通り沿いと、この通りと交差して広がる通りに多い。高級店は数軒を除いて、たいていはアメリカ人の経営だが、通りの一本はほとんど中国人の経営する店に占拠された感がある。町でもっとも裕福で格式のある商人は中国人なのだ。製氷所もある。こちらでは食費にアイスクリーム代が含まれており、氷の入った飲み水はいくらでも出される。最近は工場が断続的な稼働となっているので、氷が切れることもある。すると町は災害に見舞われたようなありさまとなる。給水装置の水は冷たく、混じりけのない清水だ。

本格的な写真館が二軒と、本屋が二軒ある。ただし、正面がガラス張りの店はまだ見かけない。商店の大半は先住民を手伝いとして雇っている。けれども先住民は商売、つまり金儲けという「高尚な事柄」には一向に関心を示さない。その点は中国人と好対照をなす。中国人は下級労働者として当地にやってきたが、いまでは決して多くはないハワイの顧客の大半を確保するまでになっている。商品はどれも値が張るが良質だ。けばけばしい造花は別にしても、ロンドンやエディンバラの安っぽい店にある、いかにも粗悪な商品を見かけることはまずない。良質の黒いシルク地を購入することもできるし、女性に必須《ひっす》の装身具もイギリスと同じように手に入る。鞍は多くの店に置いてあり、精巧な仕上げのメキシコ式やカリフォルニア式のものは、三〇ドルから五〇ドルの値が付いている。粗悪品としか言いようのないイギリス式の鞍の偽物は、法外にも五ドルする。ブーツや靴はこちらの気候のせいもあって希少なため、高級品としてとんでもない高値が付けられている。本や便箋、文房具類も同様で、ブリストル紙*15一枚は英国では六ペニーだが、こちらでは五〇セントもする。とはいえ、店をまわって買い物をするのは楽しい。店員の態度には真心がこめられ、接客も丁寧なので、ついついホテルにいるときのように支払う代金のことを忘れてしまう。

こちらの貨幣にはまごつくばかりだ。ハワイ諸島ではカリフォルニアと同じように合衆国のド

☆原注1　支給額はその後、四〇〇〇ドルに減額され、一八七六年現在、議会は更なる削減を検討中だ。

ル紙幣を認めていないので、高額の支払いには英国の小額紙幣が必要となる。流通硬貨は金貨と銀貨だが、金貨は多量に持ち運ぶのには不便なので滅多に見かけない。貨幣制度は名目上はアメリカ式だが、実際には米ドルだけでなく、メキシコドルやフランスの五フラン通貨も出回っている。人々はハワイには存在しないリアルの単位で話をしたり、カリフォルニア流に一二・五セントをビットと呼ぶ。しかし、わたしの知るかぎり、このビットなる硬貨はどこにもない。これまで目にした最低単位の硬貨は一〇セントで、銅貨は出回っていない。封筒やインクの小瓶、鉛筆、縫い糸はどれも一つ一〇セントなのだ。島内間郵便の切手は一枚二セントだが、五枚綴りで購入しなければならず、したがってダイム硬貨[*16]は気づかないうちになくなっていく。イギリス通貨は過小評価され、二分の一クラウンは二分の一ドルにしかならず、六ペンスは一〇セントといった具合で、平均すれば一シリングにつき二ペンスほどの損失となる。

新聞は「ホノルル・ガゼット」と「パシフィック・コマーシャル・アドバタイザー[*17]」、「カ・ヌペパ・クオコア（独立系）」、それに最近創刊された不定期紙で英語とハワイ語併用の「ヌホウ（ニュース）」の四紙がある。[☆2]最初の二紙は節操があり一応の体裁は保たれているものの、アメリカ風の物言いが目立ち、罵詈《ばり》雑言《ぞうごん》の応酬となる傾向がある。「ヌホウ」紙は下品で面白おかしくするのを目的に発行されているらしい。だが、わたしはいまだその辛辣《しんらつ》な味付けを理解できない。わかりやすく書かれたページでもそれは同じだ。どの新聞記事も、アメリカ流とでもいうのか、ヒステリックに民心の動揺を煽る傾向がある。とはいえ、こうした弊害もこちらでも広く購読される「アルタ・カリフォルニア」紙が言うところの「事実」に較べるならば、のどかなものではある。

月刊誌としては、徳の深いデーモン神父が編集する太平洋地域最古の「ザ・フレンド」と、「チャーチ・メッセンジャー」がある。後者はウィリス主教の編集による信仰修養を目的とした雑誌で、ホノルル伝道団の色彩が強い。一般文学書に関しては英米を問わず、すべてこちらで読むことができる。「スクリブナー」や「ハーパーズ」などの月刊誌や「グッドワーズ」を置いていないテーブルを見かけるほうがまれだ。

わたしはアメリカの生活にしばらく浸かっていたので、ハワイのようにアメリカの影響や生活習慣が支配的なところにいても、あまりよそ者のような気はしない。けれども、ホノルルに到着したばかりのイギリス人や、ニュージーランドからの途中で立ち寄ったイギリス人は、この町のヤンキー気質に苦々しい思いをし、落ち着けないでいるようだ。あなたがお会いするはずのM氏も、わたしがこの事態を好意的に書くことには反対するだろう。ハワイ諸島がアメリカ文化に染まっているのはたしかなことだ。唯一の例外であるスコットランド人の財務大臣を除けば、ここの政府はアメリカ人が運営しているのだ。最高裁判所長をはじめ、主要な省庁は彼らが占めている。しかし、これは公平に見て当然のことといえよう。ハワイ諸島を文明開化し、キリスト教化したのはアメリカ人だからだ。わたしたちイギリス人は不正を行い、ハワイ諸島を他国が占領するのを否認する以外のことはほとんど何もしてこなかったのだから。

☆原注2　「ヌホウ」紙はその後、廃刊となった。

この手紙を読み返してみると、熱帯の輝きに王室の催し、財政問題、その他、あれもこれもと、ごった煮の様相を呈していることに気づいた。ハワイ島の手紙のあとでは、これらのことはあなたには退屈に見えるかもしれない。キラウエアやワイマヌ渓谷については、退屈であっても仔細に記したほうがよいと言う人もいることだろう。正直に言うなら、わたし自身は、いたるところで熱帯の島特有のうっとりするような暮らしに浸っているせいか、統計数字のそっけなく辛辣で地色のままの事実が気に入っている。

I・L・B

手紙19

ハワイ女性――ホノルルの市場――併合と互恵協定――未来の可能性――横揺れモーゼ号

ホノルル、ハワイアン・ホテル

わたしの手元にあるあなたの最新情報は五カ月も前のものだ。あなたからの手紙が届く見込みはないとわかっていても、わたしは屋上に出ては、横揺れモーゼ号の姿が見えないものかと目を凝らす。一向に船が到着する気配がないことに、商用の旅が遅れている人たちよりも気懸かりでもどかしい思いをしている。到底ありそうにないことだが、あの船があなたの手紙を運んでくるというのなら、わたしはわざわざコロラドまで出かけて彼の地の気候を体験するより、ハワイでさらに六カ月滞在してもよいのではないかとさえ思っている。わたしはいま、わが家にいるような気持ちだ。みな例外なく親切で、楽しい催しの予定が次々に入る。ハワイは地理的にも社会的にもじつに斬新で興味深いし、なによりもここの気候はわたしの健康回復剤となっている。

わたしにとってホノルルはいまも新鮮味を失っていない。異国情緒あふれるこの町の美しさに飽きることは決してないし、万華鏡の渦巻きのような先住民の騎馬隊には、見るたびに魅了される。一世代前にやっと馬に乗ることを覚えたばかりの人々が、これほど乗馬に情熱を傾けるのだから面白い。女性たちが乗馬に、泳ぎに、レイ作りにと、絶えず楽しんでいることにも興味を引かれる。女性は子供のために家に縛られることなどほとんどないようで、乗馬や歓楽のために子供の養育を放り出し、それが理由でさらに人口が減少するのではないかと心配になる。男性は女性の抑圧者であるというより、協力者のように見える。しかし、いまの女性たちは、かつては行使していたという夫を選ぶ権利を放棄しているように思える。母国や植民地においては、同じような階層の女性たちは労働に明け暮れ、虐げられ、苦しめられて、やつれた顔をしている。そんな女性を見慣れていたので、ハワイ人女性の無頓着な笑顔に、わたしはいつも驚嘆させられるのだ。しかし全般的にその表情には、黒人の容貌に見られるような、礼儀正しさや無邪気さ、あるいは子供じみた感じはほとんどない。ハワイ人は目鼻立ちのくっきりとした人たちで、陽気さと、冷笑や辛辣《しんらつ》さをあわせ持っている。ここの人々のことをよく知る人たちの話では、彼らはいつもハオレをからかい、物真似をしては笑いものにするという。そして、その人特有の癖を見つけ出しては、だれにでもあだ名を付けてしまう。

ハワイ人女性は、色彩や服装については、わたしたちのように片意地張った無味乾燥なところがなく、自由で、どんなものでも似合うようにする才能がある。まずホロクーだが、これはゆったりとした寝巻きのようなもので、とくに魅力のあるものではない。だが、わたしはいまでは心からこれを称賛し、考案した人の賢明さに感心もしている。ホロクーなら体型の見苦しさは覆い

ホノルルの先住民

隠されるし、動作に優雅さが加わるという利点がある。また、この地の気候に適し、散歩や乗馬にも都合がよく、総合的に見て最適の衣服だといえる。ハワイ人女性は一種独特の歩き方をする。一歩踏み出すたびに腰が軽快に揺れ動き、肩がそれに連動する。このような歩き方はよそでは見たことがない。フランス人女性の、踊るような微妙に小刻みな歩き方とは違うし、イギリス人女性のように力強くはっきりと振り出す歩き方とも違う。あるいは、スペイン人女性の滑るような堂々とした歩き方とも違うし、アメリカ・インディアンの人目を憚《はばか》るようなこそこそとした歩き方とも違う。世界のどこにいようと、その歩き方を見れば、わたしには彼女たちがハワイ人女性だということがわかるはずだ。流れる髪にはハイビスカスを飾り、ホロクーには黄色い花のレイをかけている。堂々としたワヒネが、大きく揺れながら裸足の小さな足でゆったりと町の通りを練り歩くのは、どことなく悲愴にも見えるが威風堂々としてもいる。それに較べ、青白い肌の小さなハオレが、踵《かかと》の高い靴でよたよたとためらいがちに歩くのは滑稽にすら見える。

土曜日には、親切な宿の主人がデクスター夫人とわたしを市場に案内してくれた。市場は先住民の独壇場だ。女たちは馬に乗って、一度に十数人のグループで、パウを翻しながら早足で通りを行き交う。ともかく、男も女も市場に押しかけ、冗談を交わしては笑い声を上げるのだ。みな派手な身なりをしている。生花で縁取られた粋な帽子を被り、真紅のオヒアレフアや黄色のタコノキのレイを、白、緑、黒、真紅、青色など、あらゆる色に染め上げられた色彩豊かなホロクーにかけている。市場は空地のまわりを粗末な屋台が取り囲んでいるのだが、人が多すぎてよく見えないほどだ。おそらく二〇〇〇人はいるだろう。

屋台には、真紅、緑、薔薇色、青、乳白色の魚が山積みにされている。明るく温かい海の中に育つサンゴの林で生きていた魚だ。魚の形にも驚かされるが、なかの一つにわたしは目を奪われた。初めはサメやカサ貝、水へビなど、忌まわしいものが山積みにされているのかと思ったが、よくよく目を凝らすうちにひどく胸が悪くなってきた。それはどうみても化け物だった。それはまだ生きている。気味の悪いものを寄せ集めた中に目が付いていると言えばよいだろうか。ヘビのような筋肉質の触手は、伸ばせば一メートル以上はあるだろうと思える。その触手を伸ばしたり巻いたりくねらせながら、びくびくと動く一山となって横たわっていた。それはいまにも死にかけており、体らしきものの表面には、イルカが息を引き取るときに現れるのと同じような輝かしい虹色の光彩が広がっている。しかしこの光彩も、見るもおぞましい姿には似つかわしくない。栄光の輝きなど与えず、深海でその同類と暴れるままに打ち棄てておくほうがいい。『海に働く人びと』[*1]を読んだことがあれば理解してもらえるだろうが、これが生きているタコを見たときの感想だった。この化け物は先住民の食品として珍重され、広く賞味されており、塩味にしたものをイカと称して外国人のテーブルに出されたのをわたしは目にしている。[☆1]

その後に素晴らしい魚を見た。ハワイ名をキヒキヒというホウボウは、体に黒と黄色の縞模様がある。ボラを美しくしたようなヒナレアは、黒光りする頭部に鮮やかな緑色の縞が入り、濃淡のある紫色で、黄色い尾の先端には青色の斑点がある。オファも赤い鱗を持つ魚で、形はマスに似ている。オプカイは縞と斑紋が美しい。こちらではボラとトビウオは母国のサバのようにありふれた魚だ。ハラと呼ばれる丸々とした赤身の魚や、マグロ、カツオ、黒白の縞模様があるマニなどもある。また、オピルと呼ばれるカサ貝と、サンゴ礁で採れる小粒の牡蠣ピピは無尽蔵にある。ウラは爪のないロブスターに似ているが色は変化に富んでおり、ずっと美しい。ウミガメはいくらでもいるせいか安値で売買されている。さらには、紫の針を持つウニ、ワナと呼ばれる黒い針のウニ、イナと呼ばれる針のないウニなど、太平洋の珍しい産物が数多くある。先住民の

☆原注1　この化け物は鞘形亜綱の頭足動物で、自在に曲がる八本の腕にはそれぞれ一二〇対《つい》の吸盤がある。八本のうち二本の触手は長さがおよそ一八〇センチあり、他と較べてあきらかに長い。

真っ白な歯にきれいな魚がくわえられ、尻尾が口からはみ出しているという光景は奇妙なものだ。彼らは魚を生で食べるが、そのような食べ方が最高だと思っている者もいる。海草や淡水藻はハワイ人の好物だ。いずれもリムと呼ばれ、四、五種類が売られている。乾燥させたものもあり、一ポンド（約四五〇グラム）ずつ容器に盛られている。焼き魚や干し魚のほか、不潔で気持ちが悪くなるようなさまざまなものが容器に盛られて並べられている。どの魚も必ずティーの葉で包み、ヤシの実の殻から採れる粗い繊維の紐で結ぶ。こちらでは魚の価格はおよそ一ポンドあたり一〇セントで、肉よりも高価だ。しかしホノルル以外の地域ではたいてい魚は安く、豊富にある。

いま、この王国は大騒ぎだ。サトウキビ農園の経営者と農園に依存する関連業者とのあいだに持ち上がった騒動だが、先日、政治的な主張を異にする二人の講演会がホテルの大広間で開催された。一方は、ハワイ併合論の立場からフィリップス氏が立った。彼は、雄弁で聞こえるいとこのウェンデル・フィリップスを彷彿とさせる。もう一方は、互恵協定を支持するカーター氏だ。どちらの講演にも紳士淑女が聴衆として大勢集まったが、圧倒的な支持を得たのはフィリップス氏の併合論だった。わたしは夜はたいていデクスター夫人と一緒にいて、ベランダかいずれの部屋かで、手紙を書いたり、仕事をしたりで過ごしている。けれども、この小国の情勢に深い関心を抱くようになっていたので、蚊の攻撃をものともせず、両者の講演を聞きに出かけた。しかし、どちらの意見にも共感を覚えることはなかった。

おそらく友人たちのなかには、わたしの出した結論に異議を唱える人もいるだろうが、わたしの見解の拠《よ》りどころとする資料を簡潔に紹介しよう。一八七二年の国勢調査によれば、先住民の人口は四万九〇四四人で、そのうち七〇〇〇人がハンセン病患者だった。その後、人口は毎年一二〇〇人から二〇〇〇人の割合で減少している。男性は女性の数を三二一六人上回る。外国人の人口は五三六六人で、その数は毎年二〇〇人の割合で増加し、全人口中に占める混血の人数は年に一四〇人ずつ増加している。当初、農園の下級労働力として導入された中国人の数は、アメリカ人を除くすべての国籍の外国人総数よりも多い。アメリカ人は裕福な支配階層を構成する。砂糖産業はハワイ諸島でもっとも幅を利かせている利権で、これはほぼ完全にアメリカ人の掌中にある。この国では労働力の確保が困難なうえ、サンフランシスコでの重い輸入税が砂糖産業に大きな負担となっている。ハワイ諸島には現在、三七のサトウキビ農園が存在するが、さらに五〇を超える農園を開墾するだけの余地がある。ところがその収益は現状のとおり、ほとんどゼロに等しいので、なんとか経営を続けているという農園がほとんどだ。五万ドルの価値はある農園が一万五〇〇〇ドルで売却され、一五万ドルの農園が四万ドルで売却されているのだ。もし、ハワイ諸島が併合されて関税が撤廃されるなら、これらの農園主は年間五万ドルか、それ以上の利益を上げることができる。フィリップス氏の主張が大喝采で迎えられる理由はそこにある。わたしがハワイ島やその他の土地でしばしば耳にしたことだが、「全能のドル」を誉めそやすことに尽きるということだ。そこには来るべき繁栄の香りが漂ってもいる。しかし、フィリップス氏は先走り過ぎだし、度を越している。先住民のなかで彼はこう叫んだ。「ハワイ人のためのハワイを！」これでは、まず弊害しか生み出さない。文明開化の歴史はまだ日が浅い。ハワイ人は内なる灼熱の炎を決して消し去ってはいないとわたしは確信する。フィリップス氏は合併問題を国王の賢明な自由裁量にまかせるという考えを仄《ほの》めかしたが、思慮分別のある白人には決して得策とは思えないだろう。

カーター氏は明快に互恵協定を唱えた。これは環礁とその周辺の土地の一部を、アメリカが太平洋水域の海軍基地を建設するために割譲するというものだ。併合よりは無難な政策であり、より多くの一般大衆の好みに合致する。とはいえ、砂糖税を免除してもらうためにハワイ共和国を割譲するという提案は、先住民には決して受け容れられるものでない。彼らは、たとえ一平方センチたりともハワイの土地を放棄する気はないからだ。わたしはイギリス人の立場から彼らに心からの共感を抱く。[☆2] この問題をめぐり、外国人、すなわちアメリカ人は感情を昂《たかぶ》らせている。事態はかなり険悪で、何らかの対策を打たなければならないところにきていると人々は考えている。先住民か外国人のどちらが強く国王に迫ることができるのか、その結果を静観しているのだ。わたしが二人のいずれの意見にもよい印象を抱かなかったのは、先住民の立場やその権利がいつのまにか無視され、砂糖の利権ばかりを説く論旨のせいだ。

運命を予見するなど、決してできるものではない。しかし、遅くとも今世紀中にはハワイが大詰めを迎えるのは間違いないだろう。先住民のうち、思慮分別のある者の多くは、忍耐強く泰然と構えて運命に従おうとしている。とはいうものの、わたしがヒロで何度か耳にしたように、理性に欠ける者たちは落ち着きがなく興奮を募らせており、外国人による合併推進説が彼らのあいだに広まったなら、さらに悪い事態に進まないともかぎらない。変化を迎えるための状況が、いまや整いつつある。数年のときを経て機が熟すのを待つだけの賢明さが、この時代のアメリカにはあるとわたしは信じている。ルナリロ王は健康がすぐれず、余命いくばくもないものと思われる。後継者はおそらくカラーカウアだろうが、ふさわしい後継者を輩出できなければ、あとは「野となれ山となれ」といった状態となるだろう。いまや王位の資格をもつ秀でた首長は一人もおらず、人々の抱く思いも変化しつつある。封建時代の本能は消えかかり、古《いにしえ》の独裁者の家系であったカメハメハの血筋も途絶えた。新聞には数カ月前に王位候補が紹介された。国王選びはアメリカの大統領選に似て、選挙の票集めや遊説、論争がつきまとう。併合か平和裏の吸収か、これがハワイ諸島にとってのあきらかな未来なのだ。この成り行きは先頃、マーク・トウェインが「ニューヨーク・トリビューン」紙にウイットを利かせて予言したとおりになるだろう。だが、先を急ぐのは不遜であり、愚策でもある。わたしはアメリカが大好きなだけに、国内に広がる政治的な腐敗や政治的不品行がハワイ諸島の風土に伝染するのは見たくない。

日曜の夕刻、横揺れモーゼ号が入港し、安息日の静寂から一転して、人々は喜び騒いだ。朝の四時には、蒸気を噴出する音が近づいてくるのが聞こえると言い、大騒ぎで起き出したのだった。朝の礼拝の最中に船から空砲が発射されると、その後はわたしを含め誰一人として説教を聞く者

☆原注2　この問題に関する先住民の国民的感情は激しかった。ルナリロ王と国会は世論を考慮し、パール川(真珠湾)を割譲する案は否決された。一八七五年にカラーカウア王とアレン大使がワシントンを訪れ、アメリカとの互恵協定を協議し、自由貿易協定が結ばれた。しかし、効力を発揮するのに必要な合衆国側の税法が成立していないため、いまだに協定は実施されていない。そのためハワイの農園主にとっては、いまだに棚上げ状態が続いている。一八七六年追記。

I・L・B

はいなかった。しかし、第一陣の手紙の束がホテルに到着したものの、わたし宛には一通もなかった。二回目もやはりない。すっかり落胆して部屋に引き揚げたそのとき、わたしの部屋のベランダの扉口に大きな包みが投げこまれた。わたしは大喜びした。ネヴァダ号の乗客仲間だった一人が、親切にもサンフランシスコでわたしの手紙を受け取り、こちらに転送してくれたのだった。この方の親切にはどれほど感謝しても足りない。待望のよき報せが届いたせいで、すっかり晴れやかな気分になったわたしは、スクーナー帆船の第一便で風下側の島々に向かう決心がついた。わたしはあと四カ月、こちらに留まることに決めた。

I・L・B

手紙20

貿易風――僻地の道――宣教師の家族――カウアイ島の地勢――禁酒法――噂の木――家庭学校

三月二三日　カウアイ島、コロア

わたしはここ数日、宣教師公館の古風で趣きのある屋敷で過ごしている。わたしが宿泊しているゲストハウスは日干し煉瓦造りで、壁の厚さは五センチほどある。厚い草葺きの屋根は軒から一五センチも下がって窓辺に日陰をつくっている。建物自体もナツメヤシとキアヴェの木陰にあり、まわりはハイビスカスやキョウチクトウ、チョウセンアサガオ[*1]などに囲まれて、夜の空気に快い香りが漂う。宿泊するのはわたし一人で、いま手紙を書いているこのゲストハウスの寂しさが、疲れた神経に心地よい。聞こえるのは木々の茂みにそよぐ風の音だけだ。

最初に記録すべき出来事は、貿易風が吹きはじめたことだ。当初はコナ方面に逸《そ》れるだろうが、じきに九カ月間の安定期に入る。貿易風はそれほど穏やかなものではなく、賑やかにはしゃぎ回る感じだ。それは絶えず喧騒を呼び起こす。木々を揺らし、扉を叩きつけ、新聞紙をまき散らす。

どこにいても耳につき、体に触れ、青い太平洋は白波の斑模様《まだら》を描く。水銀柱は一・五度下がり、新たな健康と活気がもたらされる。これが、健康的で陽気にはしゃぐ北東の風だが、オアフ島からこの島まで一八時間でわたしを運んでくれたのもこの風なのだから、心から感謝しよう。

風下へ向かって航行するあの一八時間に不平を言おうものなら、わたしは贅沢者呼ばわりされるだろう。カウアイ島の住人は、キラウエア号が年に四回寄港する合間にもホノルルに出かけなければならないことがある。そのときは、逆風に抗いつつ、三日間から九日間を船上で過ごさなければならない。島を結ぶ連絡船の旅は厳しい監禁刑も同然で、熱帯の暑気のなかを波間に揺られて過ごすか、あるいは、陽射しを遮るものもなく、宿泊施設と呼ばれるようなものもないなかで、激しい貿易風に逆らいながら過ごさなければならない。それほど困難な船旅を四〇年近くも、宣教師の妻子は移動のたびに体験してきたのだった。

ホノルル埠頭に到着して、乗船予定のわずか六〇トンの小型帆船ジェニー号を目にしたとき、わたしは楽しみにしていたカウアイ島への旅を諦めようかと真剣に考えた。それほど船は小さく見えた。しかも、船は先住民と彼らの荷物であるゴザや犬やポイのヒョウタンで場所が塞がれている。清潔度も問題だった。家畜や鞣し革、砂糖、シロップなどを積んで熱帯の海を航行する貨物船ではないかと思えるほどだ。船は喫水線が高く、甲板は、二歩も歩けば船外という感じで、漁船並みの広さしかない。船は先住民によって完全に占領されていた。同行するはずの司法長官とジャッド夫人の姿が見えないので落胆したが、白人向けにはあと一人分の余地しかないという事実に、無理やり自分をなだめるしかなかった。デクスター夫人は船室に降りる昇降口から下を覗いて気分が悪くなり、わたしに同情を寄せた。わたしは、楽しみを求めるからには不便だからといって同情してもらうには及ばないと夫人をなだめた。甲板にはわたしが腰を下ろす箱一つぶんの余地しかなかった。白人はといえば、わたしのほかには息子を連れた親切で紳士的な船長が船尾の手すりに腰かけているだけだった。

ジェニー号は白い帆を広げ、埠頭から優雅に滑り出すと、サンゴ礁を跳びはねながら突き進んでいく。茜色の空が褪せて星が出ると、ホノルルの灯りは彼方に沈み、二時間後には、さざ波立つ広い太平洋の船上から陸地は見えなくなった。ひどい寒さだったが、わたしはできるだけ長く耐え、十分に景色を楽しんでから船室に駆け下りた。船室といってもただの穴倉でしかなく、テーブルが一脚あるだけだ。両脇に寝台が一つずつあり、片方にわたしが横になり、もう一方は船長と息子が交代で使うことになっている。しかし、わたしが気づかなかっただけで、船室には板仕切りがあり、縦横一・八メートルと二・四メートルの中に一一人の白人がすでに詰めこまれていた。

暑さと息苦しさは耐え難かった。蠅《はえ》が黒々と群がり、獰猛な蚊は無数にいて、蚤《のみ》がそこかしこで跳びはね、巨大なゴキブリが徘徊する。大切な荷物は船室に積み上げてある。大きな鼠がそれを襲撃するのを見たくはないのだが、揺れる灯火の明かりで見えてしまうことがある。そのうえ、連中の恐るべき尻尾がわたしの寝台の上を一度ならず走り抜け、そのたびにゴキブリの群れはクモの子を散らしたように散開する。これほど惨めな夜はめったにあるものではない。船がわずかでも進んでいることに、わたしは無上の満足を見出すのだった。

明け方、船は突然、急停止するように大きく揺れた。陸地に向かう態勢に入ったのだ。船は夜明けにコロア通り[*2]に碇を下ろした。気持ちのよい眺めだった。雨がたっぷりと降ったあとで、海面から徐々に隆起する陸地に建物が点在し、豊かな植生はさらに上の、切り立つ山脈のあいだに挟まれたなだらかな丘陵地帯にまで広がっている。山々はどことなくオアフ島の景観に似ているが、こちらでは素晴らしい緑が涼しさを演出しており、雨の多いことが窺える。山の斜面や渓谷は鬱蒼とした森林に覆われている。カウアイ島にはたしかに独特の景観がある。見た目のよくないウチワサボテンが夥しく自生しているのも特徴の一つだ。このサボテンには「何人《なんぴと》もわたしを攻撃するなら害を与えずにはいない」という花言葉があるが、見た目もたしかにそのとおりだ。

これまで書く時間がなかったが、今回のカウアイ島旅行は、ホノルルの友人たちが紹介状を書いてくれたり、わたしの到着を前もって友人に報せたりと、慌ただしく準備してくれたものだ。わたしはよくハザエル[*3]の問いかけを思い起こす。「そのようなことまでやってのけるとは、汝《なんじ》の僕《しもべ》は犬と同じか？」カウアイ島には宿泊施設も下宿もないので、旅人は地元の住人に宿を請うのが慣例となっている。わたしはそれに倣《なら》っても、別に取り乱すようなことはないと信じていた。今回はホノルルの友人たちから背中を押されるようにしてやって来たが、交渉の際の気遣いと戸惑いはひどく気が重いので、二度と進んではやるまいと思う。

最初に会うように紹介されたのは、世俗の聖職者の妻であるスミス夫人だった。彼女はわたしを三七キロ先まで送り届ける手筈《てはず》になっていた。夫人の息子が軽装馬車を駆って上陸地点まで出迎えに来たが、馬車の様子を見るかぎり、馬車道はあるもののあまり快適な道ではなさそうだった。家では、スミス夫人が入口で出迎えてくれた。わたしは泥棒が初めて裁きを受けるような気持ちで夫人に手紙を差し出したが、不安は杞憂《きゆう》で、たちまち歓迎された。夫人は親切にも、何日でも気兼ねなく滞在するように勧めてくれた。建物は異国情緒あふれる植物がたっぷりと木陰をつくり、古風で熱帯的な感じだ。居間は家庭的な雰囲気があり、真新しい本もあった。二人の息子と二人の娘がいて、みな両親に似て先住民の福祉には熱心だ。この家庭では、利発そうな先住民の少女六人を家事見習いとして同居させている。昨日は日曜日だったので、スミス夫人の子供たちは日曜学校で二度教えたあと、先住民の教会に出かけてハワイ語による礼拝を行った。先住民を教会に出席させるには現地の言葉が大切なのだ。

わたしたちは家の周辺で何度か素晴らしい乗馬を楽しんだ。荒涼として人気《ひとけ》のない絵に描いたような海岸では、太平洋が悲しみの声を上げている。荒波を打ち上げる都度、うら悲しい音を立てるのだ。浜辺には、アイオナ島*4の潮吹き洞穴とは少し異なるのだが、潮吹き穴という素晴らしい自然現象を見られる場所がいくつかある。わたしたちはその一つが海水を噴き出すところをしばらく観察した。これがいちばん見事な穴というわけではないが、満潮と干潮の中間あたりになると、この潮吹き穴のとても小さな口から一八メートルを超える水柱が吹き上がる。このとき、近くの岩の割れ目から空気が圧し出され、ときによって唸り声や甲高い悲鳴のような音が聞こえるのだ。海岸に発せられる濃霧警報のように大きく鈍い音を響かせる穴もある。なかでも、この日のように大きな波があるときは壮観だった。

カウアイ島はかなり孤立した島社会だ。キラウエア号が滅多に寄航しないせいもある。実際には首都から蒸気船で一二時間ほどの距離でしかないのに、この島を訪れる者は滅多にいない。ハワイ島のような活火山はなく、マウイ島のような立派なクレーターもない。人気を集めそうなものが何もないのだ。この島はガーデン・アイランドと呼ばれ、近隣の島々のように黒々とした熔岩や赤い火山灰の荒野はない。島はほぼ円形に近い不思議な形状をしており、直径は四五キロから四八キロで、一三〇〇平方キロメートルほどの面積だ。島の最高峰であるワイアレアレ山は標高一四六三メートル[*5]だが、この山の詳細はほとんど知られていない。山には湿地が広がり、危険な箇所が多い。一部は森林地帯で、ほとんど人が入ったことのないテーブル状の高地には、高低差が六〇〇メートルにもなる切り立つ垂直の断崖絶壁が連なり、海に迫り出している。そこはあまりに険しく、野良猫さえ寄せ付けないといわれている。島の裏側の広大な地域はほとんど手つかずの状態で、陸路で島をめぐることはできない。カウアイ島は小さな島だが、この地域のことはまだほとんど知られていないのが現状だ。

カウアイ島はあきらかに大きく二つの地形から成り立っており、山岳地帯には数多くのクレーターが点在する。ここコーロア地区では、クレーターの内側だけでなく外側にも植生が濃く、樹齢も古い。このことは、火山活動が休止してから非常に長い年月が経過したことを示している。奇妙な話だが、この島の自然は人が設計したように見える。コーロアの背後にある山々の裾野には丘陵地帯が広がっているのだが、まるで公園のように、オヒアやタコノキ、ハイビスカスの一種であるハウ、あるいはコアといった樹木が一帯を飾り、渓谷にはフトモモの巨木が密生する。イギリスでも有数の公園であるウィンザー・グレートパークやベルボワーとあきらかに異なるのは、タコノキを主体とした熱帯の樹木や、本のところどころに落ち葉を挟んだように見える奇妙な形の痩せ尾根、それに死火山の不思議な形をしたクレーターのせいだろう。景観は静かなうえに穏やかで、人の手がほとんど加えられていない道もまた、故郷のイングランドに広がる心地よい景色によく似ている。カウアイ島のこのあたりでは地面に一つも石がなく、草原は競馬場の芝のようにきめ細かで平坦だ。

ここにはもっとも新しい火山活動の痕跡が見つかる。コーロアの尾根から海岸まで、さらには海の中にまで、ごつごつとした不毛のパホエホエ熔岩平原が広がる。熔岩の中で膨らんだ巨大な気泡がそこかしこで地表を持ち上げていて、なかには一部が破裂し、内部の空洞が見えるものもある。海岸近くの熔岩は古いサンゴ礁にすっかり覆われている。

カウアイ島の渓谷は海に向かって開かれ、肥沃な黒土は深さ三メートルにも達する。島の風上側には数多くの川があり、絵のように美しい。そして、スコットランド高地の一部で見られるように、毎日のようににわか雨が降るようだ。風下側の海岸近くは太陽が照りつける不毛の土地だが、砂漠地帯はほとんどない。

カウアイ島の地勢はほかの島々に較べて読み難い。山岳地帯は深い森や危険な断層、あるいは湿地のせいで立ち入ることすら困難だ。山々の尾根は起伏が激しく、熔岩の分解が進んでいる。その結果、太平洋に点在する他の熱帯の島々よりも植生は豊かだ。地質学の専門家によれば、尾根を構成する土壌の分解レベルや、火山活動で生じる生成物が欠落していることなどから、カウアイ島はハワイ諸島最古の島と考えられている。しかしわたしが調べたかぎりでは、硬い玄武岩が現在のように巨木を支えられるほど肥沃な土壌になるまでにどれほどの年月を要するものなのか、その数字を公表した者はいない。[*7] この学説が正しければ、火山は西から東へ、北から南へと向かって徐々に活動を終焉させ、最後にキラウエアが残ったことになる。そして、その活力もいまは次第に衰えつつあると考えられる。[*8] カウアイ島の中央にある山塊は非常に多くの鉄分を含む玄武岩だが、海辺に近い尾根では鉄分の含有量は少なく多孔質だ。また、岩石の組成は、小ぶりの響岩《きょうがん》[*9]から重い玄武岩まで変化に富む。

島の住民四九〇〇人は、広範囲に分散して住んでいるうえに、他の島々からも離れている。その分だけ外の世界よりも善良で純朴なのかもしれない。人々は粗野というか、古い表現で言うなら、未開人と考えられている。馬は安いが質が高く、先住民は男女とも巧みに乗りこなす。彼らには、馬で全力疾走しながら地面から硬貨を拾い上げるという注目すべき特技があるが、同じ技術を使い、馬で疾走しながら地面に埋めた不運な鶏の首を刎《は》ねることもある。

外国人居住者はわずかだが、連帯感が強く、非常に親しい間柄のようだ。外国人は先住民の生活向上に関心を示して活動する者が多いものの、困難をきわめている。彼らが生きているあいだに報われることはあまり期待できないようだ。四軒あるサトウキビ農園は大勢の中国人労働者を雇っているが、中国人がアヘンの吸引をハワイ人に唆《そその》かすのではないかとわたしは危惧している。

人目には付かないが、世界のどこでも、先住民は有用な技能を持っているものだ。彼らはある特殊な技術を、自ら酩酊し麻痺する手段として使う。ハワイ諸島では酒の醸造は違法であり、外国人がハワイ先住民に酒を与えれば罰せられる。だが、先住民は主にティーの木の根から非常に強い酒を醸造する。この酒は精製されていないため、強烈だが健康に害を及ぼす。酒類の販売は首都に限定されているが、熱帯地方での飲酒の悪影響は広く知られ、人々はしたたかに飲み、飲酒が原因で死亡する者の数は驚くほど多い。

先住民への酒類の販売禁止については、国会で絶えず取り上げられる議題であり、絶えず議会が紛糾する原因ともなっている。おそらく先住民は全員、禁酒法は、「有色人種は劣等」と書かれた品質表示のようなもので、断じて認め難いという点で意見が一致するだろう。しかし、わたしがこれまで聞いたところでは必ずしもそうではない。とりわけ先住民のなかの知性派と呼ばれる思慮深い人たちは、酒類禁止の継続に賛成している。彼らの基本的な見解は、飲酒のための施設が増えれば、人口の減少が加速する可能性があるというものだった。公表されている国会の議事録を見ると、酒造の完全自由化を求める嘆願はあとを絶たないが、全面禁止を求める嘆願は少数でしかない。「アルコール類を購入し、飲酒するという、白人と同等の権利がハワイ人にはあるはずだ」と訴える者が大勢を占めている。

不公平で差別的な待遇を撤廃しようという議案が、国会の場で議論されるようになったのは、それほど昔のことではない。しかし、宣教師の子孫や白人社会の有力者層は、先住民への酒類の販売のみならず飲酒そのものに反対し、強い影響力を持つ。この禁止令は現在も法として明文化されている。

この議案の基調は、現国王の好敵手であるカラーカウアの言葉が雄弁に伝えてくれるだろう。「この法によって規制を強要することは、人々に利するところがないばかりか、有害ですらある。

この法は名誉ある正道を説くのではなく、むしろカウンターの陰や馬屋や物置に隠れた、法の目の届かない場での不正行為を人々に説くものだ。酒類販売者に厳しく認可を強要することや、先住民への販売を禁止することは公民権の侵害であり、購入者を束縛するとともに、業者が財産を獲得、保有することをも妨げている。わたしは議長閣下に問いたい。徳はどこにあるのか？ 正義はどこにあるのか？ それらは人々の自由を拘束するところには存在しない。人々が望んでいる酒類の販売を拒み、制約なしに飲酒することを拒むなら、それらは得られるというのか。この法が効力を維持し、われわれが偽善者になり下がるのを待てば手に入るというのだろうか。この法を撤廃しようではないか。そのとき初めて、徳と正義はあなたたちのものとなるだろう。ああハワイよ」。下院委員会は酒類の全面販売禁止問題に関する報告書をまとめ、カーター議長が声明を発表した。「経験から学ぶなら、こうした禁止令は裏付けとなる強力な世論がなければ実施できるものではない。しかしながら、この社会においてそうした世論は確立していない。そのことは先住民への酒類販売が公然と行われ、違法な酒類の醸造が国内のいたるところで行われていることからもあきらかである」。アングロサクソン人によって統治あるいは植民地化された国ではどこでも起きる問題が、この国でも議論の的となっている。

本題から外れた話題となってしまったのは、初めてカヴァ[*10]と呼ばれる見事な植物を目にしたからだ。これはポリネシア全域でよく知られているものだ。カヴァには奇妙な噂がある。服用すると、アヘンやハシッシュよりもうっとりするような幻覚を引き起こす強い力があり、深い眠りにつけるというものだ。常用しても害はなく、無害なばかりか健康によいとさえいわれている。販売は禁止されているが、薬として処方された証明書を提示する場合はこれに当たらない。しかし、ハワイではいかなる法規も軽んじられる傾向にある。カヴァはどこでも手に入るし、手軽に栽培することも、手っ取り早く森で掘り出すこともできる。そのようなわけで、法では禁止されているものの、広く出回っている。全面的な販売の禁止を求める声もあるが、酒類販売の免許から上がる税収総額は王国の財政からすれば無視できない額だ。それゆえ、他の多くの問題と同じく、現在も収支の帳尻合わせという困難に突き当たっている。この問題を検討した委員会は、次のような報告書を提出した。「この植物の生長と栽培を予防できないのであれば、販売禁止法は意味を持たない。販売を禁じる現行法が公然と犯されるのを世論が黙認する現状があり、禁止しようとする努力がほとんど功を奏さないのであれば、禁止法を維持する根拠はない」。ハワイ諸島では、カヴァにまつわる不思議な話をよく耳にする。また、アルコール依存や飲酒には強く反対する人々のなかにも、カヴァについては擁護する者もいる。上流階級やインテリは、ポリネシア社会に広く行きわたる強力な審美的要素をもてはやし、カヴァ酒の製造と飲料がもたらす効果に大喜びする。しかし、わたしはどちらの意見にも納得がいかない。意識を麻痺させ、理性と意思を鍛える力を人間から奪う飲料に、道徳性を損なう以上の特別な恩恵があるとはとても思えない。

ナビゲーター諸島付近を航行していたときのこと、乗客の一人でトゥトゥイラ島にしばらく滞在したことのある人物が、カヴァの醸造について次のような詩的な言い回しで解説してくれた。彼によれば、その根は「花飾りを付けた乙女の、真珠のような歯並びに咀嚼《そしゃく》される」という。しかし、わたしはたまたまハワイ島で夜にカヴァの宴会を目撃したことがあるのだが、とても退屈な儀式にしか見えなかった。こうした話は内密にしなければならないような気がする。わたしが目撃したときの状況や、この違法行為を見過ごした事情をあなたに話す時間はなかったが、わたしには罪悪感のようなものがあり、そのことを語るのは身が縮む思いがするのだ。じつはこれも憚られることだが、カヴァ酒には手を出さなかったものの、その根の味を確かめてみたことを告白しなければならない。それはホースラディッシュのようにぴりっと辛く、独特の強い芳香がある。これなら、嗜好品のようについ口にしたくなって、やめられなくなるようなことはないように思えた。

美人ではない娘が二人と、醜いが歯並びだけはきれいな老人が一人、地面に坐ってカヴァの根を嚙み続け、それを大勢の大人が熱心に見守っているのを目撃したことがある。入念に咀嚼して根がどろどろになると、それを大きなヒョウタンに吐き出してから、余分な唾液も吐き出して新しい根を口に入れる。これを繰り返してかなりの量が溜まったら、水を加え、両手でこね回す。泡立つスープのようになったら濾《こ》して、さらに水を加えて攪き混ぜ、ヤシの実の殻に注いで一同に手渡すのだ。できあがったものは泡の浮いた薄いミルク入りコーヒーのように見える。これを飲んだ人たちの顔は詩的とはほど遠く、欲望を満たされた動物のようにひどく低俗な表情をしている。頭をのけぞらせ、口は半開きとなり、目はうつろでどこにも焦点を結んでいない。胸の上で腕を組んでいるが、意識は萎《な》えて朦朧《もうろう》としているのだ。

これを飲んだ人たちは徐々に思考能力を失い、やがては深い眠りに落ちる。この状態は、服用し直さなくても冷水を浴びれば、もう一度だけ再現できるといわれている。カヴァの常習者はハンセン病患者と間違えられるそうだ。体は白っぽい鱗片に覆われ、目は赤く充血し、皮膚は革のようになるからだ。皮膚が堅く白っぽくなると、やがて剝がれ落ちる。カヴァを常習する白人はハワイ島を中心に少なからずいるが、いうまでもなく数えるほどの人数だ。カヴァは薬用にも用いられ、肥満にはたしかな効能があるという。

カヴァは木の根元と根だけが利用され、新鮮なものがよいとされる。うっとりとさせる力は強力なようで、スコットランドのウィスキーや、南欧のワインのように愛され称賛されているようだ。ポリネシアのある島では、祝い事の際に、嚙み砕いた根をヒョウタンに入れて水を注ぎ、この作業のあいだ、会衆一同がそれを讃える特別な歌をうたう。歌は汁が濾されて滓《かす》になるまで続けられるのだ。しかし、ここハワイではカヴァを飲料に用いるのは違法なので、つねに秘密がともなう。このところカヴァの飲用が増加し、それとともに健康を損なう密造酒や輸入酒の違法販売、アヘンの吸引も増えている。ハワイ諸島における酒と麻薬の消費は膨大な量となっている。☆1

話を酒から気候に戻そう。以前は大量の降雨があり、地面に直接建てられた家屋は火を焚いても決して乾かなかったのに、いまは湿気がまったくないのだから不思議だ。ここでもホノルルでも、家屋は深い茂みに埋もれているので、初めて目にしたときには、夏は素敵だが、冬は湿気がこもって耐え難いだろうと思ったものだ。わたしが到着したのは冬の季節だが、冬とは名ばかり

☆原注1　二年に一度行われる年度末財政報告によれば、一八七四年三月三一日現在、カヴァから上がる収益は九〇〇〇ドルを超え、アヘンからの収益は四万六〇〇〇ドルを超える。

で、ここでは一年中が真夏であるのを忘れていたのだ。当地の気候の素晴らしさを、わたしが誇張して言っていると思われないよう、ハワイ農業協会の開会式でカメハメハ四世が行った演説が印刷されたものから、その一部を紹介しよう。

「かつてこの国の海辺で冬の話を耳にした者がいるだろうか。ここより恵まれない国々では、労働者が必死に対応を迫られる無数の困難を、われわれのなかでだれか目にした者がいるだろうか。太平洋の豊かな懐に憩うスイレンにも喩えられるこの諸島には一人としていないだろう。人々の頭上には天国が腰を落ち着け、太陽は日々羨望の眼差しをわれわれに投げる。その陽射しは穏やかで衰えることを知らず、人々の暮らしを温める」☆2。

家の主人の親切には圧倒されるほどだ。彼らはわたしが馬を購入したいというのをどうしても聞き入れず、こちらで厄介になってからずっと使わせてもらった馬にそのまま乗って行くようにという。この馬は、これまでわたしがハワイ諸島で乗ったどの馬よりも優れている。脚が丈夫で速く、コントロールしやすいうえに覇気がある。先住民の乗馬に寄せる情熱には共感を覚える。カウアイ島では馬はいくらでもいて、しかも安い。二〇ドルも出せば立派な馬が手に入る。子供たちもそれぞれ一頭ずつ所有しているようで、人間より馬のほうが多いほどだ。

この家を家庭学校として訓練と教育を受けている八人の先住民の少女もそれぞれ馬を持ち、イギリスの子供たちが砂遊び場ではしゃぐように乗馬をしている。昨日は、「さあ、みんな馬をつかまえて」とS夫人＊11の声がかかると、すぐに八歳と一〇歳の子供たち二人が飛び出し、元気な二頭の馬に乗って駆け足で戻ってきた。子供たちは馬を取り押さえて轡《くつわ》を付けるだけでなく、複雑なメキシコ式の鞍を、男性の仕事のようにしっかり取り付けたのだった。わたしは子供たちから、腹帯をしっかり革紐で留めるメキシコ式の結び方を教わったので、これからは自分でできるだろう。

子供たちはみな英語を話し、それぞれ独創的で楽しい考えを持っている。彼女たちのマナーはまだまだだが、とても素直に思える。その態度は天真爛漫で、とにかく魅力があるのだ。わたしはこれほど喜びにあふれた子供たちを見たことがない。習い事や家事をしていないときははしゃぎ回り、自分たちで考案した遊びにふけり、水浴びをし、乗馬をして、一日中、笑い声を上げている。S夫人はこちらに来てから、七〇人近くの子供たちの躾《しつけ》をしてきた。子供たちがここでの生活を幸せなものとして感じ取ってくれるなら、それだけで良い影響を与えるはずだ。彼らのたゆまぬ努力により、子供たちはすべて悪しき先住民との繋がりから切り離されている。実際、この子供たちは先住民と接することはできない。ハワイ諸島に長年住むある宣教師はこう言う。

☆原注2　サンドイッチ諸島についてルパート・アンダースンがありのままに記した以下の文章は、王の言質《げんち》を十分に証明するだろう。「ハワイ諸島は全域が貿易風の影響下にある。貿易風は一年のうち九カ月間、規則正しく吹き続ける。諸島の風下側では風は山脈に遮られ、安定した陸風と海風が吹く。天候は四季を通して快適で、普通は空に雲一つなく、空気は澄んで清々しい。また、夜の穏やかな月明かりに勝るものはない。雷雨はまれで、発生したとしても強いものではない。ハリケーンは生じない。平均気温は生理学者が健康と長寿に最適とみなす温度に、世界のどこよりも近い。山に登れば一定の割合で気温が下がるので、どのような気候も望みどおりに手に入る」。

「どの異教徒にも言えることだが、彼らの冗長なおしゃべりや、集団生活のすべてに蔓延する名状し難い腐敗は、実際に見た者でなければ理解できないし、想像もできない。われわれの隣人であるハワイ人も、いまだこの課題を克服していない」。諸島全体に広まる卑猥《ひわい》な言葉の問題については、だれもが語気強く語っている。そこで注意深い白人の親は、早い時期から子供たちと先住民との接触を控えさせるだけでなく、ハワイ語を覚えることをも禁じている。その点で、先住民の少女たちを躾《しつ》けるには忍耐強さと細心さが要求されるのだ。実際には、ときに重圧となることもあるに違いない。努力が半日でも中断されれば、それまで何年もかけて行ってきたことが台無しになることもあるからだ。

I・L・B

手紙21

カウアイ島の魅力――カルナ二世――家長制度――家族の物語――典型的なキャニオン――充足の恵み

カウアイ島、マカヴェリ

ハワイ島の火山や洪水、そして世界の外れにあるような渓谷に較べるなら、最近の手紙は退屈かもしれない。そこで今回は、奮い立つような冒険譚ではないけれども、陽気な書き出しではじめることにする。わたしはこの地の滞在を大いに楽しんでいるし、健康も順調に回復している。人々は客を手厚くもてなしてくれるばかりでなく、親切で教養もある。カウアイ島はハワイ島とは異なる独自の美しさがある。ハワイ島のガルチのように驚嘆が賛美を呼ぶようなものではないが、愛さずにはいられないたぐいのものだ。目新しさという魔法にかけられていることもあるが、いつもその奥に故郷の面影が見えるからかもしれない。岩に砕けて音楽を奏でる早瀬はカンバーランド*1を思い起こさせるし、木立の茂る高台はケント州*2にもありそうな気がする。起伏の激しい山の稜線は緑に覆われ、ところどころに草原も見える。それはヴァル・モンティエ*3によく似ているし、曲線を描く長い山の稜線はアルゲニー山脈[*4]の絶景を彷彿させる。
しかし優しさと懐かしさをあわせ持つこの風景も、異国の情景にほかならない。広々とした穏やかな海は一日を通じて仄かに蒼く、夕べには赤く染まる。深い平安が漂う海はほかに較べようもない。喜ばしくも賑やかな貿易風は、一日を通じて木々にそよ風を送り、夜は凪ぎ、あたりの空気を涼しくしてくれる。それらはわたしたちの知っている激しい東風や湿った西風、突き刺す北風とはまったく異なる実験室でつくられているに違いない。ここでは実際に貿易風がそうであるように、北東からの風に逆らうことはできない。風のたよりを聞く前に、芳しい雰囲気が諸島を包んでしまうのだ。カウアイ島はハワイ島ほど常夏の雰囲気はない。穏やかな火山性の原生自然が島の中央に乾燥した原野をつくったり、熱帯植物の百花繚乱が、これぞ楽園といった光景をガルチにつくりだすこともない。とはいえ、その違いをはっきりと言い表すのは難しい。ここもハワイ島と同じようにヤシの木が静かな水面に影を映し、バナナは旺盛に茂り、森はシダに青々と覆われているせいかもしれない。

　わたしたち一行は、コロアから三七キロを三日がかりで旅行した。わたしたちというのは、年齢も人柄も年季の入った初期宣教師の未亡人と、彼女のお供を務める一〇歳の先住民の少年と、わたしの三人だ。少年というのは、未亡人のような美点はないカルナのことだ。夫人は乗馬に長《た》けているわけではなく並足がお好みなので、意気軒昂なわたしの馬を苛立《いらだ》たせた。何も知らない夫人は、わたしの馬の奇怪な振る舞いに驚かされたようだ。初日にはわずかに一一キロしか進まなかった。途中、公園のような土地を通ったが、そこはウィスコンシン州西部のような自然で、わたしがニュージーランドで期待したが結局は見つけることのできなかった景観そのものだった。牧草地がどこまでも広がっており、青々とした草原には、ところどころに小さな森や立ち木が点在している。川に深く抉られた絵のような岩山がわたしたちの右手にあり、左手には青々とした山の裾野が海の近くまで延び、そこで小石混じりの赤い土壌になって光り輝いている。その浜辺にはインディゴやさまざまなキク科の植物が目立った。暑くはあったが、右手の山々には涼しげな雲が垂れこめ、いつ止むともなく雨を降らせている。白い滝の泡立ちがオヒアの森の中できらきらと輝き、黒々としたオヒアの茂みが遠目には松林のように見えた。

わたしたちが最初に休憩したのは、奥行きのあるベランダを持つ淡黄色の素敵な木造家屋だった。建物の壁にはパッションフラワーが巻きつき、近くの木陰にある二、三棟のゲストハウスにもツル植物がからんで、明るく輝いている。その背景となる灰色の山々の森や渓谷が、涼しさをかもし出している。ここにはさり気なく手入れをされた庭園の趣きがあるが、人の手がつくりだしたイギリスの風景とは異なり、ここでは自然がそれをつくりだしているのだった。

カルナ二世（ハワイ島に次ぐ二人目のカルナという意味）にはまもなく問題兆候が現れはじめた。先住民の召使がいなくなり、彼は退屈していたのだが、これにはわたしも同情的だった。彼は、タパ（寝具）を取りにコーロアへ戻りたいと言いだしたが、わたしがこれを却下すると、そのための意趣返しか、あるいは不注意か、彼は馬を牧草地に繋がずに放してしまったので、翌朝、わたしたちが出発しようとしたとき、馬が見あたらなくなってしまった。そこで彼は馬を借りに出かけ、夕方になって、汗と埃で真っ白になった四頭の馬を連れて戻ってきた。わたしたちはこの逃亡騒ぎのためにもう一晩の逗留を余儀なくされた。その後、彼はいくつもの言い付けに背いた末に、借り物だった馬をも見失い、挙げ句の果てに女主人を見捨てて遁走してしまった。

わたしたちが進む斜面は暑く赤茶けた岩だらけの土地だった。大地の裂け目があり、青々とした肥沃な渓谷が出現した。そこにはカロや米の水田と先住民の民家が集まっていて、その中ほどを幅の広いハナペペ川がゆったりと流れていた。わたしたちはこの川を海岸近くで渡ったが、水嵩は馬の胴回りまであった。一日中、岩だらけの土地を不動の陽射しに晒されながら、ゆっくりと馬を進めた。影が長くなる頃、わたしたちは山に向かって真っ直ぐ進路を取り、二時間の登りに入った。爽快な気分だった。空気は涼しく、空は青々として変化に富み、灰色の尖峰がいくつもある。山腹が絶壁となっているせいで、渓谷は深く暗い。山麓は青々とした繊細な緑に覆われ、その中に深紅のオヒアレフアの花が一輪、二輪、そして三輪と連なっている。それはやがて、淡緑色のククイとともに鬱蒼とした森の茂みに紛れこんだ。

あたりの景観はさらに美しさを増した。道は渓谷の深い森の中を蛇行するかと思えば、背骨のような細い尾根を曲がりくねりながら進む。空気はいっそう涼しく潤いを帯び、不老不死の妙薬を思わせるようだ。標高四五〇メートルに達したところで、わたしたちははるかな高台の、理想的な土地にあるマカウエリに到着した。建物はハワイ諸島のなかでは総主教の館に匹敵する規模で、ベランダにはバラやフクシア、パッションフラワーやその仲間を這わせている。棟続きに大きなゲストハウスがあり、建物全体は天然の芝生に建っている。急斜面にはオレンジの木が実を結び、そのほかにもオヒアやハイビスカスが点在する。裏手のベランダからは緑の山がそびえ立ち、正面に広がる深い渓谷は草に覆われた斜面へと下って海につながる。寂しげな太平洋は、わたしが以前に書いたように金色の海で、二九キロの彼方にはニイハウ島が紫水晶のように浮かんでいる。

ここは完全に孤立している。しかし裏手の地区は例外で、数百人の先住民が暮らしている。しかし、わたしの目には、ここから一〇キロ圏内には先住民や外国人の家など一つもないように見える。朝には鳥が鳴き、日中は風が梢にそよぐが、涼しい夜にはあたりはすっかり静まり返り、せせらぎの音だけとなる。

家は煙突だけがよく目立つ。室内では一日中、居間の暖炉の火が絶えることはない。

この宿の主にも少々触れて、彼らの考えの一端を伝えてみたい。この人たちの経歴はデーモン氏から聞いたことがあるのだが、実に不思議な話なので、本人から直接聞くまではとても本当のこととは思えなかった。[☆1] この家の主である高齢のご婦人[*5]は、かつてスコットランドからニュージーランドに移住した。だが、不幸にして夫が彼の地で水死した。残された彼女の細腕に、大家族の扶養と広大な土地の管理の両方が託されることになった。彼女が抱いた大志は、昔の家長制のように大家族が一緒に暮らす生活を維持することだった。子供たちが成長すると、広大なニュージーランドの敷地も十分ではないように思え、土地を売却することにした。彼女は家族と可能な

☆原注1　この話はハワイ諸島では有名だが、プライベートな事情は省略し、広く一般に知られている事実のみ伝える。

かぎりの家財を船に積みこみ、娘婿の一人が所有して指揮する帆船で太平洋に乗り出し、家族が一緒に暮らせる新たな故郷を探し求めたのだった。

タヒチにはかなり惹かれたが、さまざまな事情からそこは条件に合わないと彼らは判断を下した。その後、北に向かって航海を続け、ホノルルに到着した。デーモン氏は船員に礼拝を行っていたことがあるが、ある日、埠頭で、大家族がひしめく小型帆船を見つけて驚いた。船首には美しくあでやかな老婦人の姿があった。この浮かぶ家には書籍や絵画、道具類など、工夫を凝らしたありとあらゆる品々が備えられており、甲板には見事な羊や牛が囲いの中にあふれていた。彼らはその後、ブリティッシュコロンビアに向けて出航したものの、その地に落胆して、三カ月後に再びホノルルに姿を現したのだが、将来の見通しも立たず、途方に暮れていた。

その当時、ニイハウ島が売りに出されていた。彼らはカメハメハ五世から破格の安値でその島を譲り受けると、木造家屋を運びこみ、七年かけてその島を整備し、腰を据えた。そこは完全な孤島で、波は荒く航海には不向きな海路だったが、その後、彼らは道をつくり、家を建てた。現在、この島に住むのは二番目の息子とその妻だけで、彼らは先住民三五〇人の島民のなかで、ただ二人の白人である。島は二八二平方キロメートルもあり、そこで二万頭の羊を飼っているが、土地はまだあり余っている。話に聞くところでは、多くの先住民がクレアナについて法的な申請を行っていなかったため、島の譲渡には難題がつきまとったそうだ。しかし、現在の所有者は先住民の言語に精通し、島民に対して温かな配慮を払っている。ニイハウ島は美しいゴザで知られているが、そのほかにも、六メートルの長さがある貝殻のネックレスや、島で見つかる非常に美しいさまざまな種類の貝でも知られている。

この家を切り盛りするのは一にも二にも女主人だ。典型的な昔気質のスコットランド人である夫人は才気にあふれ、ユーモアがあり、明るく魅力的な人物である。彼女を見る者はみな、その気骨に感心する。夫人は高齢ながら美しい。老人を燃えかすのように扱う世間の風潮を好まず、つねにイニシアティブをとっている。彼女が古風だが洗練された、かすかにスコットランド訛《なま》りのある英語で語りだすと、その口から出る言葉は、最新の神学から政治事情にいたるまで真実味を持つ。彼女は子供たちや孫たちと、家族揃っての生活に専念している。七〇歳をとうに超えていながら朝一番に起きだし、最後に床に入るのも夫人だ。わたしがここに到着したとき、彼女は家を空けていた。数日後、夫人はいつも手放すことのない大きな絹の帽子を被り、馬に乗って現れた。その軽やかなスタイルといい、歩きっぷりといい、まさに若々しい娘といった感じで、昔懐かしい写真か、ラムゼー[*6]の本の中から抜け出してきたように見えた。

この家には彼女のほかに、独身の長男と、未亡人となった二人の娘と、その六人の子供たちがいて、そのうちの三人はすでに立派な若者だ。このほかに若いプロイセン士官の家庭教師がいる。彼はマクシミリアン大公[*7]に仕えたことがあり、ケレタロの敗戦を体験し、当時受けたメキシコ人の蛮行をいまだに忘れられずにいるという。もう一人娘がいて、彼女はノルウェー人の紳士と結婚することになっている。その許婚《いいなずけ》は隣の土地の地主で、現在、そこに暮らしている。家族全員がこうして一緒に暮らしており、孫たちが必要になれば分け与える敷地も十分にあるようだ。

彼らの生活はすっかりハワイ流に馴染み、みなハワイ語を英語と同じように流暢に話す。三人の若者は一八〇センチを超す大男で、先住民と馬術を競い、投げ縄もすれば、疾走する馬から地面の硬貨を拾い上げもする。また、白人が修得するのは不可能といわれる波乗りもした。

ニイハウ島とカウアイ島のこの一帯では、先住民は夫人のことをママと呼ぶ。彼らの借地料は月に一日程度の作業奉仕で支払うことになっているが、これは封建制度における領地の考えに基づいている。ここでは先住民の労働者を保護するため、中国人は雇っていない。先住民の料理人が一人いるだけで、あとは先住民女性数名が通いで家事をすることになっている。だが、実際には彼女たちに任せきりにはできず、結局は家の女性たちが料理をすることになる。彼女たちは現地女性を監督しながらテーブルを準備し、ランプの芯を切り揃え、裁断から繕いものまであらゆる針仕事をこなし、家の内外で先住民のする仕事を采配している。

娘たちについては、その熟練した家事の腕前以外にも書いておきたいことがある。彼女たちは実に見事に馬を乗りこなす。一人は銃の名手でもあり、一人は船に関して航海術だけでなく実践的な知識を豊富に持ち、実際に操船して世界を一周することもできるほどだ。ここでの生活は実に慌ただしい。日々、多くの先住民が雇われているし、先住民を監視するルナからも目が離せない。島で唯一の医者であるスミス博士は三五キロも離れたコーロアに住んでいるので、大勢の先住民がさまざまな体調不良を理由に助言や薬をもとめて絶えずこの家に入れ替わり立ち替わりやってくる。それはラアセイやアップルクロスなど、人里離れたハイランド地方に住む人々の暮らしそのままだ。スミス博士のところへは、三五キロの道程を馬で行くか、デヴィッド・ハチソン社が運営する豪華蒸気船ならぬ、あのジェニー号で海岸まで運ばれて行くしかないのだ。

ある朝、わたしたちが書斎にいると、ニュージーランドのティマルーに住むM氏が紹介状を携え、馬に乗ってやってきた。言うまでもなく、彼もまた温かく迎え入れられた。M氏はこのあとイギリスに向かうとのこと。あなたはきっと彼を質問攻めにして、わたしのことを聞きだそうとすることだろう。M氏の滞在中、わたしたちはカウアイ島の名所であるハナペペ滝まで出かけることになった。コースは危険な箇所が多く、女性には無理といわれているところだ。夫人とわたしが同行すると言ったとき、M氏の顔には厄介な荷物を背負いこんだという表情が見て取れた。しかしその後、わたしは内心、吹き出しそうになるのをこらえて見守ることになる。彼は夫人の勇敢な手綱さばきに驚いたのだ。彼はしばらくわたしたちに手を貸すべきかどうか、見た目にもあきらかに悩んでいたが、結局、賢明にもその必要はないとの判断を下したのだった。

「幸せとは空気のようなもの」であれば、わたしたちは確かに幸せだった。その日はよく晴れ、故郷の六月初めの気候のように涼しかった。太平洋以外でこれほどまでに貿易風が心地よく楽しげに吹いてくれるところはないだろう。景色には光があふれ、山々や木々、白波を立てる川、朱色の鳥たち、あらゆるものが何が楽しいのかを心得ているように浮かれ騒ぐ。すべてが贅沢きわまりなかった。人馬一体となって疾駆するとき、柔らかな草原を駆ける馬の跣《はだし》の音は音楽よりも心地よい。わたしは馬を抑えることなどできず、「アーサー王の腰かけ」[*8]の東斜面に匹敵するような急斜面を下るときはもちろん、二頭は並べないナイフのような細い尾根でも、幅三〇センチほどの脇道でも、全速力で駆け抜けた。そして六〇〇メートルの下りに入る手前で馬を止めた。裾野には幅広い早瀬が見え、それは巨大な岩壁の間から流れ出て鮮やかなマニエニエ草の芝地を取り巻いている。途中、馬を駆る一団を目にしたが、多くの馬が華麗な鞍を着けて繋がれており、さらに目を引く真紅のシャツを着た乗り手たちが陽射しを浴びて寛いでいた。

そこから、ハワイに似つかわしい見事な滝に至る二時間の道程は辛かった。わたしはヒロのガルチで出くわした冒険以来、急流を渡るときには大きな不安を覚えてしまう。動揺を隠し通すことはできたが、自分でもよくわからない不安だった。行きと帰りで二六回も大きく荒々しい川を渡ったが、どれも馬の胴あたりまでの深さがあるうえに、川底は岩と穴だらけで流れは激しく、馬はもがいて渡るのを嫌がった。最初は川岸沿いに進むことができても、やがて増水によって出現した淵のせいで本流から遠のいてしまう。しかたなく再び川に入り、川と絶壁に挟まれた巨礫が散らばる細長い流れを進むしかなかった。わたしたちが踏み越えなければならない川底の丸く大きな岩は、ベン・クルアッカン[*9]の山頂に見られる岩のようにも、アイオナ島へ上陸する場所にある岩のようにも見える。白く泡立つ急流の底に横たわるこれらの巨礫は、絹のように滑らかな緑の川藻に覆われていることが多いので、馬たちはバランスを失い脚を滑らせる。連れの二人は常にわたしの先を進んだが、川底に開いた穴のあたりで彼らの馬がもがき、脚を滑らせてまごついた。わたしは、そのたびにM氏が夫人に向かってあげる称賛の声を待ち構えた。「じつに見事な乗馬ぶりですな。これほど肝の据わったご婦人たちにはお目にかかったことがありません」。わたしのほうはといえば、景観を楽しむためにこれほど苦労する人間にお目にかかったことはない。要するに、滝というものは、これほどの努力を要求される不便な場所にあるということのようだ。

またもや、似通った景色を挙げ連ねて、あなたを悩ますのは止めにしようと思う。でも、これだけは伝えたい。滝はハワイ諸島ではありふれたものだったが、この滝の美しさは他の追随を許さないだろう。渓谷最高の滝というだけでなく、地質学的にも興味深いものだ。

この渓谷は海から四、五キロ入ったところまではほとんど平坦で肥沃な土地となっている。高さ七五メートルほどの断崖が渓谷を取り囲み、垂直の岩壁には、礫岩と灰色の玄武岩が幾重にも重なる地層を見ることができる。谷間をゆっくりと蛇行しながら流れ、豊かな土地を育むハナペペ川は、川幅が数十メートルあり、滑らかな川底を持つ。ところが、海から六、七キロほど内陸に入ると、起伏の激しい急勾配となり、迫りくる山の岩壁が深さ三〇〇メートルから四五〇メートルの堂々たる大渓谷を出現させる。同じように美しい別の大渓谷からは冷たく澄んだ水の支流が注ぎこみ、ハナペペ川の水嵩は増す。そこはアヴォカ渓谷を讃えるのにも勝る「流れの出会うところ[*10]」である。

浸食の激しい岩は幻想的ですらある。羽毛のように見える突起で飾られた奇妙な穹窿《きゅうりゅう》や、立ち並ぶ円柱、あるいは破損した壁面のように見える岩は、太古の聖堂を彷彿とさせる。威風堂々と立ち並ぶ灰色の玄武岩の円柱は荒涼として、上へ上へと積み重なり、はるか高く蒼穹を突く。エネルギーに満ちた川は壮大に渓谷を削りながら、ありとあらゆるものを流し去り、隣接する大渓谷から流れこむ支流でさえ、主流の川底に堆積物を残すことはできない。岩壁はほとんどが川の流れから真っ直ぐに立ち上がっており、支流に加えて岩壁から一気に流れ落ちる滝が、ハナペペ川の水量をさらに増やしている。

流れはここから六、七キロほど遡ったあたりで、右手から湾曲する断崖に突き当たる。大地の割れ目を垂直の岩壁が閉ざし、ハナペペ川はこの絶壁にかかる一〇〇メートルの落差のコウラ滝となる。絶壁の頂きは玄武岩でできた円柱の頭部に見事な彫刻を施したようで、スタッファ島のハマグリ洞窟[*11]を彷彿とさせる。反対側の高々と突き出た二つの尖峰が壮大な玄関口となり、もう一つのさらに広い渓谷から川が流れこんでいる。しかし、それはいくつもある小滝の一つでしかない。弧を描いて広がる何本もの小滝が、鬱蒼とした茂みに白い水飛沫を輝かせ、滝の奏でる水音の旋律には微かな震えを感じる。その震えは大地を抉った深い裂け目に染みわたるようだ。ここは苛立ちや、つまらぬ喧騒とは対極にあり、暗く涼しげな深淵が広がっている。滝壺には天頂の陽射しだけが入りこめる。このうえなく美しいシダや苔、あるいは日陰を愛する宿り木など、潤いを愛でる美しいものたちのすべてが永遠の繁栄を享受する場所だ。上方の陽射しの中には、明るいククイの木が薄暗いオヒアの木と競って岩棚に危うく足場を求めている。深紅の花が燃え立つようなフトモモの深い茂みと、バナナの群落、さらには暑さと湿気が生み出すありとあらゆる豊かな植物が、この断崖を穿つ大地の裂け目に満ち満ちている。ときおり真紅の熱帯の鳥が影をかすめてきらめくが、それを除けば、生命があるとは思えないほど静かさに満ちている。大空とそそり立つ岩壁、円柱の取り合わせは寺院を想起させ、荘重な滝の水音はパイプオルガンのように響く。それはまさに荘厳な美と祈りだった。

　わたしはその場を立ち去り難かった。この美の饗宴を鑑賞することができた瞳はいったいどれほどあるのだろう。わたしたちは再び喜びあふれる陽射しの中に出た。世俗に戻ると空腹を覚えたが、近くの先住民の小屋で、鶏肉の煮込みとサツマイモの食事をいただき満足した。あの場の雰囲気には何か人を酔わせるものがあったのかもしれない。わたしたちは大胆にも激しく馬を駆った。わたしの主義に反して、険しい山の斜面を一挙に駆け下り、馬の持てる力の最大限まで速度を上げたのだ。わたしの馬は幾度となく乗り手のことなど構わずに疾走し、一度ならずM氏の馬をあわてさせた。おそらく、これについては彼があなたに話して聞かせることだろう。

先住民は馬に残酷な仕打ちをするので、わたしはいつも苛立ちが募る。今日、わたしはノゲシ[*12]を摘みに出かけ、大きな草束をわたしの素晴らしい馬のために持ち帰ったら、先住民の嘲笑をかった。彼らはたんなる無頓着と怠惰から馬を飢えさせる。飢え死にしそうな馬が衰弱して倒れそうになっても、情け容赦なく拍車を当てるのだ。鞍が擦れるので背中を痛め、粗雑な腹帯で胴体に傷を負う馬を、彼らは乗り回す。先住民は馬などこの世では取るに足らないものと思っているのか、ありとあらゆる手を尽くして馬を軽視、虐待する。そして、だれかが馬に思いやりを示せば冷笑するのだ。ホノルルではよほどの短距離でもないかぎり、先住民の男女が歩くのを目にしたためしはない。彼らは歩くことを堕落と見なしているのだろうか。一〇〇メートル先に行くにも、わざわざ馬に乗る男たちをわたしは何度も目撃している。

その後、わたしたちは三日がかりの遠出をした。近郊の山岳地帯から奥深くへ入りこんだのだ。この遠征には七人の先住民が同行した。わたしたちの旅の起点となったK氏の家には、ハワイ諸島で最高のマンゴー林がある。見事な枝を広げた木立なのだが、黒々とアブラムシが木を覆い、古い葉には頑固な粘着質の被膜が貼り付いているので、林が喪に服しているように見えた。マンゴーは外来種の果物だが、こちらの人々はこの果物を大切にしており、箱に詰めて友人への贈り物にする。マンゴーは赤みを帯びた艶のある黄色の果実で、大型のプラムに似ていなくもないが、大きさは三倍以上だ。食べるときは水を張った盥《たらい》を必ず手元に置いておく。友人の自分に対する評価を下げたくなければ、マンゴーは人目を避けて食べたほうがよいかもしれない。果実の中にはとても大きく堅い種子があり、果肉は意外に少ない。初めて口にしたときは強烈なテレピン油のような味がすると思ったが、普通はそうではないらしい。

このマンゴーの林とワイエルヴァ[*13]の先には面白い砂丘がある。風と気流によってつくられた高さ一八メートルほどの砂丘は、頂上から基部まで整然とした急傾斜を描く。粒の粗い砂は貝殻とサンゴと熔岩でできている。この砂を両手にとって打ち合わせると、犬の鳴き声に似た音がすることから吠《ほ》え砂と呼ばれる。初めて訪れた人が一様に面白がるのが、この急斜面を馬で滑り降りるというものだ。くぐもった雷のような音が足下でするので、慣れない馬は怯《おび》えてしまう。熱く乾燥した土壌には蜃気楼《しんきろう》も浮かぶ。それは実に見事で非の打ちどころがなく、初めて訪れた者は目の前に大きな湖が見えるので岸に沿って迂回しようとするほどだ。

山への遠征は楽しかった。外国人がここハワイで気晴らしをする一つの見本ともいえる。広々としたワイメアに帰ってきてからも楽しかった。傾いた陽射しを受けたヤシの木の長い木陰が伸び、束の間の茜色の薄明かりがそよ風の渡る高台に達して、燃え盛る夕陽に迎えられたのだった。

女主人がここでの暮らしぶりについて話してくれた。最近、イギリスに出かけた彼女は、自国の食糧難ともいうべき事態に気が重くなったと言う。わたしは物があふれるオーストラリア・ヴィクトリア州に行くまで、旧約聖書にある「たくさん」とか「十分なパン」という恵みの意味を理解していなかった。ここハワイでもほぼ同じことが言える。わたしたちは母国にいると、このことにまったく気づかない。だが、それは旧約聖書で約束されたもっとも大切な恵みの一つなのだ。それが人の心を温める効果ははっきりとしている。友人たちに対して自分がどれだけの財力を持っているかを誇示する人より、「いつでも気が向いたときに食事に来てくれ」と言って彼らをもてなす人のほうが、その人の力を実感できる。ここでは、一ポンドの肉がわずか二ペンスで、バナナであればちょっとした集まりにも十分なほどの量を手に入れることができるのだ。食費が高騰し続ければ心おきなく客人をもてなすことは無理だし、友人と外来者に分け隔てなく住むところを与え、食事を出すという優しさも萎《しぼ》んでしまうだろう。

I・L・B

手紙22

コロアの森——花嫁の祝宴——先住民の特性——布教活動——先住民聖職者だけでは

カウアイ島、リフエ

マカヴェリからコロアのスミス博士の家までの馬旅には、お供に二人の先住民が付いた。一人はわたしの品位を保つためのルナで、もう一人はカーペット地でできたわたしの旅行鞄を運ぶ下層階級の先住民だった。こちらでは馬にしっかりとした轡《くつわ》を付けるが、わたしは簡単なもので済ませていた。そのせいか、旅の途中でまたも馬が暴走してしまった。ようやく馬が止まると、二人はわたしの横に馬を寄せ、体を反らせながら両脚を前に突き出し、手綱を引いてみせた。そして、大笑いしながら「マイカイ、マイカイ（オーケー、オーケー）」と言った。

コロアには数日の滞在だったが、親切なもてなしを受けた。勧められるままに何週間でも留まりたいと思ったのは、実は臆病風に吹かれていたからだ。ジェニー号に乗船し、「風上に立ち向かう」のが気がすすまなかったのだ。ある日、少女たちに誘われて森へ出かけた。帰りは月明かりの中だったが、彼女たちはその森をシダが生えているだけのところとしか説明しなかった。ニュージーランドやオーストラリアの森を見てきたわたしには、つまらないだろうと思っているのだ。この森はハワイ島に見られる熱帯植物の生い茂る森とは異なるが、自然景観はたとえようもなく素晴らしかった。ハワイ島はドームとこぶばかりだが、カウアイ島には尖峰と山脈が多い。深い渓谷では、鮮やかなシダや鮮血の花を咲かせるフトモモの枝、あるいは野生のバナナがつくる林の下を渓流が轟々《ごうごう》と流れる。尖峰の岩壁や起伏の大きな絶壁が形づくる灰色の尾根が、青い森の暗い陰から突き出し、高山の頂きには霞がたなびいている。遠くには銀色の海がきらめき、手前の微妙に色調を変える森は、密林とは異なる。無数のツル植物が木々を飾り立てているため、地面に横たわる枯れ木までが樹幹を覆う極上のシダによって新たな美をまとうのだ。細長い谷間は大聖堂の長い回廊にも似て、ときには寸分たがわぬゴシック建築のような幻影が浮かぶ。聖歌やパイプオルガンの響きが聞こえてくるような気がして、思わず耳をそばだてたほどだ。空気は涼しく潤いを帯び、木々の造形と緑の色合いはさまざまに変化する。ここは森の中の森だった。わたしは翌日も、またその翌日も、ここに来ずにはいられなくなる。わたしがコロアに留まっていたら、いまも通っていただろう。

ライス氏の家は美しい森から外れたサトウキビ畑の中にあり、貿易風に晒されている。ライス氏は当地で尊敬を集めた宣教師の息子で、夫婦揃って先住民に深い関心を寄せている。数カ月前に彼が花嫁を連れてきたとき、ハワイ語を話す島の女性と結婚したというので先住民は大いに喜び、現地で盛大なアハアイナ（晩餐会）が催された。このときの食事はポリネシア式に調理された。葉に包んで地中で焼く料理はルアウと呼ばれる。二頭の雄牛と一九頭の豚、鶏が一〇〇羽、大量のポイと果物、そのほか数え切れない地元料理の数々が用意された。五〇〇人の先住民が生

カウアイ島の森

花やマイレのレイで贅沢に着飾って出席し、全員が花嫁に贈り物を渡した。宴会のあと、人々はメレを詠唱してライス氏を讃え、夫人は出席者のために、こちらではまだだれも見たことがなかったピアノという楽器を演奏し、ハワイ語で歌を唄って聞かせた。ライス夫妻は先住民の日曜学校を監督しながらその教師も務めており、現在、二〇名の先住民教師がこれに参加している。彼らは、互いに教育への関心を保ち、交流を深めるのを目的に、それぞれの家の持ち回りで、月に一度の定例会を開いて全員が顔を合わせている。会合のあとには軽食が出される。定例会ではみな打ち解け、二次会でも気配りや親切なもてなしの気持ちにあふれていると、彼らは口を揃える。

外国人にとって、ハワイ人ほど楽しい人たちはいない。だが、彼らの行動には腹立たしい側面も少なくない。中国人と異なり、彼らは物事を抜かりなくやれたためしがほとんどない。わたしの経験では、彼らがわたしの馬に鞍と轡《くつわ》をきちんと付けたことは皆無といってよい。革紐を留めていなかったり、鞍の下に敷く毛布が皺だらけだったりする。彼らはじつに呑気《のんき》で、そんなことなど気にかけない。不注意から自分だけでなく他人に深刻な損害を与えても、彼らは肩をすくめ、「それがどうした?」とでもいうように澄ましている。問題は何でも単なるピリキアでしかない。仕方がない、で済ませるのだ。旅の途中で馬をしっかりと繋いでおかなかったために逃がしてしまい、先に進むことができなくなったとしても、彼らはただ笑って済ませることだろう。急ぐという概念は彼らにとって意味がない。「そんなに急いでどうなる?」彼らはそう思っているのだ。

子育てを疎《おろそ》かにする態度は、数は少ないが死産の原因の大半を占める。これは、この地に蔓延する無責任さの一端でもある。嬰児《えいじ》殺しはかつて広くはびこっていたが、現在では廃れて久しい。

とはいえ、それを促す一因ともなっている快楽の偏重と、面倒なことを避けようとする傾向はいまも女性のなかにある。それらはいまだに母性本能より勝るようで、女性は子供の養育に目を向けようとしない。子供を手放すことも広く行われている。わたしは、子供たちがたらい回しにされているという具体的な話を何件か耳にしている。そのような子供たちは産みの親を知らないという。奇妙で気まぐれな話もある。実の子を手放しておきながら、贈り物として受け取った子供には熱烈な愛着を注ぐ母親がいるというのだ。ハワイ人の女性たちはペットの犬に惜しみない愛情を注ぎ、どこへ行くにも連れ歩く。だが、それと同じ愛情を子供に注ぐのを見たためしがない。彼らには家族の繋がりがひどく不足しているのだ。妻は他人の夫を求め、子供は養子先の家庭のために実の親を見捨てるという風潮のなかでも、仲間同士の絆は異様に強い。彼らは驚くほど互いに親愛の情を通わせ、食べ物や衣服はもちろん、所有するものすべてを分かち合う。狂人とハンセン病患者はいても、浮浪者については聞いたことがない。彼らのなかに明日の暮らしに困る者はいない。陽射しのあふれる海辺に、困窮のせいで罪の衝動に駆られる者が男女を問わず一人もいないというのは幸いだ。

彼らの欠点や耐え難い無頓着さにもかかわらず、外国人はだれもが彼らに好感を抱く。おそらく彼らと一緒でも問題はないし、気楽だというのも一因だろう。彼らはどこまでも気立てがよく、陽気で親しみがあり、ハオレの楽しみに同調できる。彼らが徐々に減り、やがて消滅してしまったなら、ハワイ諸島はとても寂しい場所になってしまうことだろう。

ハワイ諸島は数多くの不幸を経験してきたが、宣教師の家族が有徳の人たちであったのは幸いだった。善人の息子たちも等しく評価されている。

アメリカ人は、伝道活動でも平素の現実的な抜かりのなさを発揮する。ハワイ諸島は一八五三年に名目上はキリスト教化され、五六人の先住民牧師からなる聖職者連盟が設立されている。アメリカ伝道協会[*1]は、それまでの三五年間にハワイ諸島のキリスト教化に際して九〇万三〇〇〇ドルを投下し、男女一四九名の聖職者を送り出してきた。しかしこの年以降は人材、資金両面での支援の取りやめを決議した。

初期には王や首長は伝道団に土地を寄贈し、そこに主要な教会施設が建てられた。伝道協会はハワイ諸島を引き払うに当たり、賢明にもこれらの土地をクレアナ（自由保有不動産）として伝道師の家族に移管した。その結果、世界の若者がアメリカへの移住を夢見るのにもかかわらず、ここでは多くの若者がハワイの土地に根付いている。伝道初期に創設されたプナホウ・カレッジ[*2]は、少数精鋭の男女子弟に第一級の英語教育を施しただけでなく、彼らをこの地に留める一助ともなった。若者の多くはサトウキビ栽培や牧畜、商店の経営、その他さまざまな事業に参入した結果、ホノルルおよびヒロでは、上流階層の住人のうちかなりの人口を伝道師の子孫が占めている。カウアイ島でしかるべき地位にある外国人の大半は伝道師の家族か、その密接な関係者かのいずれかだ。彼らはマウイ島とハワイ島全土に住み着き、さまざまな地位に登り詰めている。また、強力な親密感と仲間意識で結ばれており、婚姻や姻戚という繋がりも強い。この一族は社会がもっとも必要とするもの、つまり健全な道徳の核となるものを提供し、これに抗うあらゆる勢力に対して、宗教と道徳を尊ぶ世論をうまく盛り上げてきた。ニューイングランドの精神を受け継いだ彼らの資質は一様にレベルが高い。彼らは堅実な教養を身に付け、多くは広い文化的素養を有する。また、代々先住民への関心が高く、先住民の言語および生活習慣に精通している。

わたしはこれまでの手紙で、コーン師やライアンズ師を宣教師として紹介してきたが、これを訂正する必要がある。この二〇年間、ハワイ諸島に宣教師は存在しない。伝道協会が支援を打ち切ると、多くの宣教師はアメリカに引き揚げたからだ。なかにはまれにこちらで他の職に就いた者もある。上記の二氏と、さらに二、三名が先住民信徒会の指導者として留まったのだ。

あえて言わせてもらうなら、いまだ未熟な段階にあるのに、ハワイ全土のキリスト教化を先住民聖職者の手に委《ゆだ》ねたのは、伝道協会の早計だったとわたしには思える。現地人聖職者にはあまりに荷が勝ちすぎて、確固としたキリスト教の規範を維持するのは困難をきわめたに違いない。サポートとしてであれば、先住民のキリスト教化を進める主要な担い手にもなっただろうが、教理や戒律を維持し、国民の信頼を集めるのは到底不可能に思える。たとえ相応の担い手であっても、ハワイの民を蝕《むしば》む弛《ゆる》んだ道徳心をコントロールするだけの力はないだろう。この問題は、今後、年を重ねるごとに、その無謀さがあきらかにされていくに違いない。真のキリスト教精神を支えるには、いまとは違う流儀に切り替えなければならないときがくるはずだ。しかしそのときには、いま、先住民聖職者を励まし導く力を備えた長老たちは、安息の地に赴いていることだろう。

I・L・B

手紙23

夕暮れの放浪者——夜道——ハナレイ渓谷——無上の喜び——パニヨラ

四月一七日　カウアイ島、リフエ

カウアイ島を発つ前に、美しいハナレイ渓谷への一人旅を終えたばかりなので、この話は是非ともしておきたい。三日ばかりの小さな旅だったが、基本的には楽しかった。ライス氏は親切にも立派な馬と、とても感じのよい先住民ガイドを用意してくれた。わたしは午後二時に出発した。二四キロほど先に民家があるので、当地の習慣に従い、そこで一晩の宿を請うつもりでいたのだ。ところがB氏の牧場が近づくにつれて、わたしは指先から空元気《から》がじわじわと洩れ出した。戸口に立ったときには、植民地言葉で言うところの「日暮れ時の放浪者」とか「たかりや」といった嫌な単語ばかりが頭に浮かび、家主が出てきて馬から下りるように言われたときには、ほんとうに「日暮れ時のただ飯喰《めしぐ》らい」になったような気がしていた。家主は、あいにく妻は留守だができるだけのことはすると言って、わたしを部屋に通した。そこでは見るからに強面《こわもて》の男が一人、一歳ぐらいの赤ん坊を優しくあやしていた。赤ん坊は無残な火傷を負っていて、わたしが部屋に入ると激しく泣きだした。あとに残された男たちが一致協力し、必死に赤ん坊をあやしていたのだ。二人がお茶をいれているあいだ、わたしは赤ん坊を抱いていたが、蹴飛ばしたり喚《わめ》いたりして暴れ続けた。二人が戻ってきたとき、用意していた言葉が滑らかに口をついて出た。まだほとんど疲れていないので、水を一杯いただけるだけで感謝します、と切り出したのだ。わたしは卑怯な心を隠し通し、ある親切な牧場主に、この先数マイルの義父の家に今晩は是非とも泊まるように勧められていると伝えた。同行の先住民の顔にも、わたしと同じ気持ちがあるように見て取れた。わたしは、ただ一度の経験ながら、このような物乞い同然の日々を送るには不可欠の度胸がないことを確信した。わたしたちは道が途切れるまで一心不乱に馬をとばし続けた。やがて薄闇が迫り、景色はますます堂々として、黒々と威圧するようなハナレイの山々が黄昏に浮かび上がった。

目的地まではまだ二四キロもあった。途中、広々とした美しい渓谷に出た。谷間を幅広い深い渓流が滑らかに流れ下り、砕け散る波に合流する。この渓谷についてはくれぐれも注意するようにと繰り返し言われていた。わたしたちは平底船の渡しを利用するはずだったが、行ってみると、それは船の残骸でしかなかった。ガイドと船の管理人は小屋の前で長々と論じ続けたが埒《らち》があかず、とうとうわたしは身振り手振りで説明して、暴挙を敢行した。わたしたちは水浸し状態の船に乗り、馬は泳いで川を渡らせたのだ。渓谷の頂きに着くころ、夕暮れの茜色はついにもの悲しい海原の彼方に消え、黒々とした山系は闇の中にことさら大きく見えた。ギシギシと不気味な風音を立てるタコノキが、暗闇の効果を上げている。

　闇はまたたく間に深まり、わたしには馬の耳しか見えなくなった。ときおり、奇妙な予感に襲われた。裂け目にはまるとか、険しい淵から真っ逆さまに転落するような気になるのだ。灯の瞬く谷間とおぼしきものを見下ろす場所に出たのは、闇がすっかりあたりを支配してからだった。崖の下に見える麓の谷間は、一カ所を除いて切り立つ山々に囲まれている。木々の生い茂る断崖を、細い踏み分け道を辿りながら降りていくのはかなり気分の悪いものだ。わたしには先導する先住民ガイドの白い上着しか見えなかったが、彼のほうもどのように進んでいいのかわからないのはあきらかだった。そのとき闇の中で川が怪しくきらめいた。すると、力強い馬に乗った男性が茂みから現れ、ハワイ語の問いかけに教養ある英語で応じた。彼は向きを転じてわたしたちを先導すると、平底船で状態の悪い川を越え、さらに三キロ先の目的地まで付き添ってくれたのだった。

　昨日、出発するときは、素晴らしい朝だった。断崖を登ると、わたしは渓谷を見下ろす高台に立ち、レディー・フランクリン[*1]が渓谷の美しさを讃えた返礼にワイリー氏[*2]が献じたというその高貴な景観をしばし堪能した。ハナレイ渓谷は楽園に喩えられ、カシミール渓谷とも称される。この景観を目にして絶賛しない者はいない。「ハナレイを見てから死ね」とは、カウアイ島民の気持ちを如実に表している。たしかにその景観はわたしの期待を裏切らなかった、たとえこれより少しは劣ったとしても、本来の楽園に落胆することはないだろう。ここには美を決定付ける要素、すなわち鮮やかな陽射しや、陰影のある山々がある。木々に覆われた山腹にある滝は光の縞模様を描き、渓流はククイやオヒアの木々の中を走り抜けて、生き生きとした青葉の中に留まる。この地には一度として災いなど降りかかったことがないかのようだった。

太平洋に面した渓谷の開口部は四、五キロの幅がある。境界となる山々が徐々に大地を狭め、海から八キロほどのあたりで見事に美しい渓谷となる。澄みきったハナレイ川は山岳からの性急な流れに倦《う》み、海まで最後の四、五キロをゆったりと流れる。川面に映える数百平方キロメートルものサトウキビ畑はワイリー氏の所有だ。彼はエアシャー[*3]の出身で、かつてハワイ行政を治めた外国人として知られる。その辣腕と公平無私の仕事において彼の右に出る者はいない。渓谷の西側には深い渓谷に削り取られた山岳地帯があり、尾根の上には夥しい木々が生い茂り、オヒアの多くは、地面から一・八メートルのあたりで幹回りが七・五メートルもある。ハナレイ渓谷の美しい景観に背を向けるのは悲しかったが、今回の六四キロにわたる旅のなかでもうっとりするような美しい景観が展開した。カウアイ島のこの地域の希有《けう》な美しさは、ほかのどこにも勝ると思えた。

景観や雰囲気への感動が強すぎると、人は一日中何も考えず、ひたすら喜びの感動に身を任せることもできる。故国の陽の当たらない裏通りで、喜びのない暮らしにあけくれる働きすぎの人々が、一日でもいいからわたしのようにあの景観を楽しめたらどれほどよいかと思う。そうすれば神の創造した大地がいかに素晴らしいものであるかを理解できるし、たとえこの渓谷から「神を愛する者たちのために用意されたもの」を想像できないにしても、神の楽園はこれをはるかに上回るほど素晴らしいに違いないと思うことができるだろう。不幸な環境の中に暮らし、そこから這い出すことなく朽ちていく人々のことを、これほど悲しく思ったことはない。それとともに、わたしに自然を堪能する力があることを、これほど嬉しく思ったこともない。

ある深い川から上がろうとしていたときのことだ。わたしから二メートルほど先で、馬に乗っていた先住民が流砂にはまってしまった。彼は馬から飛び下りたが、馬は体半分ほど砂の中に埋まっている。わたしはそこに留まり、馬が救出されるのを見届けたかった。馬はもがいて、ますます深くはまるばかりだ。しかし先住民は肩をすくめ、ハワイ語で「たかが馬だ」と言い、何かあるごとにいつも口をついて出る「それがどうした」というような言葉を吐くばかりだった。

その日はわくわくするような楽しい日だったので、わたしは頭からそのことを払い除け、草の生い茂る丘を駆け降りた。白人では付いて来られないに違いないと思いながらかなりの速さで駆けていると、一人の先住民が馬を寄せてきた。彼は「マイカイ、パニオラ」と二度繰り返すと、楽しそうに笑った。するとわたしに同行する先住民も寄ってきて、わたしを指差し、「パニオラ」と言う。その後、二人の女性と道連れになったが、ガイドはわたしのことをパニオラだと話した。丘の頂きに出ると、彼女たちは馬を速駆けさせた。そこでわたしも、以前なら首の骨を折るのではないかと思うような猛烈な速さで駆け下ると、女性の一人がわたしの肩を叩いて、「マイカイ！　パニオラ」と感嘆した。彼女たちがわたしのことをスペイン人と取り違え、「スパニョーラ」と言おうとしているのかと思ったが、リフエに戻ってライス夫人に意味を尋ねると、「投げ縄で牛を捕まえるとか、そんな人たちのことよ」と言う。わたしはお世辞を言われたのだと思いたかったので、その言葉がわたしに向けられたものであることを夫人に告げた。すると彼女は大笑いし、それを先に言ってくれたらもう少し気を遣った答えをしたのにと言うのだった。

わたしたちは深紅の花が灯る森を抜け、アルプスの牧草地よりも青々とした山の谷間を抜け、険しいパリ（断崖）を下り、深い急流を渡って、美しいワイルア滝で馬を止めた。滝は泡立つ白布を広げ、重厚な水の塊となって暗い滝壺へと落ちていく。滝壺は断崖に閉ざされ、岩壁は湿気を好むシダや苔さえ寄せ付けない。川はここより上流も下流も、荘厳な渓谷を流れていた。あたりには小さな火口丘が数多くある。頂きが噴火口のように空洞となっていたり、崩れていたり、あるいは頂きまで木々に覆われ、古さを感じさせるものもある。マウナ・カラレアという名の一本の尾根がこの近くに延びているのだが、それは一幅の絵画のように美しい景観だった。険しく特異な形状のせいか、ハワイ島の巨大なドーム[*4]に匹敵する高さがあるように見える。針のように細い山頂は、玄武岩の円柱が鈍い突起状に積み重なり、テラスを形づくっている。いちばん高い部分はきわめて薄く、そこにできた穴からは大きな空が見える。アナホラという美しい村の近くで、この尾根は突然に途絶えた。

　リフエにはまだ陽のあるうちに戻った。わたしは七時間半で六四キロの道程を踏破したことになるわけで、ハワイでは立派な記録に違いない。これでパニオラとしての面目をほどこしたことにもなる。こちらへは八月にまた来るつもりでいる。わたしを手厚くもてなしてくれた友人たちが、その季節に必ず来なさいと言ってくれたのだ。わたしはここカウアイ島で、言い尽くせないほど心のこもったもてなしを受けた。洗練された徳の高い家庭はもちろん、カウアイ島の美しさと素晴らしい気候を決して忘れることはないだろう。

I・L・B

四月二三日　ホノルル、ハワイアン・ホテル

とくに書き加えるような報せはない。デクスター氏の回復ははかばかしくなく、わたしがここを去るとき、友人たちがまだ残っていればいいがと心配になる。人々はいつものように郵便熱に浮かされている。わたしもこの手紙を投函しなければいけない。

I・L・B

手紙24

ケエリコラニ王女——マウイ島の楽園——島のサハラ砂漠——死火山ハレアカラ——雲海——マウイ島のもてなし

五月一二日　マウイ島、ウルパラクア

モクマオウの青い靄に包まれるハワイアン・ホテルを後にして三週間になる。楽しみにしていたマウイ島の訪問だが、あなたの興味を引きそうなものはそれほどない。わたしがオアフ島を発った夜、ホノルルの埠頭は大いに沸き立っていた。先住民があふれ、宮廷音楽隊が演奏し、魔女のような醜い老女がメレを唱えていた。王室や貴族の姿も数人あった。みな、前王の腹違いの妹、ケエリコラニ王女の見送りに来ているのだった。ひしめく群集と熱気がすごく、ハワイ諸島最大の体格と財産の持ち主であるというこの女性をよく見ることができないうちに、船は礁湖《ラグーン》の外へ出てしまった。あの体型と容姿はたしかに不運ではあるが、親切と善意の人と称されている。王女はありふれた黒いホロクーを身に着け、大きなキョウチクトウのレイをかけた首元と、短く刈った髪にバンダナを巻いている。彼女は大勢の随員を従えており、女性従者もみなキョウチクトウのレイを付けていた。一行は甲板の寝台の下に立派なゴザを広げた。プルで作られた寝台はきらびやかなキルトで覆われており、王女と一行はそこで夜を過ごすのだ。朝にはベッドが取り払われ、ゴザに朝食が並べられる。王女と数人の従者のほかに、招待された二、三名の白人男性が加わり、甲板に腰を下ろして朝食を囲んだ。その朝食は、下の特等船室で供されるものよりかなり見劣りがする。淡いピンク色のポイが、きれいに磨き上げたコア[*1]の容器に盛られているが、外国の高級洋食器は一つもない。ポイのほかには数種の生魚と干したタコ、蒸したカロにサツマイモとバナナ、ココナッツミルクなどだ。

わたしは甲板のマットレスでひどく寝苦しい一夜を過ごした。甲板は先住民で超満員のうえに、数人の先住民女性と外国人二人がウィスキーを持ち出して、ひどく見苦しい振る舞いをしたのだった。船はレプラ島[*2]のあたりで旋回した。

わたしが上陸したマアレイア[*3]は、東マウイと西マウイを結ぶ地峡に広がる砂漠地帯の風下側にある。わたしは程度の良い馬を手に入れ、G氏とともに地峡を渡り、サトウキビ農園が盛んなワイルクにあるアレクサンダー神父の住まいに向かった。アレクサンダー夫妻は初期伝道団としてこの地に赴き、現在も教会付属の建物で暮らしている。子息のうち数人がマウイ島に留まって砂糖事業に従事しており、アレクサンダー氏が経営するヘイク農園[*4]は自宅から二四キロ離れたところにあるというので、翌日、わたしは再びG氏とともに出かけた。

こちらに着いてから耳にしたのだが、ハワイ島から来たスクーナー船の船長たちがもたらした報せでは、海抜四二〇〇メートルのマウナ・ロアの頂上クレーターが明るくなっているのが海上から見えるそうだ。キラウエアの山腹にあるクレーターもいつになく活発で、かなり強い地震が感じられるという。この報せにはわくわくさせられた。

ワイルクの背後にはイアオ渓谷がある。わたしは島の友人二人と馬でこの渓谷まで出かけ、素晴らしい景観に感嘆しながら満ち足りた一日を過ごした。もっとも、イアオの住人たちは、こんな景色などわざわざ書くまでもないと思っているかもしれない。樹林帯がつくる薄暗い峡谷を通り抜けると、やがて目の前に円形劇場のような土地が開ける。周囲は高さ九〇〇メートルから一八〇〇メートルもある絶壁で、基部はククイや柔らかなシダで飾り付けられており、壁にかかる無数の滝のせいで霞んで見える。緑に覆われた高さ三〇〇メートルの針峰は、カメハメハ大王がハワイ全土を制覇しようと攻め入った場所で、敗残兵がここに最後まで立てこもり、ワイルク川（壊滅の川）は血に染まった。いま針峰はこの渓谷を静かに見守っている。ほかにも数多くの針峰があり、いずれも要塞の廃墟や城壁、塔を思わせ、謎めいている。それらがたなびく靄の中にきらめいていた。岩の形はさまざまに姿を変え、陽射しと陰の中に現れては消える。山々は崩壊した岩塔を雲一つない空に向かって突き上げる。緑に覆われた険しい岩山には霧がかかり、基部を覆うシダを潤す。深い森とシダの群落の中を川は流れ、常夏を歌い続ける。ときおり、下から雲が湧き起こって山腹を横切り、陽射しの届かぬ割れ目に雪のように積もる。たちこめる靄は青色の紗布を広げ、灰色の険しい岩山や、高々と積み上げられた峰を覆い、鮮やかな緑の景色を青く染める。そして、すべてはこの世のものとは思えぬ静寂に包まれる。

ワイルクからヘイクへは小サハラ砂漠を越えていく。一面の砂と、絶えず形を変える砂丘の荒野には、ときおり棘のないアザミやインディゴのみすぼらしい茂みが現れる。岸辺にはすさまじい波音が響いている。道はなく、太陽が照りつけるばかりで、息が詰まりそうだ。ここが初めての者にはガイドが欠かせない。足跡も轍《わだち》も一瞬にして掻き消されてしまうからだ。わたしはこの地峡を三回渡ったが、三回目のときにも、初めてここを通るときみたいに進路がわからなくなった。このとき、わたしは無謀にもガイドを拒んだのだが、無理やりガイドを押し付けてくれた人に感謝してもしきれない思いだ。じつに不快な馬旅だったが、忌まわしく不快な体験をしたことは、これほど素晴らしい土地においてはある意味で有益だった。砂、砂、砂。砂ばかりの行程だった。赤茶けた砂丘はなだらかで、砂の平原はさざ波立ち、白く照り返す。砂は絶えず向きを変えながら流れ、渦を巻いた。目も鼻も口も砂だらけになり、針で刺すように顔に当たる。砂は馬の耳にも潜りこむ。砂は波のように流れ、波飛沫のように波音を立てて、悪意と毒気を放つ。自分がどこに向かっているのか確かめるには、片目を開けて見るしかない。ヘイクから来た道を見下ろすと、そこは一日中砂嵐が吹き荒れ、分厚い茶色の砂煙に閉ざされているのがわかった。

宿の夫婦がとても魅力的なせいで、わたしはすっかりヘイクに惹《ひ》かれてしまった。改めて来ようという考えは捨て、しばらくここに留まることにした。マウイ島に惹かれてやってくる人たちのお目当ては、ほとんどが偉大な死火山ハレアカラ[*5]（太陽の家）だ。幸いなことに、わたしの登山は条件に恵まれ順調に運んだ。ヘイクの宿主に馬と先住民の付き人を用意してもらい、わたしは前夜に、宿の主人の兄弟である同行のJ・アレクサンダー氏の家まで行った。その日は彼の知的で洗練された話を聞くことができ、楽しい一日となった。

ハレアカラ登山をする場合、普通は午後に出発し、山頂近くに野営して焚き火を囲む。そこで虱《しらみ》に食われ、焚き火に炙《あぶ》られては凍えるというのを繰り返しながら朝を迎え、起床とともに壮観な日の出を見るのが一般的だ。しかし、わたしたちの立てた計画のほうが完璧に思えたので、夜中の二時に出発することにした。月は出ておらず、闇は濃かった。道の一方は雨が降り、もう一方はよく晴れている。わたしたちはランプの明かりの下で早い朝食をとった。登山装備を積んだ濡れたラバと馬しか見えず、こざっぱりとした小柄な日本人が手伝いのために走りまわっている。わたしのガイドを務める先住民は面白い形のメキシコ風ポンチョを着こみ、アレクサンダー氏は何を着ているのかよくわからないような服装をしていた。わたしはといえば、ひどくみすぼらしいありさまだった。乗馬服の上からアレクサンダー氏の着古した緑色のオーバーを着て、その上からタータンチェックのマフラーを足まで垂らしていた。

わたしたちは闇の中へと進んだ。まもなく森に入ると道は荒れはじめ、やがて馬車の通れない道となり、そのあとはひたすら踏み分け道を登り続けた。夜明けに雨が上がる頃、わたしたちは半分以上を登りつめた。岩場にはスコリア、草叢、オヘロ、キク科の植物がいくつかと、シダの類《たぐい》、木性の植物もあった。登るに連《つ》れて植物相は貧弱になり、疎らになるものの、完全になくなることはない。標高三一〇九メートル[*6]の山頂にさえ草叢が点在しており、岩の割れ目には、矮小《わいしょう》化《か》しているがチャセンシダ科の珍しくもないシダが見られる。登山者はたいてい途中で高山病に罹《かか》るが、わたしは大丈夫だった。とはいうものの、寒さは耐え難く、手足は痺れ、骨まで凍みた。わたしは何度か馬を下りて歩こうとしたが、希薄な空気のなかでは山登りという運動をするのは不可能だった。気温は氷点下一度で、この標高では小気味よい微風も、濡れた衣服に当たるだけで耐え難いほど冷たい。

陽が昇ると、眼下に押し寄せた濃密な雲は薔薇色の雲海となった。ときおり雲海が途切れ、雲間から鮮やかな青海原やビロードの草原が顔を出す。わたしたちは最後の登りに差しかかった。一帯はスコリアだらけで、取り上げるほどでもない植物もすっかり疎《まば》らになる。そのなかを苦労して進むと、七時には山頂といわれる場所に出た。しかし、クレーター方面には鋸状の岩があって前方の視界を塞いでいた。わたしたちは馬から噴石の上に下りて岩の割れ目に入り、そこから地上最大といわれるクレーターを見下ろした。

正直に言うなら、キラウエアの活発な炎の記憶があるせいで、伝説の一つも存在しない死に絶えたような火山の光景に、初めのうちは落胆した[*7]。しかし少しすると、その荘厳さと驚異は、わたしのなかで次第に膨れ上がった。見事な火山の地形を詳細に観察し、そこに埋もれた相当数の火口丘の高さを比較して、円周や面積、深さといった数字を理解しようとした。そうした数字のほうが口で言うよりはるかにわかりやすいからだ。無類のスケールと荘厳なたたずまいは、何度もクレーターを見た者にははるかに説得力がある。

最初の頃の手紙で触れたが、絶えず砂嵐の吹きすさぶ地峡の東側は東マウイと呼ばれ、広大な裾野を持つ標高三〇〇〇メートルのドーム状の山となっている。山の斜面は八度から一〇度と、ほぼ一定の傾きを保って立ち上がっている。マウイ島の熔岩大地は、カウアイ島やオアフ島と異なり、色が薄く、気孔が少ないので雨水が浸透しにくい。山の風上側は川に切り刻まれ、深い割れ目が口を開けている。水の流れが猛威を振るってできる川床の巨大な穴（ポットホール）は、貯水池として利用される。標高六〇〇メートルあたりまでは鬱蒼とした緑に覆われ、風下側では黒々とした真新しく見える熔岩流がいくつも海に注ぐ。海岸から少し上がったところまでは、一面にかなり激しい火山活動の痕跡を留めている。それ以外の場所では、岩肌は赤みを帯びて風化が激しい。また、ハレアカラの裾野には、側方噴火でできた噴石丘が多くある。

マカワオから上の斜面はかなり荒涼としている。初めは、釘で打ち付けたような面白みのないコアやビャクダンに似た木々が生育しているが、高度が増すとオヘロの茂みが多くなる。草とチャセンシダ類は頂上まで続く。脚のたしかな馬の背でのんびりと揺られていればよい。とはいうものの、実際に巨大な火山に登るのは、圧倒されるような剝《む》き出しの不毛地帯を登り詰めなければならない。それを考えるなら、だれにでも勧められるものではない。ようやく漆黒の場所を過ぎ、じきに頂上だと思うと、期待は裏切られてしまうのだ。ハレアカラのクレーターには驚かされた。そろそろ頂上と思えるところに来ると、足元にはとてつもない深淵が口を開けている。山頂が吹き飛ばされているのだ。いったいどれほどのエネルギーが発生したのか、想像することさえ難しい。

クレーターには霧も雲もなく、昇ったばかりの太陽に隈《くま》なく照らし出されていた。細部まで一目で見て取れるが、取り巻く絶壁は総延長が三〇キロもある。眼下に広がる凹凸だらけのクレーターの底は六〇〇メートル下にあり、面積はニューヨーク市が十分な余裕を残して収まるほどの広さがある。孤立して盛り上がっている火口丘もあれば、鈴なりに連なる火口丘もある。そのうちの一つはエディンバラの「アーサー王の腰かけ岩」ほどの高さがあった。東と北にはクレーターに匹敵する深さを持つコオラウ峡谷とカウポ峡谷があり、熔岩流はこれらの峡谷を通り抜けて海へ向かったのだ。それはあたかも、山頂を真っ二つに切り裂いたことで満足した噴火活動が、永遠の安息についたかのような光景だ。

クレーターの組成は見たところ灰色の硬い響岩で、無数の亀裂が入っている。しかし山を下ったところにある岩はそれほど硬質ではなく、青みを帯びている。クレーター内の火口丘は非常に均整の取れた形をしている。火口丘はどれも噴火を終えたばかりのように、側面が燃え立つような赤色を帯び、中央の空洞は内側を黒い灰の層に覆われている。これらはすべて比重の軽い噴石で、降灰の多くは褐鉄鉱のようにわずかに赤みを帯びている。火山活動で一般的に見られる生成物[☆1]はほとんど見られない。

少量の硫黄は純度の低い状態でところどころに見られるが、硫黄の結晶や硫黄を含む蒸気を噴出する岩の裂け目や温泉などは、どこにも見られない。冷たくなった灰や、死に絶えた火山エネルギーをとどめるその光景は、噴火の威力がいかに凄まじいかを物語っている。

☆原注1　ブリガム氏によれば、ハワイ諸島の火山生成物には天然硫黄、黄鉄鉱、塩、塩化アンモン石、塩酸、ヘマタイト（赤鉄鉱）、亜硫酸ガス、硫酸、石英、水晶、パラゴナイト、長石、クリソライト（貴橄欖石）、トムソナイト（トムソン沸石）、ジプサム（石膏）、ソルファタライト、メランテライト（緑礬）、硝石、アラゴナイト（あられ石）、ラブラドライト（曹灰長石）、リモナイト（褐鉄鉱）などがある。

山頂にはありがたいことに旅行者が置いていってくれた薪があり、わたしたちは盛大に焚き火を燃やして暖をとった。わたしは毛布にくるまり、熾《おき》の間に両足を出して坐ったが、何の足しにもならなかった。風は強く身を切るように冷たく、熱帯の太陽も一向に役に立たない。アレクサンダー氏は調査に出かけ、先住民はポンチョにくるまり焚き火の脇で寝入っていた。わたしはときおり、火山がつくりあげた壮大な廃墟が、氷のように冷たい突風にさらわれそうになるのを観察した。またあるときは、万人を魅了せずにはおかない雲海の絶景を楽しんだ。その日は申し分なかった。わたしは比類のないクレーターを見ることができたし、すべてを見渡せる山頂からの景観を眺めることもできた。そして、それらに劣らず素晴らしい雲海も見ることができた。

恐ろしいほど荒涼とした細長い深淵があった。そこには火のような火口丘と、黒い熔岩、それに灰色の川と波が入り乱れている。サテンの光沢を持つ岩が斑模様や渦巻き模様を描き、岩壁は黒々と皺を寄せ、いたるところが引き裂かれて砕け散っている。雲が巨大な割れ目の中を絶えず流れては、渦巻く真っ白な塊となってクレーターを埋め尽くす。そうかと思うと、陽射しの中にまたたく間に消え去り、元と寸分違《たが》わない光景が現れる。山は正午前にはすっかり雲に包まれてしまった。雲は普段目にする綿毛のようにぼんやりとしたものではなく、北極海に浮かぶ氷山や海氷、あるいは流氷のように積み重なる。それは極地の冬の寒さにきらめき、高山の上に高山を積み上げ、氷河の上に見覚えのある山々を輝かせる。あるいは深い渓谷に広がる森に新雪を積もらせる。吹き溜まりも雪崩《なだれ》も海も、決して融《と》けることのない氷に閉じこめられるのだ。それらは一つところに集まり、向きを変え、砕け散り、きらめき、マウイ島とハワイ島を隔てる広い海峡にあふれる。雲海のはるか彼方の、真っ青な空に突き出ているのは、ハワイ島を覆うマウナ・ケアとマウナ・ロアだ。マウナ・ケアの雪は雲よりもさらにまばゆい。眼下に広がる恐ろしいクレーターの廃墟と、流れる雲のなかから突き出る宝玉をちりばめたような青い山頂とのコントラストほど不思議な景観はない。

まもなく風景は一転し、氷河の裂け目の向こうには、イアオ渓谷を取り囲むエエカ山脈が夢のように出現した。二四〇〇メートル下にはサトウキビ畑が広がっている。そして、新芽を出したヤシの木が海岸線を縁取り、群青の海が果てるともない穏やかな眠りについている。これはよく知られているように目の錯覚なのだが、あまりに孤絶した高さのせいで、わたしたちは地上の光景を見上げているような気になる。目を凝らし、錯覚を修正しようとしても、目に映る景観を本来の高さに置き換えることができないのだ。

やがて少しずつ雲が視界をふさぎ、見慣れた地上の景色を掻き消すと、わたしたちは再び虚空の尖塔に幽閉された。それは耐え難いほどに孤立し、忘却の彼方にある虚空で、永続性も確かさもない。白い光彩が照らし出す不思議な世界だった。わたしたちの声は高所の薄い空気の中ではか細く聞こえる。山頂を吹き抜ける風がわたしたちを鋭く刺す。その風は、流れる雲の隙間に輝いている畑の、サトウキビの穂を揺らす穏やかな風とは似ても似つかない。ここはまったくの別世界で、共鳴できるものは何一つない。孤独すら感じさせる別世界だった。人とその小さな行いや暮らしからはるかに遠いこの場所のほうが、神に近いのだろうかと自問した。山の頂きを吹き飛ばして島中に撒き散らし、山腹を六〇〇メートルの深さに引き裂くという破滅の象徴を前にしたわたしは、ここに人の気配がほとんどないということを実感として理解できた。

正午を過ぎてまもなく、わたしたちは山を降りはじめた。クレーターのゴツゴツとした縁からさほど遠くない窪みで雲が渦巻いている。わたしたちはそこで探し求めていたものに遭遇した。銀剣草だ。それも一つ、二つではない。無数の銀剣草が、冷たい燻《いぶ》し銀のきらめきを放ち、山の斜面を冬景色のようにも、月明かりのようにも見せていた。ガラス瓶に入れておけばそのまま保存できるかもしれないが、巨大なサイズを用意しなければならないだろう。比較的大振りのものは花茎を除いても縦六〇センチ、幅四五センチはある。それは精緻をきわめた銀細工にとてもよく似ている。球状に育つ葉の描く曲線は絶妙で、自然のものというよりも皇帝の食卓を飾るスタンドの台座とも、あるいはアスコットやグッドウッドの優勝杯にも見える。この植物は一定の高度と気温が不可欠であるらしく、そこより高くても低くても見当たらない。

わたしたちは日没後に、へとへとになってマカワオに戻った。無事に登山を終えてよかったという温かい言葉をかけてもらったが、ロブスターのように赤く腫れ上がった顔を除けば、たしかに何の問題もなかった。

多くの人たちの力添えがあって、わたしはここまでやって来た。標高六〇〇メートル付近をめぐる馬旅はとても単調だが、ときおり浅いガルチで見かけるまばゆいばかりのナスタチウムが慰めとなった。ここはとても美しい土地で、病弱な人がこの安定した心地よい空気を心ゆくまで楽しめたらよいと思う。ウルパラクアということの地名には「神々の熟したパンノキの実」という意味がある。海抜六〇〇メートルに広がるサトウキビ畑は、ハワイ諸島でも指折りの優良な農園に挙げられている。高地で育つサトウキビはゆっくりと熟成するので、〇・四ヘクタール当たり五、六トンの生産量がある。水は不足気味なので、煮沸工場などの工程で使用する水はすべてコンクリートの貯水槽に溜めている。そのため、農園内の見事な庭園を縫う歩道はコンクリート敷きだ。農園主はさらに多くの雨水を確保するため、山の斜面にオーストラリア産のユーカリを数多く植林している。そのせいで周辺はなかなかに異国情緒がある。黒々とした眼下の海岸はいかにも火山の島といった感じで、何も手を加えられていない剝き出しの熔岩の岬が海に突き出ている。

マウイはハワイ諸島のなかでは異質で、都会的な島だ。先住民人口は一万二〇〇〇を超えるが、ほとんどは農園に住みこんでいるので、彼らの生活を目にすることはほとんどない。マウイ島は農園と商店を経営する家族で大きな社会が形成されており、来訪者を手厚くもてなしてくれる。しかし、数週間も続けて滞在するとか、気に入らない人物の紹介であったりすると、あれこれもっともらしい理由をつけて客を追い出すという話を聞いている。とはいえ、彼らの忍耐強いもてなしが今でも見られるのは素晴らしいことだし、彼らが、ときに著名人とは知らずに客をもてなすこともあるのはご愛敬だ。

I・L・B

手紙25

旅の突発事——新たな明かり——常夏の島の寒さ——ハワイ島の砂漠——山の羊牧場——マウナ・ケアと火口丘

ハワイ島、カライエハ

ウルパラクアからの旅立ちは、島旅というものがどれほど当てにならないかの見本のようなものだった。月曜の夜に荷造りが終わり、わたしの旅行鞄は波止場に運ばれた。ところが火曜の五時にウィップル氏が部屋に顔を出し、キラウエア号はラハイナ通りにいないので修理に出ているのかもしれない、と教えてくれた。わたしはひどく落胆した。わたしには穏やかな気候があまり性に合わないようだ。ハワイ島風上の、にぎやかな風と不便な生活がひどく恋しくなっていた。だが、次の蒸気船は三週間後なのだ。

しばらくしてわたしは荷を解いた。床にシダの標本や写真、本や衣類などが散乱したところにウィップル氏が駆けこんできた。キラウエア号がいま下の波止場に着いたが、万に一つの可能性だが、もしかすると間に合うかもしれないという。事態は絶望的だったが、二人で荷物を旅行鞄に押しこんだ。ウィップル氏がそれを持って走り出し、わたしのために鞍が置かれた馬を用意してくれていた。わたしは鞄と革紐と拍車を持って馬に乗り、片手にシダの包みを持ち、肩掛けは鞍にかけた。ウィップル夫人はわたしの残りの荷物を洗濯袋に詰めこみ、中国人の使用人は死にもの狂いで駆け出し、袋を運ぶ馬を取りにいった。

　わたしはウィップル氏の後を追って全速力で駆け出したが、背中には、もう間に合わないとか、道が悪いので下りの急坂で馬が転ぶという声が飛ぶ。わたしの馬は鞍が首のあたりにまでずれているのも構わず、先陣を切るナラガンセット・インディアン[*1]の馬のように、もがきながらも山を駆け降りた。最初に新品のヴェールが吹き飛ばされ、次には肩掛けがなくなった。そのあと、わたしは波止場に向かうだろう牛車に旅行鞄を手渡した。猛烈な暑さで、黒い熔岩の照り返しに目が眩《くら》むが、わたしは無我夢中で突進し、高低差六〇〇メートルの下り五キロを二〇分で駆け降りた。波止場ではキラウエア号が錨を揚げ、煙を吐き出している。だが、間に合った。親切な乗務員はわたしが駆け降りてくるのに気づき、老朽船を待機させておいてくれたのだ。あなたはきっとわたしの捨て身の振る舞いを理解してくれるだろう。降りてくる途中に、だれかが「マウナ・ロアが噴火してるよ」と、大声で教えてくれたのだから。

　わたしが鞍と轡《くつわ》を外しているところに、ウィップル氏が旅行鞄を持って到着した。彼は走り続けたせいでわたし以上に大汗をかき、ふらついていた。そのあとに中国人の使用人がわたしのがらくたを詰めた袋を持って到着し、さらにそのあとから、先住民の使用人がわたしの落とした肩掛けとシダを道から拾い上げてきてくれた。もう一人の先住民は、牛車から取り出したわたしの旅行鞄を持って辿り着いた。結局、わたしが当地で失くしたのはヴェールと絵筆二本だけだが、こちらではかけがえのないものばかりだった。

キラウエア号での九時間の旅は静けさに包まれた。おかげでわたしは平静を取り戻し、その後は心地よい夜を堪能することができた。カヴァイハエ湾[2]の水面は銀色に輝き、月明かりを映し出す。ハワイ島の三大火山は初めて雲一つない光景を見せていた。風下側の海岸は荒々しさが和らげられて美しく、傾いたヤシの木の長い影は本物のように静かで完璧な姿をしている。銀色の海原の上空には初めて目にする光景が開け、六四キロ彼方のマウナ・ロアでは頂上ドームが断続的に赤く燃え上がっていた。

馬と使用人がわたしを待ち受けていた。わたしたちはきらめく海を傍らに見ながら、騒々しい音を立てて固い砂地を進み、風が吹きすさぶワイメア高原への道を登りはじめた。大気には新しい息吹が感じられる。標高一五〇〇メートルほどに達すると貿易風が吹きはじめた。周囲は少しずつ涼しさを増し、夜風がすがすがしい。月が冴えわたり、高原が開けてくるにつれ、燃え盛る山の明かりもさらに赤みを増していく。わたしは冷たい風に抗しきれず肩掛けに身を包んだものの、寒さは体の芯まで達した。四時間連続で馬に乗り続け、ようやく深夜に目的地に着いたが、そのときわたしは熱帯にいるにもかかわらず寒さで手足が痺れていた。しかし、ここは赤道から二〇度以内にあり、わずか七五〇メートル下った海岸は摂氏二七度の陽光が注ぐ場所だった。シドニー・スミス[3]なら、「肉を脱ぎ捨て、骨になりたい」ということだろう。

わたしはハワイ島にいるのがこれまで以上に嬉しくて仕方がない。この島には不便な生活があり、広大な高地、未踏の原生林、荒れ狂う風、そして快活で自由自在な、広々とした雰囲気がある。女性が一人で旅をしてもまったく安全だということが判明したので、わたしは多くの計画を視野に入れている。だが、何をしても、どんな計画を立てても、必ずマウナ・ロア山頂の明かりに目が向いてしまう。あの山に登るのはわたしには無理だということは理解しているし、わたしに関するかぎり、神秘は神秘のままにしておくべきだということも理解している。そのように自分に言い聞かせてはいるが、昼は噴煙の柱となり、夜は火焔の柱となって、四二〇〇メートルの上空に立ち昇っては崩れ落ちる明かりには抗しがたい魅力がある。噴火は、人の世のすべてを超えた崇高で孤高なものに高められているように思える。黄昏が濃くなると明かりは力を増した。毎夜しばしば目にしたが、炎はまたたく間に燃え上がってはヤシの木のような形になる。一カ月前に噴火活動がはじまってからというもの、マウナ・ロアに登った者はいない。火焔が燃え盛っているのは、昔から伝説に語られるモクアーヴェオヴェオという名のクレーターだろうといわれている。ここを訪れた人はほとんどいない。

幸運なことに、わたしは数日前に、現在は国務大臣を務めているグリーン氏[*4]の知己を得た。氏はホノルル在住のイギリス人だが、科学や人文の分野で広い教養を身に付けた紳士で、火山活動の調査も彼がハワイを訪れた目的の一つだった。[☆1]彼からマウナ・ケア登攀《とうはん》に誘われたわたしは、今日、無事にそれをやり遂げてきた。

☆原注1　新著に“The Molten Globe”（融解する地球）がある。

この二日を過ごしたハワイ島の奥地は、ほかとはまったく異質な空間だった。風上側の鬱蒼とした斜面とも異なるし、風下側の陽射しに灼かれた海岸とも異なる。その中央高原は標高一五〇〇メートルから一八〇〇メートルに位置するが、先住民はだれ一人住んでおらず、そこに至る踏み分け道も水場もない。わずかに貧弱なマーマネ[*5]の茂みと、発育不全のオヒアやプケアヴェ[*6]、オヘロ、いくつかのキク科の植物と丈夫なシダが生育しているにすぎない。ケント州と同じ広さの土地には、季節ごとに移動するこの羊農場の住人と、五〇キロほど離れたファラライにあるもう一つの農場の住人しか住んでいないのだ。野生の山羊とハワイガン[*7]（ネーネー）、ハワイミツスイがこの地域に生息する主な動物たちだ。ネネは水辺がないところにいるにもかかわらず、肢にみずかきがある。この鳥は草地に営巣し、白い卵を二、三個産む。

　ワイメアからの最初の数キロは火山灰土の土地が続く。草木の生えない道を辿り、陽射しが照り返す岩だらけの涸《か》れ沢を渡る。わたしたちは、高さ六〇メートルから四五〇メートルほどの凝灰岩の火口丘をいくつも迂回した。丘は急斜面だが滑らかで、真っ赤な砂が堆積している。わたしたちはマウナ・ケアの標高一八〇〇メートル地点で山腹を横切り、そこから少し下ってこの広大な台地に出た。マウナ・ケアとマウナ・ロア、ファラライのこんもりとした丸い山頂に取り囲まれた空間で、周囲から孤立し、寂しく陰鬱な雰囲気が漂っている。

　空気は澄み、陽射しは明るいが、荒涼とした原野を美しく変えるものはない。火山性の砂塵と砂礫と熔岩のなかに、まばらな草むらや目障りな藪がある。それらは生き残りをかけて風や乾燥と殺伐とした戦いを続けていた。そのほかに植物はほとんどなく、ここ以上に殺伐として見えるマウナ・ロアには傷や染みを付けたような漆黒の熔岩流しかない。だが、よく見ればサファイアやラピスラズリをちりばめたようにも見える。砂混じりの突風にほとんど視界を閉ざされたまま、わたしたちは何時間も火山の荒野に馬を進めた。堅いマーマネの木や萎れた草、棘のないアザミがどこまでも続き、そのなかを強風が陰鬱な声を上げて吹き抜けた。

道は三〇〇メートルを一気に下っては、また上るということを繰り返しながら、未開の荒々しさを増していく。古い巨大クレーターの内部には鬱蒼とした森があり、渓谷もまた森に覆われている。風化の激しい岩塔を天空に突き出したマウナ・ケアの巨大な塊は、まるでこの火山の仕事を嫌った大自然が、激情に駆られて吹き飛ばしでもしたように見える。木立の中には枯れ木が混ざり、唐突に盛り上がったような隆起がある。眼下にはギザギザとしたアア熔岩流が広がる。午後になると、雨の役割をする霧が分厚い塊となって湧き上がり、そのなかから哀調に満ちた羊の鳴き声が聞こえてくる。枯れ木の林と歪んだ岩の中を通り抜け、わたしたちはカライエハに辿り着いた。

以前、別の土地に住む外国人居住者のことを書いたが、ここにもう一つの典型がある。彼はこの土地の裕福な牧羊業者の息子で、とても美しい先住民を妻にした。二人は自分たちの意志で、一年のうち数カ月をこの過酷な環境で暮らしている。生活のためとはいえ、はたから見ればどれほど辛いだろうと思うような暮らしだった。居住スペースは二つあり、一つは屋根裏部屋、もう一つは差し掛け小屋だ。家主はわたしたちを手厚くもてなし、夫婦の寝室を貸してくれた。居間と寝室はキャンバス地の布で仕切られている。居間には地震でひびの入った石造りの暖炉があり、牛の丸焼きができるほどの火を熾《おこ》すことができる。暖炉の周囲の床には大きな石が敷き詰めてあり、丸太を燃やすと火は一メートル近くの高さまで燃え上がる。煙突には情けないことに穴が開いており、そこから煙が吹き出すので目がひりひりする。わたしは腰を下ろせるものが欲しかったが、背の高い台座のようなものは薪割り台で、腰かけるものは、部屋の隅の壁に備え付けられた長椅子が一つあるだけだった。それ以外の家具といえば、小さなテーブルと数個の鍋、フライパンが一つ、錫《すず》製の盛り皿が一枚と取り皿が数枚、柄杓《ひしゃく》が一本、錫の杯が数個といったところだ。壁には四、五丁の小銃と散弾銃、それに生肉の塊が吊るしてある。錫の容器に入った水をもってきてくれたので手を洗ったが、その容器はそのまま全員に回された。石油が切れていたので、先住民の手法に従い、壺に入れた牛脂で灯りが点された。

わたしたちは心のこもったもてなしを受けたが、先住民の妻はこの国の例にもれず、恥ずかしがって食事を共にするどころか、姿を見せることとさえしない。主人は壮健な若者で、率直な人柄と人好きのする容貌の持ち主だった。根っからの山男らしく、投げ縄と野牛狩りの名手でもある。農場には羊毛小屋と軒の低い草葺き小屋、片側の壁が崩れた小屋、円錐形のテント、それにわたしたちが泊まったもう少ししっかりした小屋がある。外には鞍を置いた馬が数頭つながれており、先住民が何人かいて羊の毛を刈っているのが見える。世界から孤立したこの土地の景観はすべて深い霧に閉ざされていた。ときおり先住民が現れ、床に坐って暖を取るが、先住民の民家にあるようなゴザはなかった。ここは耐えがたい寒さだった。わたしは暖炉の中に身を乗り出して坐ったために服を焦がしてしまったが、それでも体は温まらなかった。鶏が現地流に調理されてシチューとなり、米が炊かれ、羊の乳と氷のように冷たい水が出された。おそらくこの近くに湧き水が溜まる秘密の洞窟があるのだろう。

ここには九〇〇〇頭の羊がいるが、毛を刈る時期を除けばほとんど世話の必要はなく、牧羊犬もいらない。労働は免除されているようなもので、ヴィクトリア州のリベリナ種のように入念に洗浄されることはなく、羊たちはそのままの状態で毛を刈り取られる。夜になると賢い羊たちは隊列を組んで山から降り、農場近くの砂礫の地面で眠る。そして、朝になると再び自分たちだけで山の餌場へと出かけるのだ。

マウナ・ケアとその裾野に広がる森林には、何千頭という牛が生息している。そこには野生に近い生活を送る人たちも多く、森の中で原始的な暮らしを営み、投げ縄や銃で野生化した牛を狩って皮を手に入れる。ここには野生の黒豚も多い。

いつもそうだが、夜になると霧は晴れ、素晴らしい空が出現する。心なしか近くに見えるマウナ・ロアの灼熱の炎は、星たちを青白く燃え立たせるように見える。わたしはひどい寒さのせいで三時に目を覚ました。そして五時前には、グリーン氏とともに近くまで熔岩の調査に出かけた。空気は澄みわたって薔薇色の輝きに満ち、山頂には雲一つない。大地は一面真っ白な霜に覆われ、クレーターからも白い煙が茜色の空に立ち昇る。空気は不老不死の妙薬だった。これまでマウナ・ケアには火山ガスの噴出口のような火山活動を示す痕跡はないといわれていたし、書物にもそのように書かれている。わたしは地面の亀裂にシダが生えているのを見つけたのだが、これは一二〇〇メートルほどの高度に生育するシダだった。亀裂の中に手をかざすと、思わず引っこめるほど熱く、太陽が昇るとこれらの岩の隙間からは蒸気が流れ出した。シダの生い茂る洞穴もいくつかあった。気泡がそのまま固まったような形状の熔岩が積み重なっている。熔岩の厚みは三〇センチから四五センチほどで、渦を巻いて固まっている。見るもおぞましいアア熔岩流地帯は人が歩けるような場所ではなく、手足を骨折するか、ブーツをずたずたに切り裂かれても構わないという覚悟が必要だ。

あなたをうんざりさせるかもしれないので、登ったときの様子を仔細に語るのはこのへんで終わりにしよう。この旅には宿の主人も同行したのだが、彼はわたしたちと先住民の従者に野生の牛狩り用の丈夫な馬を貸してくれた。最初の登りに広がる深い火山砂[*8]を通り抜けると、点在する深い裂け目に火山灰の赤と黒の縞模様が見えた。鳥はまったく見かけないが、二度ほど野豚の群れが驚いて逃げ出した。一度、大きな野生の雄牛が数頭の雌牛と仔牛一頭を従えているところに出くわしたが、牛たちは熔岩を歩き回るのに疲れ果てていたのか、わたしたちの行く手から逸《そ》れるだけで精一杯だった。野生の牛は、日中はたいてい狩りを恐れて山頂付近に留まり、夜になると餌をもとめて降りてくる。去年は一万一〇〇〇頭の牛が射殺されるか、投げ縄で捕獲されたという。S氏によると、牛は水を飲まなくても、露に濡れた草を食《は》むだけでよいそうだ。山岳地帯の馬も水を飲もうとせず、池や川を見ると怯えるという。わたしが見たワイキキの馬とは大違いだ。あちらでは馬たちは頭を耳まで海中に突っこみ、サンゴ礁に生育する塩辛い海草を漁《あさ》る。

コアを中心とした森らしい森は、高度一八〇〇メートルで姿を消す。そのあとはマーマネがつくる藪や、萎れたヨモギ、雑草などがあるだけのみすぼらしい植生がさらに九〇〇メートル上方まで広がる。高度三三〇〇メートルになると、鱗片のある黄色の苔がまばらに自生しているのが見られるだけとなる。

　ワイメア側のマウナ・ケアの山腹はとても険しく、人が通れるものではない。だが、カライエハ側からであれば、わたしたちが乗る山育ちの強健な馬にはなんの支障もない。

　厳しい寒さのなかを何時間も馬に乗り、ついに最後の苔の染みが姿を消す高さにまで達した。あたりは荒涼として重苦しいほどだ。そこにあるのは凝灰岩の火口丘と、暗灰色の玄武岩、ガラス化した噴出物やスコリア、きめの細かい火山灰や、鉄を含んだ玄武岩などだ。なぜかすべてが巨大に見える。登りきるのに三時間かかったが、移動距離がどれほどのものなのか、視界に収めることはできない。ドーム状の山上からはいくつかのピークが見えるが、そこに到達し、改めて周囲を見渡すと、また新たな尾根が見える。そのような尾根がいくつも現れ、その一つ一つに、高さ二七〇〇メートルから四二〇〇メートルのピークが二、三十はある。火口丘と火口丘の間にはガラス質の噴出物や細かな砂礫の大地が広がり、熔岩流はなかった。

　三六〇〇メートルの高度に達すると、斜面の一部に積雪が出現した。その純白の輝きは熱帯の猛々しい陽射しを強烈に照り返すので、わたしは雪眼になるのではないかと心配だった。高さ二七〇〇メートルほどの小さな火口丘を登ると、内部にはその高さと同じほどの深さのクレーターができていた。クレーターの斜面は均《な》らしたように平坦で、一面が赤い灰で覆われている。底は燃え立つように明るく、長く眠りについているというのに、まるで今朝火が消えたばかりのように見えた。

　わたしたちは六時間も馬に乗り続けた。馬は鼻息が荒く、喘ぎながら進んだ。きめ細かな火山灰に膝まで埋まったり、唐突に立ち止まっては体を震わせたりする。そのように体力を消耗しながらも、ほとばしる巨大な火焰がつくりだした山上の頂きにある巨大な火口丘へと、少しずつわたしたちを運んだ。

わたしたちは馬の背から深い雪の中へ下り立った。海抜四二五三メートル。[*9] 太平洋最高峰の頂きに立ったのだ。この山頂には高度差がほとんどない六つの赤い火口丘があり、それぞれのあいだには深い谷があって赤い灰に埋もれている。わたしたちが立つ火口丘には火口はないが、六つの火口丘を含む総計三〇の火口丘のほとんどは、頭頂を切り取られたような形状の中に火口跡がある。丘の外側の傾斜は約三〇度で、斜面には雪が積もっている。登っているあいだはマウナ・ロアの壮麗な光景が見えたのだが、山頂に近づくころには雲が集まり、山の中腹から上をきらめく雲海の中に隠してしまった。晴れやかな地上の光景も閉ざされ、荒涼として荘厳な火山の光景のなかに、わたしたちだけが取り残された。

山頂には一時間ほどしかいなかった。下山にはかなりまわり道をした。無数にある火口丘の麓を迂回し、ガラス化した噴出物が数キロメートルにわたって広がる場所を通り抜けた。噴出物は、一トンはあるだろうというものから数百グラムのものまでさまざまなサイズがある。その後に周囲が凍り付いた湖[*10]を通り過ぎる。この山で水をたたえるところはここしかないが、水があること自体に興味を引かれた。そこからさほど遠くないところに熔岩の気泡がつくりだした洞窟がある。内部にはかつて先住民が住み、斧などの道具に用いる非常に硬い響岩を採掘した。ほかの人たちは周辺を探索していたが、わたしは洞窟に入り、凍える風を避けて一息ついた。洞窟の入口周辺には作りかけの斧が何百とあり、細工途中の小片が大きな山を築いていた。ここはハワイの古物収集家にはとても興味深い場所だろう。細工途中の小片の量から推測するなら、この大量の響石はははるか昔から採掘されてきたものらしい。山はその後も隆起し続けたのだから、これらの小片は、太古の時代から島に人が住み着いていた証[*11]となるのだという。この岩石はキャプテン・クックの時代以降、手つかずの状態にあるが、風化した形跡はない。ここでは空気が乾燥して稀薄なため、三カ月も肉を新鮮に保存することができるという。わたしは橄欖石《かんらんせき》という緑色をした火山性のガラス結晶を見つけたが、それが食い込んでいた響岩のかけらは、昨日切り出されたばかりのように冴え冴えと青かった。

わたしたちは何キロも続く火山灰と岩滓の中を抜けたあと、午後になって濃霧の中に入った。しかし、S氏が経験豊富な山男だったおかげで、わたしたちは一瞬のためらいもなく、馬の速度を保つことができた。その後、全速力で駆け下りたせいで体も温まり、暗くなる前に一三時間の馬旅を終えて夕食を平らげることができた。わたしたちは今回の旅で、この死火山（活火山の誤り）の山頂には、火口丘にも渓谷にも、柔らかな火山灰と火山砂が深く堆積していることを知った。

明朝は二人の先住民女性とともに、ここから四八キロの距離にあるワイメアまで出かけ、その翌日には単独でヒロへの冒険旅行に出かけるつもりだ。実は、わたしは大枚四五ドルをはたいて、体が大きく頑強で元気な馬を手に入れた。カヘレと名付けたこの馬は、すぐに鼻面を突き出して詮索するし、野生の牛狩りに使う馬のような歩き方をするが、よく走るとのことだ。

手紙26

自然の中にただ一人——軽装備——カヘレ——おしゃべりな群集——麻痺した村——ヒロ

五月二一日　ハワイ島の山腹、野営地

これこそ旅の醍醐味《だいごみ》というものだろう。わたしは今、タコノキの下に野営地を設営し終えたところだ。鞍は向きを変えて枕がわりにし、馬はグァバの繁みに長い輪縄で繋いだ。馬具とサドルバッグ、二日分の食糧を身近に置き、乗馬用の毛布は日に干してある。頭上の太陽はまばゆく、影一つない。いくつかの雲がふわふわと太陽の近くを漂い、眼下にはどこまでも広がる太平洋が空よりも深い青色をたたえてきらめく。はるか彼方の空高くには、乱立する塔の周辺に雪の斑紋を付けたマウナ・ケアの丸い頂きが見える。あの山はもう未知ではなくなったのだ。渓谷や森林、滝、あるいは芝生のような草原など、まわりにあるものすべてがわたしの目を喜ばせる。これまで目にした草木の緑についていうなら、六月のイングランドの芝生やアルプスの渓谷も、一〇〇キロ四方に広がる目も覚めるばかりのここの緑に較べるなら、貧相で色褪せているように思える。

ここにあるのは喜びにあふれる輝かしい青葉の色だ。わたしは書きかけの手紙から目を上げるたびに思う。ここの植物はずっと以前からこれほど青々としていたのだろうか。これほど陽射しは輝いていたのだろうか。このような雰囲気をたたえていたのだろうか。わたしはこれほどまでにわくわくしたことはない。ここに存在する大自然は、ほかと較べようがないし、較べるものがあればよいとも思わない。そもそも較べられるものではないのだ。今回は自分の馬を連れての一人旅だった。気を配るべき荷物はすべてサドルバッグに収まっている。わたしの邪魔をしたり急かしたりする足手まといのガイドもいない。それに、わたしはこの土地のことをよく知っているから、いつでもどこでも思い立ったときに好きなところに行くことができる。先住民ガイドは法外に値が張るうえに、ひどく煩わしい。ここでは道はわかりやすいし、川は浅い。わたしはためらうことなく、完全な一人旅を楽しむことにしたのだった。ここは本当に恵まれた土地で、間違いなく女性はどこでも安全に旅ができる。

旅の目的地はキラウエア火山だ。途中、さまざまな遠征も加えたので、全行程はおよそ五六〇キロの馬旅となる。わたしの健康はすばらしく回復し、今では日に六四キロの旅でも、数カ月前の一六キロよりたやすいほどだ。

このような馬旅に必要なことを話してみようと思う。まず、装備はコンパクトであることが重要だというのを理解してもらえるだろうか。食糧は二日分を用意したが、余分なものは切り捨てた。荷物が一キロ増えるごとに、馬にはそれだけ負担がかかるからだ。わたしのサドルバッグには、ヒロで出席するかもしれない催しのための晴れ着が一着入っているが、予備の衣類は可能なかぎり少なくし、最低限のもので賄っている。洗濯は夜に済ませ、朝はアイロンも当てずにそのまま着ている。鞍の突起にかけたキャンバス地の袋には二日分の食糧とナイフ、蹄鉄用の釘、グリセリン、縫い糸、撚《よ》り糸、革紐など細々《こまごま》としたものが入っているが、それ以外に煩わしくなりそうなものは何もない。温度計と気圧計は一つにして革ケースに入れてあり、そのほかには肩掛けが一枚あるくらいのものだ。旅先でいただいた贅沢品は重さの問題があるのですべて処分した。カップや携帯の瓶、アルコールランプの湯沸し、サンドイッチ用の箱、ナイフ・ケース、スプーン、手鏡などはどれもない。鏡は時計ケースの裏側で十分に用が足りるし、カップはカロの葉で作ればいい。一般にいわれている装備はどれも無駄だとわたしには思えるので、熟考したうえでの軽装備にわれわれながら満足している。

昨日の夜明けのこと、山々はこれまでになく鮮やかな朱に染まり、一日の好天を約束してくれた。露の降りた草原を五キロほど全速力で駆ける。それから速度を落として茂みを通り抜けると、再び微風が吹きわたるハマクアの斜面に達した。この道は、二月にデボラとカルナとともに旅した道だった。あのときも今と同じように緑は鮮やかだったが、雨季だったために、いつも濡れ鼠で泥だらけだった。冬のない土地とはいえ、初夏ともなればやはりどこかが違う。気温は申し分なく、夢のように素晴らしい。鳥の鳴き声も、にぎやかな虫の声もなく、ただタコノキの葉擦れの音と波の静かなつぶやきだけが漂う。ここには午後の眠気を誘うような暑さはなく、爽やかな貿易風が目の覚めるようなすがすがしい空気を運んでくる。

藪の中を断崖《パリ》まで案内してくれた男性が立ち去ると、カヘレは臆病風を吹かせはじめた。力強くておとなしく健脚なのだが、尻込みをするという性格の持ち主だということがわかった。カヘレは反対斜面を登るのを嫌がり、頭を垂れてぐるぐる回るという態度をとった。いくら拍車を当てても回り続けるばかりなのだ。だが、先ほど別れを告げた男性が戻ってきて、棒切れで彼を叩いたり石を投げつけたので、なんとか再び歩きはじめた。

ガルチが出現するたびにカヘレをなだめすかすが、どうにもならない。わたしたちの戦いは延々と続いた。もっとも険しいパリでは一歩たりとも踏み出そうとせず、もっとも危険な場所ではあわててぐるぐる回りだしたあげく、脚を滑らせて縁から後ろ脚が飛び出し、あわててわたしが彼を引き戻す始末だった。

カヘレには社交癖がある。これがじつにばかばかしく、じれったい。遠くに先住民の姿を見つけるたびにいななき、耳をそばだてる。重い頭をもたげてスピードを上げると、相手に追いつくなり、そのまわりを回って体をすり寄せるのだ。これを引き剝がすには相当の力を使わなければならない。わたしは、ある狭い橋の上でカルナに再会した。見事な馬に乗り、態度も容姿も英会話能力も著しく向上している。カヘレはわたしを乗せたまま彼のまわりを回り続けて体をすり寄せるものだから、最初のうちカルナは、馬ではなくわたしのほうが出会えて大喜びしているものと思ったようだ。やがて事態に気づいた彼は、大きな棒でしたたかにカヘレを殴った。この馬は性格が優しく人付き合いがよいので、わたしはできることなら拍車をかけたくはない。しかし、鈍感で拍車をかけられてもあまり感じないらしい。そこでわたしはとうとう奥の手を使うことにした。カヘレの首を曲げて鞍の突起に轡《くつわ》を結わえつけたのだ。彼は回り続けるしかない。わたしはそれ見たことかと思いながら、好きなだけ回れば懲りるだろうと期待した。

馬との一件もあるが、わたしのほうもその場の景色を楽しむために立ち止まってばかりいるものだから、その日に予定していた旅程を消化するよりずっと早く、太陽はマウナ・ロアの背後に隠れ、金色の靄の中に没しようとしていた。日没はこのうえなく素晴らしい眺めだった。たっぷりと露が降り、大地からはエデンの園の香りが立ちこめる。空はさまざまな光彩にあふれて、露を帯びた豊かな緑が一面に広がっていた。

陽が落ちたが、越えなければならないガルチがまだいくつか残っている。耳を済ませば聞き取れそうな静寂が緑の孤独を支配していた。すっかり暗くなってから、わたしはラウパホエホエの巨大な断崖《パリ》の縁に到着した。ここから二一〇メートル下らなければならない。わたしは下りながら、四カ月前には連れがいたし、慎重でもあったことを思い出した。あのときは下から登る気にさえならなかった。いまは、軽率にもその崖を下っていた。しかし、わたしの健康が向上し神経が図太くなったとしても、この植虫類[*1]のようなみすぼらしい村では、それも覚束なくなってしまう。

わたしはカヘレの手綱を引いて集落に入り、以前に宿泊した未亡人ホノルルの家を探し当てた。ほどなく先住民が集まり、みなでわたしをじろじろと見る。わたしは馬の体をこすり、道々集めたティーの葉の大きな束を食べさせてから、衆人環視の中で食事をとった。皺だらけの老婆が二人やって来ると、わたしの足首をつかみ、ロミ、ロミと呟いてわたしの足に現地流マッサージを施す。彼らはわたしがどこから来て、どこへ行こうとしているのかしきりに知りたがった。わたしが「ワイメア、ハマクア」と答えると、彼らは口を揃えて「マイカイ」と言う。六四キロの道のりを馬でやってきたのは、ワヒネ・ハオレにしては悪くないということだろう。わたしが「ワイ・リオ（馬に水を）」と言うと、彼らは濁った水しかないので飲ませられないという意味のことを言った。

群集のおしゃべりが止まらないのもお構いなく、わたしは八時前には床に入り、そのまま一度も目を覚ますことなくぐっすりと寝た。今朝、まばゆい陽射しの中で目覚めると、あたりにはだれもいない。わたしは朝食をとると、集落の住人を探しまわったが、人影はなかった。見つかったのは不幸な片脚のポルトガル人と、ハンセン病らしい老人だけだった。わたしはその老人に向かって「コー（サトウキビ）」、「リオ（馬）」と言いながら一リアル硬貨を見せると、彼はサトウキビを一束刈り取ってきた。わたしは岩に腰を下ろし、カヘレがそれを一時間半かけて食べるのを見守った。

谷底は、高さ二一〇メートルと二四〇メートルの断崖《パリ》に挟まれているためにひどく暑いが、のどかだった。村の小屋はすべて閉ざされ、生き物の気配はまったくない。頭上のヤシの木は初めから古びていたように見え、樹上に広がる金色の羽根飾りはそよとも動かない。海はいつになく穏やかにゆったりと岸辺に押し寄せている。年老いた犬が一匹、陽射しの中で眠っていて、わたしが身動きするたびに、ひどく大儀そうに片目を開けた。サトウキビをくれた老人は草の上で眠っていた。カヘレはわたしの忍耐を試しているかのようだ。昨日、わたしに従ってしまった腹いせをしようとしているのか、精一杯、ゆっくりと食んでいる。彼がサトウキビを噛み砕く音だけが、唯一ここで活気のある音だった。わたしは立ち上がってその辺を歩きまわった。頭がすっきりすると、馬に鞍と轡《くつわ》を付け、南側の大きな断崖を登った。眠ったような谷底とは打って変わり、高台の空気と微風が体に満ちた。

今日ほど、川の輝きや高台の草原の広がりが喜びにあふれていたことはない。鬱蒼とした森の光景にこれほどうっとりしたことはなかった。美しいマレーフトモモは今が満開で、樹幹や枝についた深紅の花が、どのガルチでもまばゆいばかりに輝いていた。

五月二四日　ハワイ島ヒロ

わたしは再びあの美しいヒロにいる。わたしは親しい友人たちと再会できてとても嬉しかった。そのうえ、ヒロではどの木も花もシダも、友人のように親しみがある。エデンの島々のなかでいちばん晴れやかなこの島、遠く離れたこの場所では、センダンの木やあふれかえるランタナもあまり目立たない。いまこの瞬間にあなたをここに連れて来ることができたら、どれほどいいだろう。あの不機嫌な空からこの常夏の永遠の陽射しの中へ、穏やかな海のきらめきと、すべてが陽気なこの雰囲気の中へ。ここでは年間三九〇ミリから五一〇ミリの雨が降るが、空気はさらっとしている。雨の日に濡れた洗濯物をベランダに干しておいてもたちまち乾くし、押し花のように湿気に弱いものでも黴《かび》が生えることはない。

オノメアの近くで馬に乗ったデボラに出会った。彼女はオースティン一家がわたしに会いたいと言っているのを教えてくれたので、ここに来る途中、三日間を彼らと楽しく過ごした。

I・L・B

老朽船キラウエア号がいま入港して、イギリスとアメリカ合衆国の郵便物を運んできた。これはヒロの町を騒然とさせる一大事だ。これから数時間は、静かで眠たげなこの町も活気づく。人々は何か急ぎの用がある気分となり、外国人はみな大あわてで手紙を書いたり、すでに書き終えた手紙に追伸を書き添えたりする。郵便回収に間に合わなかった者は髪を振り乱して浜に駆け下り、親切な乗員に遅れた手紙を託す。今日の郵便はわたしにとっても一大事だった。長いこと待ちに待ったあなたからの手紙が届いたからだ。

手紙27

ココヤシの里プナ――不思議の泉――ハンセン病患者の集団移住――ビル・ラグズデール――ダミアン神父の献身

六月一日　ヒロ

サヴァランス夫妻とともにハワイ島南部のプナまで三日の遠出をしてきた。夫妻のように気の合う道連れがいると、一人旅よりずっと楽しい。社交好きのカヘレも喜び、そのせいか行儀もよかった。三七キロの行程は熔岩の上に付けられたひどく狭い道だったので、わたしたちは一列縦隊で進まなければならなかった。ところによってはハンマーで岩を打ち砕いてある。そうでなければ蹄鉄を付けた馬でさえ通れないような道だった。わたしたちは四人連れで、丸々と太った馬に乗った恰幅《かっぷく》のよい警官がしんがりを務めた。

ヒロからしばらくは青々とした草原が続く。熱帯の森ははち切れそうに輝き、タコノキの林や美しいフトモモが点在する中を進んだ。暑く乾燥したこの地域では、早くも果実が熟している。わたしたちはそれを摘み採って喉の渇きを癒した。現地でリンゴ[*1]と呼ばれる果物は、花と同じように美しい赤みを帯びて外皮はとても薄く、果肉は白くて果汁が多く、ほんのりと酸味がある。わたしたちはずっと海沿いを進んだ。木々の背後では絶えず大きな白波が押し寄せ、木立が途切れるたびに紺色の海原が垣間見える。海岸はどこも多少の高低差はあるものの、硬い漆黒の熔岩が広がっている。打ちつける波は絶え間なく雷鳴を轟かせて砕ける。

突然、鮮やかな緑が途切れ、目の前にぞっとする光景が広がった。キラウエアから流れ出した熔岩が枝分かれしたうちの一本で、幅一・六キロはある。それは大自然の驚異の営みの一端だった。ここでは、火山は創造のかわりに破壊を行う。黒々とうねる熔岩の海は鮮やかな陽射しを嘲笑うかのように、盛り上がっては砕け、捩《よじ》れ、積み重なって崩れ、裂け、大きな塊になって持ち上がる。その海は岩場に穴を穿《うが》ち、いたるところに洞窟が出現している。その穴もまたアア熔岩流によって砕かれるのだ。道沿いには橄欖石の結晶がそこかしこにあり、ひび割れのいくつかには若いシダが緑の先陣を切っている。

この荒涼とした光景を越えると、土地の様相は一変する。安息の地ベウラ[*2]を思わせる晴れやかな緑地には、内と外とを草木で覆われたクレーターが何列も並び、景観に変化を添える。道は四八キロにわたってココヤシの深い木陰の中を通るのだが、プナ地区こそヤシの木の故郷に思える。これらのヤシの木の葉陰や、パンノキがつくりだす薄暗い茂みには、真っ赤なフトモモの果実や黄金色のグァバがきらめく。この地に生育するヤシの木は美の極みといえる。これに較べるなら、海岸沿いに並ぶヤシの木は、惨めに打ちすえられ、古めかしくて陰気に見える。ここでは古い木も若い木も、ヤシはすべて巨大な葉を持ち、自在に樹幹をくねらせて何千と連なる。ヤシの木特有の黄色い光は、緑に黄金色の色調を加える。ヤシの木はありとあらゆる生長過程の実を付けている。ありあまる実りの豊かさは、無数の実を地面に打ち棄てて顧みることもない。犬や猫を含め、動物たちはココナッツの肉をむさぼる。また、飲み水が不足しているので、ココナッツミルクは優れた代用品となる。

わたしたちは午後遅く目的地に到着した。快適な木造小屋が、ハワイ島ではよく見かける見事な天然の芝生の中に建てられていた。毎朝、七時になると決まって雨が降るため、プナはいつも緑が鮮やかだ。一家の主人は親切な人物で、先住民の女性と結婚したドイツ人だった。食事は草と竹で造られた建物の中でとった。例によって、彼の妻と子供たちはテーブルに同席せず、遠目にわたしたちを見つめて満足していた。

翌日の午後、わたしたちはプナの名所に出かけ、そこで大いに楽しんだ。そこは火口丘の麓にあるが、頂きにはヘイアウとココヤシの林がある。パンノキとグァバの木立を抜け、絶品のヤシの木の林に入ると、突然、硬い玄武岩の絶壁に突き当たる。絶壁は樹木で覆われ、起伏の激しい垂直の岩には、ひび割れからシダが生えている。基部には長さ一八メートル、幅五メートル、深さ五・四メートルの裂け目があって、摂氏三二度の水を満々とたたえている。水は完全に近い透明で、素晴らしい視覚的な幻影をつくりだしていた。水の中にあるものはすべて変身を遂げるのだ。底に沈む岩も倒木も古びたヤシの実も、すべては凍り付いたように青い。先住民の浅黒い肌も白く滑らかになる。わたしの連れのように明るい花柄のホロクーを着て泳ぎまわれば、その手足は磨き抜かれて青みを帯びた大理石のようで、水面に浮かぶ衣服は青い光の糸で紡いだように見える。この泉では、すべてがカプリ島の青の洞窟で見る色よりもはるかに衝撃的で美しい。まさしく水中のオアシスだった。宝石を敷き詰めた水底、サファイアに似たガラスの海、清らかなる者が神の玉座の御前に召されて立つ床のようだ。頭上には羽根のように柔らかなヤシの木が透明な青色の世界に伸び、琥珀色の光を投げかけている。そして、ありとあらゆる清らかで美しいものたちが不思議な水に姿を映す。普通の水よりかなり比重が大きいのは間違いなく、到底、下まで潜れそうになかった。気温は摂氏二六度だが、水から上がるとひどく寒く感じられた。

わたしはプナが気に入っている。ほかのどことも較べられないが、何となく怠け者の城に住むような気分にさせられる。何もしなくても気にならないのだ。これにはぞっとさせられるものの、温泉に入っているときや、友人と一緒にベランダにいるときにはこの誘惑に抗えない。陽が傾き、長くなる影を見つめながらココナッツミルクを飲んだり、突然の日没に驚くとき、あるいは若い月が年老いた月へと穏やかに移り変わるのを見つめたり、一〇〇キロ彼方の上空四二〇〇メートルで、マウナ・ロアの荘厳な火が思い出したように勢いを増すのを見つめているとき、わたしはいつも夢見心地となる。

ヒロ

ここには、ちょっとした出来事はたくさんあるが、大きな事件は滅多にない。その滅多にないことが最近起きた。二人の外国人男性がマウナ・ロアの登頂に成功し、あの火山の火焔が未知ではなくなったのだ。わたしが成功と書いたのは、二人が登ったあとで無事に下りてきたからだが、彼らは次々とピリキアに巻きこまれた。馬の腹帯や鐙《あぶみ》の吊革、尻繫《しりがい》などが外れたり壊れたりしたことや、山頂の凍える寒さと高山病の症状は耐え難かったようだ。二人はしばらく興奮していたが、落ち着くと、「これまでにない荘厳な眺めだった」と口を揃えた。この二人以外にもマウナ・ロアに関する報告がある。キラウエアを通りかかった数人の先住民が伝えるところによれば、山頂のクレーターが活発なときには山腹のクレーターは活動が収まるという定説に反し、両方とも活発に活動しているそうだ。

もう一つの、とても悲惨な出来事は、ハワイ島に住むハンセン病患者一〇名がモロカイ島へ旅立つということだ。キラウエア号には法執行官と、衛生局のウィルダー氏が同乗し、いま目の前で湾を出ようとしている。キラウエア号には総計四〇名のハンセン病患者が乗せられており、ヒロから連れ去られた病人の知り合いが、いまも浜辺で泣き叫んでいる。その声を耳にし、親類縁者との別離に苦悶する様子を目にすれば、人はだれでもキリストの時代を求め、かつてあのガリラヤの地で人々に触れて癒したあの手が、こうした不運をすっかり浄化してくれますようにと願わずにはいられない。ハンセン病者のうち九名は仮設の隔離施設から船に乗せられた。深く同情するが、今回は特に、わたしが以前の手紙で言及したことのある才気あふれる白人との混血であるビル・ラグズデールが深く関係している。ラグズデール氏はヒロでは評判の人物だ。英語とハワイ語の両方を流暢に話す才能があり、情熱と毒舌と皮肉とをあわせ持つ。その振る舞いは芝居じみているが、彼を崇拝する先住民の取り巻きからは完全なる信頼を勝ち得ている。彼の品性はひどく低いと言わざるを得ないが、この度、自らに訪れた運命に対して激しい感情をほとばしらせたのだった。

昨日、彼はサヴァランス郡知事に手紙をしたため、法に従いハンセン病患者としての処遇を受け入れる所存であり、今日の送還については覚悟がある旨を伝えた。その上で、隔離施設への収監を拒み、自らの意志で乗船したいと申し出た。彼が自ら出頭したことで大きな同情が沸き起こった。というのも、彼の症状はほとんど見た目にわからず、その気になればまだ隠し通せたからだ。

彼は今日の午前中を通じて馬を乗り回し、人々と別れを交わした。そして、二度と目にすることのないヒロの心地よい街角に別れを告げた。船が錨を揚げはじめると、いつもと変わらず入念な服装にオヒアレフアとクチナシのレイを飾って浜に降りた。このとき、島民はほぼ全員が彼に付き従った。わたしが初めてこの島に上陸したとき、同乗していたラグズデール氏がタラップを降りると、歌と花飾りで彼を出迎えたのを覚えている。今、涙と啜《すす》り泣きが彼のまわりを取り囲み、同郷の者たちは男も女も最後のときまで彼にしがみついて口づけをした。外国人はみな、握手を交わして幸運を祈る気持ちを伝えた。彼は現地語で短く演説し、ハンセン病撲滅のために政府が講じる厳しい法規に従うことを力説した。それから英語で二言、三言、語った。船に乗りこむとき、彼の最後の言葉を聞いた。「アロハ、あなたたちに神の祝福を!」。そして捕鯨ボートは彼を生者の墓地へと連れ去った。彼は馬と聖書、それに数冊の法律書を携えていた。彼が務めた議会での通訳をはじめとする卓越した役割に免じて、普通では許されないわがままも彼には許されるに違いない。

その夜、外国人教会で週に一度の祈りの会が開かれた。保健所長は今朝方、彼と交わした悲痛な会話を報告し、彼が教会で祈りを捧げてほしいと熱心に頼んだことを伝えた。その後の祈りはいつになく熱がこもった。彼一人にとどまらず、「今日この日に、生きたまま忘却の墓場へと送りこまれたすべての人に、そしていま、モロカイ島で苦しむ五〇〇人の仲間たちのために」祈りが捧げられた。献身の高貴な例が、ベルギー人のダミアン神父によって示されている。神父は見るも恐ろしい現場へと赴き、身の毛もよだつカラヴァオ渓谷で病者と死者とともに生涯を過ごすつもりでいる。[☆1]

I・L・B

☆原注1　ハンセン病とハンセン病患者居留地については、本書の結びに章を設けた。

手紙28

予期せぬ成り行き――ヒロの親切――珍重すべき靴下――マウナロア登攀準備

六月二日　ヒロ

前回の手紙を書いてからというもの、わたしは「そのようなことまでやってのけるとは、汝《なんじ》の僕《しもべ》は犬と同じか？」という預言者エリシャへのハザエルの問いをしばしば思い出す。「マウナ・ロアに登ろうなどという誘惑には駆られないでほしいものです」と言われるたびに、わたしはいつも「いいえ、とんでもない、夢にも思いません」とか、「わたしがそんな大それたことをしようと思うはずがありません」と応えていた。

今朝早く、グリーン氏が訪ねてみえた。キラウエアに向かう途中までわたしが同行することになっているのだが、わたしが何気なく、その先までいらっしゃるのが羨ましいと話したところ、彼は即座に、それなら一緒に行きましょうと言う。わたしは大喜びで誘いを受けたのだった。じつは内心ひそかに、この山へ登ろうという気になっていた。それで、これまで日に何度となく、そんなことを考えてはいけないと自分に言い聞かせていたのだった。

グリーン氏は登山に十分な装備を整えている。テント、馬、荷役用のラバ、それに従者を一人用意している。これに加え、ガイドとさらに数頭のラバを、ヒロから八〇キロのあたりで調達できると確信している。わたしはユニオン・スクールの審査に出かけねばならず、そこにはヒロ中の人が集まっているのだが、いま、わたしの頭は山のことで一杯だった。わたしはまともなことは書けそうにない。来週のことを思うと気が昂《たかぶ》るし、準備の時間も少なすぎる。いずれにしても危険な旅であるのは確かだった。ウィルクス提督[*1]以来、これまで先駆者が体験してきた困難を思えば、決して用心を怠ってはならないと肝に銘じている。未開の無人地帯を長時間通らなければならないし、山頂の高度はかなりあるうえに完全な孤立状態でもある。クレーターの状態や活動期間は不安定で、霧や強風のせいで敗退する可能性もあった。さまざまな要素が混淆していることを考えるなら、実験的な旅となるだろう。

この計画は瞬く間にヒロ中に広まった。これまであの山に登った女性は一人しかいないので、人々はこぞって親切に援助を申し出てくれた。人々は興味津々で旅の話を聞こうとし、だれもが口を揃えて、グリーン氏のような人物と同伴できる幸運を祝ってくれた。わたしは装備をコンパクトにするために必要な品物を探して海岸の店を隈なくまわったが、行く先々で「いよいよ、あの山に行くんですね」とか、「楽しいといいですね」、「登れるように幸運を祈っています」などと声をかけられた。

友人たちからはさまざまな実用品を提供してもらった。野営用の湯沸し、野営用毛布、巨大なメキシコ製ポンチョ、カーディガン、たっぷりと入るサドルバッグなどなど。カヘレのことも忘れず、最後のお勤めだからとオート麦一袋が贈られた。最大の悩みは防寒服だ。このような申し分のない気候であれば、ほかの常夏の島と同じように羊毛地の下着は必要ないが、あの山では不可欠だ。午後も遅くまで次々と古い大型鞄を開けて探したが、ふさわしいものは出てこなかった。いよいよとなったとき、古くからこちらに住むスコットランド人移住者の夫人から貸してもらうことになった。わたしが拝借するその貴重な品とは、丈夫なフランネルのシャツと、ウーステッドの靴下だ。いずれも何度となくほころびを繕った年代物で、四半世紀前にファイフシャー[*2]で編まれたものだ。夫人がそれを持ってきてくれたとき、たまたまそこに居合わせた立派な女性が感嘆の声を上げ、「よくぞここまで」と偽らざる感想を漏らした。

　シャツを貸してくださった夫人から聞いた話では、彼女の夫はわたしたちが最終日に泊まることになっている山の牧場の主だが、彼はやむをえない事情から、わたしたちが雇う先住民がガイドとして山に登ることを禁じているという。ホワイト氏[*3]のガイドとして出かけた牧場の先住民がひどい高山病にかかり、全員で助け下ろさなければならなかったからだった。夫人はわたしたちがガイドを確保できないのではないかと心配した。ガイドも二度と行かないと言っているらしいし、ホワイト氏も吐き気と眩暈で一四時間も苦しんだという。また、水筒の水が凍ってひどい渇きに悩まされたともいう。しかしわたしはいま、とても元気だし、荒っぽいことにはかなり鍛えられているので、これまでよりずっとうまくやれるのではないかと期待している。

　九カ月前にもある登山隊が登頂したが、彼らもずいぶん苦しんだようだ。しかし、慎重に行動し、装備や服装に気を付け、頂上で無駄な体力を使わないように用心するなら、高山の夜の避けようがない寒さという問題よりもひどいことがあるとは考えられない。

準備は今夜、整った。みなから成功を祈る最後の言葉もかけてもらった。わたしは明日の早朝、出発する。

I・L・B

手紙29[☆1]

キラウエア再訪――ハレマウマウの注目すべき変化――噴火口の恐るべき光景――噴泉のある火口丘の理論と様相――地震――山の牧場

六月四日　キラウエア、クレーター・ハウス

わたしはいま再び、消えることのない荘厳な炎を前にして手紙を書いている。日常世界のなかで目にする黄昏すらもありきたりに思えるのは、ときおり眼前のハレマウマウが紅の炎を燃え上げていることと、ここから三〇〇〇メートル上方で孤高のモクアーヴェオヴェオが高々と火焔を輝かせていることに無縁ではない。

グリーン氏とわたしは夜明けとともに馬に乗って出発し、全行程でも最悪の場所を進んだ。わたしたちは一列縦隊になり、およそ五〇キロをゆっくりと静かに移動した。はじけるような熱帯

☆原注1　わたしは日記として書いた文章をここにそのまま掲載することにした。具体的なことを詳細かつ多岐にわたって記述したので、火山への興味が読者に伝わることと思う。

の美しい光景を抜け、シダに覆われたパホエホエ熔岩の海原を越えると、空気は暑く淀みはじめた。しかし、馬はのんびりとしていて何かを気にする素振りもない。脚のたしかな馬に乗るとよくあることだが、わたしは気を付けていても、いつの間にかうとうととまどろんでしまった。あたりの空気がとても涼しくなったのを感じて、はっと目を覚ます。カヘレは蹄の音も重々しく全速力で駆けて、そのままこのクレーター・ハウスまでわたしたちを運んだのだった。到着するまでずっと体を動かしていたはずなのに、暖炉の大きな火の傍らに着いてほっとした。温度計は摂氏一三・九度を指しているが、寒さに体が震える。温暖で安定したこの地の気候に体が馴染んでいるせいか、温度計の目盛りはあまり意味をなさないようだ。

クレーターの縁から見る光景は素晴らしい。五キロほど向こうの真っ黒な深淵には、ハレマウマウから湧き上がる真っ赤な噴煙が見える。その向こうにはドーム状のマウナ・ロアが月に向かってそびえ立ち、見ているだけでわくわくする。はるか彼方の頂きには、判然とはしないものの、荘厳な明かりがある。カヴァイハエに上陸して以来、わたしをずっと魅了してきた神秘が、そのままにあった。しかし、登頂はまだ三日後の話だ。あの断続的な火焔はそのときには消滅し、目にするのはただ黒一色の景色かもしれない。わたしたちが見たいと思っているもの以外なら何でも見られるだろうが。ガイドについては困ったことになったが、この問題を解決するにあたっては、クレーター・ハウスを運営するギルマン氏の助力は当てにできない。それはともかく、一二〇〇メートルでこの寒さだ。四二〇〇メートルではどうなるのだろう。

六月五日　キラウエア

　この日、わたしたちは終日クレーターにいた。その後、グリーン氏は先住民の従者とともにわたしとは別のルートをとった。まだガイドが見つからないため、二手に分かれて探すことにしたのだ。

　わたしはいま火山以外のことは何も考えられない。この気持ちはまだ何日か続くだろう。いまも体中が強《こわ》ばり、ひりひりと痛む。おまけに痣《あざ》と傷だらけだった。熔岩はわたしをじりじりと焦がし、煤《すす》まみれにした。亜硫酸ガスに触れたせいで分厚い手袋は縮み、長靴は焼け尽くされる寸前となっている。だが、切り傷も痣も疲労も焦げた睫毛《まつげ》も、今日、わたしが目にした恐ろしいまでに荘厳な体験に較べるなら、たいしたことではない。一月三一日に起きたキラウエア火山の活動など、この日の活動と較べれば子供のお遊びでしかなく、花火大会と大都市の炎上ほどの違いがある。あのときは、初めに感じた恐怖感はすぐに、熔岩湖から噴き上がる炎が見せる舞踏への称賛に取って代わった。しかし今回は、ひたすら脅威と戦慄と荘厳に圧倒されるばかりだった。漆黒の中にある熔岩湖は、息詰まるガスと灼熱、炸裂、怒濤、爆風の連続だった。火焔が見え隠れし、捻じ曲げられては揺らめく。それは目を背けたくなるほどおぞましいものだ。キラウエア[*1]の脅威は、生涯、わたしの心につきまとうだろう。疲れて気弱になったとき、それはネメシスとなって姿を現すに違いない。

　その日、グリーン氏とわたしは朝早く出発して、熔岩湖にもっとも近い崖を下りた。そこには

1月31日のハレマウマウ

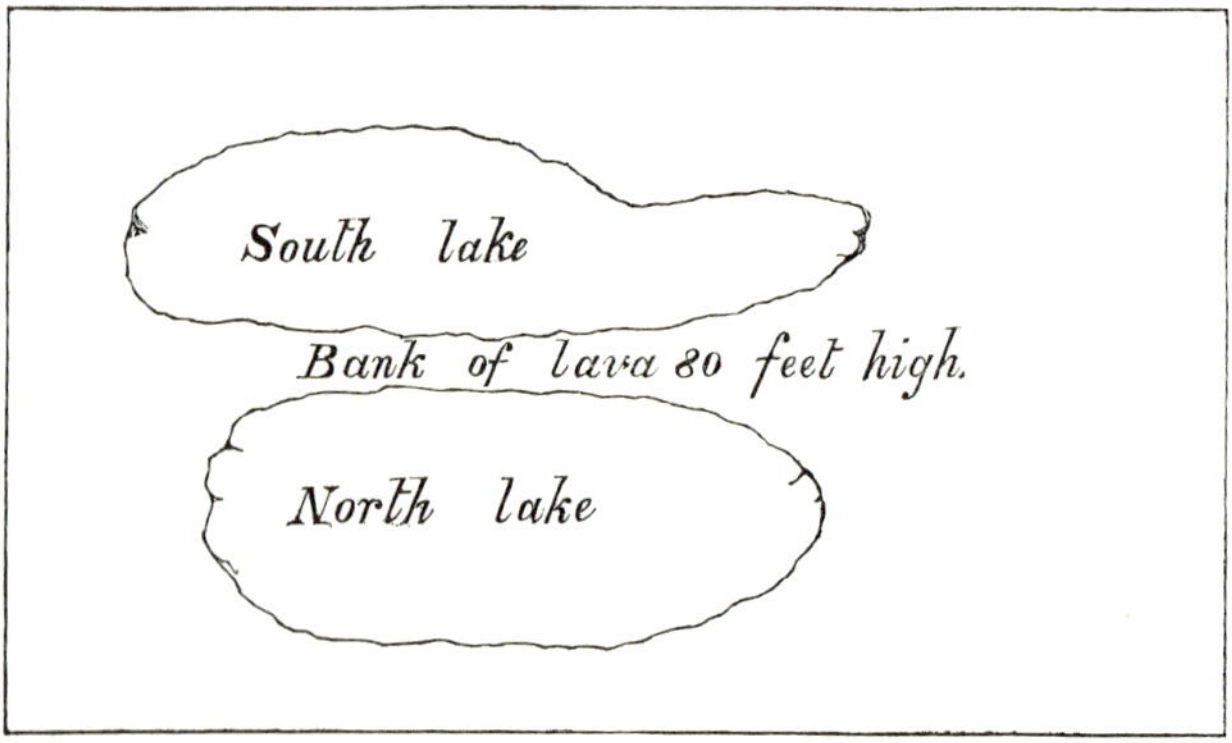

6月4日のハレマウマウ

以前のように青々としたシダやオヒア、ビャクダンがあった。色鮮やかなターコイズ・ベリー*2の房や、赤い実と艶やかな花を付けたオヘロも見られる。クレーターのいちばん低い部分は、手紙にも書いたように、以前はひび割れの入った熔岩が広がり、虹色の輝きを放つ平原だった。ところが、いまはハレマウマウのいたるところから熔岩があふれ出している。熔岩は大きな割れ目に入りこみ、きらきらと輝きながら、腹を膨らませた大蛇のような気味の悪い形に盛り上がっていた。

キラウエアの中央地帯を越えるのはこれで二度目だが、まわりの様相には一瞬たりとも目を離すことができない。岩の割れ目には石灰分や明礬《みょうばん》*3などとともに、純度の低い大量の硫黄沈殿物が目に入る。いずれも水分のあるなしが、これらの生成物の出現には不可欠のようだ。熔岩は波打ち、渦を巻いて固まっている。渦はときには鋼鉄のワイヤーを巻いたとしか思えないほど見事に形づくられていて、なんとも不思議だ。岩の割れ目にも奇妙な物質がつくられている。オレンジ色や灰色、あるいは淡黄色の苔のように見えるが、とても硬くて脆《もろ》い。

ハレマウマウの壁面は新しい熔岩流によって相当高くなっていた。噴火口の縁に立つには、基部から一五〇メートルほど登らなければならない。新しく隆起した箇所は、それ以外の部分より猛烈に熱く、恐怖を感じる。熔岩の赤い部分は見えないが、決して冷めているわけではなく、岩の割れ目には腐食性の酸が充満し、高熱を帯びている。いたるところに丸い窪みができ、険しい斜面は波打ち、流れをつくり、渦巻き、捻じ曲がるという具合に、さまざまな形を描くのだ。熔岩の表面は釉薬《うわぐすり》を塗ったように滑らかで、金属に似た光沢がある。

わたしは一月に見たキラウエアの面影を期待していたが、いまそこは分厚い白煙が充満するばかりだった。あのときと今回とでは当然ながら状態は異なる。息を切らせ、苦労しながらこの恐ろしい熔岩の丘を登っていくと、足元はますます崩れやすくなり、大気は熱さを増した。ようやく登りつめたが、笑いさざめく火焔の噴泉が鮮血の光輝を高く噴き上げる光景はなかった。そこはひたすら熱く、異臭を放つ硫黄の混沌があるばかりで、わたしはその怖ろしさに思わず息を呑んだ。

熔岩湖は縁から二四メートルほど低いレベルにある。この絶壁は最近築かれたようだが、とても目を引いた。岩棚の縁から二メートルほど後ろに、幅四五センチほどのひび割れがあって、大量の亜硫酸ガスが噴き出している。だが、ここまで来たのは無駄足だったようだ。危険を冒し、ぎりぎりまでこのひび割れに近づいてみたが、深淵を分厚く覆う猛烈な噴煙が、ハリケーンに煽られたように激しく渦巻き、ときおり渦を巻く火焔が毒々しい赤色に輝くのが見えるだけだった。

わたしたちは都合のよい観察地点を確保できなかったので、さんざんガスに苦しめられたあげく、北側の崖伝いに南側の熔岩湖へと移動した。そこは前にわたしが観察した地点だが、いまや高さ二四メートル、幅九〇メートルのはっきりとした熔岩の壁で仕切られている。比較的こちらのほうが煙は少なく、流れる熔岩を含んだ塊全体が激しく輝いて燃え上がっているのがわかる。熔岩の位置を示す跡が、縁取りや棚となって周囲に誕生している。それはあたかも早瀬の縁に氷が張ったあと、下の水が流れ去ったような感じだ。中心に向かう動きはほとんどないが、熔岩塊が激しく掻き混ざると、必ず南に向かって突進し、南側の縁にそびえる基部に激しく衝突する。

このとき、寄せ返す火の波の衝撃で周辺が震動する。その場に立っているのは耐え難いほどの苦痛と恐怖なのだが、同時に、怖ろしいほどの歓喜を引き寄せる感覚がある。わたしたちは二、三分間、縁にたたずみ、目を細めながら閃光を放つ光景を見届けた。それから、いったん熱を避け、落ち着くと元の位置に引き返すということを繰り返した。そのうちに喉や鼻、目が酸を帯びたガスに痛め付けられ、息を吸うたびに苦しく喘いだ。これはよい兆候ではない。いつまでも熔岩湖の縁に留まるのは危険なのはあきらかだった。

北側の熔岩湖の観察では、わたしたちが忍耐強かったこともあるが、幸運にも恵まれた。そこに三時間は留まっていたのだが、その間、人生で二度とないような荘厳で魅惑的な体験をしたのだった。火山は前回から四ヵ月を経てすっかりその様相を変えていた。現在、二つの熔岩湖はそれぞれ高さ二四メートルほどの絶壁に囲まれている。煙と混沌のせいで、大きさを推しはかるのはとても難しいが、二つ合わせた直径は三〇〇メートルを下らないだろう。

わたしたちが午前中を過ごした火口や熔岩湖では火焔の噴泉はなく、波打つ火焔がかすかな青みを帯びることもない。言いようもない美しさで乱舞する炎もなかった。ただ毒々しい噴煙の不安定な塊の中に、熔岩が見え隠れするだけだった。硫黄の匂いが漂う血みどろの熔岩は、苦痛に悶える恐ろしい塊に見えた。熔岩は中心に向かって渦を巻いているが、南へ向かう動きもある。毒々しい色をして膨れ上がった巨大な熔岩塊は次々と中央の渦に押し寄せ、ときおり、一〇メートルほどの高さに火焔が躍り上がる。激しい動きがあるときは必ずその前に、動悸を打つような鈍い音を立てた。閉じこめられたガスが膨れ上がって押し上げられる際に、噴出のための通気孔をつくるときの音のようだ。深みから勢いよく押し上げられる熔岩の色は、燃え立つような赤色が表面付近の色より鮮烈で、毒々しさはない。ときおり煙の切れ間から、中央に集まる熔岩塊が痙攣するように震え、かなりの高さまで膨れ上がるのが見える。いま目にしているものも、実際に煙の中で展開している出来事のほんの数千分の一でしかない。恐怖と脅威をほんの一瞬、垣間見たにすぎないと思えば、その荘厳さはさらに深まる。

わずか一メートルほどの幅の岩棚が湖に突き出していた。この岩棚と、古い熔岩が比較的土地らしくなった部分とのあいだには、はかり知れない深さの亀裂があって、高温の有毒ガスを噴出している。ガイド[*4]は岩棚から動こうとしなかったが、研究熱心なグリーン氏は付いて来ないようにと言い残して亀裂を飛び越えた。しかし彼はすぐに目にしているものに夢中となり、わたしにも見に来るように呼びかけた。そこで、わたしも亀裂を飛び越えて合流した。ここがわたしたちの危険な観察地点となった[☆2]。

わたしたちは熱気を受けてじりじりと焼かれ、息もできず、目も見えなかった。二、三分おきに亀裂を行き来し、交互に片脚立ちしては、吹き上がる硫黄の耐え難い熱気と悪臭に耐えた。下方に引き裂かれるような音がして岩棚が崩壊しそうになれば、亀裂を跳び越えて戻り、眼下の戦慄に吸い寄せられるようにまた戻るということを繰り返しながら、ここに三時間ほど留まった。

畏敬の念を覚える光景を目にすると、決して消し去ることのできない印象が心に刻まれるものだが、ここにはそのような条件がすべて揃っていた。猛烈な噴煙はときおりあらゆるものを視界から隠し、突き抜けるようにして硫黄の天蓋が崩れ落ち、爆発する。そして身のすくむような轟音が響きわたると、膨大な高さに熔岩の飛沫が噴き上がった。それがいつ、わたしたちのいるところまで飛んでくるともかぎらない。ときに視界の一部は晴れるが、熔岩湖の中では噴煙が強力なエネルギーを得て渦巻いていた。火焔の渦がその中央に現れ、底なしの深淵に誘う竜巻となって、すべての熔岩を呑みこんでいく。熔岩は何とも言い難い音を立てながら激しく湖面の波と混ざりあい、膨らみはじめる。それが破裂すると、獰猛で毒々しい血糊の塊となって高々と飛び上がる。わたしたちの足元には灼熱地獄そのものが口を開けていた。熔岩湖の表面は不思議な銀色の光沢を持つ殻に覆われてはたちまち呑みこまれていく。そして赤色の大波が砕け散ると、場違いともいえるほど鮮やかな月光のような斑模様と混ざりあう。それは到底、描ききれない苦悶であり、はかり知れない神秘であり、言いようのない恐怖、永遠の畏怖の的だった。ただ束の間しか現さない素顔、つねに変化して止まないこの光景は、何ものにも抑え付けられることのない圧倒的な力を誇示する。

伝道者聖ヨハネは、パトモス島*5で見た黙示の幻の中で底なしの深淵*6に触れている。それがこの場所であったとしても不思議はない。彼はこの暗闇と苦悶の乱流に、呵責《かしゃく》の念と記憶という拷問

☆原注2　その後、オノメアのオースティン家の人たちが同じような岩棚に立ったが、下のほうで波が打ちつけるような音がしたのであわてて後ろに下がったところ、次の瞬間に岩棚は崩れ落ち、燃え盛る湖に呑みこまれたという。

を語るに最適の象徴を見出したはずだ。それは神や善なるものから自らを追いやった、流刑の地における消し去ることのできない炎でもあっただろう。聖書の言葉に新たな解釈を行うとき、その深淵がこの場を表していると判明しても不思議はない。「永遠に燃え続ける炎の中で、いったいだれが生きていけるだろうか」「責め苦の煙は未来永劫に立ち昇り続ける」「地獄のありか」「底なしの深淵」「永遠に燃える復讐の炎」「硫黄とともに燃える炎の湖」。大地の内部を覗くことほど恐ろしい光景はない。そこでは無意味な混沌と無益な苦悶の炎が、永遠に蠢《うごめ》いているのだ。

熔岩湖の向こうに、見るも恐ろしい場所がある。表層近くで噴煙が立ちこめ、轟音を上げながら爆発している。わたしたちは危険を承知で、絶えず崩れる熔岩の上を歩いてそちらへ向かった。そこは、夜にはクレーター・ハウスからも見える、つねに火が燃え盛る付近だった。わたしたちは最初に、一つだけ他とは離れた位置にある「熔岩を噴き出す火口丘」に到達した。その先にはさらに三、四個の火口丘があるが、いずれも噴煙はない。さらにその先に広がる一帯では、岩の裂け目から噴煙や水蒸気が噴き出し、硫黄が沈殿してできたと思われる土手から噴煙を上げている。わたしは手前の孤立した火口丘までしか行かなかった。足元の地面は当てにならず、見た目にも恐ろしかった。充満する火山性のガスも危険きわまりなく、とてもその先の火口丘まで行く気にはなれなかったのだ。もう二度とあのようなものにはお目にかかりたくない。

わたしが観察した火口丘は蜂の巣のような形状で、高さは三・六メートルほどある。内部は空洞で、壁の厚さは六〇センチほど。頂きと側面の一部は吹き飛ばされ、側面の割れ目からは恐ろしい内部が見える。だが、間歇的に熔岩を吐き出すので、危険を冒さなければ覗くことはできない。噴き出し火口丘という呼称は、その形成説に間違いがなければじつに当を得た名前だ。熔岩は内部の動きが弱まると急速に表面が冷え固まる。すると内部に閉じこめられたガスは上昇し、穴を開けて外部へ逃れようとする。このときの穴が、殻の内部に閉じ込められた液体が飛び出す際の噴気孔の役割を果たすのだ。内部の液体が吐き出されると、熔岩は急速に固まり、環状に広がりながら徐々に高さを増して煙突状となる。やがて頂きが完全に閉じるか、それに近い状態になると、火口丘ができあがる。いまいる火口丘は湖面よりも二四メートルほど高く、熔岩湖の端から一〇〇メートル以上は離れている。

熔岩の内部空間は真っ赤に溶けている。壁面は節くれ立ち、天井は火を放つ大鍾乳石に覆われている。そこでは、白熱した熔岩流が絶えず押し寄せる。側壁の亀裂からはどろっとした塊がしきりに吐き出されては、急速に冷え固まる。それは緑色のガラスが作った滴《しずく》のようにも見える。内部を観察するには繰り返し覗くしかない。下のほうから激しく突き上げる爆風と轟音は、耳をつんざくばかりだった。地底からはごろごろという重い爆音が届き、呆然とさせられる。わたしが見るかぎりでは、この煙突は下にいくにつれて空間が広がり、一二〇メートルほどの深さがある。基部には絶え間なく打ちつけられて揺れる火焔の深淵があって、そこから不気味な波音を立てながらどろどろの熔岩が猛烈な勢いで噴き出すのだ。

猛烈な熱気に加えて大量に噴き出す亜硫酸ガスは、刺激が強いだけでなくきわめて有害でもある。グリーン氏は西側にある火口丘群まで出かけたが、その先を探検するのは到底不可能だった。彼は最近起きた火山現象をほとんどすべて見てきた人物だが、その彼をして、この火口丘に匹敵するような地獄の様相は見たことがないと言う。わたしたちは最後に一目ハレマウマウを見ようと戻ったが、噴煙が分厚く立ちこめ、硫黄の臭気は息詰まるほどだ。押し寄せる波の雷鳴を聞いたが、まるで悪夢の中にいるようだった。言い表せることはすべて書いたものの、それは所詮、この地上の言葉でしかなく、キラウエア火山のものではない。砕け散る熔岩にはそれ自身の声があり、押しこめられた憤怒《ふんぬ》がある。その音、動き、姿は忌まわしいかぎりで、ただ、地獄のような、の一言に尽きるのだった。

わたしたちが宿泊している場所はハワイ島南部をすっぽりと覆う冷えた地殻の上に位置し、一帯は比較的新しい熔岩でできている。この建物からヒロの海に至る五〇キロほどの地域には、クレーターが連なっているのがはっきりと見分けられる。それらのクレーターすべてからときどき吐き出される熔岩流が、カウやプナ、ヒロ地区に無数の痕跡を残したのだった。実際、ハワイ島は熔岩がつくりあげた巨大な堆積物なのだ。

クレーター・ハウスが建つ場所は、どことなく荘厳な雰囲気がある。地面に開いた穴から噴煙や水蒸気が上がり、夜を迎えると空全体が明るく照らし出される。わたしは今回の訪問で、最初のときよりもはるかに深い感動を覚えた。ただただ畏怖の念に打たれたのだった。

ヨーロッパの火山は、突然発作を起こしたように熔岩や岩石を激しく空中に放り出し、その後は収まって無害になる。キラウエア火山はまったく違う。永遠に変化し続け、決して休息することはない。そのエネルギーは衰えることを知らず、永遠の激情に駆られて噴き出し、海のようにその力を保つ。キラウエアの仕事は未完のままだ。おそらく永遠に完成を見ることはない。荘厳さ、脅威、そしてあまりに予想外であることがこの火山の特徴をなしている。とはいえ、クレーターがつくりあげた崖の縁に立たないかぎり、その活動は、陽射しを受けて陰鬱な荒野に噴煙を立ちのぼらせるただの噴火口にしか見えないだろう。

昨夜、南十字星が場違いなように思えたが、今夜は、それがシナイ山を背景にしたカルバリの丘[*7]のようになくてはならないものに思える。はからずも、ハレマウマウはありとあらゆる邪悪を飲み干す猛威の徴だった。その毒々しい火照りの先でかすかに瞬く星座は、父なる神への大いなる愛と思慕を示しているのだ。「『主』は『わが子』を惜しむことなくわたしたちすべてのもとに遣わした」、「アダムの時代にすべては死に絶えたが、キリストの死によってすべては命を与えられる」。

六月五日　ハワイ島アイネポ

昨日は驚かされた。わたしたちは宿の主人でインド人の血が入ったギルマン氏と、ラバを借りる契約を交わしていた。予定を話し終えて彼がドアを開けると、驚いて叫び声を上げた。「マウナ・ロアの明かりがない。火が消えている！」わたしたちは外へ飛び出した。その夜は晴れわたり霜が降りていた。マウナ・ロアのドーム状の曲線は空に向かって盛り上がっているが、いつもその頂きで揺らめいていた炎が見えない。「これではなんのために出かけるのかわかりませんね」。

ギルマン氏は同情する素振りも見せずにそう言った。「いずれにしても上はひどく寒い《ここ》でしょう」。彼は両手をすり合わせて、暖炉の傍らに坐りなおした。わたしとグリーン氏は体が凍えるまで外に出ていた。わたしは自分に言い聞かせるだけでは気が収まらず、グリーン氏に向かって、山頂のあたりは月明かりより赤く見えると主張した。しかし、山は一日中、何の兆しも見せなかった。わたしは自分のなかで無意識に明かりをつくりだしているのだろうか。少し不安が募った。

ギルマン氏は、これまでの登山隊が遭遇した不運をたっぷりと語って聞かせた。彼は手袋の上から着けるようにと、毛糸の靴下を貸してくれたうえ、グリーン氏が席を外したときには、ガイドを見つけられるとしたらグリーン氏をおいて他にないと語った。今朝八時にわたしたちを送り出すとき彼は、徒労に終わるかもしれないわたしたちの山行に、苦笑いを浮かべつつ、控えめながらも成功を祈ると温かい言葉をかけてくれた。

この地で、一三キロほど離れた場所に二つの牧場を所有するリード氏が、ヒロに出かける途中でクレーター・ハウスに立ち寄ることになっていた。だが、どちらの牧場からやって来るのかわからない。わたしたちがガイドを手に入れる最後の見込みは、リード氏の厚意にすがるしかなかったので、グリーン氏と従者は荷造りを済ませたらラバを連れて下の道を行き、わたしは先住民とラバの隊列と荷を積んだ馬を連れて上のほうの道を進むことにした。善意の人を待ち伏せするというわたしたちの計画は、しっかり手筈を整えたおかげで成功したが、ガイドを借りるという肝心の成果を上げることはできなかった。

この日はじつに滑稽な一日だった。キラウエアでの荘厳な経験と、何が起きるかわからない明日との間をつなぐおまけのようなものだ。騎馬隊が二手に分かれたあと、わたしはガイド[*8]の先導で陽の照りつける眩しい道をたどり、マウナ・ロア山麓の未知の領域を進んだ。わたしたちは一時間で三キロほどしか進めなかった。ラバが絶えず列を外れたり、蹴ったり、繋いでいるロープに脚をもつれさせたからだ。性根《しょうね》の悪い一頭のラバがカヘレの鼻面を理由もなく蹴り付けたので、気の毒にもカヘレは鼻血を出してしまった。

そこは見たこともないような個性的な土地で、美しさというものにまったく欠けていた。海側には卓状地のような土地が大きく開けていた。ところどころにクレーターがあり、大地を引き裂く亀裂からは煙や水蒸気が噴き出している。卓状地は黒一色に染まり、その中を鋭い岩肌の熔岩が曲がりくねって流れた跡がある。流れの中には黒焦げとなった木々の幹が突き出していた。

これが道といえるかどうかわからないが、道らしきものは曲がりくねりながら、ときにコアやビャクダンの木立を抜けていく。わたしたちは火山灰を被《かぶ》ったパホエホエ熔岩のうねりや渦の上を進んだ。あたりにはわずかな草の茂みと発育不全のオヘロがあり、岩の割れ目にはノゲシが元気に育っている。カヘレはこれをたっぷりと味わった。おそらく地震でできたと思われる幅一五メートルから一八メートルの大きなひび割れがいたるところにある。左手には、地獄の様相を見せる真っ黒なひび割れが続いた。土地はめまぐるしくアップダウンを繰り返す。ときおり、丈の長い醜い草が褐色の地面を覆い、それが一・六キロかそれ以上も続いた。冬枯れのような枯れ木の林や、弱々しい木立も見かけるが、目を楽しませてくれるものはない。道中、人も動物も見かけなかったが、一度だけ野生化した牛が猛烈な勢いで斜面を駆け下りて来て、わたしたちのすぐ目の前で道を突っ切った。この出来事に驚いてラバたちが逃げ出したため、全部を連れ戻すのにたっぷりと一時間を費やした。

もう一つ事件があった。地震が起きたのだ。ひどく激しいもので、地元の人たちの話では、これほど大きなものは二年振りだそうだ。地球上のこの土地に住む人たちは、どんなことにも機転を利かせることができるようになるという。だが、大地が揺れ、鈍い音を立てて木々や草原が激しく揺さぶられれば怖いはずだ。大岩や土壌が崩れて山の斜面を飛び跳ねながら落下し、地面が揺れた。わたしの馬はよろめき、あわてて立ち止まった。このような一大事に、わたしは間抜けな行動を取った。揺れが襲ったのは、地震ではなく眩暈の発作なのかと思ったのだ。わたしは落馬しないように鞍の突起にしがみついていた。一瞬の深い静寂のあと、汽車がトンネルを走るような音が地底から湧き起こり、再び地面が揺れ動いた。それは強烈な揺れで、わたしは馬もろとも転倒するかと思ったほどだ。かわいそうなカヘレはしばらく落ち着きを取り戻すことができなかった。揺れは大西洋で船が嵐にもまれるような激しいものだった。その後も、半時間のあいだに小さめの揺れが四回続いた。

のろのろとした七時間の移動だったが、最後の二時間は滴るような霧が立ちこめた。わたしはラバを見失わないようにするため、蹴飛ばされる危険があったが近くに付いていた。やがて飼い牛の鳴き声が聞こえ、倒木が散らばる場所に行き当たった。そのなかを苦労して進むと、まもなく粗末な境界壁が現れ、間仕切りが一つあるだけの小さくみすぼらしい草葺き小屋が見えた。近くには廃屋のような小さな調理小屋と納屋、それに造りかけの木造家屋がある。濡れながら馬に揺られた末に得られる、一日のわびしい締めくくりはこれなのかと危惧したが、残念ながらそうだった。囲いの中に馬を乗り入れると、荒くれ顔の白人男性が二、三人と、混血の白人が立っていた。その一人に向かってわたしが名を告げると、その男がリード氏の経営する牧場の管理人だとわかった。わたしが一晩の宿を請うと、彼らは余興とでも思ったのか、自分たちの小屋を使ってくれと言う。傍らの普請中の木造家屋が完成するまでは、彼らにとってもかなりの我慢を強いられる状態だった。男たちが案内してくれた草葺き小屋は、隙間風が入った。内部には長椅子とテーブル、それに椅子が一脚ずつある。二人の男性があとから入って来たが、先住民の妻とその家族は入って来なかった。二人はポイの入ったヒョウタンと数本の干し肉を前に置いて腰を下ろすと、こんな粗末な食事を出すわけにはいかないと詫びた。彼らは下の牧場に小麦粉を取りにやっていると言い、その間、タンブラーにいちばん近いと彼らが言うところの欠けた容器にミルクを入れて出してくれた。食糧はすべて荷役用のラバに積んであったので、わたしはひどく空腹だった。この家でお茶と小麦粉、牛肉、鶏肉が出ると聞いていたのだ。

どういう不運か、わたしのペンとインク、それにメリヤス地の衣類もすべて荷役用のラバにある。午後の霧に閉じこめられ、あたりには早くも暗闇が忍び寄っていた。おまけにひどい寒さで、すっかり憂鬱な気分になった。料理小屋へ行ってみると、ガンドルという名の男が料理をしているところだった。彼の妻が子供たちや犬たちと一緒に竈《かまど》のそばにいたので、わたしも服が乾くまでその輪に加わった。ガンドル氏は見た目はひどい荒くれだが、とても親切で客のもてなしも手厚かった。彼はわたしについて、「見たままに相手を受け容れることのできる種類の人間だ」と評した。

このあたりの高地では、午後になると決まって靄が出る。太陽と空を掻き消し、視界を数メートルのうちに押しこめるのだ。わたしは、雨のかわりにかかる靄など、なくても残念に思うことなどない自然現象だと確信した。

午後は一向に終わる気配がなかった。わたしは小屋に戻り、この旅の先に待ち受ける重大事と同じ厳粛な気持ちで、運ばれてくる食事のことを思った。ときどき男たちが入って来てしばらく話をしたが、やがて寒さとともに闇が深まると、彼らはなにやら錫の水槽を叩き潰して作ったようなものを運び込んだ。中には半分ほど土が入っており、その上に熾火《おきび》のようなものが載せられている。わずかに暖かいが、煙が充満するので目が痛かった。

夜が更けてもグリーン氏は現れなかった。食事もなく、煙に燻《いぶ》されるのは絶対に彼のせいだと思いながら、わたしはいつしか毛布にくるまったまま長椅子で眠っていた。突然、恐怖に襲われて目を覚ました。家が炎上し、混乱に乗じて老宣教師がわたしのサドルバッグを盗もうとしているのかと思ったのだ。実際は、ここの住人がわたしのサドルバッグを火から遠ざけ、積み上げた薪で六〇センチの高さに燃え盛る火を熾《おこ》しているのだった。

やがて家の外で口々にハオレと叫ぶ声がした。グリーン氏が防水服の滴を払いながら入ってきて、明日のことは万事うまく片付いたと嬉しい言葉を伝えてくれた。リード氏は登攀計画に水を差し、手を貸してくれなかったが、グリーン氏は自ら先住民と交渉したのだ。交渉はひどく難航したものの、なんとか若くて元気のいい山羊狩りの男をガイドに雇うことができた。彼は山頂まで登った経験はないが、山に詳しいのでガイドができるという。グリーン氏はそこでラバと荷役馬を追加したので、わたしたちの装備は万全だった。ただし、馬具の尻繫《しりがい》だけは用意できなかった。わたしたちは、山羊の毛を編んだロープと古い靴下を使い、自分たちでそれを作った。グリーン氏に審美眼があるなら、霧の暗闇の中から姿を現して部屋に入ったときに満足の表情を浮かべたに違いない。草葺き小屋の中では火が焚かれ、壁には磨き上げられたライフル銃がかかっている。よれよれの服を着た二人の男がおり、わたしは毛布にくるまって床に腰を下ろし、喜びのうちに友人を迎え入れたのだから。

グリーン氏はカパパラにある牧場からお茶以外には何も持ってこなかった。だが、ガンドル氏が、おいしいロールパンと鶏のシチューにドーナツとミルクというご馳走でもてなしてくれた。しかし、快適な夜は期待できなかった。ガンドル氏が優しそうな目を怖そうに光らせ、家中に蚤がいるので一睡もできないと脅したからだ。ハワイ諸島の冷涼な土地では、蚤はじつに厄介な存在だ。他のすべての有害な動植物と同じく、蚤も外国から入ってきたといわれている。ガンドル氏ともう一人の男性は、これまでマウナ・ロアに登った人たちの失敗談をわたしたちに聞かせ、縁起の悪い見通しを立ててご満悦の様子だった。

I・L・B

手紙29 II

マウナ・ロア登頂――パホエホエとアア――モクアーヴェオヴェオ・クレーター――火焔の大噴泉――野営――夜の光景――不安に駆られ馬で逃げる

六月八日　カパパラ

アイネポの蚤はガンドル氏の予告どおり、わたしを悩ませた。星が一つまた一つと姿を消し、山の向こうに広がる雲一つない茜色の空が明るくなる。たっぷりの露と朝靄に包まれたが、靄のほうは薔薇色の襞《ひだ》となってほどなく消え去った。ようやく起きてもよいもっともな口実ができたので、わたしはほっとした。主人はわたしたちに小麦粉と砂糖、ドーナッツを旅の食糧として提供してくれた。それから温かい朝食が出された。

わたしたち一行は七時に出発した。メンバーは英語が一言もわからない二人の先住民と、わたしほどにもハワイ語がわからないグリーン氏、それにわたしという構成だ。四頭の賢いラバと二頭の優秀な荷馬、それに大きなテントや野営用の毛布もたっぷりとある。わたしは持ってきた暖かい服と、借り物の服をほとんどすべて着こんだ。そのせいで、パフィン[*1]かエスキモーのようなずんぐりとした格好になった。しかし、頂上に到るには必須の装備で、これでもまだ足りないくらいだった。ラバは称賛に値した。彼らはわたしが経験したこともない険しい斜面を登っている。しかも、九時間という長丁場をしっかりと登り続けたので、一度も拍車を当てる必要がなかった。寒さと飢えと渇きに耐えながら山頂で二四時間を過ごした後、再び山を下ったときも、ラバたちは猫のようにしなやかだった。荷馬もよく働いてくれたが、ラバに較べると脚の運びがぎこちなく、そのせいで深い傷を負ってしまった。

わたしたちはいつものように一列縦隊で出発した。ガイドが先導し、グリーン氏がしんがりに付く。道はしばらくはそれほどの障害もなく、草原の中を蛇行しながら進んだ。コアの低木と生長不良のオヒアの木立があり、その足元にはよく見かけるシダがまばらに生えている。コアの大半は枯れているが、枯れたものも生きているものも、すべて長い毛のような白っぽい地衣類[*2]に覆われている。そのせいか、薄靄の立ちこめる枯れ木の森は、晴れた冬の朝の、霜に覆われたイングランドの森のように見える。コアの木は変わっていて、一つの枝に二種類の葉[*3]を付ける。一つはヤナギのような曲線を描く葉で、もう一つはアカシアの葉に似ている。

わたしたちは二時間ほど登ると、森林帯の外れで休憩を取り、馬とラバに餌を与えた。その間、先住民の二人は薪用の木を刈って予備の荷馬に積んだ。これまでのところ空には雲一つなく、空気は明るく光り輝いている。その二八時間後に再びここに戻るまで、同じ天候状態が続いた[*4]。山の天気というのは目まぐるしく、雨や霧、嵐が訪れることも珍しくないのだから、わたしたちにはとてもありがたかった。このあたりまで登ると、草はまばらにしか茂みをつくらない。わたしたちのいる斜面は標高三〇〇〇メートルまで植物が生育するものの、ほとんどは灰色の地衣類と小さな萎びた草、それに丈夫なチャセンシダに限られた。

真の意味での登山がここから始まる。わたしたちは馬の腹帯を締め、荷を均等に振り分けて万全を期すと、再び馬に乗った。

まもなくパホエホエ熔岩の広大な高台に出る。それは標高二一〇〇メートルにあり、馬の脚をすり潰すような凄まじいばかりの悪路だった。斜面の上も周囲も大きなうねりの塊だらけで、それが盛り上がり、あるいはねじ曲がり、奇怪な形状となって何キロメートルも続く。目はそれらに釘付けとなるが、さすがに飽きてくる。熔岩は緻密な響岩からごく軽量の軽石まで、さまざまな種類が見られるが、火山ガスによる盛り上がりはまれだ。荒涼として混乱をきわめる光景は、ひどい悪夢のように見る者を苦しめた。

この山の大きさをもう一度、確認しておこう。ハワイ諸島最大のハワイ島だが、その南部全域、さらには海岸線の先の水面下にいたるまで、すべてがこのマウナ・ロアの斜面を形成している。標高は四〇〇〇メートル以上、底辺の周囲は二九〇キロメートルあり、ウェールズ地方をすっぽり包みこんで余りある。この広大な山塊も、標高二四〇〇メートルあたりから上はぞっとするほどの荒野だといってよい。それは大地が生み出す膨大なパワーが一気につくりあげた創造と略奪の作品なのだ。

苦闘し、脚を滑らせ、転倒し、ジャンプし、岩棚から岩棚へと乗り越えるが、それでもなお、きらめく空の彼方まで隆起が続く。乗り越えるべき障害は果てしなかった。巨大な膨らみが混乱をきわめる熔岩塊から盛り上がり、はじけて大きな口を開けている。比較的新しい熔岩がつくりだした滑らかな流れは、凝固した古い熔岩に真っ直ぐな溝を刻んでいる。そして、膨大な量の熔岩が流れ落ち、鋭利な縁をつくって穿《うが》った穴を露出させる。度重なる地震は山を裂き、山腹を剝《は》ぎ取り、深い裂け目が口を開ける。それらを飛び越えることができないときは、迂回を余儀なくさせられる。忌まわしいアア熔岩の流れは、それよりは穏やかに見える熔岩流を無慈悲にも覆い尽くし、褐色の岩滓でつくった尖塔を出現させる。この壁が行く手を阻むときは、慎重に縁を通らなければならない。パホエホエ熔岩の亀裂だらけの丘も要注意で、わたしたちはそれらが現れるたびに麓を迂回した。パホエホエ熔岩の急斜面で、荷馬が一度、もんどりうって転げ落ち、猫のようなわたしのラバは二度、転倒した。用心深く歩を進めるが、足元に広がる熔岩は虚ろな音を響かせる。[*5]底の知れない火の海へと通じる割れ目をまたぎ、地震で引き裂かれ無数の亀裂が走る丘を通り、軽石に覆い尽くされた岩滓の盛土をうんざりしながらようやく登り詰めても、その向こうにはさらに波のようにくねる縄状の模様を描く熔岩が何キロメートルにもわたって上方に広がっている。長い一日はこのようにして、熱帯の太陽と深く青い空のもとに過ぎていった。

午後になって雲が真っ白な雪のように積み重なると、周囲のすべてが美しく光り輝き、眼下には霧と陰が広がった。雲は山を取り囲み、わたしたちの目の前にきらめく壁となる。暗い森林地帯や黒煙を上げるカウ地区の海岸、あるいは青く輝く太平洋の光景が遮られていく。それから二四時間、下界に展開する忙《せわ》しい人間たちの世界から引き裂かれたわたしたちは、道もなく生命の気配もない恐ろしい地域に取り残されたのだった。

初めてガイドが道筋をためらった。これまではかすかな煙が見えていたので、火が燃えていることに期待をつないできたのだが、その白い煙が視界から消えていた。わたしたちはガイドが偵察に出ている間に休憩を取ることにした。少しは食べようと努めるが、脈拍が一分間に一〇〇回も打っているのがわかる。わたしたちはハワイでもっとも経験を積んだ登山家から受けた忠告に従って、雪に頭を突っこみ、こめかみにも念入りに雪を当てた。それから、さらに重ね着をした。わたしは目のまわりを除いて、羊毛のマフラーで顔を二重に覆い、グリーン氏が用心のために借りてきたフードとケープの付いたフランス軍の外套《がいとう》を着こんだ。寒さはさらに厳しさを増す。わたしたちは無駄口をたたかず、再び馬に乗った。先住民たちの鳥が囀《さえず》るようなおしゃべりも途絶え、周囲には見捨てられたような静寂が際立った。

さらに高みへと進む。冴えわたる冷気の中を深い岩の割れ目に沿って進み、果てしなく続くテラス状の岩を登り続ける。ラバは激しく喘ぎ、わたしたちの呼吸は、内側の皮膚が擦《す》り剝《む》けた肺から絞り出されるようだった。だが、ついにわたしたちは最高所のテラスを登りきった。

登頂はしたものの、かすかにそれとわかる噴煙とのあいだには永遠とも思われるほどの距離が横たわっていた。この壮大なドーム状火山の基部は、直径がおよそ一〇〇キロメートルもある。山頂は身の毛もよだつ火山性の高原台地を形づくり、そこに周囲三八キロメートルのクレーターが大地を引き裂いたように横たわっている。内部は火山灰に覆われ、黒みを帯びた灰色の熔岩が腫れ物のように噴き出している。噴火によって生じた褐色のアア熔岩が大地を引き裂いたために、内部は見るもおぞましいひび割れや奇景に満ちている。数百もの熔岩の波が押し寄せては積み重なり、もつれあって冷え固まったところに、想像を絶する力が生じてこれらを持ち上げ、四方八方に引き裂いたのだ。

ガイドは一度だけ少し方向を間違えたが、気転を利かせてすぐに修正した。マウナ・ロアで方向を間違えるということは、通行不能のアア熔岩に閉じこめられることを意味する。前回の登山隊が道を阻まれかけて、ひどい危険に陥ったのはアア熔岩のせいだった。

このアア熔岩流はかなりの厚みがある。アア熔岩は大きなものになると六メートルもの厚みがあり、隙間のない堅牢な壁を築く。ホノルルのアレクサンダー教授によれば、アア熔岩はパホエホエ熔岩ほど液状化していず、ゆっくりと移動するうちに冷却して先の尖った形状の固形物になると考えられるそうだ。[*6] 実際、アア熔岩は砂糖のような粒状で、たとえるものがないほど硬い。凹凸が激しく尖った硬い石を無数に集めて固めたような外観で、遠目には焦げ茶色をしたメール・ド・グラース[*7]のように見える。

わたしたちは四時半頃にアア熔岩流の縁に行き当たった。流れの幅はハンディングドン・ブリッジ[*8]が架かるウーズ川ほどもあるが、他にルートはなく、どうにかしてこれを越えなければならない。クレーターに到達するまで、この先でもこのようなアア熔岩の壁をいくつか越えなければならないだろう。[☆1] 徒歩でアア熔岩を越えるのは不可能だという説があるが、これはあきらかな間

☆原注1　一八七五年にマウナ・ロア登頂を果たしたジョージ・フォーブス博士は、アア熔岩を通過することなくクレーターに達したと報告している。

違いだ。わたしはその場に馬やラバを残して行きたかったが、グリーン氏は先へと進んで行った。この登山にわたしを同行させてくれた彼の親切に応えるためにも、わたしは迷惑をかけるようなことだけは絶対にしたくなかった。実際には、だれもが自分自身と自分が乗る馬のことで精一杯だったのだが、わたしは「助けて！」という叫び声を抑えられなかった。わたし自身は何の問題もなかったが、素晴らしいラバが傷つき、いまにも脚を折りそうだったのだ。馬やラバが体で恐怖を訴えている。それを見るのは耐え難かった。彼らは尻ごみし、怯えて体を震わせている。息も絶えんばかりに荒々しく息づき、よろめき、苦痛に後ろ脚を跳ね上げた。その恐怖と苦痛、そして岩の隙間に苦悶しながら脚を滑らせる光景は、血だらけの拷問そのものだった。それを目にするわたしは気分が悪くなった。ラバは脚が小さくとても敏捷なので怪我をしそうなところでは立ちすくむのだが、馬は膝まで血だらけになり、その悲しげな目を見るのが辛かった。

やがてわたしたちはクレーターの近くに達した。しかし、かすかな煙の輪は見えなくなっていた。山頂に連なる荒涼とした黒い地平線の上に、傾いた太陽がボールのように吊り下がっている。わたしたちにはそれしか見えなかった。彼方に岩棚が突き出ている。凍った雪で埋まった深い亀裂を行けるところまで進むと、わたしたちはラバを下り、先の亀裂を飛び越えた。そこに忽然《こつぜん》とクレーターが現れた。眼下二四〇〇メートルほどのところに、近づき得ない暗闇が広がり、そこに恐ろしいモクアーヴェオヴェオ・クレーターが、縦三三〇〇メートル、幅二四〇〇メートル、周囲一〇キロメートルの口を開けていた。不思議な現象の謎は解けた。クレーターの端の周囲より高くなった部分に深い渓谷があり、そこで一カ所だけ火の手が上がっていたのだ。この六週間、わたしたちが一六〇キロメートル遠方から見ていたのは、炎が岩に当たった照り返しだったということだ。

わたしたちのほぼ正面に、美の極致ともいえる噴泉があった。キラウエアの血糊のような炎と異なり、純粋な黄色の炎が合体を繰り返しては、新たな噴泉を誕生させ、規則正しく戯れている。そこから鮮やかな輝きが空高く噴き上がる。あとで確かめたら、噴泉の高さは四五メートルから九〇メートルほどあった。なかには一八〇メートルに及んだものもある。信じられないほど美しい光景だ。金色に輝く夕陽も、命を持ったこの焔の純粋さにはかなわない。わたしたちを隔てる距離が、あって当然の恐怖感を取り払った。それはただただ美しかった。ここに到るまでの三キロメートルほどの行程で、遠くで鳴り響く唸るような音が聞こえていたが、それはこのクレーターの端で起こっていたのだった。焰が立てる音色は、ハワイ島の風上海岸で聞く波音に似ている。大海の怒濤は洞窟にこだまする虚ろな波のさざめきと一体となり、高まったり低まったりした。

わたしたちはしばらく亀裂の外にできた岩棚に腰を下ろした。グリーン氏はここにテントを設営しようと提案したが、わたしは地震があればこの一帯はクレーターの中に転がり落ちてしまうと訴えて、彼を思い留まらせた。この訴えは事実となった。夜の間に二度、そして朝食のあとにもすぐ近くで崩落が起きたのだった。

ここに来るまでの二日間、わたしたちは火が消えているとばかり思っていたので、思う存分素晴らしい光の輝きを楽しんだ。それは恍惚とするような感動だった。遠く離れたところで焔が噴き上がり、ゆっくりと毒々しい色に裂けていく。あるいは、黒々とした殻に覆われた熔岩が、クレーターの高みから低いほうへと静かに移動していく。その光景は神々《こうごう》しいほどだ。

クレーター内にできた熔岩湖は縦が三キロメートルを超え、幅は約二・四キロメートル、垂直の側壁は深さ二四〇メートル、広い第二の岩棚はわたしたちがいる岩棚より九〇メートル下にある。このときの湖面はほぼ平坦で灰色をしていた。そこかしこに大きな黒い斑紋と、黄色や白色の染みがあり、無数のひびが走っている。平坦な部分からは蒸気や噴煙は上がらず、火焔の躍動が休止すると、不自然なほどに静まり返った。海岸のように見える岩棚は、かつて熔岩がその高さまであったことを示すと思われる。岩棚は湖面より九メートルほど高い位置に突き出して湖を取り巻いていた。この縁飾りのような部分では、いま起きているさまざまな火山活動の兆候を確認できる。硫黄の結晶がつくりだした突堤からは蒸気が噴き出し、噴煙が立ちこめていた。クレーターの反対側は上部にいくつもの突起が生じているため、彼方に連なる山岳地帯のように見える。このときには明るく発光する噴泉とそれに続く熔岩流の赤い裂け目だけが、広大な暗黒領域のなかで唯一目にする焔だった。以前はクレーターの底部まで降りて行けたのだが、絶壁の通行可能な部分が崩れ落ちてしまったため、現在は不可能だといわれている。とはいうものの、適当な装備と有能な助手がいれば降りられると、わたしは確信している。

一つだけ残念だったのは、この素晴らしい噴泉がわたしたちのいるところからは二四〇メートルも下方だったうえに、一・二キロメートルの遠方にあったことだ。しかし、これ以上はどうにも近づきようがなかった。前回ここまでやって来た人たちも、わたしたちのいるこの地点か、もう少し下の地点のいずれかに野営したはずだ。

先住民の二人が、安全を確認したうえで、できるだけクレーターに近いところにテントを張った。一方の支柱を岩の隙間に差し、もう一方を、雪と氷があと七、八センチであふれるような大きなひび割れに差しこんだ。テントの入口はクレーター側にあるので、出入りはクレヴァス側から行わなければならない。テントの側面を石で押さえ、室内空間をできるだけ広げたが、快適な空間というのは地上での言葉であって、凍った山頂ではなんら意味をなさない。天然の床はざらざらとした平らな熔岩が敷き詰められている。場所によっては端と端がきれいに合わさっているので、冷え固まる直前の床は、熱の問題を除けばベッド程度の柔らかさがあったのかもしれない。先住民はその上に乗馬毛布を広げた。わたしは野営用の毛布を出してテントの中に居場所を作り、居心地をよくするために逆さにした鞍を枕にした。最後に残っていた服をすべて着こみ、サドルバッグから食糧を取り出すと、荒い息をついた。空気の稀薄な場所で体力を使うのはひどく大変なことだ。そのときわたしは、紅茶を忘れたグリーン氏に腹を立て、雷を落としてしまった。わたしは紅茶を忘れないでと、再三再四、丁重にお願いしていたのだ。

紅茶がないことに気づいたのは、やかんの湯が沸いたときだった。だが、この高度では、水は摂氏八八・九度で沸騰してしまう。いずれにしても紅茶を飲むことはできないことに気づいて、わたしの絶望は和らいだ。わたしはアルコールを口にしないし、先住民に課せられた禁酒法を公然と犯すのも好まないが、錫製の大鍋にブランデー・トデー*9をたっぷりとこしらえ、缶詰の鮭とドーナツを用意して、みなで分けあった。先住民の男たちは木の枝を火にくべながら、いつ果てるともないおしゃべりを始めた。グリーン氏とわたしは毛布にくるまって岩棚に腰を下ろし、荘厳さと静寂に包まれた火山に見入っていた。

　陽が沈もうとしている。マウナ・ケアの、雪と寒さに切り裂かれた犬歯のような峰々が朱色に染まる。だが、次の瞬間には冷え冷えとした空のなかで青ざめる。寒さは陽の入りとともに一段と厳しさを増した。それでもわたしたちが九時半までそこに留まることができたのは、そこには奇跡的に風が来なかったからだ。

　陽が沈み、茜色をした熱帯の束の間の輝きが消え失せる。すると新しい世界が幕を開けた。生命が途絶えたように見えたクレーターから、次々と不思議な閃光が放たれる。広大な空間から焔のきらめきが現れた。揺るぎない鮮やかな火焔は、何列にも連なる高炉のように盛大に燃え盛る。孤立した焔のなかには、瞬きをしない惑星のようなものもあれば、星々のように輝くものもある。クレーターの淵を小さな炎が幾重にも取り囲む。深いクレヴァスでは焔が溶け、波紋を描く。その一方で、静止したかのように穏やかな焔もあった。長径三キロメートルのきらめく湖は、人目を欺く漆黒の殻に覆われ、その下に広がるはずの深みは想像すらできない。まばゆい光が一面に広がり、一・二キロ離れたこの場所でも本が読めるほどだ。月はイングランドの日中の空のように蒼《あお》く、黄金色の輝きが鮮やかな薔薇色に変わる。光はクレーターを囲む巨大な絶壁を煌々と照らし出した。こちらの細部が浮かび上がるかと思うと、あちらの断崖と高台が漆黒の巨大な塊となって浮かんでは盛り上がり、あるいは崩れ落ちる。焔は片時も動きを止めない。燦然《さんぜん》たる噴泉が麦の束の形にきらめきながら高々と上がって赤く輝く。わたしは、月光が照らし出すモクアーヴェオヴェオの焔の湖ほど美しいものを知らない。

熔岩湖の中で冷え固まった熔岩の殻は、明るい陽射しの中では黒々として煤けたように見える。黄金色をした噴泉はそのような光景のなかで空の高みへと噴き上げていたのだが、夜には一面が白熱の光を発している。冷え固まった熔岩は黒い斑模様となり、すぐに熱い熔岩に呑みこまれていく。熔岩湖の中央では白熱した熔岩が波打ち、渦を巻いていた。そこで噴き出し続ける噴泉の基部は、直径が四五メートルほどの塊となっている。空中高く噴き出した熔岩は次第に細まり、頂点に達して砕ける。崩れ落ちるときは霧状の赤い滴となり、熱い熔岩の殻に衝突して騒々しい音を発した。一つの噴泉から半分ほど熔岩が噴き出されると、すぐに別の噴泉が噴き上がるという具合に、噴泉の動きは途切れることがない。噴泉の下には大容量の噴泉がさらに二つあり、互いに弧を描いて交錯する。それはまさしく、栄光の中の孤独だ。自らの力で誕生し、ほとばしる光となって噴き上がる。火焔は時の流れにその身を委ねながら、永遠に燃え続けるのだ。

白熱する熔岩湖の中に力強くゆったりとした流れがある。その静かな流れは、わたしたちに近いほうから低いほうへと流れ、溶鉱炉から出たばかりの金属のような鮮やかな輝きを放ちながら殻の下へと潜りこむ。部分的に冷え、殻をつくっている熔岩がこの湖を支えているように見える。熔岩がつくりだした堤防には割れ目があり、その中に溶けた熔岩が見える。熔岩湖の縁では大量の白い蒸気が勢いよく噴き出しているし、その他の場所でも頻繁に噴き出したり沸騰したりしているが、熔岩湖そのものには蒸気は立ち昇っていない。固まって殻になった広大なエリアには噴泉のある火口丘や、焔がつくりだす斑模様やひび割れがある程度で、その全容をほぼ見渡すことができた。熔岩の殻が厚く、動きが緩やかであるということは、その下に隠れる熔岩の海は休止しているに違いない。赤く輝き、激しく揺れ動く熔岩湖の一部は暗い壁に隠れ、その荘厳さに神秘が加わる。

この巨大なドーム状の山塊は、内部がどろどろとした熔岩に満ちているのだろう。クレーターに熔岩があふれかえり、それがこぼれて下界に流れ出すのではなく、山腹がその膨大な圧力を支えきれなくなったときに熔岩の噴出が起きる。山の上か下かを問わず、熔岩を閉じこめていた壁が崩れ落ちたとき、燃え盛る熔岩が流れ出すのだ。一八五五年、マウナ・ロアの山腹に開いた口から熔岩が流れはじめた。熔岩流は一三カ月間に一〇〇キロメートルを移動し、七七七平方キロメートルに広がった。☆2

野営地点から見ると、巨大な岩の割れ目がクレーターと平行して伸びているのがわかる。山頂に広がる緻密な灰色の岩には多くの亀裂が走り、わたしたちがテントを張った場所と同じように、その割れ目には氷が詰まっている。ハワイ島の北と南では極端に気候が異なる。風上側の山腹には高度三〇〇〇メートルまでわずかながらも植生があるが、風下側の山腹では二一〇〇メートルでそれも完全に途絶える。

一晩中起きているには寒すぎた。わたしは火焔の傍らでペンをとり、凍える手であなたへの手紙を書き上げると、テントに潜り込んだ。

東洋でもロッキー山脈でも、テント生活は可能だ。ベッドとテーブル、それに旅行に必須の品物すべてを揃え、さらに、主人の気まぐれを察知できる従者がいれば、とても魅力的だと思う。しかし、いまわたしが経験しているのは、にわかづくりの、豪華さなど微塵《みじん》もないテントで、楽しさとは縁遠い。詰め物なしの木製の鞍はまずまずの枕になるが、熔岩の凹凸は辛い。背中に緩衝用の毛布を入れたいが、余分はなかった。そのうえ手に負えない突起が一ヵ所あり、何が何でもわたしに感じてもらおうとする。わたしはありとあらゆるものを着こみ、二重にした手袋の上からギルマン氏の靴下を着け、分厚い肩掛けで顔を包みこんでいる。グリーン氏と二人の先住民も毛布にくるまり、テントの反対側で横になっていた。わたしたちは「火山の縁で眠っている」が、文字どおり、そのままだった。わたしは寝入ったのだが、野営用毛布に蚤が這い登ってこなければ、朝まで前後不覚に眠りこんでいたのではないかと思う。目が覚めると、しっかり着こんだ隣の三人の姿が見える程度には明るくなっていた。ある遠征隊で実際にあったことらしいが、一晩中震えながら眩暈を起こすようなこともなく、彼らは眠っている。わたしたちが何度か雪や氷で頭や顔を拭ったのが功を奏したに違いない。

わたしはいま希有《けう》な環境にいる。わたしが寝ている熔岩のベッドが標高四二〇〇メートルほどのところにあると思うと、とても不思議な感じがする。ここからもっとも近くに住む人でも、はるか彼方なのだ。ジャーヴェス氏が言うところの、「人が滅多に訪れることのない」この場所では、世界最強の力を誇る火山が暴れまわり、激突する轟音は絶えることがない。威厳さえ感じられる音が伝わると、なんだか途方もない夢を見ているように思える。二つの大きな音が聞こえて

☆原注2　白人がハワイ諸島に定住するようになって以来、マウナ・ロアのクレーターで起きた噴火は一〇回、ファアライのクレーターからは一回の噴火が記録されている。

くる。するとそれに続いてクレーターの岩壁が崩落し、大地に激突する音が長く尾を引く。そして、地震のような振動をともなう低音が響き渡る。そのあとから、燃え上がる湖面からのさらに大きな波音が届き、威圧するような爆発音が連続する。眠っている人たちを乗り越えてテントの紐を解くとき、わたしは先住民の上に膝をつかなくてはならなかった。しかし、人をかたどった布の塊はどれもじっとして動かなかった。慎重にテントからクレヴァスへ這い出すと、まだ水分は固く凍り付いていた。わたしは突き出した岩棚に這い出した。昨夜、わたしたちが観察していた四時間は、一時間にしか思えないほど短く感じた。ところがこうして一人でいると、時間は二分にも一年にも思える。わたしの頭からは時間の感覚が剝がれ落ちていた。

北極星が凍った山頂の上で寒そうに瞬く。満月になろうとする青白い月の光は、無限の空間に吸いこまれる。南十字星はすでになく、北極星の下で二つの高峰がくっきりと浮かんでいる。その二つの山だけが、わたしのまわりにある火と神秘の世界とは別の世界なのだ。こちらの世界は明るい。あまねく鮮やかに明るい。太陽でさえ、そこに並べば青ざめて見えることだろう。それにしても、なんという明るさなのだろう。温度計の銀色の表示は氷点下五度を示していたが、その部分が光を受けてルビーのように赤く輝いている。アネロイド式高度計が示す高度の四一四六メートルは変化が見られなかった。[*10] 白地のテントが薔薇色に染まり、クレーターの岩壁と周囲のくすんだ灰色の峰々が鮮やかなサーモンピンクに変わった。

ハワイはすべてが眠りについている。ヒロのわたしの友人たちは、寝る前の見回りをしたときに眩しい輝きを見つめ、星に囲まれた高所にいるわたしを思ってくれたことだろう。わたしにはいずれ死すべき人間の目しかない。だが、その目は世界中でもっとも雄大だと思われる光景を見たのだ。わたしは一、二度、あまりに荘厳な孤独に打ちのめされる思いがして、六頭の馬とラバを振り返った。ラバたちは北風に晒され震えている。彼らは寒さと飢えと渇き以外は何も考えない。動物たちが可哀想だと思うことが、わたしには救いのように思える。哀れみが人間の感覚であることは間違いない。動物たちを見ていると、この目の前に繰り広げられる世界から受けた戦慄の感覚から少しだけ逃れることができた。

月さえ青ざめて、見慣れないものに思える。それは、ヒロのヤシの木やマンゴー林に降り注ぐ明るく優しい月ではない。ヤシの木やマンゴー、月明かりに照らされる家々、海、船、町、友人たちの顔、ありとあらゆる見慣れたものが夢の中の出来事のように思える。昨日の出来事も、これまでの歳月も、すべては夢の中の出来事のように、消え去った過去の中から現れた。明日はまた来るのだろうか。地上は再び若返り、青々と草木に覆われるだろうか。人々は黄金を求めて商いをし、あるいは争奪を続けるのだろうか。わたしは人間の声で、生命ある人々に向かって、この真夜中の出来事を語ることがあるだろうか。世界のさまざまな事柄から、なんと離れていることだろう。愛や憎しみ、激しい感情の嵐、戦争や王権の崩壊、思想の衝突、そのすべてから離れ、わたしは永遠の孤独が支配する静寂の中にいる。

クレーター内部は刻一刻と変化する。いまや事態は一変していた。おそらく噴泉のある火口丘の成長に関係があるのだろう。それまで続いていた爆音が凄まじい音になっていた。クレーターの行き止まり近くで熔岩が噴出し、孤立した火焔がたびたび黒い殻を突き破って現れた。白熱した湖から流れ出す熔岩の川は見た目にもはっきりと成長し、幅も広がっていることがわかる。直径二四〇メートルほどの熔岩湖は赤く光り輝き、噴泉の威力が増して轟音はさらに大きくなった。噴泉は規則正しく九〇メートルの高さにまで噴き上がり、その足元に麦の束に似た十字状の噴泉をともなっている。この噴泉は血と火を混ぜ合わせたような色をしているが、高みに登り詰め、細くなるにつれて、鮮やかで深い紅色へと変化する。噴泉が頂点に達し、霧状に撒き散らされるとき、今度はルビーと炎を混ぜ合わせたような色彩となった。燃え立つ塊や燃え立つ泡となり、延々と崩落が繰り返される。そして、そのたびに雷鳴が轟きわたる。わたしたちが見ることができるのは、霧と噴煙に映える焔の影にすぎない。本当の輝きは孤独な星々にしかわからないのだ。燃え立つ焔を見続けるのはクレーターの眼差しだけであって、死に抗えぬ者が歩み寄ることはできない。

数時間が過ぎた。その間、わたしは噴泉から立ち上がる炎の輝きや美しい形に見入っていた。熔岩湖を取り囲む二四〇メートルの高さの絶壁には、焔の影が映し出される。わたしはそれを見つめながら、打ち寄せる波音と雷鳴に耳を傾けていた。するとある変化が起きた。これまで九〇メートルの高さに噴き上げていた噴泉の力が突如衰え、もがき苦しむように熔岩の海に沈みはじめ、怒濤のどよめきとともに、湖の表面全体が地底から勢いよく突き上げられるようにして盛り上がりはじめたのだった。きらめく塊は三度、持ち上がった。一度などは、周囲の崖の高さから推しはかると一八〇メートルの高みに達した。このとき大地は揺れ動き、月と星は戸惑いつつ身を引いた。それから噴泉は以前と同じ状態に戻って戯れ続けた。寒さはますます厳しくなり、寒暖計は氷点下一一度を指した。わたしはもう一度テントに潜りこんだ。「だれも近づくことのできない光の中に住む」[*11]という言葉は、新たな意味をわたしに与えたのだった。

わたしたちは陽射しが大気をわずかでも暖めるまでテントの中に留まり、それから火を使って朝食を用意しようとした。しかし、だれも食べ物を口にすることができなかった。ワイメア出身の先住民は先ほどからひどい頭痛を訴えていたが、まもなく苦しみだし、地面に倒れて唸り声を上げた。すっかり高山病に冒されてしまったのだ。わたしもひどくだるく、少しでも何かをすると疲労困憊した。それでも、雪で頭を冷やすとずいぶん楽になる。水筒の水は固く凍り付き、厳しい寒さのせいで脈拍は一一〇に上がっている。動けるのは先住民のガイド一人だったために出発は遅れた。山頂から野営地までは馬で四時間半もかかる。その間、立ち止まったのは腹帯を締め直したときだけだった。ロープや革紐、留め金をはじめ、傷んだ装備は一つもなかった。わたしは尻繋《しりがい》なしで馬に乗っていたが、ラバの鞍の臀部でわたしの腰はしっかりと安定していた。

馬での下山は登りよりもはるかに大変だ。急峻な下りが二四〇〇メートル下まで続くのだが、わたしたちのラバは躓《つまず》くことはなく、アイネポに戻ったときも長旅の疲れをまったく感じさせなかった。馬たちは、アア熔岩流と、別の下り斜面でまたしても深い傷を負った。その馬のあとに続くのは具合が悪くなるほどだった。馬たちは岩角に脚をえぐられ、少しだけだが皮と毛を岩に残す。次には肉片が踵や蹴爪から剝がれ落ちる。皮や肉がなくなると、すべての岩に血を滴らせる。数分でも立ち止まれば、そこに血溜りができるのだ。わたしたちは景観を楽しんだものの、馬とラバはひどい苦痛を味わったのだった。野営地に到着したとき、わたしは疲労困憊していたが、食事をとるとすぐに回復した。ひどく体調がすぐれなかった先住民は、今日になってようやく回復した。

わたしたちを取り巻く雲の帯は、山上では輝いていたが、下に降りると霧雨になった。アイネポに着いたときには、馴染みとなったスコットランド風の霧に包まれていた。牧場の男性たちは、わたしたちが首尾よく登頂を果たしたのが気に入らないように見えた。彼らの予言が外れたということもあるが、わたしたちのような旅行者風情が何事もなく下山し、人を喜ばすような危険にも災難にも遭わなかったというのは、じつにけしからんとでもいうようだ。あたりが暗くなると、わたしたちは一一キロメートル離れたこちらの牧場に向けて出発し、九時前に到着した。こうしてマウナ・ロア登頂はこれまでにない成功裏に終わったのだった。

贅沢を言うつもりはないが、こぶだらけの熔岩ベッドよりも快適な寝心地を約束してくれるプルのベッドのほうが好きだし、山頂での凍えそうな焚火よりも赤々と燃えるこの大きな暖炉のほうがいい。人格者であるここの牧場主がわたしたちを待ち受けていて豪勢に祝ってくれたばかりか、カヘレにまでコーリャンを振る舞ってくれた。そして日曜の休日だというのに、旅行者にとってこれ以上はないと思えるほど多くの人が盛大に祝ってくれた。

絶えず移動を続けていると、どれほど生き生きとした印象であっても、それは新たな記憶に追い払われてしまう。それが日曜日である必要はないが、わたしはマウナ・ロアの記憶を整理する時間が欲しかった。せめてヒロまで七七キロメートルの馬旅に出るまでにそれを済ませておきたかった。

今日の午後、わたしたちがベランダで火山の話をしていたときに、ゴロゴロと大きな音がしたかと思うと激しい地震が襲った。この手紙を書いている間にも二度揺れて、書くのを中断させられたほどだ。この余震の際に、家の枠組全体が一瞬大きく開き、また閉じた。四年前にも、すぐ近くまで迫る大きな泥流があったという。この家は地震のときに一メートル近く移動し、まわりを取り囲む家畜用の柵がすっかり倒壊したそうだ。先の牧場の男性からも、今年（一八七三年）の一月七日と八日に突然、マウナ・ロアが大爆発を起こしたという話を聞いた。地面は三二キロメートルの広範囲で揺れ動き、熔鉱炉が唸るような轟音が、やはり三二キロ離れたところでも聞こえ、噴火で発生した黒煙は海上まで四八キロの長さでたなびいたという。

わたしたちはガイドに熱烈な賛辞を贈り、彼の役目を解いた。賃金は一〇ドルだったが、グリーン氏はわたしが折半にするというのを頑《かたく》なに拒み、しかも、わたしが乗ったラバの代金六ドル以外にはいかなる経費も受け取ろうとしなかった。わたしたちのガイドは山羊狩りで生業《なりわい》を立てていたが、獲物の追跡方法はとてもユニークだ。彼は山羊の群れを見つけると、山上に追いつめる。どれほど敏捷で丈夫な脚を持っていようと、いつかは疲れ果てるので、その機会を待って捕まえ、喉を切り裂いて毛皮をとるという。わたしが彼の説明を正確に理解しているのなら、この若者は一日で七〇頭もの山羊を捕獲する計算になる。

六月九日　キラウエア、クレーター・ハウス

今朝、グリーン氏はコナに向けて出発し、わたしはキラウエアに向かった。わたしが迷わずに道に出るまで、牧場の先住民男性の妻とその妹が数キロメートルを同行してくれた。この頃、カヘレの社交本能はますます強くなっていた。そこでわたしは、彼女たちが立ち去る前に馬を下り、カヘレに目隠しをして数回その場を旋回させた。馬は混乱し、おかげで目的の方向へいつにも増してしっかりと歩き出したのだった。彼女たちが連れてきてくれた道は間違えようがなかった。巨大なアア熔岩が一帯を覆う中に、細くまっすぐな道が刻まれており、鋭い岩角が馬の高さにあった。この先には古いパホエホエ熔岩流が一六キロメートルほど続くが、そちらは道の痕跡はわずかしかない。

二月に決死の思いでヒロのガルチを越えたのを除けば、これはわたしがそれまで経験したことのない困難な行程だった。どちらを向いても気味の悪い強烈な景観が迫る。そこには徹底した孤独が漂っていた。数時間というもの、まったく人の気配を感じることもなかった。珍しくも蹄鉄を付けた馬の足跡を一つ見たにすぎない。それは永遠に荒涼として、人が住むことのない世界だった。道も水辺もなく、静寂だけが支配する世界。あるいは、感情のない沈黙が支配する月の世界。そんな場所に紛れこんだ感じだった。パホエホエ熔岩が砂混じりの荒地に盛り上がり、矮小化したオヒアだけが、深紅の花房をともなって岩の割れ目から立ち上がる。枝は苦悶の表情を浮かべるかのようにねじ曲がり、熱い大地と太陽にむりやり派手にさせられ、嫌々ながら鮮やかな

花を咲かせていた。左手には黒ずんだアア熔岩の高い壁が連なっている。遠くには火山活動で生じた巨大な裂け目があり、そこから火の海と化した地下空間の熔岩流が見えた。

そびえ立つマウナ・ロアのドームが鮮やかなコバルトブルーとなり、山腹に濃紺の縞模様が広がっている。これは無数の熔岩流が、その驚異のパワーで山腹を縫い合わせたものだ。その一つ一つはおぞましくとも、全体の雰囲気はとても美しい。わたしの前方と右手には、何キロメートルにもわたるパホエホエ熔岩の大海原が波打っている。わたしのいる場所からその全容を見渡すことはできないが、この大海原は、北はキラウエアの巨大クレーターから、南は標高差で九〇〇メートル下った太平洋まで広がっている。ここには、蒸気を噴き出す無数のクレーターや岩の裂け目など、火山活動のすべてがある。太陽はわたしが見たこともないほどの濃紺の空にあり、この大海原に熱帯の光と熱を注いでいる。

わたしがカパパラを発つときに教えられたのは、先住民姉妹が送ってくれたところから東南に見える一つのクレーターを目指せば、やがてキラウエアの煙が見える、ということだった。ところが、クレーターはいくつもあった。馬たちは砂地や丘陵をショートカットし、直線距離で越えていくが、周囲の熔岩には何かが通った痕跡が見られない。しかも今朝の強風で砂地の表面には風紋ができ、旅人が残した蹄の跡を完全に掻き消していた。わたしはときどき道に迷い、多くの人が味わったように、喉の渇きを覚えて狂うのではないかと不安になった。わたしはわずかに砂地に残る蹄の跡を探した。ときおり見つかるのは野生馬のもので、どれも蹄鉄の跡はない。乗り手のない馬のものばかりだった。見た目だけでは駄目だと思い、わたしはときどき馬から下りて波打つ熔岩を指で触れてみた。わずかでも磨り減った跡があれば、蹄鉄のある馬が通ったことを示す手がかりとなる。また、キラウエアの煙が見えないかと、オヒアの木に這い登ってもみた。三時間後、ようやくわたしは道に行き当たった。しかし、それは地盤が崩れやすくて危険なために今は放棄された古道だった。

クレーターの縁をぎりぎりに進んでいくと、三〇〇メートル下に見事な景観が広がっていた。噴火口や噴泉のある火口丘も見えたが、わたしはひどく不安だった。道には大小の穴が開き、岩の割れ目や亀裂が走っていたからだ。それらが一帯を覆い尽くす藪やシダの下に隠れている。わたしはここなら危険はないと思える場所を見つけて小休止を取り、カラス麦をショールに載せてカヘレに与えた。

彼が食べ終わらないうちに、ごろごろという音がして地面が揺れた。カヘレは驚いて膝をつき、地べたに坐りこんでしまった。わたしはショールをつかむと馬に飛び乗り、全速力でその場を逃げ出した。後ろから地割れが追いかけてくると思ったが、地割れはどうやら思い留まったようだった。あるいはカヘレがそれより速く走ったのかもしれない。わたしたちは三〇分もすると、水蒸気と噴煙と硫黄がくすぶるよく知った場所に辿り着いて、ギルマン氏に優しく迎えられた。いまは彼と年老いた中国人しかいないらしい。

七時間も馬に乗り続けたあとの身には、静けさと暖炉の火がとても気持ちよい。クレーター・ハウスの主は聡明な人物で、わたしの話に熱心に耳を傾けてくれた。夜は荘厳だ。キラウエアは地震とハレマウマウの潮騒に支配されていた。

六月一一日　ヒロ

わたしはいま再び、ヤシの木とマンゴーの林と友人たちのなかにいて、遠くから届くキラウエアの穏やかな波音に包まれている。昨日の旅は惨めなものだった。雨が降りしきり、道中に人影はもちろん、鳥や動物の姿も見かけなかった。カヘレの荷が重過ぎたので五〇キロメートルほどは並足で進んだが、それでも思うように脚が進まなくなった。そこで残りの道程は馬から降り、歩いて下山した。

ヒロでの一週間は素晴らしかった。町には優しさと善意が満ちあふれ、その印象を妨げるような厄介ごともなかった。思いやりと忍耐強さと平静さをあわせ持ったわたしの旅の道連れであるカヘレは、どれほど誉めても誉め足りないほどだ。わたしは冒険旅行の最後に、第二の故郷ともいえるこの町で心からの歓待を受けた。

I・L・B

手紙30☆1

キャプテン・クックの記念碑――夢見る国――死火山ファラライ――投げ縄の牛狩り――死の呪い――ホノルル伝道

六月一二日　ハワイ島コナ、リッジ・ハウス

わたしが上陸したのはケアラケクア湾の黒い熔岩台地だった。一〇〇年前、キャプテン・クックは致命傷を負ってこの岩の上に倒れたといわれている。暗い湾岸沿いに弧を描く高さ三〇〇メートルの岩壁の上で朝の太陽が燃え、深い緑色の海は気怠《けだる》い波を岸辺に寄せる。パイナップルを満載したカヌーが危ういバランスを取りながら行き来し、静かな海面にはココヤシの古木が大きな影を落とす。暑くて静かな常夏のひとときだった。

この湾の名を世に知らしめた騒動については、当地の子供たちならだれでも知っている。偉大なる探検家クックが現れたとき、彼は長らく姿を隠していたロノ神と間違えられた。クックが刃《やいば》に倒れて呻いたとき、この世で神の血筋を受け継ぐ者という先住民の思いは裏切られ、惨殺された。ココヤシの木の一つにこの事実が記載された銅板が貼られているが[*1]、これが、偉大なる世界

周航者の記念碑だ。ここから数キロメートル先にハワイ島西部の駆け込み寺として知られるハウナウナウ[*2]という聖域がある。この地域には、五〇〇年前に実在したという伝説の王ウミによって築かれた熔岩の道がある。両端に縁石が組まれた立派な道で、ポンペイにある戦車の道にも匹敵する。近郊には四つの岩石を組んだ建造物がいくつかある。三個の岩が直立に据えられ、その上に四つ目の岩が載せられ、屋根になっている。この北の方角にはイギリスで客死した国王リホリホ[*3]が酩酊したという場所や、キリスト教に回心したカアフマヌの信仰の力が禁制《カプ》を破り、異教の妄信を終焉させたという場所がある。異教徒が結集して偶像破壊者に戦いを挑み、惨めに打ち負かされた古戦場もほど近い。新しい熔岩流が湾の両側を流れ下り、剥き出しの黒い岩は上陸地から険しい斜面を越して絶壁にいたる。それを乗り越えるように波打ち、ねじ曲がった岩石の滝がつくられている。古い熔岩流は南斜面の壮大な森林を切り裂いたが、ココヤシや扇状の葉を持つヤシの木が平らな熔岩に踏みつけられ、いまもその痕跡をはっきりと留めている。コナでは激しい雨が降るが、決まった水場はなく、唯一の川は一六〇キロメートルの彼方にある。

　この一帯の名産はオレンジ、コーヒー、パイナップル、それに静寂だ。ヤシの木が立ち並ぶ、

☆原注1　これまでの旅と重複するものや、すでに詳細に記載したものがあるので、本書では数通の手紙を省略した。コナ地区には数日の滞在予定で出かけた。その後に、カウアイ島とマウイ島を再訪して友人たちを訪ねるつもりだったが、キラウエア号の運行が変更となった。次の出航に合わせると、コナには一カ月も滞在することになる。サンフランシスコの船会社に関する情報がはっきりとしないこともあったので、わたしはおよそ七カ月に及ぶ当地での滞在を切り上げ、急ぎ発つことにした。

燃え立つような海岸から四五〇メートルほど登ったところに肥沃な卓状地が細長く延びていて、幅一三キロメートルほどの鬱蒼とした森林地帯がある。森と空の間の、いずこからとも知れず噴煙が昇り、夜には木々の茂みを照らし出す。コナで目を引くものといえばこんなものだが、これらが特徴といえればの話である。このあたりは、

……雹《ひょう》や雪どころか、
風すら吹き荒れることのない

土地なのだ。風は確かに、未知のものだ。朝夕に木々の梢を吹き抜ける風はその音色さえ聞こえず、雨は優しく降り注ぐ。はるかな下方から届く波の、眠たげな囁きだけがわずかに静寂を破る。静まり返る木々の深い茂みを抜けて、さざ波さえ立たない広大な海原がきらめく。甘い香りの立ちこめる涼しい朝は薔薇色に輝き、夕暮れは金色に輝くが、すべてはまどろみの中にあるようだ。水平線の彼方に行き交う白い帆船は蝶の翅《はね》ほどにしか見えず、波間に漂う船もまた夢見るようだ。この地では永遠に何事も起こりえない。静寂がすべてを支配するのだ。人々は声を潜《ひそ》めて語り、無気力に動き、夢見心地でいる。暑くなく、寒くなく、風もなく、傍線を付けて強調すべきものは何一つない。延々と続く昼下がりの、すべてはいつものように変わりばえのしない土地。生命は枯れ、物憂げに衰退する。

ハワイ島に宿はここ一軒しかない。客はいずれもたまたま行きあわせた烏合《うごう》の衆で、会話はす

べて憶測で成り立っている。いまはホノルルから来るスクーナー帆船のウィラマ号とプリンス号の寄港と出航がもっぱらの話題だった。だれが船で来る、だれが船で発つ、航海が何時間かかるといった話が、ちょっとした変更を加え、時間をおいて繰り返される。それ以外といえば、食事のたびに地元の噂話をたっぷり取り交わすことだ。この一〇年というもの、ハワイ島を旅した者はことごとくよそ行きの顔を剝ぎ取られ、その懐具合や社会的な地位、人との付き合い、癖などを徹底的に暴《あば》かれる。そして、どんな話題から始まっても最後は決まって金の話になる。しかし、どれほど刺激的な話題であっても、彼らの興味を引くことはほとんどない。

わたしはほとんどの時間を馬に乗って過ごした。森に出かけたり、馬でしか行けないような高原の道を辿った。そこには樹木やツルに埋もれるようにして草葺きや木造の家がある。そうした家の多くは白人の住まいだ。彼らはハワイ諸島に流れ着いて先住民女性と結婚し、浅黒い肌の人種を育てた。子供たちは母方の言葉しか話さず、先住民の生活習慣を身に付ける。このような白人のなかには保養目的で来島した者や、捕鯨船の乗組員だった者もいるが、だれもがこの土地の安楽さや甘美な魅力に夢中となったのは確かだ。

黄色の砂に腰を下ろす
それは海辺に注ぐ太陽と月との間のどこか
祖国を夢見れば心地よい
だが、いつかは……

海に飽き、オールに飽きる日が来る
泡立つ不毛の海原を彷徨《さまよ》うのに疲れ果てる日が……
そこでだれかが口を開く「もう戻ることはない」

彼らはすっかり満ち足り、その暮らしに不自由はない。しかしこうした結婚は、あきらかに白人を先住民の感情や生活習慣の水準にまで貶《おとし》める。もちろん住民のなかにも教養ある人物がいるし、小さいながらも英国教会が一つあり、毎日、在留牧師が礼拝をとり行っている。

コナのこのあたりの景観は素晴らしい。どこまでも続く森は、これまで見たことがないほど豊かで青々としている。だが、そこには材木を下ろすために付けられた狭い踏み分け道しかない。鬱蒼とした木々やツル植物の世界。真昼の陽射しさえ、地上を覆うしっとりと湿気を孕《はら》んだ見事な苔やシダに届くことはない。艶やかな葉をしたヤムやウラボシ科のシダはそこかしこに生え、巨大化したツル植物がどんな高木でもその頂きまで達している。普通は温室で見るような花々が、どの家の周囲にも咲き誇っている。ティーローズ、フクシア、高さが四・五メートルもあるゼラニウム、スイレン、ホオズキ、ベゴニア、ランタナ、ハイビスカス、パッションフラワー、クチナシ、サクラランン、チューベローズ、美しく強烈な香りのジンジャー類、そのほかにも何十という花が見られる。エンジェルズ・トランペットはこのあたりではどこにでもあり、四メートル以上の高さになるので樹木のように見える。その枝に七〇個もの大きなラッパ型の白い花を咲かせ、夜は夜咲きサボテンの花*4と競って、あたりの空気を甘い香りで満たす。

パイナップルやメロンは雑草のように草地に生え、そのほかにもさまざまな食用の植物が生い茂る。コナのあふれる自然のもとで絶えざる変化に晒《さら》される。コナに降り注ぐ太陽は、植物に豊かさと激しさ、情熱、鮮やかさ、そして生気を与える。大地は間断なく生産を続け、温室栽培に力を注ぐ。ヨナのトウゴマの奇蹟*5は夜ごとに繰り返されるのだ。見えないところで腐食は進むが、一年を通して花が咲き、果実は熟す。シダはつねに丸めた新芽を伸ばし、バナナは大きく艶やかな若葉の包みを解く。春は永遠の若さを植物たちに注ぎこみ、夏の開花と豊饒を約束するのだ。

商船が訪れることも、西欧の旗がはためくこともない
輝く森の上を鳥が滑空し、岩山からはツルが垂れ
木々はたわわに花を付け、果樹はたわわに実を付ける
常夏のエデンの島々は濃紫の海に横たわる

七月二八日　ファラライ

わたしはコナの活気のない生活を早々に切り上げ、標高一八〇〇メートルにあるこの羊牧場にやって来た。この牧場は、ファラライ（輝く太陽の子）と呼ばれる死火山（実際は活火山）の、荒涼とした山腹にある。わたしは手厚いもてなしを受けた。ここの粗食に文句を言わず、彼らと同

じ粗野な生活ができるなら、家も馬も自由に使ってよいと言ってくれたのだ。先住民の妻はとても魅力的な人物で、夫と同じテーブルについて食事をする。だが、英語は一言もわからなかった。いま二人は、一二・八キロメートル離れた羊毛刈りの作業場へ出かけている。

この家は火山がつくりあげた雄大な原野のただなかにある。以前、カライエハからの手紙に書いたように、一帯は旱魃《かんばつ》が続き、不毛の荒野が広がっている。定まった道はない。わたしは馬に乗り、ここまで教わった通りに登ってきた。このときの道標は、雄牛の骨とちっぽけな矮性のオヒアだった。人の往来はない。いちばん近くに住む人の家でもここから三〇キロメートルの彼方にあり、しかもそこへ到るには不毛の谷を越えなければならず、マウナ・ロア登山と同じ覚悟が必要に思える。樹木のようなツル植物、荒々しく堅い草むら、岩の割れ目に生えたチャセンシダ、砂地のカラモホ*6、風を避けた窪みに点在するオヒアとマーマネの茂み。いずれも縮れて堅く、山麓の豊かな植生とは対照的で貧相だ。一日を通して肌を刺す冷たい風が吹き、午後には決まって濃い霧が視界を六〇メートルほどに狭める。だが、暗くなって霜が降りると霧は晴れ、火山の焔が南の空を明るく照らす。

わたしはいま、リューマチを患う気だてのよい先住民女性と、顔に深い皺が刻まれた老婆とともに過ごしている。老婆は一〇〇歳を超しているに違いない。刺青を彫った体は小さく縮み、子供のように見える。彼女は奇妙な声を出して呟き、一日中、火の傍らで曲がった手脚を伸ばしている。一般に老人は着衣を嫌うが、彼女も女性用の服を着ず、毛布に身を包んでいる。ほかに犬が一匹いるが、犬は英語がわからないので、わたしはここしばらく片言のハワイ語しか使っていない。とはいえ、わたしにはすることがいくつもあり、ここでの生活にはとても満足している。ここに来るまでの一三キロメートルほどの道のりは、これから遊びに行くという一二人の賑やかな先住民グループと一緒だった。彼らは無鉄砲にも、狭い山道や丘の登り降りを全速力で走り抜け、ぬかるみでも岩場でも速度を落とすことがない。倒木を跳び越え、笑い声を上げながら木の枝下をくぐり抜けるのだ。走りにくい場所ではしきりにわたしに競走を挑んだ。ワヒネ・ハオレが馬から振り落とされないと知ると、わたしの肩を叩いてその力量を認め、頭にマイレの冠を被せてくれた。このうちの何人かは冬にキラウエアで知り合った人たちで、わたしがコナに来てからというもの、とても親切にしてくれる。

わたしはこの人たちと一緒に過ごすのがすっかり気に入っている。一緒に彼らとゴザに腰を下ろし、生まれたときからそうしてきたかのように、二本指でポイを食べる。彼らの陽気さや優しさは人を惹きつけて止まない。彼らは馬や食事、衣服、時間のすべてを惜しみなく分け与えるのだ。旅人は身の危険を案ずることなく、安心して彼らと過ごすことができる。たしかにこの人たちには多くの欠点が見られる。だが、しばしば一人で彼らの家に世話になったわたしは、一度として不愉快な事態を目にしたことも、行き当たったこともない。とはいえ、彼らの生活を見るにつけ、無頓着で快楽志向という印象は深まるばかりだ。向上心と責任感の欠如という印象はとくに強い。彼らは日なたで寛《くつろ》ぎ、おしゃべりに興じ、あるいは歌をうたうこと以外に関心はない。ときに気分が乗ると、とてつもないパワーを発揮してカヌーやサーフィンに興じたり、投げ縄で牛を捕まえたりするくらいのものだ。

この山麓に滞在していたときのこと、わたしは牛狩りというスポーツを見たくて、三人の先住民と出かけたことがある。彼らはみな蹄鉄を付けた馬に乗り、雄牛の鞣し革の投げ縄を鞍の突起にかけていた。彼らが森の中で獲物を狩り立てている間、わたしは岩山の上で一時間ほど馬の背に坐っていた。やがて雄牛の野太い鳴き声が聞こえたかと思うと、突然、牛の群れが現れた。ハンターたちが追撃するが、群れは斜面の窪みに隠れてしまった。先住民たちは再びわたしに合流した。そのときわたしは、安全な家に戻りたい気分になっていた。わたしの馬は蹄鉄を付けていないので、熔岩や荒地を走るのには向いていないという理由もある。わたしはどこにいれば危険はないのかと男たちに訊《たず》ねた。すると先導する男は、自分の後ろにぴったり付いていればいいと言う。わたしはどこか高みから見ていられる安全な場所を聞きたかったのであって、蹄鉄のない馬で、たけり狂った牛の群れのあとを疾走するつもりはなかった。しかし、それがいちばん安全な方策であると言うし、いつまでもそんな話をしている時間もなかった。というのも、わたしたちがゆっくりと斜面を下っているとき、再び牛の群れが森の中に逃げこもうと、素早く空地を横切ったからだ。みんなに緊張が走った。

わたしたちは馬を全力疾走させ、丘を駆け下って群れに迫った。さらにスピードを上げ、束の間、猛然と突進すると、草原は押し寄せる牛と馬に波立った。牛の尾はめまぐるしく方向を変えながら旋回し、地面は引き裂かれる。わたしの目の前にいる先住民の頭のまわりで、投げ輪が三、四回まわった。次の瞬間、堂々たる体格の赤毛の牛がもんどりうって倒れた。牛は前足を喉元に引っぱられ、もがいている。他の男たちが馬から下り、二本の投げ縄を牛の角に巻き付け、一本目を自分の鞍の突起に巻き付けると、牛が立ち上がる前に馬に跳び乗った。

牛は立ち上がって体を揺すり、頭を下げてがむしゃらに突進するが、男たちのほうは油断なく牛の突進をかわし続ける。牛が右へ左へと向きを変えるたびに、男たちは投げ縄を操りながら身をかわした。鐙に片脚立ちして体をひねったり、牛が猛然と投げ縄を引くときは、訓練を積んだ馬に踏ん張らせるのだ。そのようにして一・六キロメートルほどを引き回されると、牛の力は次第に萎《な》え、舌を垂らしはじめる。口と鼻からは血と泡を垂れ流し、腹は汗と泡にまみれ、最後は目も見えなくなってよろよろと木の下までたぐり寄せられ、そこですぐにナイフで解体される。二時間後、その一部がテーブルに載せられた。先住民たちは、わたしが牛が殺されるのを見ないようにしているのを知って驚いた。先住民女性は大喜びでその光景を見るからだ。激しく怒り、恐怖を募らせたハワイの牛のステーキは、色が黒ずみ堅いに違いない。

先住民の多くは投げ縄をマスターし、野生や半野生の牛、あるいは馬を捕まえる。この家の主はわたしの滞在中に、投げ縄で羊を捕まえたことがある。彼は逃げ惑う群れの中から、正確に狙いを定めてそれを捕獲した。ちなみに、上等の投げ縄を一本作るには雄牛一頭分の鞣し革がいるということだ。

ある先住民の友人から聞いたのだが、わたしの遠征に同行したある先住民男性が、それ以降、死の呪いをかけられたという。わたしはこのような言葉をしばしば耳にするが、どうやら迷信は廃れていないようだ。人の生命を己の手で左右できると信じる者がいて、他人に恨みを抱く者は、金銭をはじめ、鶏や褐色の豚、カヴァなどを渡して呪ってもらう。ほかにも、神官《カフナ》が死の呪いを

フアラライ火口

かけたと聞かされた人物が、恐怖と絶望のあまり本当に死んでしまったという話をいくつか聞いたことがある。こうした祈禱はキリストの神に対してではなく、ハワイにいる古代の神々に対して行われる。先住民はとても迷信深く、知性と教養を兼ね備えた前国王でさえ、女魔術師に強く操られていたほどだ。

　わたしはこの家から二度、フアラライに登った。最初はこの家の夫婦にガイドをしてもらったが、二度目は大胆にも一人で挑んだ。コアやビャクダン、オヒアの森は、林床に野イチゴやシダの茂みをまとっている。香りのよいマイレやサンゴ色の蕾が房をつくる優美なサルサパリラ[*7]のツルは、木々を覆い尽くして窒息させるかのようだ。場所によっては密集して生育するイエ・イエは、山道を覆って凱旋門のように広がっている。やがて森林は唐突に途絶え、広大な火山性の原野が出現する。一帯には痩せこけた見苦しい灌木が生育しているが、標高三〇四八メートル[*8]の山頂付近は、シダやワラビ、マーマネ、雑草、プキアヴェなどに覆われている。山頂には矮小化した一本のオヒアが花《レフア》を付けていた。

　山頂に到る最後の二時間の登りは、無数の熔岩流や浸食の進んだ熔岩層となる。それ以外はほとんどがパホエホエ熔岩だ。山全体に無数のクレーターがあるが、外縁はどれも貧相な植物に覆われ、ときに内側にまで進出しているものもある。クレーターの縁はごつごつとしていることが多く、見た目にも面白い。深さは九〇メートルから二一〇メートル、直径も二一〇メートルから三六〇メートルと、そのスケールはさまざまだ。岩壁は滑らかな灰色の岩で、底は平坦な砂地となっているところもあるが、そのほかはマウナ・ケアにある凝灰岩の火口丘と同じ種類のものだ。火口丘は数多くあり、近接しているところでは、二頭のラバが横に並んでようやく通ることができるくらいの幅しかないこともある。一八六八年に地震が起きて山が引き裂かれたため、大きな地割れが横断するように延びている。周辺は地盤が脆く危険だ。わたしのいる側からは、どこから見ても息を呑むばかりの素晴らしい景観が展開する。完璧な形のクレーター群の中に、さらに一五〇を数える側火山[*9]が点在する。

わたしが再びここに来たのは、前回は濃霧のために断念した、山頂にある最大のクレーターまで行こうと思ったからだ。このクレーターの周縁は幻想的な狭い岩尾根となっており、内側には高さ一八メートルの塚がある。それは黒やオレンジ、青、赤、金色の熔岩の破片が築いたものだ。前述したブリガムの推測によれば、中央には直径七・五メートル、深さ五四〇メートルの噴出口のような穴があり、内側は暗褐色で、何本もの溝が水平に刻まれ、磨き上げられたように滑らかだという。だが、水蒸気を噴き出す岩の割れ目や熱気を示す兆候はどこにも見当たらなかった。標高一八〇〇メートルのあたりには熔岩の膨らみやすばらしい洞窟がある。洞窟内部はシダが生えているので湿気があり、天井から滴る水滴が周辺の多孔質の土壌に水を供給している。

貧弱ながらも植生があるため、ファアライは長期間にわたり眠っているように見えるが、実際に眠りについたのは一八〇一年のことだ。当時の大噴火でいくつもの村が熔岩に埋もれ、農園や養魚池が破壊された。深かった湾も三二キロメートルにわたって埋め尽くされ、現在の海岸となった。このとき、恐怖におののいた住民は生け贄の豚をはじめとする貴重な貢物を熔岩流に投げ入れて神々の怒りを鎮めようとしたが、その甲斐はなかった。そこでカメハメハ大王は神官と首長の大集団を従えて現場を訪れ、神聖視されていた自分の髪を切り、奔流に投げ入れた。*10 すると、二日後に流れは止んだ。この一件により、カメハメハは火山の神々に影響を行使できる人物と見なされ、その権勢は日の出の勢いを得たのだった。

わたしは滞在先周辺の土地を何キロメートルにもわたって隈なく探索したが、巨大ヘイアウの廃墟以外には、これといって印象に残るものを見つけることはできなかった。荒涼とした卓状地の中央にあるヘイアウは、徴用された二万五〇〇〇の人手によって一日で建設されたと伝えられる。わたしは、熔岩の荒地に一人で暮らす白人男性にも興味を引かれた。彼は火山の永久運動の秘密を解き明かしたと信じていた。

熔岩に関する話題をもう一つ。マウナ・ロア火山から流れ出した熔岩は、噴出口から六四キロメートル先のコナの海岸まで通じている。わたしは馬に乗って先住民の一人と藪の中を進んでいたが、どの方角も二メートル先が見えないほどの密林だった。そこを抜けると、いきなり目の前に一八五九年の熔岩流が出現した。漆黒の巨大な熔岩流はわたしたちの前で幾筋もの流れに分岐していたが、見た目には、虹色に輝く幅一・六キロメートルの険しい登り斜面でしかなかった。

わたしたちは支流の一つにいた。本流は海へと突き進んでいるが、支流はここで立ち止まっている。それはマウナ・ロアの山頂からはるばる標高差二七〇〇メートルを下降したあと、「この地点までは到達したものの、その先へ進む余力はない」と宣告をされたような流れだった。どれほどのパワーが秘められていたにせよ、激しい焔の最後の波はここで立ち止まったのだ。熔岩流は高さ三メートルの黒い大波となって静止している。足元には柔らかなシダが生え、燃焼を免れた一本のオヒアが身を屈めている。わたしは熔岩流の上に這い登ってみた。それは荒々しい漆黒の波が積み重なったもので、まぶしく輝いて陽射しを照り返していた。熔岩の殻はひび割れ、黄色と白色の染みがある。広々ときらめく表層部は、マウナ・ロアのドーム型をした山頂にいたる荘厳な通路のようにも見えた。マウナ・ロアは内部に蓄えた火焔に呼応して真っ白な噴煙を立ち上げ、ここにあるのと同じ、巨大な氾濫を起こすだけの威力を秘めていることを示唆している。本流はわたしたちの近くで分岐し、少し下ったところにある小さなマーマネの木のあたりで再び合流していた。その下には大きなシダが生えている。このような場所がほかにもいくつかあった。

わたしは紐状の乾燥羊肉とこの土地の小さな仲間の輪に飽きると、もう少し広い世界を求めて、二度ほど、下の羊毛刈りの作業場へ出かけた。そこは生活の場としては小さいが、もてなしは素晴らしい。最初はここで働く女性たち数人とともに小屋の床で寝たが、火山の壮大な明かりが差しこみ、眠れぬ夜を過ごした。二日目の夜は、小さくて暗い草葺き小屋で眠った。それは間に合わせに作られた仮設小屋で、これほど天井の低い住まいは見たことがない。しかし、その日はわたしがハワイ諸島に来て以来、初めて目にする素晴らしい夜だった。昼から夜への移り変わりははっきりとせず、三大火山と荒野は薔薇色と紫色に輝き続けた。それはこの世のものとは思えない美しさだった。夜の帳《とばり》が降りると、再びマウナ・ロアの焰が周囲を照らし出す。目の前で燃える焚火さえ、彼方の焰に晒されると色褪《いろあ》せて見える。揺れ動く焰はさまざまな色に変化してあたりを照らし出した。どれほどこの光景をあなたに見せたかったことだろう。

ここで働く先住民は日に八〇頭の羊毛を刈ると仕事を終え、食事の前に顔を洗い、着替えをする。先住民の妻と浅黒い子供たちがいる山羊飼いの黒人、二人の先住民女性、それにここの主人とわたしとで料理を担当した。この地にふさわしい荒っぽい調理法で、細長いマトンの干肉を棒切れの先に付けて炙《あぶ》り、野生の牛の肉を炭火に載せる。カロは土の中に埋めて焼き、石を積み上げただけのオーブンでロールパンを焼く。わたしたちが交わす言葉はハワイ語と英語のミックスで、これがこの土地の共通語でもある。食事は調理法ほど荒っぽくはない。わたしたちは粗末な小屋の床に坐って食事をした。脂身を入れた使い古しのブリキ缶がランプがわりだが、芯となるロープの切れ端がすぐに脂身に浸ってしまうので、わたしたちはその度に闇に閉ざされた。

翌日、わたしは荷馬を連れ、鞍にはマトンの腿《もも》肉を四分の一ほど丸ごと縛りつけて、一人でここまで登って来た。何度もこの荒れ地を越えたが、いつも道を見つけるのにひどく苦労する。熔岩の丘と丘の間を吹き抜ける風が砂地に波紋を残すので、行き交う馬の足跡が掻き消されてしまうのだ。そのうえ、道標になりそうなものは牛の骨と小さなオヒアの木以外にほとんどなかった。

山上での生活はじつに奇妙だったが、わたしはとても気に入った。文明世界を懐かしむことはまったくなかったが、唯一の問題は言葉がわからないことだ。そのせいで、わたしはときおり滑稽で困った立場に置かれることがあったし、ずいぶん興味を削《そ》がれることもあった。わたしは今日の日付を知らないし、ここに来てどれほどの時間が経ったのかを思い出すことができない。時間が意味をなさず、当てのない怠惰な生活へと転落するのは、このような経験を通じてなされるのかと、納得した。

八月一日　コナ、牧師館

昨日の朝、わたしはファアラライを発った。出発前、親切なここの夫婦とともに仮設小屋で食事をとった。わたしはハワイの大自然で営まれる暮らしを愛してやまない。これはそのような暮らしで味わうことのできる最後の食事だった。ゴザに坐り、二本の指でポイを食べる最後の機会だ。わたしは親切にしていただいた人々への感謝と別れの言葉を告げた。耳に届く友人たちの優しいアロハの言葉、穏やかな気持ちで過ごした紫色の荒野、わたしは後ろ髪を引かれる思いで薄暗い森へと入った。下りの途中で知り合いたちが列を作ってわたしを待ち受けていた。思いやりのある習慣にのっとり、わたしにマイレとバラの花のレイをかけてくれた。わたしがコナに戻ってからも、多くの人たちがわたしにさようならを告げるために訪ねてきては、イチジクやヤシの実、バナナといった贈り物を手渡してくれた。

コナはホノルル伝道団の拠点の一つで、牧師のデーヴィス氏は日曜と平日礼拝のほかに、少年少女向けの平日学校も開いている。六・四キロメートル四方に住む白人の数は相当数に上るが、日曜の参列者は、わたしが見るかぎり、大人が三人だけだった。マウイ島のある支部では、会衆は農園主の一家族にすぎなかった。たとえ大っぴらに不道徳な生活をすることがなくとも、怠惰と不信心の泥沼にはまった白人たちに対して、福音伝道者が努力を傾けるべき余地はある。しかし彼らの高い知性と本能に訴えかけても、この階層に届くかどうかについては非常に疑わしい。

コナは、口では言い表せないほどの美しさをたたえ、すべてがお伽話のような物憂い夢の中にある。そのなかで、牧師館の庭に育つ丸々としたイギリスのキャベツは、独りよがりで自信たっぷりのジョンブル魂[*11]を彷彿とさせ、何よりもわたしの心を和ませてくれた。ハワイ諸島に別れを告げるのは、いまがよいタイミングなのだと思う。この島々への愛着は日に日に増し、芳《かぐわ》しい空気と輝かしい空の下に居続けると、祖国への愛情は徐々に薄れてしまう。もう少し長くここに留まるなら、深いバナナの木陰を故郷とした人々と同じように、わたしもこう言うだろう。

もう戻ることはない
……わが故郷の島は
はるか波の彼方
漂泊の日々は終わった

I・L・B

手紙31

ハワイ諸島の気候——ハワイの長所——ハワイの短所——噂話——ヌホウ——外来文化の諸悪——ありがとうハワイ

八月六日　ホノルル、ハワイアン・ホテル

わたしの運命はいま、太平洋郵便汽船コスタリカ号という目に見える形となって埠頭にある。まもなくわたしにとっての「ハワイ諸島」は、一夜の夢でしかなくなる。ハワイという常夏の魅惑の島々を立ち去るいま、わたしの胸はこの島国への思いに熱くなる。イギリスをあとにしてからというもの、故郷といえる場所は、世界にここしかない。月の光は、霞がかかったようなキアヴェや、柔らかなタマリンド、そしてヤシの木の葉を輝かせ、パンノキやレモンの艶やかな葉にきらめく。開け放たれた窓辺からは、涼しげなそよ風が芳しい香りと穏やかな海の囁きを運ぶ。空が紫色となり、町の灯が瞬くとき、美しい町ホノルルがかつてそうであったように、常夏の海に咲く鮮やかな一輪の花、太平洋の楽園となるのだ。

こちらに来て一年ほど滞在してみたいというあなたの手紙に、とり急ぎ返信を書いている。手紙がそちらに届く頃、わたしはロッキー山脈にいることだろう。ここよりも刺激的な気候に移り住むことで得られる利点についてはすでに書いたが、それ以外にも、あなたがここへ来ることに異議を唱える理由がある。もしわたしたちが一年間もこの地で一緒に過ごしたなら、二人とも「海辺に注ぐ太陽と月との間のどこかに」坐りこみ、故郷を忘れ、夢見心地となって、「もう戻ることはない」と呟くに違いないからだ。

あなたはわたしの手紙を読んで、ハワイには多くの利点があると考えていることだろう。事実、風下側に発生する蚊は数ヵ月もすれば慣れてしまうし、いずれにしても単なる身体的な問題でしかない。戸外での生活はこれほど健康によいものはないし、気候も安定して爽やかなのだから、これ以上望むべくものはない。ホノルルの変わることのない熱気、ヒロの物憂げな空気、オノメアの心地よい風、ワイメアに吹きわたる涼風、コナの芳しさと平穏、それらは決して変わることがない。母国の冬は陰鬱で暗く、春は粗暴で悪意のある風が吹く。夏は気が滅入るような長雨と強烈な暑さが襲う。果てしなく続くハワイの春とは大違いだ。

この地での暮らしに大きな障害はないし、楽に暮らすこともできる。少ない収入でも十分にやっていけるのだ。外国人居住者もよい人ばかりで、みな洗練されており、親切で人付き合いもよいから、仲間内での暮らしは居心地がよい。そのうえ、ここはイギリスよりも誠実で素朴で思いやりがあり、幸せに満ちている。先住民には欠点も多いが思いやりの精神があり、外国人との関係もうまくいっている。一緒に暮らすにはこれ以上は望むべくもないほど友好的で楽しい人たちなのだ。ハワイ語は覚えやすいし、言葉を修得すれば、人々がいつもわたしたちに興味を持ってくれる。言葉を操ることができれば、彼らが困難に直面したり病気になったときに力を貸すこともできる。

身の危険を感じずに済むという安心感は、とくに魅力的な点だ。先住民の民家に一人で滞在しても、一年中、鍵をかけることもない外国人の家にいるのと同じように楽しむことができるし、昼夜を問わず一人旅ができる。夜盗に脅える心配もなければ、星の下での眠りを恐怖に打ち破れることもない。外国人はどこに住もうが、個人や財産の安全が確保されているし、白人女性にはいつも尊敬と好意を持って接してくれる。

とくに困るようなことは何もない。必要なものは文化的な贅沢品さえ、どこでも手に入る。アメリカとの郵便事情も問題はなく、現在は定期的かつ敏速に行われている。

この手紙を書くときは良いことと悪いことをバランスよく書こうと思ったが、敢えて黒白を付けようとすれば、悪い面など玉に瑕《きず》といった程度でしかないことに気付く。まず、噂話を取り上げてみよう。ハワイ諸島における外国人社会の潰瘍のようなものとして、わたしが深刻に受け止めている問題に噂がある。噂というものは、見ず知らずの者にとっては滑稽で面白おかしく思えることだろう。だが、そこに暮らし、さまざまなことを体験し、楽しむようになれば、噂は堕落に過ぎないばかりか、有害ですらあるということがわかる。そのような話の渦に巻きこまれることなくこの地に長く滞在することは、ほとんどあり得ない。ちなみに、わたしが言う噂話とは、中傷や悪口でもなければ、排他的な集団や人間社会にはどこにでもあるような不和や企み、嫉妬といったもののことでもない。ここではヌホウと呼ばれる単なるおしゃべりのことを指している。

他人のことを延々と話し、事実と空想とを取り混ぜて他人のプライバシーを事細かに拾い上げる行為のことだ。

この手の噂話はほとんどが無害だし、そのうちの何割かは、離れて暮らす家族というような親しい間柄で行われるものではある。しかし、度を越せば、個人のプライバシーを粉々にしてしまう。残念なことに、当地の状況はさらに悪化している。北はカウアイ島から南はハワイ島まで、だれもが他人の具体的なすべての事柄、すなわち収入と支出、売買、負債、家具、衣服、来客や来訪、貸借、私信の往復、その他ありとあらゆることに精通している。いくらでも尾鰭《おひれ》が付くこの種の話題は、目新しいことが見当たらないときでも、根も葉もない噂の種になる。すべての噂話は他所からこの地へと集められ、尾鰭や粉飾を付け加えて、島を結ぶ連絡船で送り出される。ヌホウが循環する仕掛けは見事だが、その知恵はもっと別のことに役立ててほしいものだ。

ハワイ諸島は多民族国家だが、調和に欠けるせいで、いくつかの損害を被っている。いうまでもなくアメリカ人が大多数を占めている。他国でも同じだが、ハワイ人として生まれたアメリカ人でも、母国に対しては強い国民感情を持つ。それよりはるかに小さなイギリス人社会は、どことなく排他的で徒党を組みがちだ。彼らは、ハワイ王国に対して大きな影響力を持つアメリカ人への嫉《ねた》みを内に秘めているように見える。ドイツ人居住者はどこにいても相変わらずで、こぢんまりと派閥を組む。ホノルル伝道団の設立以来、教会の活動はむしろ高まりを見せているが、他国と同じように社会的な分裂傾向を見せはじめている。ここでは、飲酒派と禁酒派、伝道支持派と反伝道派、互恵主義派と反互恵主義派、その他諸々の、あなたにはまるで興味のなさそうな地元の騒動にいたるまで、さまざまな分裂が存在する。

この土地の文化は外国からの借り物に過ぎず、さまざまな状況を判断するなら、政府もそれを支える組織も、本質においてあまりに実験的、暫定的だ。外国人居住者の深い興味を引きつけるだけの恒久的な要素が少なすぎるのだ。それにもかかわらず、外国人は政治的な理由からか、未熟な王政を支持しようとする。国王と宮廷、数知れないほどの肩書きを持つ者、官吏、金モールに埋もれた制服組、純白のシルクにメニューを印刷する宮廷晩餐会。それらを揃えながらも、感情的には共和国主義者であるアメリカ人が、政府を動かしている。国事にはこびへつらいや不作法な言動という汚点が付いてまわるが、それをもっとも深く嘆くのもアメリカ人の良識を代表する人たちだ。

それぞれの国民性に偏って一つの社会が分裂するのは、じつに不幸なことだ。活気のあるオーストラリアのヴィクトリア州を母国と連携させたり、オレゴン州の片田舎をワシントンにある共和国の心臓部と結び付けるというような、社会の中心と周辺とを融合させる関心もない。砂糖とドル以外に、国民の関心を引く話題が語られるのはまれなのだ。英国における政府の失墜、あるいは国家の法的重要事の何がしかがここのアメリカ人社会で関心を呼ぶことは一切ないし、イギリス人はアメリカ人が夢中になるようなことは、それが知的な事柄であっても、これ見よがしなほどに無関心を決めこむ。新聞各紙は島々に流布する噂話を細かく取り上げ、地元の些細な事柄には嚙みつくものの、世界を動かすような話題は欠落している。ここには、真の議論と対話を呼び起こすような西洋諸国の知的な動向が心に入りこむことはない。理由の一つには信義の相違があるが、気候が生む怠惰や、精神的な刺激の欠如も関係している。

いずれにせよ、噂話の流布や、どこにでも見られる関心の欠如は、ハワイが持つ例外的ともいえる欠点だ。わたしはこの土地で、一緒に暮らしてみたいと思う人々には一度も出会わなかった。ただし、女性は魅力的だと思う。女性らしさを失わず、どの女性も見事に家事や社会の義務を果たしている。彼女たちの優しさやもてなしは限りがなく、その精神は多くの過ちを補って余りあるものだ。

今日、ハワイ諸島には未開の地はほとんど存在しない。いま、ハワイは閑散期にあたる。わたしはハーパーズ社の月刊誌に島の記事を書いているノードホフ氏とその家族の知己を得たが、新しい出会いはそれだけだった。夫人は乗馬の達人で、馬にまたがる外国人女性がほとんどいないホノルルにおいて、騎士《ナイト》よろしくメキシコ式の鞍をすっかり使いこなしている。

友人たちはみな一様に、わたしにハワイでの体験を本にしろと言う。わたしはいくつもの島を見てまわり、島の生活にもすっかり馴染んでいるからというのが主な理由だ。おそらく彼らは、わたしが思う以上に大きな評価を得られると思っているのかもしれない。

いまホノルルは、アメリカ西海岸からやって来た蒸気船の到着で、突発的に蔓延した書簡病に罹《かか》っている。人々は急用で猫の手も借りたいとでも言いたげに歩きまわり、馬を駆る。わたしはお別れの挨拶に出向いたり、来客を迎えたりしていた。嬉しいことにヒロのトンプソン氏やサヴァランス夫妻の訪問も受けた。やり残したことを慌ただしく片付けているわたしも、すっかりこの喧騒に巻きこまれている。このような騒ぎが延々と続くなら、常夏の島の、夢見るような緑の木陰が広がる町という首都のイメージも変貌することだろう。わたしは、予想外の身に余るほどの親切を、ホノルルを含むすべての島で受けることができた。そのおかげで、わたしの最後の印象は最初よりはるかに魅力的なものとなった。ハワイの人々の心は、太陽の輝く空のように温かい。もっと寒々とした土地であったなら、わたしは初めの印象を懐かしむこともなく、最後の印象を求められて溜息をついたことだろう。

八月七日　スクリュー蒸気船コスタリカ号

船は今日の午後早く、サンフランシスコに向けて出航した。すべてはわたしが一月に上陸したときのままだが、当時はこの晴れやかな群集はすべて見知らぬ顔だった。だが、いまはその多くが友人の顔になっている。わたしはほとんど全員に見覚えがある。その顔と言葉に、別れを告げる彼らの悲しみが混ざり合っている。いまも笑い声とアロハがわたしのまわりに満ちあふれ、ハワイ語がさざ波のように音楽を奏でる。そして、山積みにされたバナナやパイナップルの香りが鼻をくすぐる。あのときと同じようにサンゴ礁を越えて波が打ち寄せ、双胴のカヌーが青い海原に待機する。サンゴ採りのダイバーは優美な海産物の商いに精を出し、ヤシの木の立ち並ぶ海岸沿いに寄せる物憂げなさざ波が、陽射しを受けてきらめいている。

船首の綱は解かれ、船は菫《すみれ》色の水路を抜けて大洋に出た。そのとき、アレン司法長官とともにはるばる港までやって来たルナリロ王が岸に引き返して行った。王の口からやさしいアロハが発せられたとき、ハワイとの最後のつながりが断ち切られた。半時後、ホノルルはもう見えなかった……。

……海風が爽やかだった。コスタリカ号は真北に針路を取っている。陽が沈みかける。彼方の水平線にオアフ島の山並みが金色の海に浮かび、アメジストのように輝いた。さようなら、永遠に。輝きに満ちたわたしの熱帯の夢。ありがとう、ハワイ。

I・L・B

付論

ハンセン病とモロカイ島隔離施設

ハンセン病に罹《かか》ると治癒不能[*1]だという悲惨な事実を認識したハワイ議会は、一八六五年、病の蔓延《まんえん》を阻止すべく法を制定した。これを受けた衛生局はモロカイ島に患者を隔離するため、居住区を建設した。患者を狩り出し追放処分とするという苦渋の任務を遂行するにあたり、雇用された公務員はとてつもない困難を経験することとなった。外国人社会全般は、その病を根絶する試みの重要性に気付かなかった。彼らはルナリロ王の統治時代になったとき、初めて病の急速な蔓延を知り、先住民以外も罹るという噂が飛び交いはじめた。社会全体がこの事態に動揺したが、それには別の理由もあった。長期にわたる研究にもかかわらず、医学はハンセン病についてコレラほども解明していなかったからだ。また、医療従事者の間でも感染経路については意見の一致を見ていない。ハワイ諸島の白人居住者は、先住民とは親しく交わり、一つ器からポイを食べたり、彼らの住まいでゴザに寝泊まりしていたので、動揺は大きかった。

今日にいたるまで、先住民は接触感染の危険性についてほとんど気に留めていない。先住民家族の結び付きは著しく希薄だが、特定集団や特定の人間関係の結び付きはきわめて強い。医学者によって感染経路であることが広く認知されているにもかかわらず、先住民に対し、ハンセン病患者が使用するパイプでの喫煙や、患者の衣服の着用、患者の使用したゴザでの就寝を止めさせることができないでいる。一八七三年の初頭には、推定四〇〇名のハンセン病患者がハワイ諸島に広く分散していた。彼らは家族や友人と生活をともにし、健常者はまったくの無関心ゆえか、宿命論に身をゆだねてか、患者と日常的に接触していた。どれほど腫《は》れ上がった顔にも、ガラスのように濁った眼球にも、あるいは手脚が膨れて腐敗しようとも、周囲の人間たちは病に冒された者に怯《おび》えたり嫌悪したりすることがない。それゆえ、ハワイ政府はこのような「生きた病巣」を強制隔離せざるを得なかった。ハンセン病患者の捜索が開始されると、先住民は病人をゴザで隠したり森や洞窟に匿《かくま》ったりして、別離の危険が過ぎ去るのを待った。彼らが医学の力に頼るときでも、知識に裏打ちされた外国人の手助けを拒み、法外な報酬を払ってでも、中国人や先住民のいかがわしい療法を求めた。この手のいかさま師が治療と称するものは、怪しい軟膏や煎じ薬、煮出し汁といった魔女の釜の類《たぐい》だ。

しかし歳月の経過とともに、ハンセン病患者は密告されるようになる。各島の郡知事は苦渋の任務を執行した。医師の診断に基づき、陽性と診断されたハンセン病患者をモロカイ島へと終身収監しはじめたのだった。顔が腫れ上がったり、ガラス玉のような目をした逃れる見込みのない患者のなかには自ら出頭する者もあった。また、ラグズデール氏のように、疑われずに仲間と過ごすことが可能でも、己《おのれ》に寄せられる信望から名乗り出た者も少数ながらいる。法執行官のパーク氏と衛生局のウィルダー氏は、キラウエア号で島々を巡りながら、真の思いやりと真心を尽くして患者を収容するという苦渋の任務を遂行している。連れ去られる者の悲痛と、残される者の嘆き、苦悩の別離の際には、友人や身内の者たちは、生涯追放の身となる人々の腫れ上がった手足にしがみつき、膨れ上がった顔に口づけする。わたしはこれらの場面を決して忘れることはできない。

患者に個人的な分け隔ては一切ない。エマ女王の従兄弟である資産家はもちろん、ラグズデール氏のような白人との混血の間で大きな影響力を持つ弁護士であっても、火山ガイドの貧しいウパや、打ちひしがれた中国人の農園労働者と同じ運命が待ち受けている。捜索が緩和される以前は、男女、子供を合わせ三〇〇名から四〇〇名が家族の中から引き立てられ、モロカイ島へと送られた。

一八六六年から一八七四年四月までに一一四五名が収容され、一八七二年の春にはカヒリ[*2]に収容されていた五六〇名のハンセン病患者がモロカイ島に移った。そのうち四五二名が死亡している。死亡者の大半はルナリロ王朝の始まりとともに発生しているが、この時期は隔離政策がもっとも熱心に行われたときだ。現在、島で暮らす患者は七〇三名で、そのなかには二二名の子供が含まれる。この不遇の人たちは当然ながら生活保護を受ける立場にあり、弱小のハワイ王国にとってそれは大きな負担となっている。[☆1]このような悲しむべき事態に急ぎ対応しなければならなかった政府が、モロカイ島のハンセン病患者に対する支出に関して世界各地から感傷的な批判や誤解を受けても驚くにはあたらない。しかし、批判のほとんどは事実無根だ。衛生局の職員は人道的見地に立ち、患者の苦情に対して迅速かつ慎重な対応を行っている。これは大いに評価されてよいはずだ。

現在、このシステムでは二つの問題があきらかになっている。一つは居住施設の不備で、白人と先住民をまとめて居住させることに対し、外国人側からではなく、先住民側から反感が出ている。いま一つはハンセン病を含め、軽度の疾患を治療する医師の不在だ。追放の地であるモロカイ島は、モロカイ・アイナ・パリ（絶壁の地）と古《いにしえ》のメレにも詠《うた》われているように、周囲を高さ三〇〇メートルから七五〇メートルの断崖に囲まれ、雄大な景観を形づくっている。ハワイ島のガルチのように岩壁を切り裂いて海に口を開け、その足元には緑が海岸近くまで広がっている。この島がハンセン病患者を集中隔離する場所に選ばれたのは、ハワイではまれな広大な平地があるためだった。そこは海と六〇〇メートルの絶壁に閉ざされているため、平地に降りるためには、絶壁の斜面に刻まれたジグザグの小道を辿るしかない。だが、道はあまりに狭く険しいため、牛を降ろすこともできなかった。そのため、ハンセン病患者施設に食糧を供給するには船に頼らざるを得ないのだが、モロカイ島の風上にあるカラウパパへの寄港は非常な困難をともなった。

このカラウパパから五キロほど入った半島の反対側に、ハンセン病患者が住むカラヴァオがある。この村ほど恐ろしい場所は、この地上には存在しないと言ってよいだろう。そこは自然科学が解明を断念した、忌まわしい病と緩慢なる死の住みかだった。社会から抹殺されたまま、消えゆく以外に術《すべ》のない人々の共同体。妻のいない夫や夫のいない妻、親のいない子供や子供のいない親、太陽の下につくられたあらゆるものから弾《はじ》き出された男女。そのような運命のもとに集ま

☆原注1　一八七四年のハンセン病患者収容施設に対する支出は五万五〇〇〇ドルだった。

った仲間が、一人ひとりおぞましい死への階段を上る。それはやがて必ず自分にもやってくるのを知りながら、見続けることを運命づけられた人々の住むところだった。

波止場[*3]の傍らにある石造りの小さな教会と、カラヴァオにあるもう一つの教会は、あるカトリック聖職者の驚くべき献身を物語っている。彼は所属していた教会での昇進を有望視されていた。己の犠牲を踏みとどまってもよいのではないかと思える若さと教養、それに洗練された思考力をも備えていた。それでも彼は、キリストのためにこの恐ろしい谷へと自らを追放したのだった。その行いを知れば、自然と湧き起こってしかるべき称賛の嵐を耳にすることも滅多になかった。尊敬に値する彼の行いを知れば、嫉妬深い説教はすべて押し黙ることだろう。頑迷なプロテスタント信者のほとんどが、同胞のために命を捧げたこのダミアン神父のことを忘れている。聖書の教えにのっとり、キリストに従ったこのローマカトリック司祭の行為は、殉教者の聖列に加えられてしかるべきものなのだ。

カラヴァオには数多くのハンセン病患者が暮らすだけでなく、病棟も多い。大半の患者は貧しい階層の出身で、あばら屋に住んでいる。高い身分のナペラ夫人とエマ女王の従兄弟となるP・V・カエオ閣下は波止場から集落へ向かう途中にある小ぎれいな木造の山荘に住んでおり、そこは贅を尽くした快適な住まいとなっている。およそ一二棟ある病院の建物は風通しのよい高台にある。いずれも純白の塗装がなされた木造建築で、周囲には柵が取り付けられている。ハワイ王国にハンセン病の施設がずっとあってほしいというわけではないが、敷地内のくすんだ緑の芝生には、一、二年もすればキアヴェが豊かな木陰をつくるだろう。飲料水はかなりの費用をかけて遠くから輸送され、常時、十分な量が貯蔵されている。

ハンセン病患者は短命で、病院にはつねに平均四〇名ほどの末期患者が入院している。病院の敷地中央には数棟の事務所があり、そのうちの一棟は薬局で、豊富に薬剤を備えている。医師はいないが、一般的な病気は医療知識のあるイギリス人患者が対処している。管理事務所は会計事務と収容者の統計を行う。ここでは患者たちで構成される自治政府が裁判も行う。同じ敷地内には郵便局もある。しかしながら、この集落における真の統治者、法の執行者は死にほかならない。

ラグズデール氏がハンセン病患者としてヒロを去ったとき、彼がモロカイ島でどのような人生を歩むことになるのか、だれも明確には予想できなかった。これまでに手にしたいかなる地位においても、彼は非凡な名声を獲得し、保持してきた。言葉が巧みで、人々に大きな影響を及ぼす男がハンセン病患者の共同体に加わったとき、自治政府にとってそれが大きな力となるか、あるいは反対に、深刻な妨げとなるかのどちらかだろうと思われた。モロカイ島に送られた者はだれでも、自分たちと運命をともにする哀れなビル・ラグズデールの才能とそれまでの顚末《てんまつ》を知っていた。

これまでのところ、彼に好意を抱く人々にとっては期待どおりの成り行きとなっている。自治政府は彼のなかに分別ある弁護士の才と情熱を認めている。「ローマ帝国で二番手に甘んずるより、大英帝国の頂点に立つほうがよい」という声もある。ラグズデール長官と呼ばれて一世を風《ふう》靡《び》したこの不運な男は、この地に野心の展望を見出したようだ。彼は自分と同じく命運の尽きた同胞のなかに入り、これまで得たいかなる地位よりも高尚な目的を見出したようだ。それはハンセン病隔離島の指導者としての道である。同郷の者に対する大きな影響力は、現在も人々の幸福な生活のために発揮されている。この共同体は治外法権も同然の孤立した世界だから、望めばその権勢を振るうこともできる。だが、彼はその力を誠意と中庸をもって駆使している。患者仲間から選ばれた二〇名が名目上の顧問として彼を補佐するが、彼の飛びぬけた教養と、先住民からの信望により、施設における実際的な問題は彼一人の裁量に委《ゆだ》ねられている。

食糧は豊富に配給され、質もよい。収容者の増加や、コミュニケーション不足という問題もあるが、これまでのところ公《おおやけ》には不満は出ていない。患者一人に支給される一週間分の食糧は、パイアイ九・五キロ、牛肉二・五キロ、これらの物資が陸揚げできなかった場合は米四キロ、さらに砂糖四五〇グラム、サーモン一・八キログラムの支給がある。このほかに石鹸と衣服が支給される。こうした必需品以外は、患者が作ることのできるものは自給したり、親切な友人からの仕送りに頼っている。コーヒーや煙草、パイプ、支給品以外の衣類、ナイフ、玩具、書籍、写真、作業道具や材料などが手元に届けられる嬉しい日もある。ダミアン神父から患者たちに配るようにと、慈善団体から寄せられたものだ。だが、慈善事業だけでは緊急時の補充をすることはできないし、島には不釣り合いなほどに膨れ上がった人口の需要を満たしたり、国の財源不足を埋めたりすることまではできない。ここには、カトリックの二つの教会以外にプロテスタントの礼拝堂もあり、牧師を務める患者はハワイのプロテスタント評議会から正式に聖職者として任命されている。二つの学校では二二名の子供たちが患者の教師からハワイ語で授業を受ける。店舗も一軒あり、友人の援助がある者はちょっとした贅沢品を購入することもできる。商品は輸送コストを上乗せして販売されるが、装飾品に対する需要は男女ともに衰えを見せない。カラヴァオでは、見るも無残に膨れ上がり、ガラスのように虚ろな目をした女性たちが、生花のレイを身に付けているのを目にした。彼女たちは、それが自分に似合うかどうかが気になるようだ。

カラーカウア王とカピオラニ女王がかつてこの施設を訪れたことがある。国王夫妻は心からのアロハと、患者が演奏する音楽隊とで迎えられた。国王は短い演説を行い、臣民を故郷や家族から心ならずも切り離さなければならないことへの悲痛を述べ、患者はその必要性を承諾するしかないことへの深い悲しみを表した。そして、隔離地での生活を快適なものにすることが、国王と政府の心からの願いであると語った。ハンセン病患者には感情の麻痺が見られるとされている。だが、国王が話をしているとき、見るもおぞましい聴衆は深く心を動かされ、その多くは涙を流した。彼らの言葉を引用するなら、「すでに墓場にいる者たちのもとへ国王がお見えになった」と、その感動を語ったのだった。

次に紹介する記事は国王に同行した報道スタッフの筆によるものだ。彼はこのとき衛生局の職員二人と病院を視察している。

われわれが海岸に降り立つと、二、三百名のハンセン病患者がそこに集まっていた。施設には現在、総勢六九七名が居住するといわれる。彼らはわれわれの到着を事前に聞かされていたため、一行は生の音楽演奏で迎えられた。四人の若者からなる楽団は、ドラムと横笛、二本のフルートを見事に演奏した。だが、恐ろしいハンセン病のせいで、彼らの容貌はひどく損なわれている。来訪者を迎えるこの気の毒な人々の雰囲気に、音楽は場違いで不釣り合いにも思え、われわれは神経を擦り減らした。海岸を進んでいくと、群集がわれわれを取り囲み、自分の存在を認めてほしいとでも言うように、親切な挨拶の言葉を熱心にかけてくれる。だが、嫌悪感と吐き気が込み上げたのを認めないわけにはいかない。われわれが目にしたのは、歪んだ人の顔らしきものでしかない。われわれの表情に浮かんだ隠しきれない嫌悪の感情を読み取ると、彼らは差し出そうとした手を引っ込め、うなだれて後退《あとずさ》りする。彼らはあらためてハンセン病患者として人間社会から追放された身分であることを突き付けられ、人に触れて感染させてはならないことを思い知らされるのだった。われわれとともに来島した医師のトゥルーソー博士は、口数は少ないが陽気な声で、患者一人ひとりに病状を問い質《ただ》した。そのお陰で初対面の気まずさは解消された。やがて群集はみな健常者となんら変わるところなく、陽気にお喋りをしたり笑い声を上げはじめた。それは、どこでも見かける気楽なハワイアンの光景だった。このように希望の持てない状況におかれた者たちであれば当然と思える深い憂鬱の兆しは、まったくと言ってよいほど見られない。患者たちは話しかければ嬉々として応じ、問いかけには積極的に答える。患者の中には何年か前に顔見知りだったが、いつのまにか姿を見かけなくなったので亡くなったものとばかり思っていた人もいた。そんな一人に、以前は下院議員として知られた非常に教養ある人物がいた。彼もまた患者として一八六八年に収監されたのだった。顔馴染みだったので挨拶をすると、「やあ、また会えたな、この生者の墓場で」と彼は答えた。彼はここでも重要人物で信頼も厚い。人々が必要とする品を販売するため、施設内に設けられた店の管理を衛生局から託されていた。患者全員がハンセン病患者特有の外観をしているとは限らない。病気の気配をなんら感じさせず、街中を歩いていてもまったく気づかないような人たちを大勢見かける。しかし、彼らの外観がいかに普通であっても、患者であることに違いはない。病状末期になると、肉が腐敗し、手脚の骨が腐って落ちることもある。あるいは、皮膚が硬化して黒斑ができるだけで、精密検査をしなければ外観からはわからないような症例もある。しかし後者の場合がもっとも危険で、この症状は確実な死をもたらすばかりでなく、伝染もしやすいといわれている。われわれはそうした症状が見られる女性患者が何人か歩きまわっているのを目にしたが、にわかにはハンセン病患者とは信じられなかった。

海岸でハンセン病患者グループを目にしたとき、われわれは大きな衝撃を受けたが、彼らはともかくも肉体的には元気で、活発に歩きまわっていた。しかし、病院には到底、人間とは思えない胸が悪くなるばかりの生きた肉塊があった。それを目にしたときの衝撃をどのように言い表せばよいだろう。病室は清潔に保たれ、風通しもよい。それでも室内には墓地のような吐き気を誘う臭気が立ちこめていた。病室の奥にはゴザやマットレスが敷かれている。そこにうずくまり、横たわるのは、さまざまな末期症状を呈したまだ息のあるハンセン病患者の肉塊だった。彼らは視力を失った悪鬼のような眼差しを、一瞬、問いかけるようにわれわれに向ける。そしてまた、おぞましい自己の世界に引きこもる。これほど哀れを誘う光景があるだろうか。

ある病室で目にした光景は、生涯忘れることのできない記憶となって残ることだろう。金髪の、せいぜい三、四歳と思われる混血児の青い目が愛撫と慈愛を求め、おずおずとわれわれを見上げた。しかし、そのガラスのような目や透けて見える頬は、親の罪科を子が償う、見紛うことのない呪いの徴《しるし》を露わにしていた。

ある病室ではもはや人間の姿を留めない腐った肉塊と化した患者が、息遣いも荒く途切れがちとなり、死を迎えようとしていた。あと数時間もすれば、彼の苦しみは止み、平安が訪れることだろう。施設ではこの二週間に一四人の死者を数えた。そして、われわれが訪問した日の入院者数は五八名だった。

モロカイ島の死の谷を覆う未知の垂れ幕はめくられ、悲惨な呪いの素性のいくらかは露わになった。しかし、最悪とはいえ、生者の墓場へ追いやられた哀れむべき患者が、人間らしい慈愛の世界にいるのを知ることは救いだ。このような人々のためにできることは、彼らの有する自給能力が向上するのを手助けし、可能な限り、死への旅路を平穏なものにすることだろう。ハワイ政府はこの病の撲滅に取り組み、隔離された人々が快適な生活を送ることができるよう、支援に全力を挙げている。活動の効果に限りはあるだろうが、その効率においても人道主義の見地から見ても、政府の姿勢は第一流の文明国家という評価に値する。

ハワイ国事情

これまでに書き切れなかった事柄を補足する意味で、ハワイ諸島に関していくつかの事柄を書き加えようと思う。ハワイ諸島は世襲制の王を戴《いただ》く立憲君主国で、国王が指名する二〇名からなる貴族院がある。議会は二四名以上、あるいは二年に一度の選挙で選出された四〇名以上の代議員で構成される。立法府は定員制で、地域ごとに定員が割り当てられる。二院が同席して立法議会を開催する。代議員となるための財産資格は五〇〇ドル相当の不動産を所有するか、所有地からの年収が二五〇ドルあること。参政権は年収七五ドル以上ある者。代議員は一期につき約一万五〇〇〇ドルの収入を得る。王権によって任命される内閣の大臣には、内務大臣、財務大臣、外務大臣があり、司法長官は法務大臣にあたる。最高裁判所は首席裁判官一名と陪席裁判官二名からなり、大きな島には巡回判事か地区判事が就くほか、郡知事が赴任し、刑務所施設と警察機構が整っている。王国には六〇名からなる常備軍があり、主に護衛の任に就くほか警察の補助としての役割を担う。

小王国にとって、いかに国庫の帳尻を合わせるかはつねに悩みの種だ。増大する支出をはじめ、ありとあらゆる改善が絶えず早急に求められる。その結果、税負担はますます重くなる。大切な収入源である関税については、撤回が要請されたりして、つねに論争の的となる。真面目な話だが、犬の鑑札に関する課税論が議会で取り上げられない日はない。

国民一人から徴収する税は、一七歳から六〇歳の男性住民に年間一ドルが課せられる人頭税、一七歳から五〇歳までの全員に課せられる年間二ドルの通行税、二一歳から六〇歳までの全員に課せられる年間二ドルの学校税がある。不動産については価格の〇・五パーセントが課税される直接税がある。そのほかに、二歳以上の馬一頭につき一ドル、犬一・五ドルの特別税がある。一期二年間の内国税二〇万六〇〇〇ドルのうち、馬税は五万ドル、ラバは六〇〇〇ドル、犬は一万九〇〇〇ドルに上る。同時期に関税として徴収された間接税は総額三五万ドル。気の毒なことに、ハワイ人は「無料の朝食テーブル」[*1]というシステムを知らない。

ハワイは輸入が多い。一八七五年の輸入総額[*2]は一一八万四〇五四ドル。そのうち二一万三二八五ドルが関税としてハワイ財務省の歳入となった。四万七〇〇〇ドル相当のビール、黒ビール、リンゴ酒、ワインと、四万九〇〇〇ドル相当の蒸留酒は、外国人居住者六〇〇〇人分の飲酒を補って余りある数字だ。二万二〇〇〇ドル分の阿片は約二〇〇〇人の中国人による消費だろうが、四万二〇〇〇ドル分の煙草と葉巻はさまざまな国民に行きわたったはずだ。一八七五年に保税倉庫から出荷された蒸留酒は七万九〇〇〇リットル。この二年間で、蒸留酒の販売免許は一万八〇〇〇ドル、阿片とカヴァの販売免許は五万五〇〇〇ドルの歳入をもたらした。これらの免許はいずれもホノルル市内のみという地域制限がある。

関税収入の内訳には興味深い項目が二つある。九二四ドルというのはハワイ諸島に上陸する旅行者一人が納める二ドルの人頭税の総額で、この収入はクイーンズ病院の助成金にあてられる。一四七七ドルというのは船員に対する課税の総額で、こちらは船員病院の助成金となる。旅券からの税収は総額七〇〇ドルで、ハワイ人および外国人は当局の認可なしに出国することはできない。

ハワイ国に船籍登録した船舶は五一隻ある。三五隻が沿岸航行船、一六隻が海外輸送と捕鯨に従事する。

一八七五年の輸出総額は一七七万四〇八二ドル。内訳は、バナナ、パイナップル、ココナッツ、オレンジ、石灰、ビャクダン、タマリンド、キンマの葉、フカヒレ、パイアイ、鯨油、マッコウクジラ油、ココナッツオイル、鯨骨など。その他の主な輸出品目としては、コーヒー七四・八四トン、キノコ二〇・四一トン、ピーナッツ九・五二トン、米七一三・五トン、モミ二五二・二トン、鞣《なめ》し革二万二〇〇〇束、山羊皮六万枚、獣角一万三〇〇〇本、獣脂三八六トンなどがある。

一八七五年の輸入総額は一一八万四〇五四ドルとなっている。

一八七四年三月一日までの二年間にハワイ諸島が計上した予算は一一九万三二七六ドルに上るが、これには二人の国王の葬儀費用と、特別国会の費用四万二〇〇〇ドルが含まれる。同時期の租税収入は四万五〇〇〇ドル減少した。ハワイ王国の予算は以下の通り。

財務省の支出には負債利子が含まれる。長期国債は三四万ドル。この金額には収支が曖昧なハワイアン・ホテルの定期金利は含まれていない。負債の利息二万五〇〇〇ドルについては一二パーセント、二七万二〇〇〇ドルについては九パーセントとなっている。今期の二年間には大幅な

王室費	47,689.73ドル
エマ女王終身生活扶養費	12,000.00ドル
立法府および顧問団	15,288.50ドル
特別国会予算	19,011.87ドル
司法省	72,245.64ドル
外務軍事省	78,145.85ドル
内務省	389,009.08ドル
財務省	202,117.05ドル
法務省	97,097.00ドル
公報局	89,432.40ドル
雑経費	170,474.67ドル
財務差引不足額（1874年3月1日付）	764.57ドル
	1,193,276.36ドル

負債の増加が見こまれている。現在、王国財政は支出が増加し、歳入が減少する債務超過の状態にある。

司法省の過去二年間の統計には、いくつか興味深い記載がある。法廷に持ちこまれた五七六四件の訴訟のうち、有罪判決が下されたものは四〇〇〇件。この数字は人口の一四分の一に相当する。法律違反は一二五五の罪に分類される。このなかにはハワイ特有のものもある。たとえば、「ハワイ人への酒類供給」の罪で九二名が処罰され、「フラの公演」で一〇名、「カヴァの無認可販売」で一二名、「アヘンの無認可販売」では二四名が処罰された。この国の人々の生活習慣を知る者にとっては驚くほどのことではないだろうが、不義密通の有罪判決は大きく減少したものの三六三件に上る。「夫または妻の放棄」では六七件の有罪判決が記録されている。「無免許の医療行為」では五六名が処罰され、「無謀な乗馬」で一九七名、「動物虐待」で三七名、「賭博」で一二一名、「詐欺」で三二名、「休息日の禁」を犯した罪で六一名が処罰された。

念頭に入れておかなければならないのは、この統計結果には外国人や中国人だけでなく、無害と定評のあるハワイ人も含まれることだ。彼らに関する過去二年間の数字は、その評判に大きな傷が付くものだ。そこには「暴行未遂」による有罪判決が一七八件ある。「暴行罪」は二四八件、「凶器による脅迫」は一二件、「喧嘩」四九件、「酩酊」六七四件、「夜間の騒動」八七件、「殺人罪」一三件とある。ただし、犯罪件数は大幅に減少しており、民事と刑事を合わせ、過去二年期における件数は前期に比べて六五六件の減少となる。

司法行政はハワイの国家組織のなかでもっとも有能な部門だ。最高裁判所のアレン長官は法律家であるとともに紳士でもある。彼は母国アメリカにおいても最高の地位を担うだけの資質を備えている。陪席裁判官はもとより、諸島各地の先住民と外国人の判事も節義と公平を信条とし、信望は厚い。金銭や不公正の疑惑が囁かれるような人物は皆無で、その点からもハワイ国の司法省は、わが国の司法制度と同等の信頼を寄せるに値する。

教育制度は周到につくり上げられ、効果的に実施されている。学童人口の八七パーセントが実際に通学し、監査報告によれば、読み書きのできない生徒はほとんどいない。公立小学校では生徒の学力と熟達度に応じ、生徒を二、三学年か四学年に分ける。教科課程は以下に記す通りだ。

第一学級　読書、暗算と書き取りの計算、地理、習字、作文
第二学級　読書、暗算、地理、作文
第三学級　読書、初歩の算数、習字
第四学級　初歩の読書、黒板と鉛筆の使用

最年少の生徒はアルファベットが書けるようになるまではクラス分けしない。

歌唱の授業は適当な教師が見つかれば行われる。

教育制度における支出総額は、家族および公立小学校以外の学校への補助金を含め、年間約四万ドルになる[☆1]。

発展途上にあるハワイ国民は、肉体労働という形での生産活動を軽視する傾向が強いといわれている。文部省は現在、公立小学校の教育に労働作業を取り入れるよう提唱している。男子女子にかかわらず、自分の欲求は働いて得ることが大切だということを学校教育で教えこもうとしている。現在、国立の教護院が一校あるほか、少年少女のための職業訓練校と専門学校が諸島各地にある。現地語で書かれた文献は不足しがちで、英語を理解する先住民はほとんどいない。

ハワイ諸島の国土は約一万六六〇〇平方キロメートルで、耕作可能な土地は約八〇九平方キロメートルとなっている。そのうちの六〇七平方キロメートルはサトウキビ栽培に適するといわれる。砂糖はこの国の重要産物であり、耕作と製造に四〇〇〇人近くが雇用されている。だが、耕地に適するとされる土地のうち、実際に耕作されているのは一五分の一に過ぎない。六〇〇〇人を超える先住民がクレアナ、つまり自由保有不動産の所有者として復活しているが、多くは不動産を抵当に入れ、重い債務を背負っている。広い土地はもっぱら王族や首長からの借地であり、狭い土地でも購入は難しい。

熱帯性と温帯性のフルーツや根塊のほとんどすべてがハワイで生育可能だ。バナナ、カロ、ヤム、サツマイモ、ココヤシ、パンノキ、クズウコン、サトウキビ、イチゴ、野イチゴ、コケモモ、マウンテンアップルが自生するといわれている。

ハワイ固有の動物は少ない。動物はわずかにブタ、イヌ、ネズミ、日中に飛びまわるコウモリがいる程度だ。昆虫はほとんどいない。幸い、外国から持ちこまれたムカデやサソリ、ゴキブリ、蚊、蚤などは一定地域に限られるし、ムカデとサソリはほとんど毒を持たない。小さなトカゲが無数にいるが、ヘビやヒキガエル、その他のカエルはいまのところ出現していない。[*3]

鳥類もきわめて少ない。鶏類はハワイ原産と考えられている。[*4] ハワイ島の山岳地帯にはガン[*5]が無数に生息するほか、チドリやシギ、野ガモ[*6]はハワイ諸島ではどこでも見られる。フクロウダカ[*7]と呼ばれる美しいフクロウもよく見かける。紫色の羽根を持つインコのほか、朱色の羽根のインコもいる。キツツキは赤、緑、黄色の斑《まだら》模様をしており、ムクドリに似た

☆原注1　ハワイ王国の学校は以下の通り（下表）。

（単位：名）

	学校数	男子生徒	女子生徒	生徒総数
公立小学校	196	3,193	2,329	5,522
国立寄宿学校	3	185	…	185
国立ハワイ語英語学校	5	415	246	661
補助金付き寄宿学校	10	168	191	359
補助金付き学校	9	201	210	411
私立寄宿学校	3	14	62	76
私立学校	16	287	254	541
合計	242	4,463	3,292	7,755

黒い鳥[*8]は両翼の下に一本ずつ黄色の羽根がある。鳴き声の美しい鳥はほとんどいないが、イングランドのツグミに匹敵する美しい声の持ち主[*9]がいる。蛾と蝶の類はほとんどいない。

ハワイの植物相は南半球の島々よりはるかに貧弱で、他の熱帯や温帯地方とは比較にならない。ただし、コケ植物や菌類は豊富で、きわめて多くの種類が見られる。

ハワイ島はいまも創生の途上にあり、火山の噴火や地震、津波を学ぶ者には絶好の研究対象だ。

ハリケーンはまれで、雷雨は滅多になく、あっても激しくはならない。

ハワイは湿度条件に恵まれており、土壌はじつに肥沃だ。山麓や大渓谷、あるいはやや小さな渓には、細かく仕切られた水田が広がり、わずかな土地から驚くほどの収穫をあげる。カロは三・七平方メートルの耕作地があれば成人一人が必要とする一年分の食糧を賄える。バナナは生育に適した土地であれば一ヘクタールに二五〇〇本が育ち、年間一〇トンの果実を収穫できる。およそ耕作には不向きな、ほとんど表土のない熔岩地帯でもサツマイモは繁殖する。条件がよければ一ヘクタール当たり八〇〇キログラムを収穫できる。乾燥した砂地のような場所でもジャガイモは簡単に育ち、苗の植え付け以外にはほとんど手がかからない。染料や、薬、スパイスとして用いる植物はほとんどすべて生育している。四〇種類もの多様な果物があり、まさしく豊穣の海だ。温帯で知られる食用植物も数多い。コーヒーノキは植え付けから三年もすれば一・三キロから二・二キロの実を収穫できる。サトウキビから採れる砂糖の生産量は一ヘクタール当たり六・二トンもあり、パイナップルは地域によっては雑草のようにいたるところで育つ。スイカは飽きるほど採れ、竹は一日に四〇センチも生長するのが観察されている。たっぷりと雨が降るところであれば、ハワイの大地は豊かな実りを約束してくれる。

自然の恵みは惜しみなく、世界でも類を見ない健康的で快適な気候を約束された土地でありながら、ハワイ諸島は移住の対象として考えられることはほとんどない。ここでは、わたしたちが理解しているような意味合いでの農業は行われない。昆虫を捕食する鳥がいないため、土壌が富栄養化しすぎ、耕作に深刻な影響を及ぼしている。狭い渓谷を整然と耕作した光景を目にすることがあるが、人はそれに惹かれはしないだろう。広い耕作地では多くの働き手を必要とするが、いまのところ労働力は簡単に獲得できそうにない。ゾウムシが発生するので小麦などの穀物は収穫しても貯蔵できない。消費される穀類や小麦粉はすべてカリフォルニアから輸入されている。

カカオ、シナモン、オールスパイスは葉枯れ病に罹りやすいが、根絶は難しい。なかでもコーヒーを襲う葉枯れ病は深刻で、大きな農園が根こそぎ被害を受けている。現在、コーヒーは主に森林に沿って伸びるグァバの林の中で栽培されている。オレンジも葉枯れ病の被害にあい、良質の林がいくつも切り倒されている。綿はイモムシが猛威をふるい、被害が出はじめている。クワは生長が早く、養蚕家には貴重な木だが、葉枯れ病に罹って白や黒色に変色している。牧羊は今のところ順調だが、地域によっては麦節病と呼ばれる伝染病が広がり、羊毛の品質が低下するという被害が生じている。森林は島の自然を豊かに保つには欠かせない存在だが、牛に荒らされるほか、地中に生息する虫のせいで、ところによっては姿を消しつつある。

ココナッツ、バナナ、ヤム、サツマイモ、カロ、パンノキといった先住民の主食は葉枯れ病を免れているし、ジャガイモや米にも被害はない。食用牛の飼育は割が合わない。地域によっては、解体して肉を切り分ける手間賃として一、二セントも払えば四五〇グラムの肉が手に入るからだ。住民はみな物に満ち足りた暮らしをしており、額に汗することがない。何種類もの葉枯れ病が広がって労働時間が減ったことに加え、そもそも、利潤を生む市場がほとんど存在しないことが問題の根幹にある。

どの分野の事業もほとんどが問題を抱えている。捕鯨船団はハワイ諸島を見捨てて立ち去り、ピリキアが社会全般に蔓延している。集落は次々と姿を消していく。渓谷の水田は荒廃し[☆2]、雑草とグァバの茂みが人の住んでいた痕跡を覆い隠していく。先住民は急速に数を減らし、古くからの生産活動は廃れゆく。民族の血に受け継がれた不道徳心がこのような荒廃を招いたといえるが、彼らはいまだにキリスト教の教えと実践に抵抗を示している。

今日、ハワイ諸島における外国文化はその真価が問われている。早い時期に外国人によってもたらされた深刻な病や、心ない外国人の行動に影響を受けた道徳心の欠如などの問題がある。先住民は一般に、弱者が強者からこうむるような不正を経験していない。彼らの権利は何よりも最初に護られるべきで、現在にいたるまで、彼らの権利は正しく執行された平等な法の下に護られている。ハワイの独立を護るためには、政治的な面においてハワイ人を手助けする必要がある。外国人はこれまで法律や憲法の枠組みをつくり、ハワイの国政を指導してきたが、幸いにもそれらの外国人指導者は、リチャーズ[*10]、リー[*11]、ジャッド[*12]、アレン[*13]、ワイリーといった非の打ちどころのない人々だった。そして、先住民ともっとも友好的な関係を築いてきたのは宣教師たちで、彼らの影響はハワイの五〇年に大きな影響を及ぼしてきた。

宣教師たちの努力による成果については、これまでの手紙でほとんど触れることがなかった。そこで、わたしの所見を述べるかわりに、R・H・ディナ氏が記したもの[☆3]を引用する。彼は監督教会員であるとともにアメリカにおける最高位の法廷弁護士であり、その著書によってこの地ではその名を知らぬ者はない。ディナ氏はサンドイッチ諸島の調査を終えるにあたり、次のような言葉で結んでいる。「アメリカ評議委員会の宣教師について語ろうとすれば、多くの言葉をもってせねばならない。彼らは四〇年の長きにわたり、現地の人々にあまねく読み書きや計算能力、針仕事を教えてきた。彼らはハワイにアルファベットと初等読本、辞書をもたらした。彼らが保護活動を行ったお陰で、現地の言葉は消滅を免れた。人々の言葉を文字に残し、聖書を翻訳し、祈禱書や教養書、娯楽書など数多くの書物が翻訳された。宣教師は学校をつくり、先住民を教師に育て上げるなど、教育には特に力を注いだ。その結果、島民の識字率はニューイングランドよりもはるかに高くなった。彼らが初めてこの地に足を踏み入れたとき、島民は半裸の野蛮人として波間や砂浜に暮らし、生魚を食べ、仲間内で争い、封建的な首長に支配され、肉欲を貪《むさぼ》る民だった。今日、人々はたしなみのある衣服を身に着け、婚姻法を理解し、計算能力を身に付け、学校に通い、本国の人々よりも規則正しく礼拝に出席している。彼らのうちの意気盛んな者たちは、立憲君主の統治する国事に参加して法曹界や議会に席を占め、あるいは地方で権威ある地位につ

☆原注2　表（本章末）を参照のこと。
☆原注3　『帆船航海記』の著者。

1872年に実施された前回の国勢調査結果（単位：人）

先住民	49,044
混血先住民	2,487
中国人	1,938
米国人	889
外国人を両親とするハワイ人	849
英国人	619
ポルトガル人	395
ドイツ人	224
フランス人	88
その他の外国人	364
総人口	56,897

混血を含む先住民人口総数（1866年度）	58,765
混血を含む先住民人口総数（1872年度）	51,531
1866年からの減少	7,234

男性は女性より6,403人も多い。

各島の面積と人口（1872年）

	面積(km²)	標高[14](m)	人口(人)
ハワイ島	10,120	4,253	16,001
マウイ島	1,619	3,109	12,334
オアフ島	1,416	1,158	20,671
カウアイ島	1,416	約1,800	4,961
モロカイ島	809	853	2,349
ラナイ島	405	731	348
ニイハウ島	283	244	233
カホオラヴェ島	121	122	…
合計			56,897

くまでになった」。

紙面が許せば以上のほかにも『西部放浪記』に記されたマーク・トウェインの証言も付け加えたいところだが、宣教師たちの努力の成果は、このラテン語が雄弁に物語ってくれるだろう。

Circumspice!（彼の記念碑を求めるのなら周囲を見渡せ！）

ハワイの歴史

有史以前のハワイは、五〇〇年間、つまりキャプテン・クックがこの地に上陸するはるか以前から彼の死の数年後まで、戦乱の渦の中にあった。まさに吟遊詩人が歌うように、島はそれぞれ王と首長を戴き、互いに反目しあい、絶え間ない戦いで人々の命が消えていった。ハワイ史の初期は混沌とした伝説の時代だったが、よく整理された共同体がかなりの期間にわたって島々に存続していた時代でもあった。ハワイの文化と政治体制は、キリスト教から見ればまったくの無価値ながら、ポリネシアの異教集団のなかでは他よりも進んでいた。

王家は代々受け継がれ、その権力は絶大だった。それぞれの島では王と首長が特権階級を形成し、僧侶階級にその権威の幾分かを分け与えた。王は宗教を介して人々への支配を徹底した。下層階級を過酷な封建制度のもとに完全に従属させたのだ。その制度にはハナ・ポアリマ[*1]と呼ばれた強制労働や、ポリネシア全域に見られるタブー（カプ）があった。

とくに興味を引かれる歴史は、カメハメハ大王の登場とともに始まる。彼は征服王とも残酷王とも、太平洋のナポレオンとも称される。カメハメハは圧倒的な野望と際立つ征服の才をあわせ持っていた。訓練を受けたわけでも知識が豊富だったわけでもなく、それ以前に範となる政治の先例があったわけでもなかった。彼は単なる征服欲に留まらない国家建設の大志に駆り立てられ、カヌーの到達できる範囲すべてを服従させては、蛮族の烏合の衆と首長たちを一つの国家へと融合させていった。この征服王の愛国心は今日にいたるまで、何らかの形でこの国の人々一人ひとりに受け継がれている。

カメハメハの戦闘はその規模と破壊力において桁外れだった。カウアイ島の征服を図ったとき、彼の遠征隊は選《え》り抜きの戦士七〇〇〇人と、スクーナー帆船二一艘、回転砲架四〇台、臼砲《きゅうほう》六門、それに夥《おびただ》しい弾薬を備えていた。王の戦勝祝賀は数多くのメレに詠《うた》われた。記録には残らなかったが、歌にうたわれ今日に伝わる。その歌は感性豊かであるとともに簡潔明快で、真の詩情をたたえていると評価され、その雄大さと憂愁はオシアンの詩[*2]にも並び称される。大王が築き上げた一大王朝は七〇年間、確固として存続し、平穏な生活をあまねく行きわたらせるという、他に類を見ない統治を現実のものとした。

カメハメハ大王が四五歳のとき、もはや征服すべき世界はなくなった。大王は自ら築いた王国の安定に専心する。彼は自分に忠誠を誓わせた人物を統治者として島ごとに置いた。これら長官の地位には、各地の首長や村の長《おさ》、場合によっては下賎の役人の中からも取り立てて任命した。租税の取り立てにあたっては、文字で記述する術を持たなかったものの、古代イギリスの財務省が用いたチェス盤に似た方法が運用された。国事の重要事項については首長とともに審議に当たる評議会を設け、同時に賢者たちが集う評議会にも助言を求め、法の制定や、諸事項に関する法規を定めた。国家の重要事項はすべて、各島の長官および高位の首長が君主のもとに会して相談したのである。こうした審議は極秘裏に行われ、審議の結果は伝令によって島々に公布された。伝令役を務める家系も世襲とした。

カメハメハ大王は泥棒や殺人を取り締まる法を定めた。彼は専制君主として圧政を敷いたが、人々はこれまでにない黄金時代を謳歌した。王と長官、首長の間にはそれぞれの職権が定められ、首長と長官の両者は王に対して抗告する権利を有した。紛争の当事者同士が王や長官の庭に会して直接、審判を仰ぐことが日常的に行われた。弁護人はなく、当事者は陪審人の前に胡座《あぐら》をかいて坐り、己の言い分を申し立てた。苦情を解消するための正義の執行は、速やかに行われることを基本とした。

封建制度における土地保有は以前から存在したが、大王はこの制度を徹底した。彼は絶対君主による全土の占有を宣言したうえで、家臣の貢献と戦功に応じて土地を分配した。平民はそれぞれ規定の土地を定められ、これに合わせて移住させられた。首長は財産相続者を妻、息子、それ以外から指名できるが、死後は一旦、王のもとに返却され、王の指令を経て遺言が効力を発揮する仕組みだった。日常諸規則の中には優れたものもある。ココヤシの植え付けには一定の規制が定められ、治水に関しては、すべての水田に対し、公平に週二回、乾季には週一回ずつ配水する決まりだった。カメハメハ大王は海岸に巨大な養魚池《フィッシュポンド》を建設したり、年間取引が四〇万ドルのビャクダン輸出を成功させるなど経済にも力を注いだ（平民は伐採、積み出しなどの甚大な負担を強いられた）。主に中国と行ったビャクダン貿易では、利益のかなりの割合を広東での港湾使用料として吸い上げられるのを知ると、さっそくそのシステムを取り入れ、ホノルルでも港湾使用料を徴収した。

バンクーバーからキリスト教諸国の栄華と権勢を聞かされた大王は、国民がキリスト教に帰依することによって国家の繁栄をもたらすことができると考えた。一七九四年、彼はイギリスからキリスト教宣教師を派遣するようバンクーバーに依頼したとのことだが、依頼の事実があったにせよ、それは顧みられることはなかったようだ。一八〇三年にはキャプテン・ターンブル[*3]によって再度要請されたが、福音の光がハワイの岸辺を照らしたのは、傑出したポリネシアの偉人がこの世を去った翌年のことだった。

イギリス人やアメリカ人ではないようだが、王の回心を試みた者もいた。機微に長《た》けた蛮人の王は、彼らが雄弁に信心の力を説くのを聞き終えると、近くの断崖から身を翻してその力を示せと迫った。無事、谷底に降り立つことができれば回心しよう、と彼は答えたのだった。カヴァイハエのヘイアウは、大王が建立したヘイアウのなかでもひときわ巨大なものだ。落成の際、王は信奉する戦いの神の生け贄として一人を捧げた。彼は最後まで国教を庇護した。この宗教制度に深く組みこまれたカプを破ると、罪人は死をもって処せられた。王が統治した最後の年にも三名が死罪となった。一人は首長の腰帯を身に着けた罪、二人目はカプとされている食物を口にした罪、三人目はカプを守らなければならない日に家を離れ、カプを守っている者の家に入った罪で処罰された。

王の最後の祈りは、大きな赤い羽根に飾られたクカイリモク神に捧げられた。死の床で苦しむ王のまわりをカフナ（神官）が持ちこんだ神々の偶像が取り囲んだ。「大志を抱いて前進するのみ。

そうすれば……」の言葉を残して、大王は息絶えた。死の部屋で高位の首長たちが今後の対応を協議していたとき、一人が、王の死への哀悼の証《あかし》として死肉を食べると言い出した。だが、この提案は圧倒的多数で退けられた。その後、大王の骨は肉から切り離され、カパ（タパ）に包まれて秘密の場所に隠された。のちの王は墓場の調査を命じたが、決して発見されることはなかった。王の葬儀では威光を示すために三〇〇匹の犬が屠《ほふ》られた。大王はかつて、コツェブー[*4]をヘイアウに案内したとき、こう語ったことがある。「これらがわたしの崇拝する神々だ。己の行いが正しいか否かはわたしの知るところではない。ただ信じるところに従うのみだ。もっとも、神々が間違ったことをしろと命じることは決してないのだから、わたしの行いが不正であるはずはない」。

一八一九年にカメハメハ大王が逝去すると、ウィスキーと享楽を愛する息子のリホリホが何事もなく王位とその名を継承した。彼は皇太后となったカアフマヌの絶大な支援を得て、カプを廃止する。偶像も廃棄すると、王の臣下は何事にも無関心となり、懐疑主義的になったが、高位の神官であったヘヴァヘヴァは、ラニ（天）には偉大なるアクア（霊）のほかは存在しないと言明し[*5]、偶像破壊の松明《たいまつ》に火を付ける先駆けとなった。一八二四年、カメハメハ二世と女王はロンドンで麻疹《はしか》に罹《かか》り、客死した。その後、遺体は英国のフリゲート艦によってハワイまで丁重に送り届けられた。

征服王のもう一人の息子がカメハメハ三世[*6]として即位し、三〇年の統治が続いた。彼は貴族と人民に土地を分配し、王国に平等を唱える憲法を定めた。この王によって偶像崇拝は正式に廃止され、完全な宗教の自由を保障するとともに、「主イエス・キリストの信仰はハワイ王国に定められた国教であり続ける」と宣言して、キリスト教信仰が確立した。一八四三年七月三一日には、誤った考えに基づいて掲げられてきたイギリス国旗にかわり、ハワイ国旗が掲揚された。国王は「国家の生命は正義の名において永遠に護られる」[*7]と宣言し、国家の標語とした。この国王の治世において、ハワイ王国の独立は大英帝国、フランス、アメリカによって承認された。一時、首相を務めたワイリー氏は三世のもと、まれに見る専心と愛を傾け、養子縁組をしたこの国のためにその人生と膨大な財を捧げた。

一八五四年、[*8]征服王の孫がカメハメハ四世を継いだ。皇太子のころから愛国心に燃えていた四世は、熱心に文明開化を推し進めた。彼は、深刻な問題となっていた先住民の人口減少を食い止めるため、青少年の健全な育成と公衆衛生の向上に努めた。四世は王家の血筋として最適な後継者と思われていたため、一人息子だった皇太子が亡くなってすぐの一八六三年に逝去したときは深く惜しまれた。エマと呼ばれたカレレオナラニ女王は、国王の死後、英国を訪れている。

四世を継いで五世に即位したのは、まったく性格を異にする前王の兄[*9]だった。その彼も一八七三年一月一一日に逝去する。彼はときにお祭り騒ぎを起こし、かつての野蛮な時代を彷彿とさせる行動をとったため、先住民には不名誉な事態となった。カメハメハ五世の評価は百人百様だ。彼は恵まれた才能と強い意志の持ち主だった。愛国心に燃え、自らの名を利用して外国人が政治を牛耳ることを拒んだ。自分が政府の傀儡《かいらい》となることをよしとしなかったのだ。五世は外国からの移民を奨励し、ハワイの産物を商うアメリカとの自由交易に道を開こうと尽力した。彼はしっかりと国を統治し、一八五二年に発布された憲法を廃棄して専制政治の要素を持ちこんだが、国民からは支持されたようだ。五世は帝王らしく威厳があったといわれる。公務に熱心で、公式文書を正しく書くことができたし、教養あるキリスト教徒の紳士として振る舞った。しかし、ときに規則だらけの生活に疲れ、自分を取り戻すために、威信に関わるような海岸の住まいに閉じこもって、半裸の未開人だった祖先の一人に立ち返ることがあった。彼は酒に溺れて品位を汚し、フラにうつつを抜かした。また、古代の迷信に囚われ、重要な国事を古代のカフナに相談していたといわれている。

五世は、誕生日に開催された祝賀パーティーの最中に逝去した。翌日、「盛装した遺体は宮殿内の玉座のある王の間に安置された。王国の大臣や補佐官、首長たちが見守るなか、枕元で暗い色合いのカヒリが打ち振られた。遺体のそばには親族、臣下、外国人が無言で歩きまわる雑然とした足音が響いた。宮殿には、最後のカメハメハ王を一目見て別れを告げようという群集の長い列ができた」。

王の死によってハワイ史の第一期が幕を閉じた。彼の死によって大王直系の王位継承者は途絶えたためだ。五世は後継者を指名せず、残された唯一の近親者である腹違いの妹ケエリコラニは、王位の家系ではなかった。

この新たな事態を受け、ハワイ先住民の首長のなかから、無記名投票で王を選出することが立法議会によって定められた。候補者は高位の首長であったカラーカウア（現国王）と、ルナリロ王子（前国王）だったが、だれからも愛される王子と称《たた》えられたルナリロが国民の熱狂的な人気に支えられ、全会一致で選出された。

高得票を得て選ばれた新国王は、生来備わった高貴な資質に国民の大きな期待が寄せられた。一部の悪意ある、あるいは無分別な外国人が振りかざす執拗な要求に対する苦渋に満ちた戦いが続くなか、彼は不幸にして病に倒れた。国王に対する期待は無に帰したが、彼に寄せられる国民の大きな愛がわずかでも弱まることはなかった。

王は病の床に着き、一八七四年二月三日に逝去した。少し前から予期されていた事態ではあったが、その訃報《ふほう》は社会全体に深い悲しみをもたらした。臣下は古い風習にのっとり、大声で泣き叫んで悲しみを表した。その声は朝焼けに染まったあたりの空気に悲痛に響き渡った。翌日の夜、亡骸《なきがら》は覆いをかけた棺《ひつぎ》に入れられ、政府要人や家臣の厳粛な行列に付き添われて、イオラニ宮殿の安置室へと向かった。雲一つない月明かりの夜で、木々の葉はそよとも動かず、鳥の声も途絶えていた。何千という人垣は左右に分かれて陰鬱な葬列を通す。静寂のなかに棺を担ぐ者たちの足音だけが響いた。

翌日、遺体は可能な限りの贅を尽くした盛装で安置された。王は即位式のときの服を身に着け、一・八メートル四方の、王者の徴である黄色い羽根のローブで覆われた。[☆1]午前中には八〇〇〇人から一万人の人々が宮殿を訪れ、先住民だけでなく外国人も心から涙を流した。宮殿内の庭園では嘆きの声が絶えず、多くの先住民が死者を悼むチャントを何時間も唱え続けた。国王の亡骸は真夜中に棺に納められ、高齢の父君カナイナ殿下が放心状態で棺の脇に立った。亡骸が羽毛のローブから持ち上げられたとき、父君は遺体を包んだまま安息の場に埋葬するように命じた。「これを最後に血筋は途絶える。それは彼のものだ」。居合わせた先住民たちはその言葉に青ざめた。

ローブはルナリロ王の母君であるケカウルオヒのものであり、先祖代々、受け継がれてきたものだった。

生前から、無用のパレードや虚飾を嫌ったルナリロ王の葬儀は簡素に行われた。王は、自分の死に際して古いしきたりにのっとった儀式はいっさい行わないようにと言い遺していた。国民の抑えがたい悲しみのなかを、遺体は墓地まで讃美歌と国歌に送られた。ハワイの希望は国王とともに葬られたのである。

王は後継者を指名しないまま亡くなった。そこで先の投票から一四カ月で、またも無記名投票による国王の選出が行われることになった。

ルナリロ王の選出は秩序正しく進行し、調和と平穏が際立っていた。それはハワイ人の文明化の証でもあった。しかしその後、人々の感情は大きく変化した。彼らは、わたしが一九回目の手紙で遠回しに言及したような影響を受けていたのだった。

ルナリロ王の政治的見解は基本的に民主主義であり、人々の意思を過剰ともいえるほど尊重した。それは人々が決して忘れることのない一年に及ぶ民主主義の実践期間だった。

その後、外国人居住者に対する反感や、彼らの政治的影響力に対する反発が急速に膨れ上がっていった。パール川譲渡問題に関する一部のアメリカ人の不用意な発言や要求を巡って、人々の

☆原注1　これと同じローブで現存するものは一つしかない。国王は国会開催時にこれを着用する。ルナリロ王とともに埋葬されたローブは、いまでは一〇万ドルを費やしても作れないだろう。

不満は増し、国事に干渉する外国人への警戒心は高まっていった。ある先住民牧師の説教がハワイ全土に報道された。「アメリカ人はわれわれに光をもたらした。しかしその光がわれわれの手にあるいま、それはわれわれ自身の手で役立てるべきだ」。この言葉は多くの国民感情を代弁したものだ。この発言が啓蒙ではなく、感情の奔流であるなら、これほど強く激しい愛国心はない。

ルナリロ王が亡くなる直前、立法府議会の任期二年ごとに行われる代議員選挙があった。「ハワイ人のためのハワイ」を掲げるスローガンは絶大な効果を発揮し、首都においてさえ、どれほど尊敬に値する外国人でも選挙に勝ち目はなかった。立憲国家としてのハワイ史上初めて、一人の例外を除き、全員が先住民から選出されたのだ。国王が死去すると直ちに二人の候補があがった。国民に人気のあるスローガンどおりの政治を実行しつつ、外国人の利益も代弁できると考えられていたカラーカウアと、もう一人はエマ女王だった。あちこちの壁に大集会の場所を伝える紙が貼られた。選挙運動員は昼夜を通して駆けまわり、守られるはずもない公約を触れてまわった。八日間の選挙期間は、いずれの国でもお馴染みの興奮や口論、虚言の応酬が、ここハワイの首都でも繰り広げられた。

結果はカラーカウア三九票、エマ六票だった。選挙結果が公表されると、外では、歓呼と憤怒《ふんぬ》の叫びが入り乱れ、その喧噪は議会の中にまで届いた。カラーカウアに当選の報を届けるべく指名された委員たちが馬車に乗りこもうとしたが、群集に暴行を受け、血を流しながら庁舎へと逃げ帰った。馬車はばらばらに壊され、車軸は暴徒の武器と化した。「太陽の心を持つ優しい子供たち」は、このとき新たな顔も露わに荒れ狂ったのだった。それまで秘められていた野蛮さは過激の一途を辿った。群集は議会室の扉を打ち破り、棒切れや投石で窓を割った。カラーカウアに票を投じたことがあきらかな代議員九人がこの騒動で重傷を負った。各部屋の椅子やテーブル、家具は破壊され、重要書類や個人の資料とともに窓から投げ捨てられた。そのとき、「建物に火を放つから灯油を持ってこい」という声が上がった。警察はこの暴動に曖昧な態度を取り続けたので、大火災と犠牲者が出る危険が迫った。大臣たちは急遽《きゅうきょ》、アメリカ軍艦ポーツマス号とタスカローラ号、および英国のテネドス号に救いを求めて使者を派遣した。英米はただちにこの要請に応じ、上陸した海軍によって暴徒は制圧された。

七〇人の逮捕者を出し、外国の海兵隊が庁舎、王宮、政府官邸を占拠するなか、カラーカウアは関係者のみが集うなかで即位の宣誓を立てた。立ち会いの代議員は頭に包帯を巻き、腕を吊り、足を引きずっていた。なかには体を支えられた者や机にもたれる者、王からその任を免じてもらった者もいた。一〇日後、英米軍による合同護衛体制は解かれた。

この事件は、先住民をよく知る人々には大きな驚きだった。彼らのなかに、抑え切れない不満と反抗精神が澱《よど》んでいることを認めないわけにはいかない。カメハメハ大王の時代から続いた政治は終わりを告げ、より困難な時代に突入したと認識させられたのだった。

幸先の悪いスタートを切ったカラーカウア王については、現時点で語ることはほとんどない。島は以前の平穏さを取り戻してはいるが、先住民のあいだに、選挙によって盛り上がった憤怒が完全に消滅したわけでもない。国王は熟慮して顧問団を任命し、財務大臣のポストには国民感情に配慮してナハオレルアという先住民を任命した。だが、当初の計画が覆されたため、その後は大混乱が続いている。

妃《きさき》であるカピオラニ女王は、高潔な人格と素晴らしい人柄を兼ね備えたハワイ女性だ。国王と女王はともに家庭生活の範となっている。

カラーカウア王は最初の公務として、弟のレレイオホク王子[*10]を後継者に指名し、殿下の称号を与えた。次に軍隊の再編に取り組み、有能で統率のとれた軍隊を持とうと考えている。

この太平洋の小王国は、旧世界の常備軍を頼みの綱にしなければならなくなっている。その軍事力を人口に対する割合で見るなら、ドイツ帝国に匹敵する。わたしはこの事態に悲しい気分となる。

これまでの手紙を読んでサンドイッチ諸島に関心を抱くようになった読者は、わたしと一緒に祈りを捧げてほしい。未開と異教の社会からわずか一世代を経てキリスト教と文明世界へと発展したこの国が、カラーカウア王のもとで平和と繁栄を謳歌し、国民を脅かす国家消滅の危機を免れんことを。慈悲深い神のはからいにより、ハワイ人が受け継いできたハワイの財産が守られんことを。

完

訳注

（＊の下の数字は各章の訳注番号を示す。）

【序文】

＊1　サンドイッチ諸島　ハワイ諸島の旧名。ジェームズ・クックが一七七八年一月、第三次世界周航でこの島々を訪れ、当時の英国海軍大臣サンドイッチ伯にちなんで命名した。

＊2　人を意味するハワイ語　カマアイナはハワイに住んでいる人を指す言葉。原文では kamaina となっているが、kama aina のことと思われる。

【序章】

＊1　チャールズ・キングズリー　Charles Kingsley（一八一九―七五）。イギリスの牧師、作家、詩人。ケンブリッジ大学卒業後ハンプシャーの牧師となり、健康を害しながらも創作や社会改良運動などを続けた。主な作品に『イースト』『西へ出航！』『水の子たち』などがある。

＊2　ハクスリー教授　Thomas Henry Huxley（一八二五―九五）。イギリスの動物学者、医者。イギリス海軍の軍艦ラトルスネーク号に船医として乗りこみ、オーストラリア方面を航海してクラゲ類の比較解剖学の論文を発表する。ダーウィンの進化論を支持し、ダーウィンに対する攻撃を受けて立った。

＊3　オタヘイティ　西欧人がタヒチを指した言葉。

＊4　トリスタン・ダ・クーニャ　南大西洋にあるイギリス領の島。

＊5　南洋諸島　南太平洋の島々のこと。

＊6　ただ一つの諸島　ここでは、おそらく北西ハワイ諸島は念頭に置いていないだろう。
＊7　ほぼ等距離にある　実際は、サンフランシスコとの距離は約三八〇〇キロメートル、日本との距離は約六二〇〇キロメートル。
＊8　熱帯に位置し　実際は亜熱帯に位置する。
＊9　一六〇度の範囲に広がる　ハワイ州の範囲は、北西ハワイ諸島を含めるか否かで異なるが、主要八島に限れば、北緯一八度五五分から二二度一四分、東経一五四度四九分から一六〇度一五分となる。
＊10　島の数は一二　主要八島以外に何を含めているかは不明。
＊11　一万六〇〇〇平方キロメートル　正確な面積は「付論／ハワイ国事情」の訳注を参照。
＊12　四二〇〇メートルに近い　マウナ・ケアは標高四二〇五メートル、マウナ・ロアは標高四一六九メートル。
＊13　あったとも考えられない　人肉食の習慣はほとんどなかったが、人身御供の風習はあった。
＊14　カラーカウア　David Kalakaua（一八三六―九一）。カメハメハ王朝第七代の王。一八七四年、選挙によって王位につく。王妃はカピオラニ。一八八一年、世界旅行の途上、日本を訪れたことで知られる。

【手紙1】

＊1　カラーリリー　オランダカイウ、カラーのこと。
＊2　前檣　船首の方にある帆柱。
＊3　ナビゲーター諸島　サモア諸島の旧称。
＊4　国王牧歌　アーサー王伝説の長編叙事詩。
＊5　トゥトゥイラ島　アメリカ領サモアの中で最大の島。
＊6　プレアデス星団　すばる。冬の星座であるおうし座にある。

【手紙2】

＊1　ハワイアン・ホテル　一八七二年完成のホノルルのホテル。

＊2　ダイヤモンドヘッド　オアフ島ワイキキの東側にある巨大なクレーター。ハワイ語でカイマナ・ヒラあるいはレアヒという。二〇〇五年現在は軍の施設があるが、数年後に完全撤去の予定。

＊3　パンチボウル　ワイキキを望む位置にある高台。現在は国立太平洋記念墓地となっている。

＊4　ビル王子　William Charles Lunalilo（一八三五—七四）。一八七三年、選挙で選ばれ第六代ルナリロ王として王位についた。

＊5　マーク・トウェイン　Mark Twain（一八三五—一九一〇）。本名サミュエル・ラングホーン・クレメンス。アメリカを代表する作家。カリフォルニアの「サクラメント・デイリー・ユニオン」紙の特派員として一八六六年にハワイ諸島を取材。その通信文は『ハワイ通信』などにまとめられている。

＊6　アンブレラツリー　ハナフカノキ。ウコギ科のオクトパス・ツリーのこと。ハワイでは海岸線に見られる。

＊7　キアヴェ　メスキート。乾燥に強く、ハワイ諸島では緑化に用いられる。

＊8　カナカ　ハワイ語で「人間」を指す言葉。あるいは、ポリネシア、メラネシア、ミクロネシアに居住する人々を指して白人が使った誤称。

＊9　ガリバルディ・シャツ　立衿、肩章付きの厚手の毛織シャツの一種。イタリアの軍人ガリバルディ（Giuseppe Garibaldi）が着ていたことからその名で呼ばれる。

＊10　首飾り　当時、一般化してきた花を素材にしたレイ。

＊11　ツル植物　おそらくはマイレのこと。

＊12　外国人　ここでは白人のこと。

＊13　クイーンズ病院　エマ王妃とカメハメハ四世によって一八五九年に創設された病院。現在のクイーンズ・メディカル・センター。

＊14　パリ　ハワイ語で「断崖」のこと。ここではヌウアヌ・パリ展望台。
＊15　モンキーポッド　アメフリノキ。
＊16　パッションフラワー　クダモノトケイソウ。ハワイ名リリコイ。
＊17　アカンサス　キツネノマゴ科の多年草。上方に大きく広がる葉の形状は、装飾モチーフとして古代ギリシア・ローマ世界で柱頭装飾などに盛んに用いられ、以後も西洋建築・工芸の装飾に多用された。
＊18　チェリモヤ　鱗で覆われたような果実が特徴。マーク・トウェインはバニラに似た芳香を「甘美そのもの」と評した。
＊19　アルム・エスクレンツム　一般には *Colocasia esculenta* という学名が用いられる。
＊20　カロ　タロ（イモ）のこと。
＊21　ノーフォークパイン　シマナンヨウスギ。ノーフォーク・アイランド・パインともいう。
＊22　オオバゴムノキ　オーストラリア原産の常緑高木で高さ二〇メートルくらいになる。
＊23　オアフ島土着の植物　いずれもハワイ固有種ではなく、ポリネシア人がこの地に移り住んだときに持ちこんだもの。
＊24　エマ王妃　Emma Naea Rooke（一八三六―八五）。カメハメハ四世の王妃。カメハメハ大王に仕えたジョン・ヤングの孫。英国風の教育を受け、一八六一年にはビクトリア女王を訪ねる。英国国教会に入信。四世亡き後、カラーカウアと選挙で争うが敗れる。
＊25　カメハメハ四世　Alexander Liholiho（一八三四―六三）。カメハメハ大王の孫。一八五五年、王位につく。親英的な政策を進めた。
＊26　アフォン氏　Chun Afong（一八二五―一九〇六）。一八四九年に来島し、ハワイ人の貴族階級に属する女性と結婚する。ハワイ島でサトウキビ農園を経営するが、晩年は中国大陸に戻って暮らした。
＊27　カメハメハ王家の最後の王　カメハメハ五世（一八三〇―七二）のこと。四世の兄にあたる。一八六三年

王位につく。

＊28　毎日のように降雨があり　貿易風の出合う場所であるため。

＊29　ハゲコウ　コウノトリ科。南アジア、アフリカに分布。翼幅三メートルにもなる大型の鳥。

＊30　約一二〇〇メートルの山々　コオラウ山脈の最高峰はコナフアヌイの標高九六〇メートル。

＊31　山の稜線は北に向かって　実際は、山脈は北西に延びている。

＊32　カメハメハ　カメハメハ一世（大王）（一七五八―一八一九）。ハワイ島を平定し、一七九五年カメハメハ王朝を成立させる。一八一〇年、ハワイ諸島を統一。

＊33　オアフ島の王　カラニクプレ。一七九五年、オアフ島に攻め入ってきたカメハメハにヌウアヌ・パリの戦いで敗れる。

【手紙3】

＊1　D氏　デクスター氏のこと。

＊2　登桁礼　帆船の帆桁上に一列に並んで行う儀礼。

＊3　ゴア　インド中西部のアラビア海に面する都市。旧ポルトガル領。

＊4　マアレイア　原文ではMaaleiaとなっているが、おそらくはマアラエア（Maalaea）の港を指す。

＊5　ウルパラクア　東マウイ南西部のマアケアにある集落。

＊6　エエカ山脈　西マウイ山脈を指すと思われる。

＊7　そびえているのが見えるだけだった　マウナ・ケアとマウナ・ロアの山頂。

＊8　ジャーヴェス　James Jackson Jarves（一八一八―一八八八）。米国の美術品収集家、評論家。ハワイ最初の新聞となる“Polynesian”を一八四〇年に創刊する。

＊9　ラグズデール　Bill Ragsdale　白人とハワイ人との混血で、ハワイ議会で通訳を務める。ハンセン病に罹

患し、自ら告白してモロカイ島の隔離施設に送られる。
*10 セイブル島　カナダ、ノヴァ・スコシア沖にある小島。
*11 インアクセシブル島　南大西洋のトリスタン・ダ・クーニャ諸島の一つ。二〇〇四年に「ゴフ島及びインアクセシブル島」として世界遺産に追加登録された。
*12 そこかしこに洞窟　海食洞窟のこと。
*13 発音する　Kawaihae は正しくはカヴァイハエだが、当時の英国人にはこのように聞こえたのだろう。
*14 人口の減少　西欧人が持ちこんだ病気に抵抗力のないハワイ人は次々に倒れて、人口が激減した。
*15 流刑のヤシ　ヤシの実は海流に乗って無人島に流れ着くことからこのように喩《たと》えられるが、ここでは故国の植物園に展示されているヤシの木があまりに貧相なことを皮肉っている。
*16 ドームのような曲線を描く　盾状火山の特徴を表している。噴出する熔岩の粘性が低いため、起伏の少ない山容となる。
*17 コーン師　Titus Coan（一八〇一―八二）。一八三六年からハワイ島で宣教師として活動。
*18 ライマン師　David Belden Lyman（一八〇三―八四）。ニューイングランド出身の宣教師。一八三二年に来島。住居兼寄宿舎として一八三九年にミッション・ハウスを建てた。現在はライマン博物館として一般公開されている。
*19 ホロクー　ムームーの後ろの裾を長くしたドレスで、当初は宣教師の妻たちが着ていた。現在は結婚式などのドレスとして用いられる。
*20 ロトの実　ハスの実のこと。略して Lotos（=Lotus）ともいわれる。オデュッセウスの船団が「ハスの実食い」の国に行ってこれを食べ、家族や故郷のことを忘れて夢見心地になったという神話から。

【手紙4】

＊1　プランテーン　料理用バナナ。
＊2　マラガ　地中海に面したスペインの保養地。
＊3　ラウハラ　本来はハラ（パンダナス、タコノキ）の葉（ラウ）のことだが、単にタコノキを指すこともある。
＊4　シマタコノキ　*Pandanus tectorius*
＊5　アダン　*Pandanus odoratissimus*
＊6　バコア　*Pundanus vacoa*
＊7　バナナは当地が原産　バナナはポリネシア人が持ちこんだ外来種。
＊8　アンダマン諸島　ベンガル湾の東縁にあるインド領の島。
＊9　ワウケ　和名カジノキ。クッションの詰め物やカパなどに使用される。
＊10　タパ　ハワイ名はカパ（kapa）。植物の繊維を叩いて布状にしたもの。
＊11　ヤシの木展示館　ここでは英国の植物園を指している。
＊12　アマウ　*Sadleria cyathoides*
＊13　繊細なシダ　*Microlepia tenuifolia*　おそらくパラパライ（パライ）のこと。
＊14　アーヌエヌエ滝　ヒロにあるレインボー滝のこと。ハワイ語で虹をānuenueという。
＊15　ペイペイ滝　レインボー滝の上流にあるペエペエ滝のこと。
＊16　柱状の熔岩　節理が発達した熔岩。

【手紙5】

＊1　ポーフエフエ　グンバイヒルガオ（Beach Morning Glory）。
＊2　固まって空洞になった　そのようなことはほとんどない。火山性の洞窟は、熔岩流中の火山ガスが膨張し

て内部を押し広げるか、あるいは熔岩が流れ去ったあとに誕生する。

＊3　深成岩の特徴　ハワイ諸島に深成岩が見られないことはないが、実際にはほとんどが火山岩であり、そのほとんどが玄武岩である。

＊4　コバノイシカグマ科の仲間　原文では、*Microlepia tenuifolia* とあるが、おそらく *M. strigosa*（ハワイ名パラパライまたはパライ）のこと。

＊5　ハーフウェイ・ハウス　中間地点にある休憩所。

＊6　バチェロ　カウボーイのこと。パニオロとも呼ばれる。

＊7　バンクーバー　George Vancouver（一七五七―九八）。キャプテン・クックの世界周航に二度参加した。彼がハワイに立ち寄ったとき、カメハメハ大王に南米から持ちこんだ牛を進呈し、王はこの牛に触れることをカプ（禁制）とした。後にカナダのブリティッシュ・コロンビアを探検する。

＊8　クレーター・ハウス　現在のボルケーノ・ハウスのこと。当時と現在では少し位置が異なる。

＊9　大きな薪の暖炉　その火は当時から今日まで消えることなく燃え続けている。

＊10　マウナ・ロア山麓の　今日の科学では、キラウエア火山は独立峰とされる。

＊11　ウラボシ科のシダ　タイワンアオネカズラやラウアエを指しているのだろう。

＊12　スタッファ島　スコットランド西方にあるインナー・ヘブリディーズ諸島の島の一つ。玄武岩の六角形の石柱で知られるフィンガルの洞窟で有名。

＊13　スパングラス　熱して引き伸ばし、糸状にしたガラス。ガラス細工などに用いる。

＊14　熔岩流を五〇キロほど　実際は一五キロくらいと思われる。

＊15　ここは海抜が高く　標高は約一二〇〇メートル。

＊16　K嬢　カープ嬢のこと。

＊17　四一九一メートル　原文では一万三七五〇フィート（四一九一メートル）となっているが、実際は一万三

六七七フィート（四一六九メートル）。

【手紙6】

＊1　チャント　抑揚を付けて唱える神に捧げる祈り。詠唱。
＊2　マウナ・ロアという死火山　マウナ・ロアは活火山で、死火山ではない。ここでは休火山だと言いたかったのだろうが、今日の火山学では、活火山（休火山も含める）と死火山の区別しかない。

【手紙7】

＊1　クローケー　木槌で木の玉を叩き、逆U字形の鉄門をくぐらせるゲーム。
＊2　ケエリコラニ王女　Ruth Keelikolani（一八二六―八三）。カメハメハ大王の曾孫にあたる。
＊3　グアノ諸島　ペルーにある海鳥の島。
＊4　ハオレ　（白人の）外国人のこと。
＊5　クレアナ（自由保有不動産）　自分自身、または特定の人物において、当人が死ぬまで土地や建物などを保有する権利。
＊6　一二文字しかなく　ハワイ語の表記ではアルファベットを含む子音が一三、発音記号が一つある。
＊7　オワイヒイ　タヒチをオタヘイティと呼んだのに準じた。
＊8　ハワイイ　発音はハワイ・イとハヴァイ・イの両方が用いられた。
＊9　征服された水　ワイピオのU字形の渓谷は周囲から滝が流れ落ちるため、「アーチ状の水」というのが本来の意味。
＊10　ウィリウィリ　*Erythrina sandwicensis*
＊11　パパヘナル　原文では Papa-he-nalu だが、本来は Papa he'e nalu（パパヘエナル）。

【手紙8】

＊1　A夫人　オースティン夫人。
＊2　S夫人　サヴァランス夫人。
＊3　大型の葉を持つオヒア　オヒア・アイ（*Syzygium malaccense*）のこと。
＊4　自分の年齢　このとき著者は四二歳。
＊5　ロブ・ロイ　スコットランドの義賊として名を馳せた Robert MacGregor（一六七一―一七三四）の呼び名。
＊6　フォイアーズの滝　スコットランドにある名瀑。恐竜騒動で知られるネス湖にほど近い。
＊7　ヴィクトリア州　オーストラリアの州。

【手紙9】

＊1　アネロイド型高度計　液体を用いない携帯用気圧計の一種。内部を真空にした薄い金属製の容器が、気圧の変化によって膨張したり圧縮したりするのを指針に伝え、針が指す目盛りで気圧を測定する。気圧の変化を利用して高度も測定する。
＊2　コタニワタリ　*Asplenium scolopendrium*　温帯から寒帯に分布する。現在、ハワイでは見かけないので近縁種を指していると思われる。
＊3　アスプレニウム・ニドゥス　*Asplenium nidus*　シマオオタニワタリ。
＊4　キボティウム・カミッソイ　*Cibotium chamissoi*　ハープウ（*C. glaucum*）の近縁種。
＊5　ポリポディウム・タマリスキヌム　*Polypodium tamariscinum*　ハワイ名ワヒネ・ノホ・マウナ（Ladies on the Mountain）。
＊6　美しい寄生シダ　実際には寄生ではなく着生のシダ。

＊7　カニクサ属のシダ　おそらくはカニクサ（*Lygodium japonicum*）のこと。
＊8　クライミング・ポテト・ファーン　*Polypodium spectrum*　ハワイ名ペアヒ。
＊9　ヒメシシラン　*Vittaria elongata*　ヒメシシランの一種。
＊10　パラパライ　*Microlepia tenuifolia*　おそらくパラパライ（パライ）（*M. strigosa*）のこと。
＊11　ウルヘ・シダ　*Gleichenia hawaiiensis*　*Dicranopteris linearis* のこと。ハワイ名ウルヘ。
＊12　*Trichomanes meifolium*　*Callistopteris baldwinii* のこと。ハワイ固有種。
＊13　*Nephrolepis pectinata*　おそらく *N. cordifolia* のこと。英名 Sword Fern。ハワイ名クプクプ。

【手紙10】

＊1　ブルマー・ドレス　短いスカートと、足首部分を縮めたゆったりとしたズボンとのアンサンブル。
＊2　キバタン　白色オウムの一種。
＊3　『ハワイの火山』　William Tufts Brigham "On the Hawaiian Volcanoes"
＊4　養魚池（フィッシュポンド）　魚の養殖用の池。川や海の一部を堰き止めてつくられる。
＊5　ヘイアウ　ハワイの宗教遺跡、祭壇。形態は多種多様だが、地域的な類似性はある。様式が一定でないのは、新しいヘイアウはそれまでのヘイアウを参考に新しい発想でつくられたため。一般に後期になるほど規模が大きい。低い祭壇の前や壁（柵）の周囲に神像をたて、祭壇近くに神託を授ける塔や供物用の台、儀式用の器物収納小屋を配すのが基本の型式だといわれている。ルアキニと呼ばれるヘイアウでは人身御供も行われた。

【手紙10Ⅱ】

＊1　滝　おそらく、ワイピオ渓谷にあるヒイラヴェの滝。現在も滝壺までのルートはない。降水量が最大の季

節に限定すれば、ハワイ州最大の落差がある。
＊2　ウォーレス氏　William Wallace（一二七〇頃―一三〇五）。中世スコットランドの政治的指導者で愛国的英雄として知られる。一二九七年にイングランド軍を撃破する。翌年の戦いで敗れ、フランスに亡命。帰国後イングランド軍に捕らえられ、ロンドンで処刑された。
＊3　エリス氏　William Ellis　一八一七年から二五年まで宣教師として主にタヒチで過ごす。ハワイではハワイ語を身に付け、火山や現地の生活について多くの報告を残す。
＊4　プホヌア　プウホヌア・オ・ホナウナウのこと。
＊5　ケアヴェ　かつてハワイ島北部を支配していた首長の名。
＊6　真実の神　キリスト教の神のこと。

【手紙11】

＊1　ワヒネ・ハオレ　白人の女性。ハワイ語でワヒネは「女性」、ハオレは「白人」を意味する。
＊2　鳥の羽根のレイ　原文では le となっているが、おそらく lei のこと。ちなみに鳥の羽根を用いたレイは lei hulu という。
＊3　メリトレプテス・パシフィカ　*Melithreptes pacifica*　これはハワイ名マモ（*Drepanis pacifica*）というハワイミツスイの一種を指していると思われる。実際には、マモの他にオオ（*Moho nobilis* 他）の羽根も利用された。今日では絶滅したとされる。
＊4　粘着質の物質　パーパラケーパウの果実の中の粘り気のある果肉を、鳥もちとして用いた。
＊5　川の流れが鞍を洗った　トマス・ムーアの詩『三艘のカヌー』より。
＊6　クライド川　河口近くでは数百メートルの川幅がある大河。
＊7　モリソン川　スコットランドにある渓流。流れの激しいことで知られている。

【手紙12】

＊1　クレーターの女神　ペレのこと。ただしペレは神ではなく、マウイなどと同じく半神。
＊2　神官　ハワイ語でカフナと呼ばれる。
＊3　初めて伝道団が上陸　一八二〇年、ボストンからハイラム・ビンガム、アーサー・サーストンらを乗せたタディウス号がハワイ島に到着。カメハメハ二世の許可を得て布教を始める。
＊4　カピオラニ　ハワイ島コナの首長の一族で、キリスト教に帰依し、一八二四年、キラウエア火口でペレにまつわるカプをあえて犯し、当時の価値観を否定した。カピオラニ王妃とは別人。
＊5　エリヤの呼びかけ　旧約聖書によれば、預言者エリヤがカルメル山で偶像崇拝を唱えるバアルの預言者たちと対決した。
＊6　窪地の町　旧約聖書にあるソドムとゴモラの話。
＊7　ヒロの南部に広がるカウ地区　ヒロの南に隣接するのはプナ地区、カウ地区はマウナロアの南麓に位置する。

【手紙13】

＊1　トバモリー　イザベラと彼女の妹には馴染みのヘブリディーズ諸島マル島にある小さな町の名。
＊2　マウナ・ケアは文字どおり　マウナ・ケアの「ケア」には「白」「雪」の意味がある。
＊3　マイレ　*Alyxia oliviformis*　マイレの葉には芳しい香りがあり、身分の高い人物に捧げるという習わしがあった。
＊4　ジェンキンス氏　「モーニング・ポスト」紙の記者。
＊5　ケカウルオヒ　Miriam Auhea Kekauluohi（一七九四―一八四五）。ルナリロ王の母。夫はチャールズ・カナエナ（一八〇一―一七七）。

＊6　クヒナ・ヌイ　カメハメハ大王が息子のリホリホを補佐するために摂政として設けた地位。王の死後、妃の一人であったカアフマヌが最初のクヒナ・ヌイとして権力を握った。その後、キナウ、ケカウルオヒ、ヴィクトリア・カママルなどがクヒナ・ヌイを継いだ。

＊7　カアフマヌ　Kaahumanu（一七七二?―一八三二）。カメハメハ大王の妻の一人で、政治的手腕を持ち、もっとも信頼された。王の亡き後は摂政として、二世がカプの廃止に踏み切るよう力を尽くした。

＊8　はるかに古い家系　ルナリロ王はカメハメハ大王の父親の系図に連なる。

＊9　マニエニエ草　*Cynodon dactylon*　和名はギョウギシバ。世界各地に分布する。

＊10　万歳三唱タイガー　万歳三唱のあとに「タイガー！」と歓呼する習わし。

＊11　ハワイ国歌　当時は英国国歌「ゴッド・セイブ・ザ・クイーン」を国歌の代わりにしていた。ハワイ国歌である「ハワイ・ポノイー」はカラーカウア王が作詞し、王室の音楽家ヘンリー・バーガーが作曲したもので、一八七四年に初めて演奏された。現在はハワイ州歌となっている。

＊12　ポハ　*Physalis peruviana*　*Cape gooseberry*（シマホオズキ）のこと。

＊13　アマランサス　ヒユ科ヒユ属の植物で、ケイトウの近縁。栽培の歴史は古く、紀元前からアステカ族が栽培し、トウモロコシ・豆類に匹敵する重要作物だった。

＊14　ハワイミツスイ　原文では *Melithreptes pacifica* となっているが、おそらくハワイ産のマモ（*Drepanis pacifica*）か、オオ（*Moho nobilis*）のこと。

＊15　ビンガム師　Hiram Bingham（一七八九―一八六九）。一八二〇年、布教のためにボストンから来た最初のプロテスタントの牧師。もっとも影響力を持ち、カヴァイアハオ教会も彼の主導で建設された。

＊16　サーストン師　Asa Thurston（一七八七―一八六八）。ビンガムとともに一八二〇年、ハワイに到る。モクアイカウア教会をハワイ島に建て、ハワイ語の聖書も作った。

【手紙14】

＊1　ローリーポーリー・プディング　渦巻き型のプディング。

＊2　トライフル　スポンジケーキをブドウ酒に浸したものにジャムやゼリーをかけ、カスタードクリームかホイップクリームを添えたデザート。

＊3　スタンリー　Arthur Penrhyn Stanley（一八一五―八一）。ウエストミンスター寺院の副主教。

＊4　スタンザ　一定の韻を踏んだひとまとまりの詩。

【手紙15】

＊1　クックが生命を落とした湾　ケアラケクア湾のこと。

＊2　アウトリガー　カヌーのバランスを取るとともに、浮き（フロート）の役割をする構造物。

＊3　巨大なヘイアウ　ハワイ島カヴァイハエ湾を望む丘にあるプウコホラー・ヘイアウのこと。カメハメハ大王によって一七九一年に完成。プウコホラーとはハワイ語で「鯨の丘」の意味。現在、復元され国立歴史公園になっている。

＊4　ワイメア　ハワイ島コハラ半島の入口近くにある牧場地帯の中心地。カムエラともいう。

＊5　ワイマヌ渓谷　ワイピオ渓谷の西側に隣接する渓谷。

＊6　タイリ　カメハメハの軍神ク・カイリ・モクのことと思われる。

＊7　遠くから運ばれたもの　ワイピオの北のポロル渓谷から運ばれたといわれている。

＊8　マンスター・サール　アイルランドの地名と思われる。

＊9　マグパイ　南オーストラリア州やタスマニア州の住人を指す呼称。

＊10　ショートホーン種　スコットランドで改良された肉専用の角の短い牛の品種。

＊11　噴石丘　原文では tufa-cone（石灰華の堆積物、あるいは凝灰岩の堆積物）とあるが、実際は cinder cone

（噴石が積み重なって形成された丘）。

＊12　死火山　原文では死火山となっているが、ファラライは活火山。火山観測所からは二一世紀中に再噴火するとの予報が出されている。

＊13　スコリア　岩滓のこと。

＊14　熔岩の気泡　原文では lava bubble となっているが、主に水蒸気ガスの内圧（膨張）によって誕生した洞窟を指す。ハワイでは lava tunnel といって、熔岩流が流れ去ったあとに生じた地下空間のほうが比較的多い。

＊15　ライアンズ師　Lorenzo Lyons（一八〇七―八六）。一八五九年にホクロア教会をプアコに建設。彼の作詞による「ハワイ・アロハ」はいまでもハワイ第二の州歌となっている。

＊16　ディズレーリ　Benjamin Disraeli（一八〇四―八一）。ヴィクトリア朝時代の英国の政治家でユダヤ系。小説家としても活躍。二度首相を務める。スエズ運河の買収などを行う。

【手紙16】

＊1　ハワイの亜麻　バードは *Urtica argentea*（*Pipturus argenteus*）と推測している。これはイラクサ科の植物で、Wild Mulberry（ヤマグワ）か White Mulberry に近い。しかし、実際はママキ（*Pipturus albidus*）を指すと思われる。

＊2　ワウティ　原文では waut とあるが、ハワイ語でワウケ（カジノキ *Broussonetia papyrifera*）のこと。

＊3　ウラボシ科のシダ　ウラボシ科あるいはヒメウラボシ科のシダ。原文では *Polypodium tamariscinum* とあるが、*Adenophorus tamariscinus* のこと。ハワイ名をワヒネ・ノホ・マウナという。

＊4　ビャクレンカク　原文には Night-Blowing Cereus とあるが、ハシラサボテンの一種で Night-Blooming Cereus のこと。ピタヤともいう。

＊5　パアラウ　ここ以外に登場しないが、ハナヌイの次に雇ったガイドのことだろう。
＊6　耳の先しか見えない　おそらく野生のブタのこと。
＊7　コナの大ヘイアウ　プウコホラー・ヘイアウのこと。

【手紙17】

＊1　ラハイナ　一八四〇年代には捕鯨基地として栄えた西マウイの港町。首都機能がホノルルに移るまでハワイ王国の首都だった。
＊2　ラハイナルナ学校　一八三一年に宣教師ウィリアム・リチャーズによって創立された学校。ロッキー山脈以西にある唯一のハイスクールといわれた。
＊3　ヘスペリデスの園　ギリシャ神話において、世界の西の果てにある園。園には乙女たちが住み、ガイア（大地）がゼウスとヘラの結婚祝いに贈った黄金のリンゴを、竜（ラドン）とともに護っていた。ヘラクレスの功績の一つはこのリンゴの入手だといわれる。

【手紙18】

＊1　横揺れモーゼ号　乗客も乗せていたアメリカの郵便蒸気船。
＊2　ロッキー山脈　バードはこのあと八月にサンフランシスコに到り、ロッキー山脈を目指す。一八七九年には『ロッキー山脈踏破行』を刊行している。
＊3　アラン島　スコットランド南西部にあるクライド湾の島。
＊4　ダイヤモンドヒル、通称レアヒ　原文ではDiamond Hillとある。今日のダイヤモンドヘッドを指す。
＊5　ほぼ同じ深さ　実際の火口内高低差は一七〇メートル。
＊6　早い時期　大筋では間違いではないが、ホノルルのクレーター群は五〇万年ほど前まで噴火活動をつづけ

ていた。

＊7 コナファヌイ山 ヌウアヌ渓谷にほど近い、コオラウ山脈の最高峰（標高九六〇メートル）。標高一二〇二メートルというのは島の南西に連なるワイアナエ山脈最高峰のカアラ山と取り違えたのだろう。

＊8 チョウマメ Clitoria ternatea Double Blue Pea（Vine）。クリトリアとも呼ばれる。マメ科の植物でインド、東南アジア原産。

＊9 エリスリナ *Erythrina umbrosa* ディゴの仲間で真っ赤な花を付ける。マメ科。

＊10 イオラニ宮殿 このときは一八八二年完成のイオラニ宮殿はまだ建設されておらず、もっと小さな建物を指している。イオラニとはハワイ語で「天界（王者）の鷹（ロイヤルホーク）」の意味。

＊11 トーマス提督 Richard Thomas イギリス太平洋艦隊司令官。現在ホノルルにあるトーマス・スクエアは彼を記念したもの。

＊12 ジョージ・ポーレット卿 George Paulet カメハメハ三世がハワイを治めていた一八四三年、ポーレット卿が武力で威嚇し、ハワイ王国の暫定的割譲を迫ったため、一時ハワイ王国は危機に陥った。しかし約五カ月後、トーマス提督がホノルルを訪れ、ヴィクトリア女王がハワイ王国の継続を承認している旨を言明した。

＊13 トルヴァルセン Bertel Thorvaldsen（一七七〇―一八四四）。デンマークの著名な彫刻家。

＊14 アルバート・エドワード Albert Edward（一八五八―六二）。カメハメハ四世とエマ王妃の子供。わずか四歳で亡くなる。

＊15 ブリストル紙 ケント紙に似た厚くて上質な紙。水彩画やグリーティング・カードなどに用いられる。

＊16 ダイム硬貨 一〇セント硬貨のこと。

＊17 パシフィック・コマーシャル・アドバタイザー 「ホノルル・アドバタイザー」紙の前身。一八五六年に週刊新聞として創刊。一九二一年に紙名を変更し、その後、再合併して「スター・アドバタイザー」となる。

【手紙19】

＊1　『海に働く人びと』 “Les Travailleurs de la Mer”（一八六六）。ビクトル・ユゴーが亡命先で書いた作品。

【手紙20】

＊1　チョウセンアサガオ　原文では Datura arborea とあり、これはチョウセンアサガオのことだが、エンジェルズ・トランペット（Datura suaveolens）を指しているのかもしれない。

＊2　コロア通り　カウアイ島南岸のポイプとコロアの町を結ぶ道路。

＊3　ハザエル　紀元前一二世紀頃のダマスカスの王。

＊4　アイオナ島　スコットランド西岸沖に位置するヘブリディーズ諸島の島の一つ。

＊5　一四六三メートル　ワイアレアレ山の標高は実際は一五六九メートル。ちなみにカウアイ島の最高峰カヴァイキニの標高は一五九八メートル。

＊6　コロアの尾根　原文では Koloa Ridge とあるが、該当するものはない。カウプ・リッジを指すのかもしれない。

＊7　その数字　地質年代はおよそ六〇〇万年。

＊8　衰えつつあると考えられる　プレートの移動説が広く認知されたのは一九七〇年代。

＊9　響岩　フォノライト。アルカリ成分（ナトリウムとカリウム）に富む火山岩で、準長石ともいう。

＊10　カヴァ　*Piper methysticum*　アヴァともいう。

＊11　S夫人　ここではスミス夫人のこと。

【手紙21】

＊1　カンバーランド　かつてイングランド北西部にあった州の一つ。現在のカンブリア州の一部。

＊2　ケント州　イングランド南東部の州。かつては王国の一つだった。
＊3　ヴァル・モンティエ　フランス東部の山岳地のことか。
＊4　アルゲニー山脈　アパラチア山脈の一部。
＊5　高齢のご婦人　スコットランドからニュージーランドに移住し、さらに一族の新たな移住先を探しハワイにやってきて、カメハメハ五世からニイハウ島を譲渡されたエリザベス・マクハッチソン・シンクレア（Eliza McHutchison Sinclair）のこと。ニイハウ島は現在もシンクレア家と類縁のロビンソン家の所有となっている。
＊6　ラムゼー　Dean Ramsay（一七九三―一八七二）。スコットランドの作家。
＊7　マクシミリアン大公　オーストリア大公（一八三二―六七）。ハプスブルク家出身。一八六四年から六七年までメキシコ皇帝。フランスのメキシコ占領にともなって皇帝となるが、ケレタロの街の戦いに敗れ革命軍に処刑された。
＊8　アーサー王の腰かけ　エディンバラにある旧噴火口跡の岩。アーサー王伝説とは関係がない。
＊9　ベン・クルアッカン　スコットランドにある山。
＊10　流れの出会うところ　アヴォカ渓谷の景観を讃えたトマス・ムーアの詩より。
＊11　ハマグリ洞窟　スタッファ島はスコットランド西部のヘブリディーズ諸島にある。このハマグリ洞窟と、隣接するフィンガルの洞窟が有名。
＊12　ノゲシ　キク科。花はタンポポに、葉はケシに似ている。
＊13　ワイエルヴァ　原文ではWaielvaとなっているが、場所を特定できなかった。位置的にはワイメアと思われる。

【手紙22】

＊1　アメリカ伝道協会　American Board of Missions

＊2　プナホウ・カレッジ　プナホウ・スクールの前身。一八四一年、宣教師の子弟の教育機関としてホノルルのプナホウに創立された。

【手紙23】

＊1　レディー・フランクリン　Lady Jane Franklin（一七九一―一八七五）。オーストラリア人。タスマニア島の探検や同島の固有植物を集めた植物園の設立などで知られる。

＊2　ワイリー氏　Robert Crichton Wyllie（一七九八―一八六五）。カメハメハ四世統治下の外務大臣。カウアイ島ハナレイ周辺の土地を所有していた。

＊3　エアシャー　スコットランド南西部の地名。

＊4　巨大なドーム　マウナ・ロアのこと。

【手紙24】

＊1　コア　ハワイ諸島固有の木で、木目が美しい。

＊2　レプラ島　ハンセン病患者が隔離されたモロカイ島を指す。

＊3　マアレイア　おそらくはマアラエアのこと。

＊4　ヘイク農園　原文では Heiku Plantation となっているが、このような地名は現在見あたらない。ワイルクから二四キロ先であればハイク（Haiku）のことだろう。

＊5　偉大な死火山　およそ八〇〇〜一五〇〇年前の噴火と、四〇〇年前の溶岩流出以外に特筆すべき活動はないが、ハレアカラは活火山とされる（火山学では休火山という分類はない）。

＊6　三一〇九メートル　実際は三〇五五メートル。

＊7　伝説の一つも存在しない　この山で半神マウイが太陽を捕らえたという伝説が残されている。

【手紙25】

＊1　ナラガンセット・インディアン　合衆国ロードアイランド地方に住んでいたネイティブ・アメリカン。
＊2　カヴァイハエ　ハワイ島コハラ半島の南の付け根に位置する。
＊3　シドニー・スミス　Sydney Smith（一七七一―一八四五）。イギリスのエッセイスト。「肉を脱ぎ捨て……」の一説は、夏目漱石の『吾輩は猫である』でも紹介されている。
＊4　グリーン氏　William Lowthian Green　一八八四年から八七年にかけ、ハワイ王国において三度内務大臣と外務大臣を務めた。
＊5　マーマネ　*Sophora chrysophylla*　ママニー（mamani）ともいう。
＊6　プケアヴェ　原文ではpukeaweとあるが、プキアヴェ（pukiawe）のこと。
＊7　ハワイガン　原文では*Bernicla sandvicensis*となっているが、現在は*Branta sandvicensis*という。ハワイ名はネネ。
＊8　火山砂　火山灰質の砂。
＊9　海抜四二五三メートル　実際の標高は四二〇五メートル。
＊10　凍り付いた湖　標高約三九〇〇メートルのところにあるワイアウ湖のこと。湖といっても池ほどの大きさしかない。かつて赤ん坊を生んだ母親は、子供の健康を祈願して臍《へそ》の緒をこの湖に投げこんだといわれる。
＊11　住み着いていた証　もちろんこれは誤り。今日までに発見されているもっとも古い遺跡でも千数百年前。一方、マウナケアが仮に隆起によって今日の高さを獲得したとしても、それは数万年か数十万年前のこと。

【手紙26】

＊1　植虫類　ヒトデやサンゴ、海綿のように、群体の形態が植物に似ている動物。

【手紙27】

＊1　リンゴ　オヒア・アイ（*Syzygium malaccense*）のこと。マレーフトモモともいう。フトモモと近縁。
＊2　ベウラ　「配偶ある者」という意味。輝かしいイスラエルの未来を象徴する。

【手紙28】

＊1　ウィルクス提督　Charles Wilkes（一七九八―一八七七）。アメリカの海軍士官。南極を探索し、南極大陸を確認した。一八四〇年、科学者チームを率いて、マウナ・ロア火口付近で三週間野営した。
＊2　ファイフシャー　スコットランド東部の土地。
＊3　ホワイト氏　ここでは詳しく触れていないが、前後関係から、おそらくマウナ・ロアの登頂に成功した二名の外国人男性の一人。

【手紙29】

＊1　ネメシス　ギリシャ神話に登場する復讐の女神。
＊2　ターコイズ・ベリー　*Ampelopsis brevipedunculata*　ノブドウ（ブドウ科ノブドウ属）。
＊3　明礬　硫酸アルミニウム。
＊4　ガイド　このときガイドはまだ雇っていないはずなので、ここでは従者だと思われる。
＊5　パトモス島　エーゲ海のドデカネーゼ諸島北西部にある島。聖ヨハネはこの島に流刑となり、黙示録を書いた。
＊6　底なしの深淵　ヨハネ黙示録第九章。

＊7　カルバリの丘　イエス・キリストが十字架にかけられたエルサレムの丘。ゴルゴタともいう。
＊8　ガイド　ここではいわゆる「ガイド」ではなく、同行の先住民のことか。

【手紙29Ⅱ】

＊1　パフィン　ツノメドリ。
＊2　地衣類　おそらくサルオガセのこと。
＊3　二種類の葉　コアはすべて小葉は本来の複葉で、三日月形の大きな葉は、葉身が退化し葉柄部が扁平になったもの。
＊4　同じ天候状態が続いた　マウナ・ケアやマウナ・ロアの一帯では、雨雲は一般に標高二二〇〇メートルより上には発達しない。
＊5　虚ろな音を響かせる　パホエホエ熔岩は粘性が低いため、パイ生地のように滑らかな状態で何層にも重なることが多い。また、冷えると内側に閉じこめられた火山ガスが膨張し、外に出ようとする。ガスが天井を押し破れないときには内部に空洞が出現し、ときに何十メートルもの深さに発達する。
＊6　固形物になると考えられる　実際には、熔岩に含まれる珪酸の含有量、温度、速度、障害物の有無、水の介在などの因子が熔岩の性質を連続的に変化させる。
＊7　メール・ド・グラース　フランス・シャモニーにあるモンブランの氷河。
＊8　ハンディングドン・ブリッジ　ロンドンの北約一〇〇キロメートルに位置するハンディングドンの町にかかる石橋。一四世紀に建造された。
＊9　ブランデー・トデー　ブランデーに砂糖とレモン汁かレモンスライスを入れ、熱湯を注いだもの。
＊10　変化が見られなかった　初版では「四二〇七メートル（実際より一三メートル高い値を示す）」とある。つまりここでは山の高さを四一九四メートルと考えていたようだ。本書は第二版に準拠しているが、第二版

では初版の誤差を修正し、あたかも最初からこの数値であったかのように書いている。第二版を出す際に、最新情報を得て反映させたのだろう。実際の標高は四一六九メートル。ちなみに、初版に準じて解説するなら、高度計が実際より高い位置を指し示したのは、登山開始時の気圧が登頂時の気圧よりも低かったために、見かけの高度が実際を上回った結果だ。アネロイド型高度計では常に気圧を補整する必要がある。

＊11　だれも近づくことのできない光の中に住む　新約聖書テモテ人への第一の手紙第六章一六節より。

【手紙30】

＊1　銅板が貼られている　彼女がハワイを去った翌一八七四年、ケアラケクア湾の殺害場所近くに、クックの出身地の有志によって今日見られるクック・モニュメントが建立された。

＊2　ハウナウナウ　原文ではHaunaunauだが、これはプウホヌア・オ・ホナウナウのこと。

＊3　リホリホ　Liholiho（一七九七—一八二四）。カメハメハ大王とケオプオラニの息子。二二歳で王位を継ぐ。カアフマヌ摂政のもとで一八一九年にカプを廃止する。一八二三年、カママル王妃とともにイギリスを訪問するが、翌年麻疹にかかり、免疫がなかったため二人ともに客死する。遺骸は一八二五年五月、丁重に送り返された。

＊4　夜咲きサボテンの花　おそらくピタヤのこと。

＊5　トウゴマの奇蹟　神が暑さに苦しむヨナの傍らにトウゴマを植えて、一夜で大きく育て日陰をつくりヨナを喜ばすという奇蹟（旧約聖書、ヨナ書第四章六節）。

＊6　カラモホ　*Pell(a)ea ternifolia*　ワラビ科。合衆国南部から中米原産。

＊7　サルサパリラ　ユリ科のツル植物。世界各地に分布する。

＊8　標高三〇四八メートル　実際は二五二一メートル。

＊9　側火山　側方火山ともいう。主となる噴火口に連なってできる側方の噴火、あるいは噴火跡。

＊10　奔流に投げ入れた　髪を投げ入れても鎮まらないため、神官（カフナ）を投げ入れたら収まったという伝承もある。
＊11　ジョンブル魂　典型的な英国人気質のこと。

【付論／ハンセン病とモロカイ島隔離施設】

＊1　治癒不能　ハンセン病はライ菌による慢性伝染病で、長い間、隔離が唯一の予防法とされてきた。社会的偏見が根強かったが、実際は初期ならば完全に治癒する病気であり、感染力も非常に弱い。その後、特効薬も発見されている。日本でも強制隔離を容認してきた予防法は一九九六年に廃止された。
＊2　カヒリ　オアフ島のカヒリ地区にハンセン病患者を隔離する収容施設があった。
＊3　波止場　カラウパパに設けられた突堤。

【付論／ハワイ国事情】

＊1　無料の朝食テーブル　減税、あるいは関税の引き下げを指す隠語。
＊2　一八七五年の輸入総額　初版では一八七三年のデータを基にしている。
＊3　いまのところ出現していない　現在は外来のヘビ、カエルともにわずかながら生息している。
＊4　ハワイ原産と考えられている　ニワトリ（セキショクヤケイ）の原産は東南アジアといわれる。ハワイにはポリネシアから持ち込まれた。
＊5　ガン　ハワイガンのこと。ハワイ名はネネ。野生種は絶滅し、飼育されていたものを繁殖させて今日にいたる。
＊6　野ガモ　ハワイガモのこと。ハワイ名はコロア。ハワイ固有種。
＊7　フクロウダカ　原文では owl-hawk となっている。しかしここではコミミズク（Short-Eared Owl）のこ

とで、ハワイ名はプエオ。
＊8　ムクドリに似た黒い鳥　ハワイミツスイの一種、オオのこと。一九八〇年代を最後に絶滅したといわれている。
＊9　美しい声の持ち主　南アジア原産のアカハラシキチョウと思われる。現地ではシャマと呼ばれる。
＊10　リチャーズ　William Richards（一七九三―一八四七）。最初期のプロテスタント伝道者。一八二二年からマウイ島ラハイナで伝道活動を始める。王室付きの聖職者として、カメハメハ三世やキナウ（クヒナ・ヌイ）などを補佐した。
＊11　リー　ウィリアム・リトル・リー　William Little Lee（一八二一―五七）。ハワイ政府で長く主席裁判官などを務めた。憲法改正の際は革新的な草案をつくり、一八五二年に議会で採択された。
＊12　ジャッド　Gerit Parmele Judd（一八〇三―七三）。一八二八年宣教師団の一員としてハワイを訪れ、四二年以降はハワイ政府の財務、外交などに携わり内務大臣となる。
＊13　アレン　Elisha Hunt Allen（一八〇四―八三）。ハワイ政府の財務を担当。
＊14　標高（表中）　島の最高地点の意味。面積と標高は当時の数値。正確には以下の通り。面積の単位は平方キロメートル。カッコ内は標高で単位はメートル。ハワイ島一〇四三三・一（四二〇五）、マウイ島一八八三・七（三〇五五）、オアフ島一五四六・五（一二二〇）、カウアイ島一四三〇・五（一五九八）、モロカイ島六七三・五（一五一四）、ラナイ島三五四・〇（一〇二六）、ニイハウ島一七九・九（三九〇）、カホオラヴェ島一一五・五（四五二）。

【付論／ハワイの歴史】

＊1　ハナ・ポアリマ　ハワイ語でハナは「労働」、ポアリマは「金曜日」の意味。ポアリマの語源は、かつて平民は金曜日になると首長の所有する農園で強制労働をさせられたことに由来する。

＊2　オシアンの詩　三世紀に活躍したゲール（スコットランド高地人）の伝説的英雄で詩人でもあるジェームズ・マクファーソンの詩。後のロマン派詩人たちに多大な影響を与えた。

＊3　キャプテン・ターンブル　John Turnbull　イギリス船ブリタニア号の船長。

＊4　コツェブー　Otto Evstafevich Kotzebue（一七八八―一八四六）。ロシアのクルーゼンシュテルンの探検航海に同行したドイツ人の探検家。

＊5　アクアのほかは存在しないと言明し　天には唯一絶対の神が存在するのみであるという聖書の教えを、ハワイ的に表現した。

＊6　カメハメハ三世　Kauikeaouli（一八一三―五四）。二世リホリホ王がロンドンで客死したので、弟のカウイケアオウリが一八二五年に王位につくが、まだ一〇歳だったため、カアフマヌが引き続き摂政を務めた。

＊7　国家の生命は正義の名において……　旧約聖書の箴言第二五章を引用したもの。この言葉はイオラニ宮殿に掲げられた紋章にも刻印され、ハワイ州のモットーとして今日に受け継がれている。Ua mau ke ea o ka ainai I ka pono（The life of the land is perpetuated in righteousness）。ここで perpetuated の部分は、原文では established となっている。

＊8　実際は一八五五年。

＊9　前王の兄　カメハメハ五世（ロット・カメハメハ）のこと。

＊10　レレイオホク王子　William Pitt Leleiohoku（一八五五―七七）。カラーカウアの実弟。カラーカウア王が一八七四年に即位したとき王位継承者に選ばれたが、七七年、若くして死去。そのため実妹のリディア・カマカエハ・リリウオカラニ（一八三八―一九一七）が王位継承者となった。

関連略年譜

西暦	ハワイ史	イザベラ・バード関連
三〇〇―七五〇A.D.	ポリネシア人がマルケサス諸島からハワイに移動したとされる。	
一〇〇〇頃	ポリネシア人がタヒチからハワイに移動したとされる。	
一七五八	カメハメハ（一世）生まれる。	
一七七八	ジェームズ・クックがカウアイ島ワイメアに上陸。この島々をサンドイッチ諸島と呼ぶ。カメハメハはレゾリューション号を訪れる。	
一七七九	クック、ハワイ島ケアラケクア湾で殺害される。	
一七八二	カメハメハの伯父カラニオプウ死去、カメハメハ、ハワイ島の平定に着手。	
一七八六	フランスの探検航海者ラ・ペルーズ、マウイ島に一日だけ投錨。	
一七九〇	カメハメハ、ハワイ島を統一する。白檀貿易始まる。	
一七九四	ジョージ・バンクーバーによって、英国保護領となる。	
一七九五	カメハメハ、ヌウアヌ・パリの戦いに勝利し、オアフ島征服。ハワイ王国樹立を宣言、王位につく。	
一八〇四	ロシアの探検航海者クルーゼンシュテルン、オアフ島に着。	

一八一〇	ニイハウ島、カウアイ島が服属し、カメハメハ大王が全諸島を統一。	
一八一五	ロシア人がカウアイ島に要塞をつくるが、失敗。	
一八一六	ハワイ国旗できる。ロシアの博物探検航海を率いたコツェブー、カメハメハ大王の歓待を受ける。	
一八一九	カメハメハ大王没。リホリホ王子がカメハメハ二世として即位。大王の妻の一人カアフマヌが摂政（クヒナ・ヌイ）として実権を握る。女性とともに食事をしないというタブーを破棄する。	
一八二〇	最初のアメリカ人プロテスタント宣教師たちを乗せたタディウス号、ハワイ島に到着。	
一八二二	ジャマイカからパイナップルが移植される。	
一八二四	カメハメハ二世、カママル王妃とともにロンドンで没。カピオラニ（ハワイ島コナの首長の一族）、キラウエアの火口に赴き、キリスト教の信仰を宣言し、ペレの権威を否定する。	
一八二五	カメハメハ三世（カウイケアオウリ）即位。カアフマヌ、キリスト教に改宗。	
一八二八	ハワイ島コナでコーヒーの栽培が始まる。	
一八三〇	乱伐のため白檀が減少。ホノルルやラハイナが捕鯨船の基地として栄える。	
一八三一		一〇月一五日、イザベラ・ルーシー、英国ヨークシャー州バラブリッジに誕生。父エドワー

		ド・ルーシーはケンブリッジ大学を卒業後インドで弁護士を務めるが、妻を失い帰国、牧師となる。ドーラと再婚。イザベラはその長女。
一八三二	カアフマヌ没。カメハメハ大王の娘キナウ（カメハメハ四世、五世の母）がカアフマヌ二世としてクヒナ・ヌイとなる。	
一八三四	ホノルル警察署設立。マウイ島で初の新聞発行。カウアイ島コロア製糖会社設立。	一家はチェシャー州タッテンホールに移転。まもなく妹のヘンリエッタ誕生。
一八四〇	ハワイ立憲君主制確立、憲法発布。	
一八四二	ハワイ王国政府、アメリカと独立承認交渉。	父、バーミンガムのセント・トーマス教会に転任。イザベラは父の日曜学校を手伝う。
一八四三	ハワイ王国政府、ヨーロッパに向けて独立承認交渉。五〜七月、英国のジョージ・ポーレット卿によるハワイ占領事件勃発。一一月、英仏両国王、ハワイ王国の独立を認める共同宣言。ハーマン・メルヴィル、ホノルル来訪。	
一八四四	イギリスと通商協定（不平等条約）締結。	
一八四五	第一回ハワイ議会召集。カメハメハ三世、ホノルルを首都に制定（実際に移転したのは五年後）。ケカウルオヒ没。	
一八四六	ワシントン・プレイス（現・知事官邸）完成。	
一八四八	マヘレ法制定。ハワイの土地が王領地、官有地、首長領地に三分割される。	父、ハンディングドンシャー・ワイトンのセント・マーガレット教会に転任。

一八四九	フランス人による占拠事件。アメリカと修好通商条約（初の平等条約）締結。	
一八五〇	クレアナ法制定（庶民にも土地所有を認める）によって、外国人の土地所有が認められる。	脊椎の病気が重くなり、このころから毎夏スコットランドに転地療養する。
一八五一	ハワイ政府、フランスによる占拠に対して、ハワイをアメリカの保護下におくという声明を一方的にアメリカに送る。七月、イギリスとの不平等条約改正。	
一八五二	新憲法、議会で採択される。蒸気船による島間航路確立。契約労働者として一五二人の中国人が到着。	
一八五三	天然痘によって五〇〇〇人以上の死者が出る。	
一八五五	カメハメハ三世没。カメハメハ四世（アレクサンダー・リホリホ）即位。	六月、医者に転地療養を勧められ、アメリカ、カナダに七カ月の旅に出る。
一八五六	カメハメハ四世とエマ・ナエア・ルーク、ホノルルのカヴァイアハオ教会で結婚。	一月、『英国女性の見たアメリカ』をマレー書店から出版。
一八五七		医者に勧められて再びアメリカに一一カ月の旅行に出る。
一八五八	アルバート王子（アルバート・エドワード・カウイケアオウリ）誕生。	四月、ワイトンに帰る。五月一四日、父死去。
一八五九	エマ王妃の働きかけによりクイーンズ病院設立。	エディンバラに住み、宗教的社会活動に従事。夏、『アメリカの宗教事情』を出版。
一八六〇	ポーハタン号でアメリカに向かう日本の使節団七七名が途中でホノルルに寄港。カメハメハ四世とエマ王妃に謁見。	スコットランドやヘブリディーズ諸島に旅行。

一八六一	アメリカ合衆国で南北戦争勃発。南部産の砂糖にかわりハワイ産砂糖の需要が伸びる。	
一八六二	カメハメハ四世とエマ王妃、英国国教会に入信。アルバート王子没。リリウオカラニ、ジョン・オーウェン・ドミニスと結婚。	
一八六三	カメハメハ四世没。兄のカメハメハ五世（ロット・カメハメハ）即位。	
一八六四	エリザベス・シンクレア、カメハメハ五世よりニイハウ島を一万ドルとピアノ一台で購入。カメハメハ五世、一八五二年の新憲法を廃棄し、議会の閉会を宣言。自ら作成した新憲法を公布。ダミアン神父、ホノルル着。	
一八六六	サミュエル・クレメンス（マーク・トゥウェイン）ホノルル港に到着。五世の妹で王位継承者のヴィクトリア・カママル没。	カナダに二カ月滞在。八月一四日、母死去。
一八六八	ジョンソン米大統領、ハワイ併合に向けた互恵条約を提唱。最初の日本人移民（元年者）一五三人が到着。	
一八六九		『エディンバラ旧市街に関する覚え書き』を出版。
一八七〇	ホノルル郵便局完成。	
一八七一	日布修好通商条約締結。	
一八七二	カメハメハ五世没。ハワイアン・ホテル完成。	春、エディンバラの家を手放し、妹は主にトモバリーに住む。イザベラの体調が悪化したので、

		健康のために航海を勧められ、七月一一日、オーストラリアに旅立つ。一〇月、メルボルン着。一一月、ニュージーランドに向かう。
一八七三	一月、ルナリロ（ウィリアム・チャールズ・ルナリロ）、選挙により国王に即位。アメリカとの互恵条約締結交渉再開。ダミアン神父、モロカイ島へ。アリイオラニ・ハレ宮殿完成。	一月、ホノルル着。約七カ月滞在して各島を見る。その後アメリカに渡り、ロッキー山麓で数カ月間の療養生活をし、ニューヨークを経てエディンバラに帰る。
一八七四	一八六四年憲法を修正した憲法公布。二月、ルナリロ王没。デイヴィッド・カラーカウア、選挙により国王に即位。カラーカウア王、米国訪問。	
一八七五	サトウキビ農園の労働力として、ポルトガルから契約労働者到着。米布互恵条約締結。	妹への手紙をもとに『サンドイッチ諸島での六カ月』（本書『イザベラ・バードのハワイ紀行』）をマレー書店から刊行。
一八七六	ハワイ産砂糖の関税が撤廃される。	
一八七七	カラーカウア王、カピオラニ公園を野外レクリエーションのため市民に寄贈。リリウオカラニ、「アロハ・オエ」を作詞。国王の弟で王位継承者のレレイオホク（二世）王子病没。	
一八七八	ポルトガルからの移民始まる。リリウオカラニ、米国訪問。	日本に向かって出発。アメリカ経由で五月に上海に到着、横浜に向かう。その後、東京の英国公使館に滞在。六月中旬、日光より奥地旅行に入る。東北・北海道の旅を終え、九月に東京に戻る。一二月、香港に向かう。

一八七九	マウイ島のサトウキビ運搬の汽車が走る。	一月、マレー半島を五週間旅し、二月にカイロへ向かう。五月、帰国。『ロッキー山脈踏破行』を出版。
一八八〇	ハワイアン・ベル電話会社設立。	六月、最愛の妹ヘンリエッタ病死。八月、スイスで静養。一〇月、『日本奥地紀行』を出版。一二月、ジョン・ビショップと婚約。
一八八一	カラーカウア王、世界周遊の旅に出る。日本で明治天皇と会見。	三月、ジョン・ビショップと結婚。
一八八二	イオラニ宮殿完成。	夫、病に倒れるが回復。しかし再発。
一八八三	イオラニ宮殿でカラーカウア王の戴冠式。カメハメハ大王像除幕。	『マレー半島紀行』出版。
一八八四	バーニス・パウアヒ・ビショップ病没。	夫の療養のため、南ヨーロッパに旅行。
一八八五	日本からの最初の官約移民が到着（～九四年）。エマ女王没。	
一八八六	日布渡航条約締結。チャイナタウンの大火災。	三月、夫、病死。
一八八七	真珠湾の独占使用権を盛り込んだ米布互恵条約更新。ハワイとサモアの政治同盟締結。白人により強制された新憲法（「ベイオネット憲法」）公布。米国系白人の政治的権力が増大。カラーカウア王の妹ミリアム・リケリケ没。ヴィクトリア英女王在位五〇年の祝典のためにカピオラニ王妃、リリウオカラニ訪英。	講演活動を開始。ロンドンにて看護学を学ぶ。
一八八九	ロバート・スティーブンソン、来島。七月、ウィルコックスの反乱。ハワイ人系の政治意識が高まる。ヴィ	三月、チベットとペルシャを旅行するために英国を出発。三月、インドのカラチに到着。ラホ

	クトリア・カイウラニ王女、英国留学へ。	ールを経てカシミールに入り、四月、スリナガル着。医療伝道のため亡き夫を記念して病院を建設。西チベットに入り三カ月滞在。一〇月、山を下ってシムラへ。医療伝道のため亡き妹を記念してアムリッツァにヘンリエッタ病院を建設。一二月、ラホールに戻り、汽車でカラチへ。汽船でペルシャ湾に入る。
一八九〇	一一月、カラーカウア王、病気治療のためサンフランシスコへ。	一月、ペルシャに入る。二月、テヘラン到着。ペルシャ旅行をして、一二月、黒海へ。行程四〇〇〇キロに及ぶ旅となった。船でコンスタンチノープルに向かい、年末に帰国。
一八九一	一月、カラーカウア王、サンフランシスコで没。リリウオカラニ女王即位。米国系勢力と対立し、政情不安が続く。女王の夫、ドミニス病没。パイナップル缶詰の試作に成功。	スコットランド地理学会特別会員に推薦される。一二月、『ペルシャ・クルディスタン旅行記』出版。
一八九二	マカダミアナッツが栽培される。	イザベラの本を出版してきたジョン・マレー三世死去。
一八九三	リリウオカラニ女王、新憲法発布を通達し、議会を閉会。白人勢力、クーデターを起こし、米海兵隊が上陸してこれを支援。暫定政府樹立。リリウオカラニ女王退位。日本の軍艦「浪速」「高千穂」、居留民保護のためホノルルに到着。クリーブランド米大統領、ハワイ併合を拒否。	ヴィクトリア女王に謁見。英国地理学会特別会員に推される。

一八九四	ハワイ暫定政府、ハワイ共和国樹立を宣言。ドール、ハワイ共和国大統領に就任。日本の官約移民廃止。	一月、極東への旅に出発。カナダ経由で二月に横浜到着。神戸に寄港し、朝鮮に向かう。六月、朝鮮旅行を終えて満州に入る。奉天を経て天津、北京に行く。日清戦争の混乱を避けるため、船でウラジオストクへ向かい、一一月に到着。一二月、長崎、大阪、京都へ行く。
一八九五	ウィルコックスらハワイ人王権派が武装蜂起するが、鎮圧される。リリウオカラニ女王、王位の廃棄に同意、翌年までイオラニ宮殿に幽閉される。	一月、再び朝鮮を訪れる。二月、上海、香港に行く。夏を日本で過ごす。七月伊香保温泉に滞在。一二月、再び朝鮮を訪れ、上海に向かう。
一八九六	ホノルルに日本人小学校創立。リリウオカラニ、米国再訪。	一月、揚子江を船で遡り、五カ月にわたって中国西部を旅行する。六月、上海に戻る。夏を日本で過ごし、日光湯元温泉に滞在。一〇月、再び朝鮮を訪問。
一八九七	リリウオカラニ、米大統領クリーブランドと会見。	一月末、上海から帰国の途に着き、三月、ロンドンに到着。
一八九八	米西戦争勃発。七月、マッキンリー米大統領、ハワイ併合条約調印。ハワイはアメリカの領土となる。ビショップ博物館創立。	一月、『朝鮮奥地紀行』を出版。
一八九九	次期女王とされたヴィクトリア・カイウラニ王女およびカピオラニ元王妃死去。	一一月、『中国奥地紀行』を出版。
一九〇〇	ハワイ領土政府設立。ドール、ハワイ領の初代知事となる。チャイナタウンの大火災。	
一九〇一	モアナ・ホテル開業。	一月、モロッコを六カ月にわたり旅行する。

一九〇三		病に倒れ、エディンバラに帰る。
一九〇四		一〇月七日、エディンバラにて死去。享年七二。
一九〇七	ハワイ大学創立。	
一九一二	デューク・カハナモク、ストックホルム五輪で水泳一〇〇メートル金メダルを獲得。	
一九一四	第一次世界大戦勃発。	
一九一七	一一月、リリウオカラニ女王没。	
一九二二	ハワイ王朝の最後の強力なメンバー、プリンス・クヒオ死去。	
一九二四	アラワイ運河完成。ワイキキが現在のような形となる。	
一九三四	フランクリン・ルーズヴェルト大統領、大統領として初めてハワイを訪れる。	
一九三五	パンアメリカン航空、ハワイや太平洋諸島で航空便事業を開始。	
一九四一	日本軍、真珠湾襲撃。ハワイ全土に戒厳令。	
一九五九	ハワイ、アメリカ合衆国五〇番目の州となる。	

訳者あとがき

五、六年ほど前にホノルル空港で帰国便を待っていたときのこと、強い陽射しを避けて傍らの店に入ると、スタンドに置かれたオレンジ色のペーパーバックスが目に入った。『Six Months in the Sandwich Islands』というタイトルに覚えはなかったが、『日本奥地紀行』で知られるイザベラ・バードの名は記憶にあった。裏表紙には、「一〇〇年前、好奇心に満ちた女性が目にしたままのハワイを書いた」とある。初版以来一三〇年も経つというのに、いまだにこうして店頭で売られていることに驚きながら、さっそく購入した。

帰りの機内で読みはじめて驚いた。彼女はぼくとほとんど同じ場所を訪れているではないか。植物への関心や当時のハワイ人の生活に寄せる興味のありようもよく似ている。なかでも火山活動への関心がひときわ高いことは、火山地帯でのフィールドワークを続けてきたぼくにはとても親しみを覚える。しかも彼女は、現在よりもはるかに激しい噴火を起こしている時期に、至近距離まで近づいて観察しているのだ。そのことに羨望すら感じた。

ぼくが洞窟の調査や取材で頻繁に出かけるキラウエア火山は、数十年前まで活発な活動を続けていた。バードはそうした時代にキラウエア・カルデラを訪れ、間近でハレマウマウ・クレーターを観察したのだった。登山家でも専門家でもない彼女の、いささか無謀ともいえる行動には驚かされたが、大規模な噴火活動を目の当たりにし、見たままを詳細に記した本書は、一〇〇年前のハワイにタイムスリップするような臨場感にあふれている。それからというもの、ぼくのハワイの旅では、行く先々で彼女の行動が脳裏を過るようになった。

わたしは一、二度、あまりに荘厳な孤独に打ちのめされる思いがして、六頭の馬とラバを振り返った。ラバたちは北風に晒され震えている。彼らは寒さと飢えと渇き以外は何も考えない。動物たちが可哀想だと思うことが、わたしには救いのように思える。哀れみが人間の感覚であることは間違いない。動物たちを見ていると、目の前に繰り広げられる世界から受けた戦慄の感覚から少しだけ逃れることができた。

バードは四〇〇〇メートルを超えるマウナロアの登頂にも挑む。身を切るような寒風の中で高山病に苦しみながらも、吸いこまれるような気持ちで山頂のカルデラから上がる火焔を見つめる。カルデラから噴き出す途方もない火山のエネルギーを見て、彼女は人間がいかにちっぽけな存在であるかを思い知らされるのだった。言いようのない孤独に圧し潰されそうになったとき、動物たちを見て、自分にも温かい血が流れ、感情を持つ生き物なのだという事実にすがりつこうとする。それが自分自身を地上につなぎ止める唯一の糸に思えたのだ。

それから一〇〇年後、ぼくもまた、横殴りの猛烈な吹雪の中で岩の割れ目から身を乗り出し、彼女と同じようにカルデラの噴煙を見つめた。振り返ると雲海が見える。集落も森も川もすべて雲の下に隠れ、そこから上にはただ荒涼とした熔岩の景観が続くばかりだ。ぼくと仲間たちは、このカルデラの周囲に生じた岩の裂け目から地底深くにロープを垂らし、マグマの痕跡を探した。広大なカルデラの下に潜む暗黒の空間に入って、ふと不安を感じた。そのとき、バードの孤独が脳裏をかすめた。あたりはいずれまた噴き上げる新たな熔岩で覆い尽くされ、このちっぽけな空間は消滅する。彼女が永遠の舞踏と呼んだ焔の舞いが繰り返されるのだ。

……急峻な崖を登り降りできるのは唯一、脚の丈夫な地元の動物だけだ。その道もたいていは湧き水に抉られ、馬の蹄で磨り減ってひどい凹凸ができ、荒れ放題となっている。あちこちで土砂の崩落によって生じた段差が、ときには九〇センチにもなっている。（中略）目の前にはいま書いたような恐ろしい崖があり、剝き出しの岩肌にジグザグに刻まれた道がある。わたしはどのように急かされようとも、ここを登っていこうという気にはなれない。

それでも彼女は登った。ハワイ島のワイピオ渓谷は歴代の王朝が愛した美しい土地だが、陸上からのアプローチは困難だ。現在でも、思わず尻込みをしてしまいそうな急坂が渓谷に向かって延びているが、バードが挑んだ山道はそれよりもはるかにひどいものだった。ワイピオ渓谷の展望台からは、尾根を隔てたワイマヌ渓谷へと至るトレイルが対岸に見える。だが、それは岩に付けられた切り傷のように、か細い線を描いているに過ぎない。十分な脚力を身につけ、高所恐怖症に打ち克ち、経験と冷静な判断力があってもなお、雨が降り出したら引き返すしかないような道だ。彼女はそんな劣悪な道をいくつも越えて旅をしたのだ。馬やラバでさえ脚を滑らせるような急坂を下り、家をも呑みこむ濁流を渡る。もう二度と味わいたくないと思いながらも、彼女は困難への挑戦を無上の喜びとしているかのようだ。

ワイマヌへの道は荒れ果て、いまはほとんど利用されていないが、当時と寸分違わぬ自然が残されている。この道を登り、ワイピオ渓谷をはさんで対岸の展望台にいる観光客を遠望するとき、ぼくの目はバードの目に取って代わり、一〇〇年の時間をはさんで渓の風景に対峙する。

バードは母国の貧相な熱帯植物を嘆く。イギリス人は野の花を愛で、庭の花にも愛情を注ぐ。しかしながら冷涼な気候からか、熱帯植物園の草木は元気がない。一方、ハワイの植物には強い存在感があった。すばらしい香り、鮮やかな色合い、なによりも強烈な生命力に彼女は魅せられる。ここでは、かりに花弁や枝の一つひとつには変哲がなくとも、全体の景観は調和がとれている。たとえばジャカランダの紫色の花は、単体では色も形も目立たないが、満開の木は桜にも劣らない美しさがある。ぼくにとっても花の魅力は火山に劣らず大きく、ここ数年は引き寄せられるように季節を追って花巡りを続けている。バードもまた、当時流行していたシダ採集家としての一面を覗かせている。荒涼とした熔岩大地と豊饒な森、その鮮やかな対比こそが彼女やぼくを惹きつけてやまないハワイなのだ。

キャプテン・クックがハワイ島のケアラケクア湾に錨を下ろしたのは一七七九年、バードがハワイを訪れたのは一八七三年。そして、ぼくが初めてハワイの地に立ったのは一九七三年。それらはほぼ一〇〇年ずつの時を隔てている。ここに自分を並べることの歴史的意義などほとんどないが、ぼくは偶然とは思いたくない。クックの来訪からバードが訪れるまでの一〇〇年は、ハワイがやがてアメリカに吸収されるまでの、自然と文化の衰亡史であり、彼女が去ってからの一〇〇年は、ハワイ文化のさらなる希薄化と国際化が進み、やがて回生への努力が続けられた時代だった。バードの見たハワイ、それは、消えゆくものと、新しく生まれるものが錯綜する混沌の時代だったとも言える。そしてハワイはいま、消えゆくものを守り、回復する努力をはじめている。

バードの時代、ハワイ王国は洗練された体裁を持つ国家となった。数々の迷信は取り払われ、白人の参謀が活躍し、キリスト教と科学の力が諸島全域に伝わった時代である。しかしその一方で、カプ（禁制）の支配する日常生活は依然として続き、マロ（褌）一枚の男性や、カパ（布）一枚の女性が、従来と変わらぬ暮らしを営んでもいた。さらには、王朝の力が弱まり、国民が自分たちの行く末を案じはじめるとともに、ハンセン病などの伝染病が蔓延して、先住ハワイ人の人口が激減した時代でもあった。バードは、布教活動や国政などが急速に変貌していくことを憂う。とりわけ、この王国に暮らす白人たちに向ける辛口の批評は、彼女の真骨頂ともいえる。歴史的人物との出会いも興味深い。ルナリロ王との出会いでは、国王から胸のうちに秘める不安を打ち明けられ、翌朝には一編の詩を贈られる。また、エマ女王のパーティーに招待されるが、結局、自分が社交界よりも自然が似合うことを再認識する。

生まれつき病弱だったバードは、転地療法として外国への船旅を医者に勧められ、これをきっかけに、生涯の多くを旅人として過ごした。しかし、彼女が世界各地への旅を晩年にいたるまで続けることができたのは、ハワイで体験した新しいスタイルの乗馬に馴染んだからに他ならない。当時の旅に馬は不可欠だったが、女性は横座りで乗るのが常識とされていたため、悪路の踏破は到底不可能だった。彼女はハワイでメキシコ式の鞍を勧められ、馬にまたがってみる。その乗りやすさに驚き、これならどんな僻地にでも乗りこんでいけるということに気づいたのだった。より遠くへ。彼女はさらなる自由を求めて島々の奥深くへ分け入った。その自信が、同じ年のロッキー山脈越えや、その五年後の日本奥地への旅、さらには朝鮮半島や中国、そしてチベットや中近東への旅に繋がっていった。

コナは、口では言い表せないほどの美しさをたたえ、すべてがお伽話のような物憂い夢の中にある。（中略）ハワイ諸島に別れを告げるのは、いまがよいタイミングなのだと思う。この島々への愛着は日に日に増し、芳わしい空気と輝かしい空の下に居続けると、祖国への愛情は徐々に薄れてしまう。もう少し長くここに留まるなら、深いバナナの木陰を故郷とした人々と同じように、わたしもこう言う（この地にとどまることを選ぶ）だろう。

タヒチに移り住んだゴーギャンや、サモアで生涯を終えたスティーブンソンのように、バードもまた、楽園ハワイの魅力に強く取りつかれた。しかし、彼女はそこに留まることを選ばなかった。大いなる決断をもって、ハワイに別れを告げたのだ。あとわずかでもここに留まれば、二度と祖国に戻れなくなると思うほど強い魅力に取り憑かれたのだった。キリスト教的な価値観に根ざす厳格なイギリス的教育を受けた彼女は、瀬戸際で、身を振り解くように楽園をあとにする。旅する者についてまわるその土地の魅力という魔法。ぼくには彼女の心の葛藤が他人事に思えなかった。祖国に戻るというバードの決断は、旅人に徹するという強い決意となって彼女の心を支え、のちの秘境への旅を後押ししたに違いない。その結果、貴重な旅の記録が遺されることになった。

旅では、それ以前には思ってもみなかったような理解や決断を求められ、新たな自分がつくられる。バードは可能なかぎり先入観を排して現地の人々と交わり、その土地の自然や風俗習慣を積極的に体験した。先住民と一つのヒョウタンから指でポイをすくって食べ、小さな草葺きの小屋で雑魚寝をし、喉の渇きをココナッツで潤す。あるいは噴煙の中で硫黄の臭いに咳きこみ、たった一人で見知らぬ土地に踏み入る。出会いと発見に対する強い感動が彼女とぼくを結びつける。何度ハワイを訪れようと、ぼくたちは旅人にすぎない。だからこそ貪欲に物事に接し、その感動を人に伝えようとしてきた。そして、伝えようとする言葉の中に自らの新しいものの見方を発見するのだ。

一九世紀末に生きた一人のイギリス人女性の見たハワイは、いまや彼女の言葉の中に息づいているだけなのかもしれないが、ハワイの魅力そのものは、一〇〇年の時を経てもなお色褪せていない。ハワイの自然は、バードを捉えたようにぼくをも魅了し、時代を超えた不思議な懐かしさにあふれている。

二〇〇五年六月　　　　近藤純夫

平凡社ライブラリー版　訳者あとがき

本書は百年以上も前の英国女性によるハワイ諸島の旅行記である。著者イザベラ・バードは病弱で保養が旅の主目的だったから、現地の知識も豊富とはいえなかった。しかしぼくは彼女の語るハワイに興奮した。まるで冒険映画のようだ。そこかしこに謎がちりばめられ、緊張感が漲《みなぎ》る。それはたぶんぼくに限らず、本書を読む誰もがこの冒険世界に足を踏み出し、ともに危機を乗り越えようとする自分に気づくからだろう。バードはしばしば自らの身の丈を超えた行動に出る。好奇心が彼女を危険へと押しやるが、同時に尻込みをし、後悔する彼女がいる。ついその背中を押してやりたくなるのだ。

頼りなげなこの英国女性に親近感が湧くもう一つの理由は、彼女に男性的な一面が見えるせいだ。父親は男児を望んだが叶わず、彼女を男の子のように育てた。幼少時代のこの体験が、バードにしぶとい精神を持たせたに違いない。

この旅を実現するために欠くことのできないのが馬だった。ハワイ王国において旅人の移動手段は馬車だったが、出かけられるところは限られていた。辺境を訪れるには徒歩か乗馬しかないが、幼少の頃からの乗馬体験が大いに役立った。一八世紀後期のハワイには多くの馬がいて、男女を問わず日常の脚となっていた。特筆すべきは、女性が男性と同じように馬に跨がっていたことだ。当時の西洋では、女性が馬に跨《また》がるのははしたないとされ、横座りで乗るのが基本だった。しかし跨がる決断をしたことで、彼女は濁流を渉り、高所を目指す力を得たのだった。

馬については別の感情もあった。彼女にとって馬は心を分かち合う友だったが、ハワイの人々は消耗品のようにぞんざいに扱った。そのことにひどく胸を痛めたが、住民たちの虐待に異論を唱えることはなかった。彼らの価値観を尊重したのではなく、単に口に出す勇気がなかったのだ。彼らがいるからこそ自分の旅があるという心許なさ、あるいは自信のなさゆえの沈黙だった。増水した川で馬もろとも流され、崖から滑り落ちそうになるといった危機を何度もかいくぐることができたのは、彼らの助けがあったからだ。胸の内を晒《さら》すことができなかったことが心の重石ともなった。

百年前に熔岩の流れる火山地帯に入った女性への共感が本書を翻訳する契機となったことを、ぼくは単行本のあとがきに書いたが、もう一つ、因縁を感じる出来事がある。ぼくが初めて馬に触れたのは、彼女が濁流に呑まれかけたのと同じワイピオの川だった。乗馬の経験がまったくないにもかかわらず、すすめられた馬に跨がり、狭く急峻な山道を疾走したのだ。前方に太い枝が迫り、川で振り落とされそうになりながら、ただ必死にしがみついていた。渓谷の奥に辿りついたときは精も根も尽き果てたが、挑んだことへの奇妙な恍惚感があった。バードを襲った危機の際の感覚も、これに近い気がする。

住民の優しさに対する共感や感謝と、ときおり見せる彼らの野卑《やひ》な態度への反撥が心のなかでせめぎ合い、自分の殻から抜け出しきれないもどかしさ、そこかしこで起きる価値観のずれが当惑となって澱《よど》み続ける苦しさ、このような文化的差異からくる葛藤は、百年を隔てた今日でもぼくたちに突きつけられる重石である。

一方で彼女は人々の容姿に関し、異様なほど西欧的な価値観を振りかざす。日本や朝鮮の旅でもそうであったように、ハワイ人の容姿を白人の尺度で評価し、自分たちに達しない面を哀れとさえ記す。また、服装のセンスや話し方についても、お洒落であるとか、身だしなみが良いと言いつつ、「彼らにしては」という但し書きを添えるのだ。人間には高貴と下賤《げせん》があるという意識、外見が内面を表すという意識は、この時代の英国人ゆえだろう。どれほど奥地に入り、藁葺《かやぶ》き小屋に泊まってハワイ語だけの世界に身を置いても、彼女のなかには厳然たる境界線があり、ハワイの人々は決してその内側に入ることはできなかった。そしてここが面白いところなのだが、彼女は無意識ながら偏見という古い殻を打ち破ろうともしていた。西洋人向けのホテルに滞在し、馬車に乗って物見遊山する人々を尻目に、彼女は好奇心を発揮し続けた。

ハワイの歴史を動かした重要人物の肉声を伝えている点も実に興味深い。ルナリロ王からもらった手紙には、「英語の綴りに間違いはないか？」と書かれていたという。この一文からもルナリロ王の繊細で飾らない人柄が伝わってくる。その反対に、カラーカウアが第七代の王に選ばれた際の描写は不安に満ちたものだ。多くの逮捕者と怪我人を出し、宣誓はごく少数の関係者のみで行われたこと、取り巻きはみなひどい怪我をして悲惨な状況だったことを、彼女は綴っている。

イザベラ・バードが世界を旅した当時、女性の作家はすでにいたが、彼女たちは学者や貴族であって、物書きで生計を立てているわけではなかった。バードにはそのような肩書きがないだけでなく、歴史や動植物、地質地理などの知識にも疎《うと》かった。自分にしかできないものを見つける必要があると考えた彼女は、まだ西洋にあまり知られていない国々を訪れ、旅慣れた人でさえ足を遠ざける辺境に分け入ったのだった。この姿勢に徹したことで、注目すべき女性旅行作家という地位を築いたと言えるだろう。

バードは、最初の旅となるアメリカとカナダの訪問後、旅行作家のジョン・ミルフォードの紹介で出版人のジョン・マレイと出会う。彼女はマレイの元で次々と旅行記を出版し、今日まで読み継がれる作品を書き続けた。

二〇一八年六月

近藤純夫

[著者]
Isabella L. Bird
イザベラ・バード（1831-1904）
イギリス、ヨークシャーのバラブリッジに生まれる。病弱な幼少期を経て、23歳のときに医師のすすめでアメリカとカナダを訪れる。2年後、初の旅行記『英国女性の見たアメリカ』を出版。40歳を過ぎてから本格的な旅行を始め、オーストラリア、ハワイ諸島、ロッキー山脈、日本、朝鮮、中国、マレー半島、チベット、ペルシャなどを訪ね、生涯の大半を旅に費やす。62歳で英国地理学会の特別会員となる。主な邦訳書には、『完訳 日本奥地紀行』『新訳 日本奥地紀行』『朝鮮奥地紀行』『イザベラ・バード 極東の旅』（以上、平凡社東洋文庫）、『日本奥地紀行』『中国奥地紀行』（以上、平凡社東洋文庫及び平凡社ライブラリー）、『ロッキー山脈踏破行』（平凡社ライブラリー）などがある。

[訳者]
近藤純夫（こんどう すみお）
1952年、札幌生まれ。エッセイスト、翻訳家。趣味の洞窟調査でハワイ島へ通い、その後、ハワイ火山国立公園のアドバイザリー・スタッフとなる。現在は極地でのフィールドワークと、ハワイの自然に関する講座や講演、執筆などを並行して行う。ハワイ関連の著作に『ハワイ・ブック』『ハワイ・トレッキング』『ハワイアン・ガーデン』（以上、平凡社）、『撮りたくなるハワイ』『歩きたくなる Hawaii』（以上、亜紀書房）、『おもしろハワイ学 自然編』『おもしろハワイ学ウォーキング＆トレッキング編』（以上、JTB ハワイ）、『裏ハワイ読本』『ハワイ「極楽」ガイド』（以上、共著、宝島社）などがある。またウェブサイト「ホロホロ.ワールド カワラ版」で特集頁を担当する。この他、Facebook で毎日、ハワイ情報を発信。

編集　大石範子

平凡社ライブラリー 868

イザベラ・バードのハワイ紀行《きこう》

発行日…………2018年6月8日　初版第1刷

著者……………イザベラ・バード
訳者……………近藤純夫
発行者…………下中美都
発行所…………株式会社平凡社
〒101-0051　東京都千代田区神田神保町3-29
電話　(03)3230-6579[編集]
(03)3230-6573[営業]
振替　00180-0-29639

印刷・製本……藤原印刷株式会社
ＤＴＰ…………平凡社制作
装幀……………中垣信夫

ISBN978-4-582-76868-8
NDC分類番号297.609　B6変型判(16.0cm)　総ページ544

平凡社ホームページ　http://www.heibonsha.co.jp/

平凡社ライブラリー　既刊より